유용화의
오늘의

눈

국민의 눈

넥센미디어

유용화의 오늘의
눈

초판 1쇄 인쇄	2021년 01월 03일
초판 1쇄 발행	2021년 01월 10일
지은이	유용화
경영총괄	배용구
펴낸이	정유지
편집국장	김흥중
편집부국장	손귀분
표지디자인	박경규
인쇄책임	송영호 02_2277_1853
출력/인쇄	삼진프린텍 02_2277_1853
제본	남양문화사 02_2271_2049
펴낸곳	넥센미디어
우편번호	04559
주소	서울시 중구 마른내로 102
전화	070_7868_8799
팩스	02 _ 886_5442
출판등록	제2019-000141호(2009년 한터미디어로 등록)
ISBN	979-11- 90583-48- 0-03300

ⓒ 2021, 유용화

※ 값은 뒤표지에 표시되어 있습니다.
※ 잘못된 책은 구입처에서 교환해 드립니다.

유용화의
오늘의
눈

유용화의
국민의
눈

머리말

〈오늘의 눈〉 방송을 시작한지 벌써 2년 여가 훌쩍 지나가 버렸습니다. KTV 대한 뉴스 진행을 맡은 지도 벌써 3년차로 접어드는 것 같습니다.

넥센미디어 배용구 대표로부터 「유용화의 오늘의 눈」 코너를 책으로 발간하자는 제안을 받고, 그동안 정신없이 달려왔던 궤적을 살펴보니 부끄럽기도 하고 안타까운 면도 발견했지만 그래도 '조금은 독자들에게 내놓아도 될 것 같구나' 하는 생각도 들었습니다.

〈유용화의 오늘의 눈〉은 매일 매일 정부가 발표한 정책, 혹은 관련된 정보 등에 대해서 해설·논평하는 코너라고 할 수 있습니다. 방송시간은 3-5분 정도 되는데, 정치·사회·경제·문화 외교·국방 등 전반적 시사성 주제로 평론하는 코너입니다. 그래서 일람하게 되면 지난 2년 여간 문재인 정부가 무슨 일을 했고, 어떠한 정책을 펼쳤는지 알 수 있습니다. 더불어 2년여 정치과정 중 문정부가 표방했던 개혁정책은 무엇이었는지, 어떤 성과가 있었는지, 또 힘들어 했던 점과 고민했던 지점은 어디였는지 등도 살펴볼 수 있습니다. 그리고 한국 사회가 직면하고 있는 국가적인 과제와 현실적인 갈등과 대립은 무엇이었는지, 어떻게 그 사안을 해결해나갈 것인지도 찾아볼 수 있을 것입니다.

이 책의 발간 의미를 찾아보자면, 촛불국민혁명으로 탄생한 정부의 역사적 경로를 구체적으로 되짚어 볼 수 있다는 것입니다. 2018년 7월부터 2020년 11월까지 문재인 정부의 궤적을 한눈에 볼 수 있습니다. 독자들은 문정부가 펼친 개혁 정책의 구체적이고 현실적인 지점을 만나볼 수 있을 것입니다. 그리고 분석과 해설 속에서 현 정부가 지향하고 극복해야 할 대안까지도 짚어 볼 수 있을 것입니다.

물론 한계도 느낄 수 있을 것입니다. KTV 방송의 특성상 정치적 논쟁과 당파적 이해 논란 사안은 가급적 피하려고 했기 때문에, 독자들은 조금 성에 안찰 수도 있기 때문입니다. 그러나 정치적 논란이나, 당파적 쟁투보다 더 중요한 사실은 국민생활과 직결된 정부정책이 어떻게 현실과 만나 투영되고, 관철되고, 또 굴절되었는지 그 지점을 살펴보는 것도 의미 있는 작업일 것입니다. 왜냐하면 정책은 현실 과정에서 구체적 결과로 나타날 때 그 유의미성과 현실적합성을 판단할 수 있기 때문입니다. 또한 국가적 과제를 실현하기 위한 문재인 정부정책의 역사적 수준과 실현가능성을 가늠해 보는 일도 한국사회의 미래를 위해서 너무나 중요할 것입니다.

남북관계의 개선은 문정부가 가장 역점을 두어서 추진한 정책 중 하나라고 볼 수 있습니다. 물론 아직까지 북한의 실질적 비핵화는 달성되지 못했습니다. 비핵화로 가고 있는 경로 중이라고 말할 수도 있을 것입니다. 하지만 전쟁억지력과 도발적 갈등대립은 일단 막았습니다. 최소한 자식을 군대에 보낸 부모입장에서 볼 때, 내 아들이 전쟁의 포탄 속에 파묻히는 직접적 위협은 최소화시켰습니다. 그것이 문정부가 이룬 현재의 소중한 성과라고 평가하면 지나칠까요. 더 나아가서 한반도의 평화에 다가갈 수 있는 기대와 민족의 동질성을 회복할 수 있다는 희망을 국민에게 분명히 보여주었습니다. 그리고 국민생명을 지키고 보호하는 실질적 길은 평화체제를 만드는 것이라는 사실도 분명하게 했습니다.

1945년 미국과 소련이라는 전승국에 의해 쪼개진 분단국가의 모순을 아직도 안고 있는 우리. 그리고 1950년 국제적 내전을 치루며 1000만의 이산가족과 400만의 사상자를 만들어냈던 6·25 전쟁, 냉전반공주의에 정치적으로 시달리고 군사권위주의 정권의 억압과 폭압 속에서 자유와 민주를 다시 만들어 낸 한국의 민주화투쟁, 민주주의의 정체성을 현 정부가 표방했다는 점도 이 책에서 만나보실 수 있습니다. 1960년 4·19 혁명과 부마항쟁, 1980년 광주민주화운동, 그리고 87년 6월 항쟁의 현재적 의미도 조망해 보았습니다.

대한민국의 민족주의는 19세기 서구가 보여 주었던 제국주의 침략적 민족주의가 결코 아닙니다. 대한민국은 침략적 제국주의에 맞서 항일·평화·통일 민족주의의 가치를 그 정체성과 역사성으로 창출했습니다.

일제 36년 지배가 없었다면, 만약 대한제국이 근대화를 이루는 과정이 일제에 의해서 겁탈당하지만 않았다면, 1894년 동학농민혁명의 전봉준, 김개남 장군이 서울로 입성하여 경복궁을 접수하고 일제를 몰아내었다면, 대한민국임시정부의 광복군이 한반도로 진공하여 일본군과 혁혁한 전투를 벌였다면, 우리도 2차 세계대전의 전승국으로 참여하여 한반도의 자주·독립국가를 세웠다면, 백범 김구선생이 정말 민족의 지도자로 우뚝 서셨다면, 이 모든 사실이 역사의 희망어린 가정입니다만 우리의 역사는 매우 달라졌을 것입니다. 그러나 역사의 현실은 정반대로 움직여버렸습니다. 하지만 이러한 가정을 할 수 있다는 것은 대한민국은 자체적이고 능동적인 힘과 저력을 갖고 있었다는 점을 반증합니다. 〈유용화의 오늘의 눈〉에서 한국근대화 과정과 독립운동, 해방 이후 치열하게 다투었던 우리의 역사도 만나보실 수 있습니다. 더 나아가서 한미관계, 한일관계는 어떻게 풀어나가야 하는 것인지, 국가외교의 중심축은 어떻게 잡아야 하는지도 역사성에 입각한 현실적 해법으로 고민해보았습니다.

부동산 문제, 미세먼지, 택배노동자들의 과로사, 의료계의 집단행동, 체육계의 성폭력, 지방분권화, 청년문제, 소득양극화, 최저임금제 등 현실적 과제와 함께 4차 산업혁명, 수소경제, 자율주행차, AI 인공지능, 데이터 경제, 바이오산업 등 미래 먹거리를 책임질 혁신산업의 현주소와 과제에 대해서도 알아보았습니다.

그러나 올해 2020년 한해를 뒤덮은 일은 코로나19 사태입니다. 코로나19와 맞서서 정부는 어떠한 방역대책을 내세웠는지, 방역과 경제라는 두 마리 토끼는 어떻게 잡았길래 K-방역의 글로벌모델을 제시했는지도 이 책에서 박진감 있게 살펴볼 수 있습니다. 또한 미래형산업과 함께 통합과 화합을 위한 선진적이고 진보적 위상을 갖는 중도개혁정치도 짤막하게 제시해 보았습니다. 중도는 어중간한 중간지점이 아니라, 균형과 중심을 잡는 개혁적인 정치사상이라는 점도 피력해 보았습니다.

〈유용화의 오늘의 눈〉에서 방송한 내용을 글로 재 작성했기 때문에, 논증적인 측면이 약할 수도 있습니다. 방송 특성상 좀 더 대중적인 언어로 다가가려 했기 때문에 논리적 치열함도 부족할 수 있습니다. 그러나 지난 2년 여간의 국민적, 시사적 현안을 알아보고 일람하는 데는 도움이 될 것으로 여겨집니다. 물론 이 책이 문재인 정부에 대한 평가 작업 일환으로 서술되어 있지는 않습니다. 그러나 문 정부 임기가 끝난 뒤 국민의 촛불로 탄생한 정부에 대한 평가 작업 시 2차 가공 자료로 쓰여 질 수 있다는 생각은 듭니다.

전체적으로 취사 선택하였습니다. 양적으로는 많지만 질적으로 독자들에게 호응을 이끌어 낼지 걱정도 됩니다.

KTV의 「유용화의 오늘의 눈」 코너 방송은 결코 저 혼자서 만들어 내지 않았습니다. 뒤에서 음으로 양으로 방송제작에 함께 해주신 스텝들의 도움이 없었다면 출간은 불가능했을 것입니다. 초반기에 「오늘의 눈」 코너를 자리 잡도록 가장 고생하신 박준석 팀장께 지면을 통해 진심으로 감사를 드립니다. 마찬가지로 지금도 〈오늘의 눈〉 원고를 데스킹 하고 바로잡고 계시는 김형근 팀장님, 제작과 방송디렉션에 너무 성실하신 정준규 PD, 오희현 PD와 일꾼 이범석 AD에게도 고마운 마음을 표합니다. 새내기 AD인 최한울과 윤도희, 이유진, 이예진 작가 그리고 카메라 감독님들과 음향 감독, 조명 감독, 연출 감독들에게도 항상 고마운 마음을 갖고 있다는 점을 전하고 싶습니다. 물론 가장 고생하고 있는 장욱진 PD와 뉴스 파트너인 신경은 앵커도 오늘의 눈 코너의 숨은 공로자 분들입니다. 교정교열에 힘써주신 넥센미디어 손귀분 편집부국장님께도 심심한 감사를 드립니다.

부족한 저에게 「유용화의 오늘의 눈」 코너를 배려해 주신 KTV 국민방송 성경환 원장님의 인연과 은공은 잊을 수가 없을 것입니다. 성실하고 열심히 했지만 어느 정도 점수를 주실지 궁금합니다.

코로나19 전쟁터 최 일선에서 고군분투하고 계시는 정세균 국무총리님, 국정운영에 밤잠도 설치시며 바쁘실 텐데 격려사까지 흔쾌하게 써주셔서 너무나 감사드립니다. 대한민국 국민을 위해서 그동안 쌓으신 경륜과 능력을 아낌없이 발휘해주시길 부탁드립니다.

비록 소박하고 간결한 방송 원고를 다시 풀어쓴 책이지만, 유용화가 정직하게 바라본 한국현실과 미래형 대한민국이 이 책에 담겨져 있다고 여겨주시면 감사할 따름입니다.

2020년 11월 저자
유용화

발간격려사

국무총리 정세균

『유용화의 오늘의 눈』은 바로 '국민의 눈'입니다!

KTV 대한뉴스의 『유용화의 오늘의 눈』이 오랜 작업 끝에 책으로 출간돼, 세상에 선을 보였습니다. 대한뉴스 애청자의 한 사람으로서 너무 반갑고 축하드립니다. 스텝들의 노고에도 감사드립니다.

2년여 동안 진행된 KTV 대한뉴스의 메인 논평코너 <유용화의 오늘의 눈>은 그날그날의 정부 정책을 날카롭게 진단·분석하고, 촌철살인 같은 대안을 제시해 왔습니다. 저 역시 '오늘의 눈'을 통해, 우리 정부의 정책을 이해하고 해석했던 기억이 있습니다. <유용화의 오늘의 눈>은 저에게 '정책을 바라보는 창'이었습니다. 정치·경제·사회·안보 등 다방면에 걸친 유용화 앵커의 폭넓고 깊이 있는 시선은 뉴스를 시청하는 국민에게도 큰 도움이 되었을 것입니다. 『유용화의 오늘의 눈』은 바로 '국민의 눈'이었습니다.

이렇게 축적된 정책의 자양분이 책으로 엮여 세상에 나온다고 하니, 이보다 더 반가운 일이 또 어디 있겠습니까? 유용화 앵커의 글은 따뜻합니다. 사람을 향하고 있습니다. 택배 노동자의 삶, 장사하는 분들의 피눈물, 소득양극화, 청년문제, 직장 내 갑질, 양심적 병역거부, 위안부 피해자 등 우리 사회의 어렵고 힘든 분, 소외된 이들을 대변하고 있습니다. 그 따뜻한 마음과 열정에 박수를 보냅니다.

지금 코로나19로 많은 국민들께서 고통을 겪고 계십니다. 특히 취약계층의 삶은 벼랑 끝으로 내몰리고 있습니다. 손님 없이 홀로 앉아 임대료 걱정에 한숨이 늘어가는 자영업자, 어렵게 일으켜 세운 회사와 가게가 파산지경에 몰린 소상공인, 그리고 생명과도 같은 일자리를 잃은 수많은 분들이 계십니다. 학생들은 친구를 잃고, 우리 모두는 행복한 일상을 잃어가고 있습니다. 코로나19 라는 국가적 재난 앞에서 모든 국민이 고통과 불편, 슬픔과 비참함을 나누며 근근이 버티고 있습니다. 1997년 외환위기 이후 최대 위기입니다. 모두가 아픈 2020년입니다. 너무나도 미안한 마음입니다. 따뜻하고 넉넉한 품이 어느 때보다 필요한 때입니다. 고통을 겪고 계신 분들에게 위로와 희망을 건네줄 수 있는 '내일의 눈'이 필요한 때입니다. 사람을 생각하고, 어려운 이를 살뜰히 챙기는 유용화 앵커의 책 발간이 의미 있게 다가오는 이유입니다.

우리 국민에게는 저력이 있습니다. 위기에 굴하지 않는 인내력이 있습니다. 위기를 헤쳐나가는 단결력이 있습니다. 위기를 기회로 만드는 지혜가 있습니다. 이제 그 저력이 다시 한 번 발휘될 것이라 확신합니다. 지금 코로나19로 잠시 실의와 좌절에 빠져있지만, 우리는 결국 이겨낼 것입니다. 일터를 되찾고, 웃음과 행복을 되찾을 것입니다. 코로나19 위기 국면에서 자생적으로 형성된 국민의 저력을 '통합의 힘'으로 이끌어는데, 『유용화의 오늘의 눈』이 큰 힘을 보태주기를 기대합니다. 국민의 아픔을 보듬어 주고 희망을 제시하는 국민의 눈이 되어주기를 기대합니다. 정부도 지금의 위기를 기회로 만들고, 더 큰 대한민국을 만드는데, 모든 힘을 쏟겠습니다.

다시 한 번 『유용화의 오늘의 눈』의 출간을 축하드리며, 앞으로도 국민의 눈높이에서 '정부 정책의 비판자'로서의 역할을 해주실 것을 기대합니다.
감사합니다.

2020. 11.
국무총리 정세균

격려사

한국정책방송원장 **성경환**

〈대한뉴스〉의 부활

나무위키는 〈대한뉴스〉가 "해방이후부터 1994년 12월까지 총 2040회가 상영됐다"고 적고 있습니다. 그렇습니다. 1945년에 〈조선시보〉로부터 시작한 〈대한뉴스〉는 정부 수립 후 〈대한 전진보〉를 거쳐 1953년에 비로소 그 이름을 얻습니다.

〈대한 늬우스〉, 〈대한뉴스〉등으로 그 이름을 바꿔가면서 매주 제작해오던 〈대한뉴스〉도 1994년 12월에 '상영'을 마감했습니다. 그런데 왜 '방송'이라 하지 않고 '상영'이라고 하는 걸까요? 지금이야 KTV국민방송 채널에서 볼 수 있으나 그때까지는 영화를 관람하는 관객들이 영화관에서만 볼 수 있었기 때문입니다. 영화 관람객들이라면 선택의 여지없이 반드시 봐야 했던 영화관의 〈대한뉴스〉는 그 이후 더 이상 볼 수 없었으며, 1995년 3월에 설립한 KTV에서도 마찬가지였습니다.

그렇게 세월이 흘러 흑백영상 필름의 저 유명한 〈대한뉴스〉가 2018년 6월 18일 되살아났습니다. 〈국립영화제작소〉가 만들어오다 영원히 끝낼 뻔했던 역사속의 〈대한뉴스〉를 그 기관의 역할과 사명을 이어받은 〈한국정책방송원〉의 KTV국민방송이 되살린 것입니다. 영화관 '관람' 대신 안방과 스마트폰에서 매일 매일 '시청'할 수 있는 뉴스프로그램으로 되살린 것입니다. 과거 영화관에서 상영하던 〈대한뉴스〉는 아나운서의 내레이션으로 '관람'했지만 부활한 〈KTV대한뉴스〉는 유용화와 신경은 앵커의 진행으로 '시청'합니다. 무려 24년 만의 부활입니다.

과거 흑백필름의 〈대한뉴스〉가 해방 후 1994년 12월까지의 대한민국 역사를 기록했듯이 〈KTV대한뉴스〉는 2018년 6월 18일 이후의 대한민국 역사를 기록해오고 있습니다.

부활한 〈KTV대한뉴스〉에서 유용화 앵커의 역량이 뚜렷하게 빛나는 코너가 있습니다. 바로 〈유용화의 오늘의 눈〉입니다. 코너를 시작한 지 2년여가 지나니 기록을 좋아하는 유 앵커가 그동안의 방송 내용을 책으로 묶어 출간한다고 합니다. 정말 기분 좋은 일이 아닐 수 없습니다.

〈KTV대한뉴스〉는 청와대를 비롯한 각 부처 출입기자들의 취재와 리포트를 모아 매일 매일의 대한민국 정부가 한 일을 전합니다. 정부의 정책방향과 그 내용을 거의 빠짐없이 정책수혜자인 국민에게 전파합니다. 〈KTV대한뉴스〉의 정부정책 보도는 일반매체들의 그것과는 다릅니다. 일반매체는 그 매체가 지닌 이념이나 가치관, 다양한 이해관계에 따라 비판적인 시각으로 보도합니다만 KTV는 정부의 정책을 '있는 그대로 보도'합니다.

그리고 그 정책들을 정책수혜자인 국민이 바르게 이해할 수 있도록 해설하고 논평합니다. 바로 여기에 〈유용화의 오늘의 눈〉이 큰 몫을 하고 있습니다. 제가 언론에 몸담은 지난 38년 동안 이른바 가짜뉴스(허위조작 정보)가 최근처럼 범람한 기억은 없습니다. 미디어 생태계의 변화도 있겠습니다만 언론의 '자유'를 '방종'으로 풀어내는 매체와 사이비 언론인들이 넘쳐나는데도 그 이유가 있습니다. 이러한 환경에서〈유용화의 오늘의 눈〉은 정부의 정책들을 접하는 국민으로 하여금 가짜뉴스에 흔들리지 않도록 잡아주는 앵커(닻) 구실도 하고 있습니다.

지난 2년 여 동안 방송한 내용을 들여다보니 문재인 정부가 어떠한 정책들을 펴 왔는지 한눈에 알 수 있습니다. 돋보이는 한 코너를 맡아 매일 매일 원고를 쓰는 일이 결코 쉬운 일은 아니었을 것입니다. 더구나 방송원고이기 때문에 신속성도 필요합니다. 이는 이제 갓 발표한 정책에 대한 빠른 이해를 전제로 합니다. 따라서 이 책은 유 앵커 특유의 성실함과 정책에 대한 탁월한 이해역량이 거둔 열매라고 생각합니다.

저자 유 앵커는〈KTV대한뉴스〉를 만드느라 늘 수고를 아끼지 않는 제작진과 지혜롭고 유능한 파트너 신경은 앵커를 고맙게 여깁니다. 저 역시 동감입니다. 매일 매일 사관의 자세로 대한민국 역사를 기록하고 있는 제작진입니다. 지금 우리가 과거의 역사를 흑백필름으로 다시 보듯이 우리의 후손들은 고화질 영상으로 이 기록들을 마주하며, 우리의 세상을 그들의 현실에 비추어 해석하고, 그들의 과거와 대화할 것입니다.

유용화 박사의『유용화의 오늘의 눈』은 문재인 정부의 지난 2년간의 기록입니다. 아마 이처럼 일목요연하게 기록한 책은 아직 없을 것입니다. 출간을 진심으로 축하하며, 많은 독자 분들의 찬사를 들을 것으로 기대합니다.

2020년 11월
KTV 한국정책방송원장 **성경환**

- 목차 -

머리말 ············ 5
발간 격려사 - **국무총리 정세균** ············ 11
격려사 - **KTV 한국정책방송원장 성경환** ············ 14

제1부 | 2020년

한일관계, 조 바이든의 선택은? ············ 34
한국의 로봇산업을 말한다 ············ 36
바이든 시대, 대북정책은? ············ 38
전태일, 우리는 기계가 아니다 ············ 40

2050년 '탄소중립' 선언 ············ 44
삼성 이건희 회장의 빛과 그림자 ············ 46
일본, 원전 오염수 방류가 임박했는데 ············ 48
코로나19 '고독사' ············ 50
수소경제! 한국을 먹여 살릴 새로운 성장 동력 ············ 52
베를린에 우뚝 서게 된 평화의 소녀상 ············ 54
핵심두뇌인 AI 반도체 ············ 56

남녘 동포에게 사랑한다고 표현한 김정은	58
차벽설치에 대한 논란	60
BTS의 병역특례 어떻게 생각하십니까?	62
마스크, 반드시 착용해야겠죠.	64
추석민심은?	66
김정은 위원장이 사과했지만 …	68
타임즈 100인에 등극한 정은경- 바이러스 헌터	70
청년들에게 공정은 무엇일까요	72
총리를 파세요	74
스가 총리 역시 아베의 연장선인가	76
코로나 백신 개발, 어디까지	78
스토킹 처벌법 이제 발효됩니다	80
택배노동자들은 왜 과로사로 쓰려져 가는 것인가요	82
의료계의 집단행동이 남긴 것	84
코로나 19, 두 개의 큰 산이 놓여져 있습니다	86
재난의 연속을 어떻게 이겨낼 것인가	88
BTS의 다이나마이트 폭발력은 코로나 19 힐링	90
40년 장사 이래 처음, 정말 피눈물 납니다	92
재난지원금, 소득보전의 의미로 이해해야	94
가짜뉴스(Fake News)가 왜 심각한가요	96
부동산정책의 핵심은 실수요자에게 맞추어져야	98
왜 이렇게 의료계와 합의가 안 되는 것인가요	100
포스트 코로나, 한국 성장률 OECD 1위 예상	102
지구온난화와 기후변화, 그리고 이상기후	104

한글의 우수성을 모르시나요 ············ 106
인간 정주에 관한 이스탄불 선언과 공공임대주택 ············ 108
고질적인 스포츠 성폭력 ············ 110
임대차보호법… 시장 연착륙이 관건 ············ 112
국정원의 명칭 변경에 담긴 정보기관의 역사 ············ 114
미사일 지침 개정의 파급효과는 엄청납니다 ············ 116
124년 만에 사라지는 군대 영창 ············ 118
실질적인 지방분권화에 해답이 있습니다 ············ 120
언컨택트 산업시대가 열리고 있습니다 ············ 122
오욕으로 얼룩졌던 용산 공원부지, 이제야 국민 품으로 ············ 124
경찰개혁 과제도 한두 가지가 아닙니다 ············ 126
정권마다 요동친 부동산정책 ············ 128
2021년도 최저임금, 1.5% 인상된 8,720원으로 결정 ············ 130
유명희, WTO 사무총장 도전 ············ 132
부동산 보완대책 발표했지만, 과연 시장의 반응은 ············ 134
한미워킹그룹, 도움이 되는 것인지 ············ 136
체육계의 폭력은 언제나 근절될 수 있는 것인지 ············ 138
노사정 합의안 무산, 민노총 불참 ············ 140
일본 수출규제 1년, 불매운동만 정착시켜 ············ 142
군함도에서는 과연 무슨 일이 일어났나요 ············ 144
남북의 극단화 6·25가 우리에게 남긴 것은 ············ 146
40년이 지났는데도 밝혀지지 않는 군 의문사 사건 ············ 148
남북경제협력의 상징인 개성공단에 군대 재배치하겠다고 나선 북한
············ 150

남북한 군사력 비교해보니, 현격한 차이로 점점 벌어져	152
청춘예찬은 이제 끝난 이야기, 청년문제 정말 심각합니다	154
박종철과 이한열, 그리고 6·10 민주항쟁	156
20세기 최대의 인신매매 범죄인 일제의 위안부 만행	158
날으는 홍범도 장군의 영웅적 항일 투쟁	160
대북전단 살포가 어떤 결과를 가져올까요	162
한국이 G12에 들어가게 된다면 얼마나 좋을까	164
'정무장관' 부활하면 무엇이 달라지나요	166
코로나 19를 뚫어버린 한국의 교육열	168
마스크가 백신입니다	170
사실상 사문화되어 있는 5·24 조치	172
소득 양극화는 더욱더 심화되고 있는데…	174
노사정 주체들이 한자리에 모였습니다	176
국가폭력에 대한 진상규명과 저항권	178
코로나 19에 실력 발휘한 한국의 공동체의식	180
스승의 날, 다시 돌아보는 교육 현실은	182
포스트 코로나 시대에 과연 무엇을 대비할 것인지	184
고용보험 사각지대에 놓여있는 사람들	186
독립유공 서훈도 없는 전봉준, 김개남 장군	188
K-방역에 이어 'K-에듀'까지	190
너흰 아비 없음을 슬퍼하지 말아라, 사랑하는 어머니가 있으니	192
의료진들 감사합니다. 덕분에 챌린지 / Stay Strong	194
경제동향 수치가 심상치 않습니다	196
60년 전, 4·19혁명은 이렇게 해서 일어났습니다	198

코로나 19와 66.2%의 총선투표율	·········· 200
선거란 한 표 한 표가 모여서 거대한 민심의 바다를 만드는 것	·········· 202
어두운 그림자로 다가오는 경제현실	·········· 204
온라인 쇼핑, 비대면(언택트) 경제로 전환되고 있습니다	·········· 206
늘어나는 국가부채에 대한 대책은	·········· 208
주식시장의 의병 동학개미군단	·········· 210
IT 강국에서 방역 강국으로	·········· 212
위기가 기회다 – 자기계발의 시간으로	·········· 214
IT 강국과 원격수업	·········· 216
백범 김구 선생의 예언이 적중	·········· 218
디지털 성범죄에 대한 대책이 절실	·········· 220
한미 통화스와프 체결	·········· 222
펜더믹의 공포와 경제위기 확산	·········· 224
한국의 특별입국절차 확대가 대안이 될 수 있는지	·········· 226
한국, 코로나 극복모델이 된 이유 3가지	·········· 228
마스크 생산 개성공단을 활용한다면	·········· 230
일본의 아이러니한 한국인 입국제한	·········· 232
마스크에 대한 수요와 공급 국가가 조절해야	·········· 234
전 세계 상위 0.9%가 전체 부의 약 44%를 독점	·········· 236
올해 한국의 경제성장률 1%대로 하향	·········· 238
천리안 2B호 드디어 발사	·········· 240
중국인 유학생 혐오 없게 포용해야	·········· 242
영화 <기생충> 한국 문화강국의 힘 보여줘, 오스카 석권	·········· 244
공수처 설립준비단 출범에 부쳐	·········· 246

인수공통 감염병의 진실 ············ 248
WHO 결국 국제적 공중보건 비상사태 선포 ············ 250
주한미군 분담금 상호 호혜적 관계에서 결정되어야 ············ 252
설 명절에 얽혀있는 우리의 역사 ············ 254
한국외교의 지혜로운 선택, 호르무즈 독자파병 ············ 256
경찰개혁도 함께 다루어져야 ············ 258
쪽방촌 재정비사업 시급히 이루어져야 ············ 260
왜 한국은행은 기준금리를 1.25%로 동결했는지 ············ 262
이산가족의 개별관광 추진, 한국 외교력의 시험대 ············ 264
정세균 신임 총리에게 거는 기대는 경제 활성화인가 ············ 266
북미협상 재개될 수 있을까? ············ 268
규제자유특구 투자 시작은 포항에서부터 ············ 270
2020년 첫 번째 경제 활력대책회의가 열렸는데 ············ 272
금강산관광과 개성공단재개 이루어져야 ············ 274
한류의 힘이 가시화되고 있어 ············ 276
친환경차 제작과 수출의 현황은 ············ 278

제2부 | 2019년

김정은의 새로운 길 ············ 282
2019년 한해를 되돌아보는 유용화의 오늘의 눈 ············ 284
문재인 대통령의 생각은? ············ 286
중국과 한반도의 이해관계 ············ 288

한국, 여성의 사회 참여비율 여전히 낮은 상태 ·········· 290
제8차 한중일 정상회의에 거는 기대 ·········· 292
중국의 100만 대군도 하지 못한 일을 해낸 윤봉길 의사 ·········· 294
화살머리 고지의 유해 발굴 작업 ·········· 296
정세균 총리 지명자에게 거는 기대 ·········· 298
제3 인터넷은행과 금융 산업 육성 ·········· 300
항일, 평화, 통일 민족주의 ·········· 302
용산 기지가 이제 반환됩니다 ·········· 304
북미교착상태, 언제까지 ·········· 306
행복지수, 중도 그리고 한국인으로서의 자긍심 ·········· 308
수출 분야의 효자 K-뷰티 산업 ·········· 310
민족의 신화를 간직하고 있는 반달곰 ·········· 312
미국 측의 과도한 요구, 한미 방위비 협상 ·········· 314
한국의 부패수준은 어느 정도 ·········· 316
대학입시, 공정성 강화로 나아가야 ·········· 318
한강-메콩강 선언이 의미하는 것은 ·········· 320
제2의 투자, 교역대상인 아세안 ·········· 322
국민 공감 얻지 못했던 철도파업, 결국 철회 ·········· 324
김영삼! 닭 모가지를 비틀어도 새벽은 온다 ·········· 326
지소미아는 과연 누구에게 득이 되는 일인가요 ·········· 328
미국, 대 한반도 정책의 오류 ·········· 330
위안부 피해자 소송 3년 만에 첫 재판 ·········· 332
국민 50%가 노후준비 걱정 ·········· 334
남북공동조사와 개성 만월대 ·········· 336

일반고 역량강화가 답입니다	338
개천에서 용이 나는 시대는 이제 어려운가요	340
아세안+3 정상회의, 역내 포괄자 동반협정 RCEP타결이 관건	342
일제의 강제동원 문건 공개 파장, 조선총독부 차원	344
자율주행차시대가 오고 있다	346
금강산 관광의 역사	348
AI 인공지능이 결국 미래 산업을 결정한다	350
1900년 대한제국 칙령 41호, 독도를 우리의 영토로 선포	352
군산형 일자리 출범의 의미	354
홍범도·김좌진·지청천 장군을 생각합니다	356
한국, 유엔 인권이사회 이사국으로 선출	358
40년이나 지나서야 국가기념일로 지정된 부마민주항쟁	360
남북축구, 평양 원정	362
일본이 대한국 수출규제로 얻은 것은 무엇인가	364
한국의 국가경쟁력 세계 13위	366
조선어학회 사건은 왜 일어났나	368
사할린 강제동원의 진실을 어떻게 잊을 수 있겠는가	370
검찰개혁, 이번에는 반드시	372
국제적인 화약고 DMZ를 평화지대로 하면	374
대한제국의 마지막 황제와 구본신참 舊本新參	376
2018년 평양공동선언 1주년에 비추어 보면	378
육탄이 아니면 독립을 이룰 수 없고…한국광복군 창군 79주	380
추석(한가위)의 유래에 대해	382
관광산업은 '굴뚝 없는 공장'	384

세계최대의 가전제품 박람회 IFA	386
동남아시아의 베터리인 라오스의 메콩 강	388
아웅산 수치, 부패한 권력은 권력이 아니라 공포이다	390
독일의 사죄와 일본의 뻔뻔함	392
한미군사동맹이 의미하는 것은	394
이완용 등 경술 8적에게 말한다 - 경술국치 109년	396
103만 2천 684명이 강제동원 당했는데…	398
부정한 평화라도 정당한 전쟁보다 낫다 - DMZ 평화경제 국제포럼에 부쳐	400
1900년 10월 22일, 독도는 대한제국 행정편제에 등록	402
지소미아에 얽혀있는 세 가지 수	404
일본이 방사성 오염수를 바다에 방출한다면 논란	406
광복절 74주년에 부쳐	408
문재인 케어의 핵심은	410
오히려 전화위복의 계기가 될 수 있어	412
지능정보사회로서의 4차 산업혁명	414
일본이 '평화의 소녀상' 전시 중단시킨 이유는	416
일본, 결국 한국을 백색국가에서 제외	418
국립현충원에 살아있는 토착왜구	420
지소미아는 한미일 군사협력, 3국 군사동맹까지 염두에 둔 포석	422
한국의 힘이 강대해져야 동북아시아의 평화가 이루어져	424
한일 간의 분쟁에서 미국의 태도가 중요	426
식민지배에 대한 보상과 사과가 없었던 한일청구권협정의 진실	428
'공감의 정치'가 필요하다	430

'직장 내 갑질' 어떻게 하면 사라질까요?	432
무한경쟁 '데이터 경제시대'인데, 관련 법률은 후진성	434
세계로 뻗어가는 한국어 - 훈민정음의 역사	436
한국의 인공지능 SW 기술은 최고기술국과 대비해서 75% 수준	438
콘텐츠산업 강국과 문화강국	440
식민지 지배에 대한 사과와 대북 포용정책의 존중	442
건강보험 보장성 확대 방안은	444
해법은 '포괄적 합의와 단계적 조치'	446
G20 정상회의, 과연 다자주의 회복할까?	448
공정경제란 무엇인가요	450
북방경제의 활로는 결국 남북관계의 순항	452
창조적 파괴와 혁신, 기업가 정신이 필요합니다	454
International Civil War인 6·25전쟁이 남긴 것은	456
북·중관계의 변화와 역사, 현재는 …	458
튼튼한 안보가 대북 포용정책의 근간	460
지난해 노인학대 건수 5천 건, OECD 노인자살률과 빈곤률 1위	462
1972년 동서독 접경위원회가 했던 일은	464
이희호 여사의 소천 날에	466
6·10 민주항쟁 기념일에 부쳐	468
중도세력이 역사의 진정한 진보	470
문화와 예술은 세계 정상급, 그런데 정치는?	472
학교 스포츠 정상화는 언제쯤	474
4차 산업혁명과 새로운 노사협력	476
해외 패키지여행의 문제점이 결국	478

북유럽 복지국가의 비결 – 중도개혁정치	·········· 480
죽음을 두려워하지 않는다. 죽으면서도 나는 기쁘다	·········· 482
1991년 개구리소년 실종사건을 기억하십니까	·········· 484
새로운 성장 동력인 바이오헬스 산업	·········· 486
고 장자연사건의 실체는 무엇인지, 그 가해자의 정체는	·········· 488
5·18 광주, 39년 전 민주주의의 함성	·········· 490
백성이 나를 욕하는 것은 정당한 일이다	·········· 492
최저임금 인상과 균형경제	·········· 494
대북 식량지원이 끊기지 말아야 하는 이유는	·········· 496
정말 무지막지하게 심각한 청년문제	·········· 498
무소불위의 검찰 권력과 검경수사권 조정	·········· 500
미 헤이마켓 사건과 5월1일 메이데이, 한국의 노동절은	·········· 502
이제야 투자분야가 된 '시스템 반도체' 산업	·········· 504
하나의 고성이 북 고성군과 남 고성군으로 갈라지게 된 이유는	·········· 506
판문점선언 1주년이 되었지만, 빛바랜 현실	·········· 508
러시아가 한반도 비핵화에 갖는 이해관계는	·········· 510
CTR 카자흐스탄 비핵화 모델이 한반도에도 적용될 수 있는지	·········· 512
연해주의 항일운동과 스탈린의 강제이주, 이제야 독립유공자 유해가 돌아옵니다	·········· 514
4·19 혁명과 한국의 민주주의	·········· 516
한국 바이오산업의 현황은, OECD 국가 중 4위	·········· 518
백범 김구를 다시 본다	·········· 520
백성의 나라 '대한민국' 국호가 의미하는 것은	·········· 522
한국의 중재안 '굿 이너프 딜'	·········· 524

재난대응체계, 상시적인 시스템으로 되어 있는지 ············ 526
5G 상용화 시대를 맞는 대한민국의 과제 ············ 528
71년 만에 제주 4·3사건에 유감 표명한 국방부 ············ 530
NLL과 서해 5도 어장확대 ············ 532
대한민국 광복군의 자랑스러운 역사 ············ 534
5·18 항쟁지 옛 전남도청을 복원한다는 것은 ············ 536
스튜어드십 코드의 힘은 어느 정도일까 ············ 538
선거연령을 18세로, 국민의 생각은? ············ 540
이산가족 화상상봉은 언제나 ············ 542
장자연씨 사건과 불편한 진실 ············ 544
'버닝썬 사건'으로 본 성매매 실태 ············ 546
의혹만 증폭되는 '버닝썬 게이트' ············ 548
자율주행차가 달려오고 있습니다 ············ 550
광주 법정에 다시 서게 된 전두환 ············ 552
이제는 공유경제의 시대인데, 지금 우리는 … ············ 554
중국발 미세먼지에 대한 대책은? ············ 556
유아교육의 공공성 확보가 필요하다 ············ 558
종전선언 과연 이루어질까요 ············ 560
고종은 정말 무능한 황제였나 ············ 562
인도, 12억의 소비시장과 4조 570억 달러의 구매력 ············ 564
한국근대화의 기점인 동학농민혁명 ············ 566
현대 공적부조제도의 기초인 The Poor Law 구빈법 ············ 568
99만 명이 창업하고 81만 명이 폐업하는 자영업 ············ 570
한국경찰의 변신 '자치경찰'로 가는 길 ············ 572

독일의 반 나치법안과 한국의 광주특별법	············ 574
국민의 행복추구권으로서의 복지국가 모델	············ 576
2·8 독립선언 100주년을 맞아 그들의 용기와 희생에 대해	············ 578
6·25 전쟁 상흔에 대한 치유 - 남북자 문제	············ 580
세계 8위의 군사 강국으로 성장한 일본	············ 582
'광주형 일자리' 사회적 대타협의 첫 번째 결실	············ 584
김복동 할머니의 유언 " 끝까지 싸워달라"	············ 586
사회적 대타협이 왜 중요한지 아는지	············ 588
일본의 침략근성과 진구황후 설화	············ 590
성폭력 가해자들, 일단 부인하고 시작	············ 592
늙어가는 나라, 돌파구는 초고령 사회에 대한 대안은	············ 594
중국발 미세먼지 어디서 날아오고 있는지…	············ 596
'영장심사'에 주목하는 이유, 스스로 자초한 법원 권위의 실추	············ 598

제3부 | 2018년

김정은 위원장의 답방은 언제쯤?	············ 602
1953년 이후 처음으로 연결된 DMZ 남북전술도로, 유해발굴작업 시작되어	············ 604
화해·치유재단 결국 해산될 수밖에	············ 606
유아교육도 이제 국가가 책임져야	············ 608
노동 유연성, 왜 필요한가	············ 610
국방장관의 '5·18 계엄군 성폭행' 사과	············ 612

협치의 시작, 여야정 국정상설협의체 ············ 614
공공기관 채용비리 확실히 도려내야 ············ 616
양진호 회장에 대한 국민적 공분, 직위 남용한 갑질과 사회적폐 ············ 618
양심적 병역거부는 형사 처벌대상이 아니다 ············ 620
지방자치법 전면개정에 거는 기대 ············ 622
일본 신일철주금은 강제징용 배상금을 지급하라 ············ 624
대한민국 유치원 달라져야 한다 ············ 626
범행동기 39.1%가 우발적 분노 ············ 628
교황의 북한 방문과 available ············ 630
한국은행의 기준금리 동결 ············ 632
끝나지 않은 '코리안 웨이' ············ 634
사립유치원 비리, 그리고 유아교육 ············ 636
음주운전 '가중처벌' 시급하다 ············ 638
한국형 규제샌드박스 성공의 길은 ············ 640
종전선언과 영변 핵폐기 맞교환하자는 한국의 중재안 ············ 642
교육복지와 고교 무상교육 ············ 644
17년 만에 풀린 입국장 면세점 ············ 646
백두에서 한라까지 한민족임을 알렸습니다 ············ 648
문 대통령, 김정은 위원장 동창리 핵시설 영구폐기하기로 합의 ············ 650
9년이나 걸린 쌍용차 노사합의 ············ 652
독일의 통일, 정권과 상관없이 지속적으로 이루어져서 가능 ············ 654
무릎 꿇고 호소한 장애인 학교설립 ············ 656
비주류의 반란, 박항서 감독의 수평적 리더십 ············ 658
남북 단일스포츠의 역량을 세계에 보여준다면 ············ 660

남북공동연락사무소에 대한 논란 ·········· 662
56,800여명의 이산가족, 언제나 또 만날 수 있는지 ·········· 664
다시 나타나신 백범 김구 선생 ·········· 666
무책임한 BMW 본사의 행태 ·········· 668
삼성이 국민기업으로 거듭난다면, 얼마나 좋을까요 ·········· 670
은산분리, 이제는 재고해야 될 시점인지 ·········· 672
무소불위의 권력을 누렸던 기무사, 정말 바뀌는지 ·········· 674
국방개혁 2.0의 내용과 의미는 ·········· 676
111년 만에 찾아온 최악의 폭염 ·········· 678
누진제 완화방안이 없을까요 ·········· 680
남북 장성급 회담 47년 만에 열리다 ·········· 682

유용화의
오늘의
눈

제1부

2020년

한일관계, 조 바이든의 선택은?

문 대통령과 조 바이든 당선인이 오늘 통화를 가졌습니다. 문 대통령은 "한미동맹의 미래지향적 발전과 한반도 비핵화와 평화정착을 위해 긴밀히 소통하자"고 말했고, 조 바이든 당선인은 "북핵문제해결을 위해 긴밀히 협력하겠다. 한미동맹을 인도·태평양 안보 번영의 핵심 축"이라고 표현했습니다.

오늘 통화에 대해 일본 언론도 상당히 주시했다고 하는데요, 그것은 미국이 중국의 부상을 억제하기 위해 추진하고 있는 한미일 동맹관계 때문일 것입니다. 미국은 한국과 미국, 일본이 군사적 동맹 수준으로 발전해, 중국의 동북아 영향력을 최소화시키려 하고 있습니다. 북미관계 역시 중국견제의 큰 축에서 다뤄진다고 봐야할 것입니다. 하지만 한일관계가 미국의 의도대로 동맹관계로 발전하기는 결코 쉽지 않습니다.

그 이유는 일본이 아직도 과거 식민지배에 대한 분명한 사과 입장을 피력하지 않기 때문입니다. 더욱이 아베 전 총리의 경우에는 야스쿠니 신사 참배를 강행해 한국은 물론 국제적인 비난을 받았었죠.

태평양 전범들이 묻혀있는 야스쿠니 신사를 참배한다는 것은 과거 군사적 패권국가의 꿈을 일본이 아직도 버리지 않았다는 것, 기회만 되면 한반도를 다시 제물로 삼을 수 있다는 것입니다. 또한, 한국대법원의 강제징용 판결에 대한 보복조치로 지난해 7월부터 한국에 대해 수출규제조치를 전격적으로 실시하고 있습니다.

최근 박지원 국정원장이 일본을 방문해, 스가 총리와 미래지향적인 한일관계를 열어나가자고 제안했습니다. 박지원 원장은 1998년 '김대중-오부치 선언'과 같이 신한일 시대를 열어나가자고 역설했지만, 일본 측의 반응은 크게 긍정적이지 않습니다.

김대중 대통령과 오부치 수상 간의 정상선언은 일본이 과거 식민지배에 대해 사과하고, 한국의 햇볕정책을 지지하면서 한일 간의 경제, 문화교류를 활성화하는 것을 양 정상이 합의한 것입니다.

일본 아베 총리의 뒤를 이은 스가 총리 역시, 일본의 과거를 정리하고 새로운 시대를 열어나가는 것보다, 아직도 과거 전범의 영예를 잊지 못했다고 할 수 있는 것이죠.

결국, 미국이 한미일 동맹을 아시아 태평양 전략의 주요 축으로 삼으려면, 일본에게 압력을 넣어 전향적인 태도로 변화할 것을 요구해야 되는 과제가 있습니다.

2013년 아베 총리가 야스쿠니 신사 참배 계획을 밝히자, 당시 바이든 부통령이 아베 총리에게 전화를 걸어 참배를 만류했다고 하는데요, 조 바이든 당선인이 취임 이후 동맹관리를 위해 한일 간의 문제에 대해 어느 정도 개입할지 주목된다 할 것입니다.

(2020.11.12.)

한국의 로봇산업을 말한다

이제 배달로봇이 승강기를 타고 집 앞까지 음식을 배달하고, 주차장에선 주차 로봇이 시간에 맞춰 출차를 도와주는 풍경을 몇 년 안에 보게 될 것 같습니다.

국무총리실과 산자부는 지난 28일 고양시 킨텍스에서 '로봇산업과 규제혁신' 현장 대화를 열고 '로봇산업 선제적 규제혁신 로드맵'을 발표했습니다.

로봇산업은 고성장이 예상되는 신성장 동력산업이기 때문에 불명확한 규제로 성장이 저해되지 않게 범정부 차원에서 단계별 규제혁신을 추진합니다.

일산 킨텍스에서 열린 '2020 로보월드' 전시회에서는 전 세계 150개사가 참여해 약 400개의 부스에서 물류 지게차 로봇 등 새로운 혁신 모델로서의 신제품이 보여 지고 있습니다.

로봇산업의 성장세는 가히 혁명적이라고 할 수 있습니다. 매년 성장률이 25% 정도이며 2022년에는 81조 원의 세계시장이 열립니다. 국내 로봇시장 규모도 5조 8천억에서 2025년에는 20조 원으로 신장될 것으로 예측되고 있습니다.

미국정부는 2011년 6월 '첨단 제조업 파트너십'을 발표하고 이를 바탕으로 미국 로보틱스 로드맵 및 국가 로봇계획을 추진 중에 있습니다. 일본도 2015년 '로봇에 의한 새로운 산업혁명'의 실현을 위해 범정부 차원의 '로봇혁신전략'을 발표하였습니다. EU 역시 'Horizon 2020'의 로봇분야 실행을 위해 민간로봇투자 프로그램인 'SPARC 프로그램'을 일찍부터 개시했습니다.

우리 한국도 로봇산업에 일찍부터 관심을 가져왔는데요. 1984년에 대우중공업이 우리나라 최초로 로봇을 국산화했으며, 2008년에는 세계에서 처음으로 로봇 법을 제정했습니다. 그리고 현재 세계 5위권의 로봇강국으로 성장했습니다.

'2020 로봇월드'에 참석한 정세균 총리는 "2023년에는 글로벌 4대 로봇강국으로 진입한다는 목표로 뿌리섬유, 식음료 산업 등 제조업 분야와 돌봄, 웨어러블, 의류물류 등 4대 서비스업 분야의 로봇산업을 집중 육성하겠다."고 밝혔습니다.

로봇산업은 4차 산업의 핵심기술로 일컬어지는 인공지능, 블록체인, IoT 등을 연결·통합화하여 부가가치를 창출하는 산업입니다. 4차 산업혁명시대에 현실과 가상세계의 공존과 융합을 실현시킬 주체라고 할 수 있는 것이죠.

유엔경제협회와 미쓰비시 경제연구소 등에서 발간하는 '세계시장예측보고서'에서는 로봇산업은 신성장 동력의 핵심 산업으로 향후 20년 내에 모든 산업이 로봇화 될 것으로 전망되며, 로봇산업에서 우위를 점하는 국가만이 미래 기술경쟁시대에 살아남을 만큼 하나의 산업이 아닌 국가경쟁력의 핵심이 될 것으로 전망하고 있습니다.

(2020.10.29.)

바이든 시대, 대북정책은?

미국 제46대 대통령은 조 바이든 후보로 사실상 확정됐습니다. 자 그렇다면 가장 궁금한 것은 조 바이든 행정부가 들어설 경우, 한반도에서의 북미관계는 어떻게 변할 것인가 입니다.

만약 오바마 행정부가 8년 동안 북한에게 취한 전략적 인내정책이 재반복된다면, 북한은 핵개발정책으로 선회할 가능성이 크고 한반도는 다시 대립과 갈등의 시기로 돌아갈 수도 있습니다. 왜냐하면, 오바마 정부가 취했던 '전략적 인내'라는 정책은 사실상 전략적 방기, 북한핵개발방치로 나타났기 때문입니다. 현재 미국을 방문 중에 있는 강경화 장관은 "과거 오바마 행정부 때와 같은 대북 전략적 인내정책으로 회귀하지는 않을 것"이란 전망을 내놓았습니다. 새로 들어서게 될 조 바이든 행정부가 북한과 대립적 정책으로 가지 않을 것이라는 기대를 하는 데는 몇 가지 근거가 있습니다.

첫 번째로는 그동안의 성과입니다. 즉 트럼프 행정부가 김정은 위원장과의 극적인 정상회담을 통해, 일촉즉발의 무력갈등을 피했다는 점, 그리고 2차례의 정상회담을 통해 북미 간의 데탕트 분위기가 마련된 점. 김정은 위원장이 영변 핵시설에 대한 파기의사를 분명히 밝힌 점.

미국과 북한과의 핵협상에서의 차이점이 무엇인지 분명히 드러난 것은 지난 3년간의 주요한 성과이기 때문입니다. 1994년 제네바합의 이후 북미 간 최대한의 합의가능성을 보여주었다고 평가할 수 있습니다.

두 번째로는 조 바이든 당선인 개인이 갖고 있는 전향적인 대북관입니다. 조 바이든 당선인은 지한파이자, 대북포용정책의 지지자로 알려져 있습니다. 특히 햇볕정책을 추진한 김대중 전 대통령과의 인연을 갖고 있습니다. 2001년 미 상원위원장 자격으로 한국을 방문한 조 바이든은 김대중 전 대통령과 넥타이를 바꿔 맬 정도로 깊은 우정을 과시했습니다. 바이든은 이후 부시 행정부에게 "햇볕 정책만이 북핵 문제의 해결책"이라고 강조했습니다. 조 바이든은 평소 가장 존경하는 지도자로 김대중 전 대통령을 꼽았다고 하니, 현재 대북포용정책을 펴고 있는 문재인 정부 입장에서는 상당히 전향적으로 접근할 수 있는 여지가 있는 것입니다.

그러나 무엇보다 중요한 점은 남북 간의 평화와 교류협력정책이 진행돼야 한다는 것입니다. 즉, 김대중 정부 시절 햇볕정책, 대북포용정책의 일관된 추진은 빌 클린턴 시절 '페리보고서'가 미 의회에 제출토록 만듭니다.

페리보고서는 이전 미국의 대북정책을 180도 바꾼 대북 포괄적 접근방식을 표방했습니다. 문재인 정부의 평창올림픽 북한 참가 두 번의 정상회담이 트럼프·김정은의 역사적인 만들어 냈습니다. 즉 북한이 미국과 순조로운 협상을 진행하기 위해서는 남북 간의 교류와 협력정책에 적극적으로 나서야 한다는 것입니다. 미국의 대외 정책에 따라가는 것이 아니라 남과 북이 서로 민족의 미래를 위해서 교류와 협력을 활성화 해야 미국의 대 한반도 정책도 전향적으로 이끌고 비핵화와 함께 한반도의 평화가 열린다는 것입니다.

(2020.11.09.)

전태일! 우리는 기계가 아니다

　이재갑 고용노동부 장관은 지난 6일 전태일 열사의 묘역이 있는 마석 모란공원을 찾았습니다. 이 장관은 묘역 방명록에 "전태일 열사의 정신을 이어받아 노동존중사회를 실현하겠습니다." 라고 썼습니다.
　1970년 11월 13일 청계 피복노동자 전태일 열사는 '근로기준법을 지켜라. 우리는 기계가 아니다'라고 외치며 분신자살했습니다. 이때 전태일 씨의 나이는 불과 22살이었습니다. 청계천 평화시장의 재단사 전태일 씨가 분신할 때, 그의 손에는 근로기준법 책이 함께 쥐어져 있었습니다.
　전태일 열사가 근무하던 평화시장은 하루 15시간 이상의 장시간 노동에 시달리던 곳이었습니다. 특히 2만여 명의 근로자들 중 90% 이상이 평균연령 18세의 여성들이었습니다.
　살인적인 장시간 노동과 저임금에 시달리고 있었던 당시 근로자들의 실태가 적나라하게 드러나던 사업장이었습니다. 더욱이 인간다운 생활을 보장할 수 있는 기본적인 근로기준법도 지켜지지 않았습니다.
　1970년대 하면 박정희 정권의 고도성장이 기치를 올리고 있을 때였습니다. 박 정권은 '수출만이 살 길'이라며, 대기업에게 막대한 특혜를 주면서 한국의 산업화를 주도해 나갔습니다. 국가관료 자본주의 전형이라고 할 수 있죠.
　금융권의 저리대출 특혜와, 외국의 차관증여 등 국가에 의해 육성된 대기업은 한국경제발전의 중심축으로 자리 잡았습니다. 국가와 자본의 기형적인 결합이 이때부터 시작된 것이죠. 반면에 자생적으로 성장하던 중소기업은 설 자리를 잃어버렸습니다. 중소기업이 살 길은 대기업의 하청기업으로 자리 잡는 것밖에 없었습니다. 공장이 세워지고, 기업이 투자하면서 일자리가 생겼습니다. 그리고 그 곳에서 일할 노동자들이 필요했습니다. 농촌에서 젊은 사람들이 대거 서울로 몰려들었습니다.

그들은 장시간 노동과 저임금의 대명사였습니다. 근로기준법도 지켜지지 않는 사업장에서 기계처럼 일했습니다. 국가는 아무런 보호 장치를 하지 않았고, 기업주들의 이익만 지켜주었습니다. 당시 노동자들로부터 나온 잉여가치는 결국 자본가들의 자본축적으로 이동했습니다.

60년대에서 70년대, 한국 자본주의의 전형적인 자본축적 과정입니다. 그리고 대기업은 살찌워졌고 노동자들은 쓰러져 갔으며, 박정희 정권은 수출 100억 달러 탑을 쌓았습니다.

1970년 전태일 열사의 분신 이후 한국사회는 긴장하기 시작했으며 노동자들의 살인적인 근로환경에 조금씩 눈을 뜨기 시작했습니다. 노동조합이 결성되었고 노동운동이 발흥됐습니다.

1970년 전태일 열사가 분신한 이후 현직 노동부장관이 묘역을 방문한 일은 이번이 처음이라고 하는데요, 13일 50주기 기념일을 앞두고 정부차원에서 진행된 일이라고 여겨집니다.

(2020.11.10.)

한국 학생운동의 역사와 전통성

지난 3일 광주에서는 91주년 광주학생독립운동 기념식이 열렸습니다. '가장 아름다운 열매를 위하여'라는 주제로 열린 기념식은 2018년부터 정부 주관으로 격상됐으며, 지난 2년간 학생독립운동 유공자 158명을 발굴, 포상 해왔습니다. 광주학생독립운동은 1929년 10월 30일 광주-나주 간 통학열차에서 일본인 학생들이 조선 여학생들을 희롱하자, 조선인 학생들과 일본인 학생들 간에 벌어진 청년 민족감정의 폭발적 운동이었습니다. 이후 한국학생들은 부당한 일제의 처사에 항거하면서 대대적인 시위를 벌이게 됩니다.

11월 3일 광주에서부터 시작된 항일투쟁으로서의 광주학생독립운동은 이듬해인 1930년을 거쳐 전국으로 확산되었습니다. 3월까지 계속된 학생독립운동에는 전국방방곡곡 320개 학교와 재학생의 60%인 5만 4천여 명이 참여하였습니다. 서울의 경복고와 경성 제1고보, 중동고 및 함흥, 원산, 신의주, 평양, 개성은 물론 남쪽의 진주, 대구, 부산, 제주까지 시위에 참여했습니다.

일제의 가혹한 탄압으로 인해 1천 642명이 체포되었고, 퇴학 582명과 무기정학 2,330명이 발생한 3.1운동 이후 최대의 대일민족항쟁이었습니다.

일제의 폭압적 상황에서 용감하게 항거한 학생들의 투쟁은 이후 항일민족운동에 다시 불을 지피는 기폭제로 작용하여, 국내에서는 신간회 등 민족독립운동이 더욱 더 활발하게 전개됐으며, 해외에서도 임시정부의 활동에 상당한 자극을 주었습니다. 실제로 1932년 상해의거를 일으킨 윤봉길 의사가 1930년 국내에서 광주학생운동을 목격하고 독립운동에 투신코자 상해임시정부를 찾아가게 됩니다.

한국의 학생운동은 1929년 광주학생운동에 그 뿌리를 두고 있습니다. 일제하 학생운동의 용감하고 희생적인 정신은 해방 후 1960년 4·19 혁명으로 이어졌습니다. 학생들이 주축이 되어 독재정권이었던 이승만 정권을 몰아낸 것입니다. 그 이후에도 박정희, 전두환 군사 권위주의정권 하에서도 한국의 학생운동은 희생적이고 선도적인 모습으로 끈질기게 권위주의 정권과 싸움을 벌였습니다. 아마도 30여 년 동안 한 번도 멈추지 않고 권위주의 정권에 항거한 학생운동의 역사는 전 세계에서 한국이 유일할 것입니다.

4월 혁명의 정신을 이어받은 학생운동은 광주민주화운동, 그리고 87년 6월 항쟁을 주도하여 한국의 민주화와 민주주의 완성에 중심적인 역할을 하였습니다. 이날 기념식에 참석한 정세균 국무총리는 "그 정의로운 함성이 억압과 압제를 뚫고 일어서 대구 2.28, 대전 3.8 민주의거를 거쳐 4·19혁명과 부마항쟁으로 이어졌고, 5.18 민주화운동과 6.10 민주항쟁, 2017년 광화문 촛불혁명으로 면면히 계승되었다"고 말했습니다.

(2020.11.04.)

2050년 '탄소중립' 선언

 2050년이 되면 정말 한국은 '탄소중립사회'로 정착되는 것인가요. 문재인 대통령은 지난 28일 국회 시정연설에 이어 오늘도 "국제사회와 함께 기후변화에 적극적으로 대응하기 위해 2050년 '탄소중립'을 목표로 나아가겠다."고 밝혔습니다.
 '탄소중립'은 이산화탄소를 배출한 만큼 이산화탄소를 흡수하는 대책을 세워 이산화탄소의 실질적인 배출량을 0으로 만든다는 개념입니다. 지구온난화의 주범인 이산화탄소를 제로로 만들기 위해서는, 일단 화석연료를 대체할 친환경 재생에너지 확보가 우선돼야 합니다. 또한, 광범위한 숲의 조성, 탄소배출권 구매운동 등도 펼쳐져야 합니다.
 얼마 전 세계최대탄소배출국인 중국도 2060년까지 '탄소중립'을 달성하겠다고 선언했습니다. 유럽연합 역시 2030년까지 절대량 40% 감축을 목표로 탄소배출량 감소에 대한 확고한 의지를 보이고 있습니다. 지금까지 전 세계 70여 개 국가들이 '탄소중립'을 선언해왔습니다.
 한국 역시 탄소배출량이 적지 않습니다. OECD 회원국 중 미국, 일본, 독일, 캐나다에 이어서 다섯 번째로 온실가스를 많이 배출하는 국가입니다. 올해 유독 이상현상으로 나타난 장마와 태풍, 지구온난화로 인한 이상기후현상이죠.
 코로나19 역시 기후위기, 생태위기의 결과입니다. 인류의 자연 파괴로 인한 기후변화로 동물 서식지가 감소하면 바이러스를 보유한 동물이 인간과 더 많이 접촉하게 되고, 신종 바이러스가 출현하는 환경이 조성됩니다.

한국은 60~70년대 급속한 산업화시대를 거치면서 성장제일, 성장우선이라는 구호에 파묻혀 살아왔습니다. 또한, 70년대 국가가 앞장서 육성시킨 석유화학과 철강 같은 중화학 공업 등은 고 탄소산업이었습니다.

그러나 친환경, 기후위기에 대한 국가적 인식은 매우 취약했습니다. 21세기 신자유주의 시대를 맞아 성장만을 쫓아왔던 것도 사실입니다. '탄소중립사회' 실현은 결코 간단하지 않습니다. 왜냐하면 산업의 체질과 구조를 혁신적으로 바꿔야 하기 때문입니다. 신재생 에너지와 미래차보급 등을 통해 온실가스 배출을 대폭 감축시켜야 하고, 스마트 그린 도시 등 도시공간과 생활을 녹색 인프라로 전환시켜야 합니다. 저탄소, 친환경 기반 기술과 산업을 육성하여 녹색산업의 혁신생태계를 구축해야 하는 것이죠. 녹색산업성장은 대규모의 새로운 일자리를 창출하게 됩니다.

'탄소중립사회'는 우리 미래세대를 위해 반드시 실현시켜야 할 과제입니다. 대한민국의 새로운 패러다임이 구축되는 것입니다.

(2020.11.03.)

삼성 이건희 회장의 빛과 그림자

삼성그룹의 이건희 회장이 78세의 나이로 별세했습니다. 한국경제를 이끌어온 재벌기업의 총수로서 이건희 회장은 빛과 그림자가 투영됩니다. 이건희 회장이 총수로 있었던 삼성은 31년간 시가 총액이 396배로 뛰었고, 반도체와 TV, 스마트폰 등 세계 1위의 제품을 13개나 만들어냈습니다.

문재인 대통령도 "이건희 회장은 도전적인 리더십으로 반도체를 한국 대표 산업으로 만들고 스마트폰 시장을 석권하는 등 경제성장의 견인차 역할을 했다"고 평가했습니다.

이건희 회장은 '아내와 자식 빼고 다 바꿔야 한다.'라는 그의 말에서 나타나듯이, 기술 중시와 인재 중시 등을 내세워 창의적 핵심인재 양성과 함께 삼성을 일류기업으로 성장시키는데 주요한 역할을 했습니다. 그는 IOC 위원으로 평창올림픽을 유치하는 공헌도 했습니다.

삼성하면 다른 이미지도 우리에게 떠오릅니다. 그것은 바로 '무노조' 경영입니다. 건강한 경영의 파트너로서, 노동자들의 정당한 대표자로서의 노동조합을 삼성은 인정하지 않았던 것입니다.

결국, 삼성이 세계 일류 대기업으로 성장하는 데는 어쩔 수 없이 자신들의 이익을 빼앗기면서, 이건희 회장 일가의 자본축적에 그 노동력을 바쳤던 삼성 노동자들의 희생도 분명히 인정받아야 할 것입니다.

국수 공장으로 시작했던 선대의 이병철 회장이 '삼성'이라는 대재벌로 키우기까지는 정경유착이라는 검은 그림자를 빼놓을 수 없습니다. 6.25 전쟁 이후 국가가 지불보증인을 서가며 차관 특혜를 받았던 일, 박정희 정권은 갖은 특혜를 통해 수출산업을 육성했죠. 이때 삼성은 전자 산업으로 손쉽게 진출했고, 1974년 반도체 산업에도 손대게 됩니다. 1980년 한국전자통신을 인수하게 되는 것이죠.

이건희 일가가 대주주로 지배하는 삼성생명이 다른 계열사를 차례로 문어발식으로 독점하는 한국재벌의 과독점은 시장경제의 정상적인 경쟁을 방해했으며, 중견기업과 건강한 중소기업 성장을 억제했습니다. 비자금 조성 등의 이유로 특검의 수사를 받은 바가 있고, 경영권 편법승계 문제가 드러나 2009년 법원으로부터 범죄사실이 유죄로 인정받은 바도 있습니다. 삼성전자 이재용 부회장 역시, 삼성그룹 경영권 불법승계 의혹으로 현재 재판을 받고 있습니다.

이제는 삼성도 국민기업으로 재탄생해야 된다는 목소리가 높아지고 있습니다. 얼마 전 이재용 부회장이 경영권 승계에 대한 사과와 함께 4세 경영은 없다고 밝혔는데요. 삼성이 만들어낸 성과가 한국 경제에서 더욱더 빛나기 위해서는 과거의 어두운 그림자를 과감하게 지우는 각고의 노력이 필요할 것입니다.

(2020.10.26.)

일본, 원전 오염수 방류가 임박했는데

 일본의 후쿠시마 오염수 방류 결정이 임박해졌습니다. 오는 27일 일본 정부는 후쿠시마 제1원전의 방사능 오염수를 태평양에 방류하는 방침을 확정할 것으로 보입니다. 후쿠시마 제1원전에서는 지난 2011년 동일본 지진과 거대한 쓰나미로 수소폭발과 방사능 유출 사고가 발생했습니다. 이로 인해서 2만여 명의 희생자가 발생했고, 약 17만여 명의 피난행렬이 이어졌던 끔찍한 사고였습니다. 후쿠시마 원전 사고로 원자력 발전소에 대한 안전성 문제와 그 대책 등이 전 세계적으로 경각심을 불러일으켰습니다.
 지금까지도 그 위험성이 지적되고 있는 사안이 있죠. 바로 오염수 방출에 대한 문제입니다. 핵연료를 냉각시키기 위해 원자로에 물을 주입했는데, 이 물이 고농도 오염수가 돼서 탱크 내에 보관, 저장되고 있는 것입니다. 오염수는 퍼내도 퍼내도 계속 나오기 때문에 오염수를 어떻게 보관, 처리할 것인지가 관건인 것이죠.
 올해 9월 기준으로 후쿠시마 제1원전 부지에는 123만 톤의 방사능 오염수가 저장되어 있습니다. 현재도 오염수가 하루 160~170톤씩 발생하고 있습니다. 일본 정부는 오염수를 희석시켜서 방출하면 문제가 없다고 주장하고 있지만, 논란을 불러일으키고 있습니다.
 문제는 인체에 심각한 위해를 가하는 삼중수소입니다. 일본 정부는 ALPS라는 다핵 종 제거 설비라는 장비를 활용해서 방사능 오염수를 정화했다고 주장하지만 방사성 물질인 삼중 수소는 제거 못했을 것이라는 우려가 큽니다.

삼중 수소가 인체 내에 흡수되면, 인간의 DNA에서 핵종 전환을 일으켜 유전자를 변형시키고, 세포를 사멸시키며 생식기능 등을 저하시키는 위험도가 발생할 수 있습니다.

한국해양과학기술원에 따르면 후쿠시마 오염수 해양방출 시 핵종 물질이 한 달 내로 제주도와 서해에 도달할 수 있다고 하는데요. 문제는 일본 측이 불투명한 태도로 일관하고 있다는 것입니다. 오염수 방류 계획과 기간 등의 자료를 공유하고 있지 않다는 것이죠.

우리 한국 정부는 국무조정실 주관으로 '후쿠시마 원전 오염수 방출 대응 테스크 포스 팀'을 꾸려서 신속하게 대처한다는 계획인데요. 수산물 등 일본산 수입품에 대한 검역강화와 함께 IAEA 전문가가 참여하는 검증이 이뤄져야 한다는 의견을 일본 측에 강력하게 요구할 계획입니다.

(2020.10.21.)

코로나19 '고독사'

코로나19로부터 가장 직접적 타격을 받는 사람은 아무래도 우리 사회의 사각지대에 놓여있는 분들일 것입니다. 직장을 갑자기 잃거나, 일거리가 없어서 생계를 걱정해야 하는 사람들, 더 이상 생계유지가 어려운 사람들은 그 어려움을 호소하고 구원의 손길을 기다리고 있습니다.

코로나19가 장기화되면서 '고독사'라는 단어가 다시 사회적으로 떠오르고 있습니다.

고독사란 가족과 이웃, 친구 간의 왕래가 거의 없는 상태에서 혼자 살던 사람이 홀로 임종을 맞고 사망한 후에도 방치되었다가 발견된 죽음을 말합니다. 고독사로 인간의 목숨이 사라진다는 사실은 한 개인으로 보았을 때 가장 비참한 죽음을 맞이하는 것이 아닐까 합니다.

경제적 생활도 영위하기 힘들고, 가족이나 친구들과 연락이 닿지 않고, 누구 하나 돌봐줄 인연이 없을 때 홀로 죽음을 맞게 되고, 어떤 경우에는 그 죽음도 길게는 몇 년 동안 방치되기도 합니다.

사회적 고립의 극단화라고 볼 수 있는 현상입니다. 생각만 해도 끔찍한 일입니다. 고독사 통계는 아직 정부 차원에서 집계하지 않고 있습니다, 무연고 사망자 집계로 통계를 대신하고 있으며, 지자체에서 지역 내 고독사를 관리하고 있습니다.

사회가 점점 파편화 되고, 1인 가구의 증가와 저출산, 고령화, 가족 해체 등의 현상이 나타나면서 고독사 인구는 점점 증가하고 있습니다. 더욱이 최근에는 고령층 외에도 중장년층, 40대 층에서도 고독사 숫자가 나타나고 있습니다. 2012년 749명이던 수가 2018년에는 3배 이상 늘어난 2,549명입니다.

올해 들어 큰 폭으로 증가한 고독사 숫자 증가도 코로나19의 여파로 인한 가능성이 매우 큽니다. 그래서 문재인 대통령도 오늘 "기초생활수급자가 고독사의 절반을 넘고 있다며, 실태를 더 면밀히 살피고 필요한 대책을 신속히 강구해주길 바란다."고 밝혔습니다.

아무래도 세계적인 고독사의 대국은 일본이라고 할 수 있는데요. 일본은 1980년대 경제위기를 20년 이상 겪고 나면서 독신자와 비혼자, 그리고 무연고자가 급증했습니다. 즉 잃어버린 20년이라는 경제적 어려움 이후 고독사의 인구가 급증한 것이죠.

장기적 경제 침체와 구직 단념 등의 경제적 영향에다, 이혼, 사별, 만혼 등의 개인적 가정환경 변화가 더욱더 그 경향성을 강하게 만든 것이죠.

한국은 지난 3월 국회에서 '고독사 예방 및 관리에 관한 법률'이 통과 되었는데요, 사회적 문제로 대두된 고독사 문제에 대해서 개념정리와 실태조사, 그리고 고독사에 대한 국가적 지원을 위한 제도 기반을 마련하는 내용을 담고 있습니다.

(2020.10.20.)

수소경제! 한국을 먹여 살릴 새로운 성장 동력
- First Mover-

 이제 한국에서도 수소경제 시대가 열리는 것인가요. 수소연료 전지로 생산한 전력의 일정량 구매를 의무화하는 제도가 도입됩니다. 또한, 상용차 수소충전소가 본격적으로 구축되며, 수소연료의 가격도 인하됩니다.

수소연료 전지 분야는 전 세계적으로 매우 큰 기대를 걸고 있는 미래 기술입니다. 에너지 고갈과 환경 문제를 동시에 해결할 수 있는 대안으로서의 미래 에너지 기술입니다.

수소에너지의 개발은 에너지 자립도를 높일 수 있는 기회요인을 제공하고 있습니다. 수소연료는 자연에서 추출이 가능하며, 지속성이 보장되는 자원입니다. 저공해, 저소음, 저탄소 특징을 지니고 있어 친환경 대체 에너지입니다. 고갈되지도 않는 클린 에너지입니다.

세계 자동차 시장 중 10%만 화석연료에서 수수차로 전환해도 반도체 시장규모 절반에 달하는 수요를 창조할 수도 있습니다. 거대한 시장 잠재력을 갖고 있는 것이죠. 또한 그린수소가 상용화 된다면 탄소로부터 자유로운 친환경에너지로의 대전환도 기대할 수 있습니다. 더욱이 우리는 세계적 수준의 수소차와 연료전지의 기술력과 석유화학 . 플랜트 . 철강 등 수소 활용 산업의 풍부한 경험도 갖고 있습니다.

 그러나 아직 수소차 산업의 지속적인 발전을 위해서는 안정적인 가격으로 손쉽게 충전할 수 있는 충천소 등 인프라가 잘 갖추어져야 합니다. 또한 수소연료 전지가 산업야로 자리 잡기 위해서는 가격에 따른 고비용 문제를 먼저 해결해야 합니다. 그래서 정부는 원료비 인하를 위해 새로운 수소제조용 천연가스 공급체계를 마련하겠다고 밝혔습니다. 수소제조용 천연가스에 개별 요금제를 도입하고, 수입 부과금 등을 일정기간 면제하는 방안도 검토해서 가격인하를 유도하겠다는 것입니다. 그리고 수소충전소의 편의성을 위해 수소충전소 실시간 정보시스템도 내년부터 운영합니다. 연료 전지 발전 사업자들에게 안정적인 판매처를 제공할 수 있도록 수소법을 개정할 방침입니다.

미국과 일본, 유럽은 일찍부터 국가에너지 정책의 일환으로 수소에너지 연구개발과 수소산업 활성화를 위해 개발과 과감한 투자를 아끼지 않아 왔습니다. 당초 예정보다 반년을 앞당겨 수소경제위원회를 발족시킨 정세균 국무총리는 "수소경제로의 전환은 우리가 퍼스트 무버(First mover)로 성공할 확실한 기회이며, 포스트 코로나 시대에 한국을 선도형 경제로 바꾸어 나갈 열쇠"라고 밝혔습니다. 포스트 코로나 전략으로 수소경제를 실현해 나가면 침체된 경제를 반전시키면서 한국을 먹여 살릴 새로운 성장 동력이자 반전의 열쇠가 마련된다는 것입니다. 정부는 수소모빌리티, 수소공급인프라 등 수소경제 육성을 위해 8천억의 예산을 지원하고 울산, 안산 등 4개 지역에 수소시범도시 구축에 나섭니다.

(2020.10.15.)

베를린에 우뚝 서게 된 평화의 소녀상

　일제의 위안부 문제는 단순히 한일 간의 외교상의 사안이 아님이 다시 입증됐습니다. 반인륜적인 만행 범죄라는 점이 다시 국제적으로 확인된 것이죠.
　베를린 미테구에 설치됐다가 1주일 만에 철거당할 뻔했던 평화의 소녀상이 다시 소생했습니다. 일본의 직간접적인 압력으로 인해 평화의 소녀상을 철거하려던 독일의 베를린 미테구청이 결국 철거계획을 보류한 것입니다. 베를린 시민과 한국 교민들의 시위와 강력한 항의가 이뤄지고, 가처분 신청이 접수돼 반대여론 압박이 거세지자 폰 다쎌 구청장이 갑자기 집회장에 나타났습니다. 그리고 조화로운 해결책을 논의하자고 밝혔습니다.
　폰 다쎌 구청장은 "며칠 동안 소녀상과 관련된 역사를 배우게 됐다, 베를린에 사는 일본인과 독일 연방정부, 베를린 주 정부로부터 엄청난 압박을 받았고 그것이 철거를 결정하는 이유가 됐다"고 털어놓았습니다. 소녀상을 국가 간의 갈등과 외교상의 문제로 삼아 독일에서 철거시키려던 일본의 전략이 실패한 것입니다. 즉, 평화의 소녀상은 국가 간 갈등이 아닌 보편적 여성인권의 표상임이 입증된 것입니다.
　독일에서 3번째로 세워진 미테구의 소녀상은 남다른 의미가 있습니다. 그 이유는 일본과 마찬가지로 독일도 제2차 세계대전의 전범국가이기 때문입니다.
　만약 독일이 소녀상을 일본의 압력으로 철거한다면, 전범국가로서의 독일 이미지가 다시 부각되어 국제적으로 상당한 우려대상이 될 수도 있는 것이죠. 그래서독일의 슈뢰더 전 총리도 소녀상 철거에 대해 반대 의사를 표명했던 것입니다.

위안부 피해자에 대한 문제가 국제적 여론으로 정립되는 데는 1998년 유엔 인권 소위에서 채택된 게이 맥두걸의 보고서가 주요 역할을 했습니다. 유엔인권위는 제2차 세계대전 당시, 일제 군 위안부에 대한 일본의 법적 책임을 지적한 게이 맥두걸 특별 보고관의 최종 보고서를 환영한다는 내용을 골자로 한 결의문을 만장일치로 채택한 바가 있습니다.

맥두걸 보고서에서 처음으로 일본의 위안부 피해자 문제는 군, 국가권력에 의한 전시 성폭력임이 그 본질적 성격으로 통용되기 시작했습니다. 일본에서 아무리 위안부 문제를 축소하려고 해도, 그것은 국제적인 지탄과 비난의 대상이 된다는 점을, 진정한 사과와 반성만이 그 해결책임을 알아야 할 것입니다.

(2020.10.14.)

핵심두뇌인 AI 반도체

인간에게 '뇌'는 인간 행동에 대한 모든 것을 관장합니다. 느끼고, 판단하고, 결정하고, 행동에 옮기도록 명령하죠. 이제 자동차도 마찬가지입니다. 차량용 반도체는 자동차에 시동을 거는 순간부터 센서가 탑승자의 상태와 주변 환경, 차량의 주행상태 등을 감지하여, 필요한 동작을 계산하여 차체에 전달합니다.

인공지능 반도체는 데이터를 단순히 수집하고, 가공하고, 전송하고 연산하는 기능에만 머무르는 것이 아니라 학습과 추론 및 대규모 연산까지 수행하는 인간의 뇌와 비교될 수 있는 기능을 갖고 있습니다.

20세기가 '인터넷 광풍'의 시대였다면, 이제 다가오는 시대는 'AI'의 시대입니다. 특히 AI 반도체는 인공지능의 핵심두뇌에 해당된다고 할 수 있죠. AI 반도체는 모든 기기에 탑재될 것입니다.

AI 반도체에 대한 세계 각국의 경쟁은 매우 치열합니다. AI 반도체 최고 원천기술 선점을 위해 한국과 미국, 중국과 대만의 경쟁이 대단한데요, 아직은 지배적 강자가 존재하고 있지 않은 상태입니다.

미국의 인공지능 넥스트 캠페인. 중국의 차세대 인공지능 발전 계획, 대만의 인공지능 반도체 프로젝트 등은 그 경쟁의 치열함을 보여주고 있습니다. AI 반도체의 시장 예상 규모는 대단합니다.

2030년 인공지능 반도체 글로벌 시장규모는 약 135조 4천억입니다. 앞으로 시스템 반도체 기술은 옛것이 되고 AI 반도체가 핵심 전략 사업이 될 것은 분명합니다. 한국 정부 역시, AI 반도체 사업 육성에 주력하고 있습니다. 향후 한국 경제를 책임질 산업 분야라고 해도 과언이 아닌데요.

지난 12일 제13회 과학기술관계장관회의에서는 인공지능 반도체 아카데미를 신설하고 20개의 혁신기업 고급인재 3천 명을 2030년까지 육성한다는 계획을 발표했습니다.

한국 역시 AI 반도체 시장에서 아직은 강자가 없는 초기 단계라고 보고 국가적 전략을 수립한 것입니다. 국가의 대응 능력에 따라 글로벌 주도권 경쟁의 성패가 결정될 것으로 보입니다. 즉 데이터 댐 등 디지털 뉴딜의 핵심 인프라로서 민관의 협력이 진행된다면 세계 최고의 수준으로 발전할 수 있는 것입니다. 과학기술 관계 장관회의를 주재한 정세균 국무총리는 "AI 반도체 없는 기기는 팔리지 않는 시대가 올 것이며, 구글, 엔비디아 등 세계 굴지의 반도체 기업과 당당하게 경쟁하는 초일류 기업으로 길러낸다는 자신감으로 미래에 도전하자"고 말했습니다.

(2020.10.13.)

남녘 동포에게 사랑한다고 표현한 김정은

　김정은 위원장이 10일 새벽 노동당 창건 75주년 열병식에서 밝힌 대외 메시지에 대한 해석이 분분합니다. 우리가 주목할 메시지는 한국에 대해 상당히 유화적 발언을 한 점입니다. '사랑하는 남녘 동포 북과 남이 다시 두 손을 잡는 날이 찾아오기를 바란다'는 이례적인 내용이 담겨져 있습니다. 북한의 최고 지도자가 남측 국민에게 사랑한다는 표현은 거의 처음이 아닌가 싶습니다. 그만큼 남북 간의 접촉 및 교류와 협력 의사를 표현한 것이라고 해석할 수 있으며, 향후 복잡한 북미 관계를 풀어나가는 데 남북관계를 적극 활용하겠다는 의지의 표현이라고 할 수 있습니다. 하지만 구체적인 발언이 없었기 때문에 확대 해석하거나 과잉 대응할 필요는 없다는 의견도 있습니다.

　일단 우리는 코로나19가 약화된 이후 남북 교류 증진 문제에 대해서 지금부터 구체적 준비에 들어가야 하지 않을까 여겨집니다. 즉 남북 관계의 활성화를 통해서 비핵화와 북미 관계 개선 및 종전 선언 등을 이끌어 낼 수 있기 때문입니다. 그래서 김정은 위원장이 실종 공무원 사건에 대한 한국 정부의 공동 조사 요구에 대해 전향적 입장을 취할 필요가 있습니다.

　김 위원장이 '사랑하는 남녘 동포'라는 표현을 썼듯이 남북 교류와 협력에는 우리 국민의 여론이 가장 중요하기 때문입니다.

　북한은 이번 열병식에서 미국 본토까지 사정거리에 들어갈 수 있는 대륙 간 탄도미사일 신형 ICBM과 잠수함 탄도미사일 SLBM을 선보였습니다.

당장 트럼프 대통령의 부정적 반응이 나왔는데요. 미국 입장에서는 매우 예민하게 반응하는 것은 당연합니다. 다행스럽게 김정은 위원장은 자위적 정당 방위 단으로서의 전쟁 억제력이라는 표현을 쓰고 연설문에서 미국이라는 단어는 한 번도 나오지 않았지만, 혹시 미 대선 이후 이전에 그랬던 것처럼 관행으로 미사일 발사나 실험 등을 하지 않을까 우려스럽습니다. 결코 바람직스럽지가 않죠.

한반도 평화 정착에서 북한의 핵과 탄도 미사일은 최대 걸림돌입니다. 더욱이 미사일 발사 등을 통해 미국과의 협상에서 우위를 점하려는 방식은 오히려 미국의 감정을 자극해 국제 사회의 불신을 초래하고 여론을 악화시킬 수 있습니다.

정부는 11일 NSC 회의를 열고 남북교류협력 재개에 대해 기대감을 표시했는데요. 남북 간 관계 개선의 힘을 모아 북미 간의 비핵화 문제를 풀어나가는 것이 가장 최선의 길이라고 여겨집니다.

(2020.10.12.)

차벽 설치에 대한 논란

10월 9일 광화문 광장에 '차벽'이 또 등장할 것으로 보입니다. 8·15 광복절 집회를 주도한 보수 단체와 10월 3일 개천절 대규모 집회를 시도했던 단체들이 9일 한글날에도 광화문에서 집회 신청을 냈거나, 시도할 것으로 보이기 때문입니다.

경찰은 차벽 설치가 가장 효과적이라고 판단해, 이번에도 차벽을 설치할 수 있다는 입장입니다.

코로나19는 비말과 침 등을 통해 공기 중에서 유포되기 때문에, 집회 예상 장소에 차벽을 설치하게 되면, 집회 참가자들과 접촉 없이 원천 차단할 수 있기 때문입니다. 차벽 설치는 국민의 기본권을 제한한다는 논란이 있는 것도 사실입니다.

집회가 예상되는 장소를 원천봉쇄하는 것은 위헌이라는 것이죠. 또 외관상 보기에도 좋지 않습니다.

과거에 민주적 집회를 막기 위해 악용됐었고, 그래서 국민과의 소통을 차단한다는 이미지가 있는 것도 사실입니다. 국민의 기본권 제한 문제는 '집회의 자유와 표현의 자유' 문제인데요, 헌법에는 국민의 행복추구권도 있습니다. 국가는 국민의 생명과 안전을 보장해야 됩니다.

물론 집회의 자유를 국가가 제한해서는 안 되겠지만, 국민의 생명과 안전을 위해서는 부득이하게, 불가피하게 제한할 수밖에 없는 것입니다. 더욱이 코로나

19와의 싸움은 준 전시 상황과도 유사하기 때문에, 코로나19 확산을 막기 위해서, 지난 8.15 집회와 같은 오류를 두 번 다시 범하지 않기 위해 이번 한글날 집회도 원천 차단할 필요가 있다는 것입니다.

지난 8.15 집회 시에 확진자가 600명이 넘어섰고, 현장 경찰도 8명이나 확진됐습니다. 대규모 집회의 감염 확산 위험도가 매우 큰 것이죠.

경찰 측에서는 차벽을 설치한 것은 합법이라는 입장입니다.

2011년 헌법재판소 판시 내용을 자세히 보면 "급박하고 중대한 위험 시 최후 수단으로 가능하다"고 설명했다는 것입니다. 감염 우려가 있는 집회에서 해산명령 등은 감염병 저지 사후적 조치에 해당되기 때문에 차벽 외에는 이렇다 할 효율적 수단이 없다는 것이죠.

"경찰버스 등으로 차벽을 설치한 행위는 집회 참가자들과 경찰의 직접적 접촉을 막는 것"이라는 설명입니다.

경찰의 차벽 설치가 평상시에 이뤄졌다면, 국민의 기본권을 제한한다는 문제점을 노정하지만, 공기 중에서도 감염되는 코로나19의 특성상 차벽 등으로 원천차단 하는 것은 불가피한 마지막 수단이라는 것입니다.

(2020.10.07.)

BTS의 병역특례 어떻게 생각하십니까?

방탄소년단 BTS의 병역특례건이 논란되고 있습니다. 여러분들의 생각은 어떠신가요. 최근 국회에서 법 개정 논의가 한창입니다. '한류'라는 특성을 보았을 때, 세계에서 명성을 떨친 대중 예술인들에게도 병역 특례를 적용해야 한다는 주장입니다.

반면에 체육계 병역 특례는 금메달을 딴다든지, 그 기준이 명확한데 대중예술계는 기준 잡기가 애매모호 하다는 반론도 만만치 않습니다. 병역은 청년 세대에게 민감한 공정성 문제가 있기 때문에 손대기 쉽지 않은 것입니다.

최근 미국 빌보드 메인 싱글 차트에 BTS의 곡이 1위에 오르면서, 1조 7천억 원 상당의 파급 효과를 낸다는 분석이 나오자 한류 전파와 국위선양의 가치가 다르게 평가받고 있습니다.

현재, 전문 연구 요원과 예술 체육 요원들은 대체 복무제가 있지만, 대중문화 예술계는 해당이 안 된다는 것도 형평성 논란에 불을 지피고 있습니다.

대중문화 예술인들의 국가 기여도, 한류 대중예술인들의 공헌도는 날이 갈수록 커져가고 있기 때문입니다. 이들이 한창 절정에 오를 때 군 복무를 해야 한다는 점은 개인뿐만 아니라, 국가 차원에서도 손해라는 것이죠.

지금 영국 프리미어 리그에서 맹활약을 펼치고 있는 손흥민 선수는 2018년 아시안 게임에서 금메달을 따면서 병역 특례 혜택을 받았습니다. 체육 요원으로 편입돼 34개월간 현역 선수로 뛰고, 544시간 봉사 활동을 이수하면 병역 의무를 마치게 됩니다. 그의 놀라운 활동을 보면 병역 특례는 손흥민 선수에게 날개를 달아준 격이 되었습니다.

대중문화 예술계는 기준 잡기가 어렵다는 점이 난제입니다. 무슨 수상 경력으로 인정되거나, 공인된 자격으로 공식적인 순위를 매기기 쉽지 않기 때문입니다. 대중문화라는 이유로 순수 예술과 차별을 두는 것도 형평성에 맞지 않습니다. 공적 심사 위원회 같은 것을 두고, 경제적 효과와 부가가치 등을 평가하는 방안도 논의되고 있습니다.

BTS의 맹활약으로 한류 등 대중문화예술계 청년들의 병역 특례 문제가 공론화되고 사회적 논의가 시작되는 것 같은데요, 문제는 사회적 합의를 볼 수 있는 권위적인 기준을 어떻게 마련하느냐에 달려 있습니다.

(2020.10.06.)

마스크, 반드시 착용해야겠죠

　이제는 지하철이나, 버스, 음식점 등 다수가 모이는 시설에서 마스크를 착용하지 않으면 벌금 10만 원을 물게 됩니다. '마스크 의무제'는 다중이용시설에 적용됩니다. 버스와 지하철, 택시, 집회, 의료기관, 요양시설 등은 마스크 필수 착용 대상이고요, 유흥주점이나 감성주점, 노래연습장, 학원, 뷔페, 사우나, 종교시설 등은 거리두기 단계에 따라 그 착용 의무화가 결정됩니다.
　음식, 음료를 먹거나 본인 확인을 위해 신원 확인 등 마스크를 벗어야 할 때는 예외사항으로 적용됩니다. '마스크 의무제'는 한국이 좀 뒤늦은 감이 있습니다.
　독일은 지난 4월부터 마스크를 착용하지 않을 경우 최대 5,000유로의 과태료를 물게 하고 있습니다.
　베트남에서는 외국인이 마스크를 착용하지 않을 경우 추방하겠다고 밝혔죠.
　마스크 필수 착용에 대해서 아시아 국가들이 매우 강경한데요, 필리핀은 마스크 착용에 대한 정부 방침을 반복해서 어길 경우 체포하겠다고 으름장까지 놓았습니다.
　태국 역시 마스크를 착용하지 않는 사람은 지역에 들어오지 못하게 하고 있습니다. 이탈리아도 최근 코로나19 신규 확진자 수가 2천 명을 넘어서자 로마 등에서 마스크 착용을 의무화 했습니다.
　세계 각국이 마스크 착용 의무화를 적극적으로 추진하는 이유는 백신이 다량 공급 되기 전까지, 코로나19 확산을 막을 유일한 방법은 마스크밖에 없다고 판단했기 때문입니다.

　미보건 당국에서도 "백신을 맞는 것보다 마스크를 쓰는 게 자신의 안전을 더 보장해 줄 것"이라고 마스크의 실질적 효율성을 강조하고 있습니다. 백신이 올해 안에 나오더라도 일반인은 내년 중순경에나 접종이 가능하고 효과도 70%로 예상됩니다. 마스크의 효과는 국내에서도 이미 입증됐죠.

지난 8월 29일 대구에서 열렸던 동충하초 사업 설명회에서 26명 중 마스크를 쓴 단 한 사람만이 코로나19에 걸리지 않았고, 파주의 한 스타벅스 매장에서도 손님 66명이 확진을 받았지만, 마스크와 장갑을 착용한 직원들은 코로나19가 피해갔습니다.

물론 마스크 착용 의무화에 대해서 논란은 있습니다. '진작에 했어야 하는 조치이다. 술집 같은 경우에는 눈 가리고 아웅이다. 집단 지성을 무시하는 조치이다.' 등 여러 의견이 나오고 있습니다. 이제 국민들도 마스크 착용에 대한 절대적 필요성을 인지하고 있는 분위기입니다. 아직까지도 버젓이 마스크를 쓰지 않고 공공장소를 활보하는 사람들도 있습니다.

　마스크 착용을 경시했던 미국의 트럼프 대통령도 결국은 코로나19를 피해가지 못하고 고생하고 있다는 사실, 분명히 알아야 할 것입니다.

(2020.10.05.)

추석 민심은?

민족 최대의 명절인 추석 한가위, 코로나19 이후 처음 맞는 추석입니다.
2020년 추석은 가족과 친지가 함께하는 명절로 남기는 어려울 듯합니다.
경기는 좀처럼 회복되지 않고 코로나19의 위협은 상존하고 있기 때문에 참 불안하고 어려운 추석입니다. 예년 같았으면 약 2천만 명 정도가 전국으로 이동하는 추석 명절은 여론이 형성되는 기간으로 알려져 있습니다. 정치적 현안에 대해서 가족, 친지, 고향 동무들이 의견을 교환해 국민 여론이 만들어지는 시기라고 할 수 있죠. 이번 추석은 예상보다 이동이 적을 것으로 여겨집니다. 일괄적인 여론이 형성되기는 좀 어렵겠죠. 부분적으로는 이루어질 것 같은데요.
우선 코로나19가 언제쯤 끝날 것인지, 백신과 치료제는 언제쯤 나올 것인지 등, 국민의 건강과 관련한 이야기들이 가장 많이 나올 것으로 보입니다. 올해만 잘 넘기면 될 것 같기도 한데요, 무엇보다 집단 감염이 가장 무서울 수밖에 없을 것 같습니다.
10월 3일 개천절 집회 이야기가 나올 수밖에 없을 것 같은데요, 아무래도 지난 8·15 광복절 광화문 집회 때문에 이번 개천절 집회에 대해서도 매우 부정적입니다. 국민의 생명과 안전을 생각하지 않는 무분별한 집단에 대한 원망이 아마도 대단할 것입니다.
차량 시위에 대해서는 논란이 있을 것 같기도 한데요, 하지만 과연 차량 시위만 한다고 질서가 유지 될 수 있을까요. 매우 우려스럽다는 것이 중론입니다.

최근 실종 공무원 피격사건에 대해서도 많은 이야기가 나올 것입니다. 월북이냐, 아니냐를 두고서 논박이 벌어질 수 있습니다. 해경에서는 중간 수사 결과를 발표했는데요. 해경은 북한 측이 피격 공무원에 대해 이름과 고향 등 신상정보를 소상하게 파악하고 있는 점, 월북 의사를 표현한 정황에 대한 확인, 부유물과 구명조끼 착용 등, 첩보 자료와 표류 예측 분석 결과 등을 토대로 볼 때 월북 가능성이 높다고 판단했습니다. 유가족들은 강하게 부인하고 있기 때문에 국민들 사이에서는 논란이 될 수도 있습니다.

다음으로는 우리 정부에 대한 대응 문제도 상호 공방이 되겠죠. 군 당국의 판단이 늦었던 것은 아니었느냐, 국민의 생명보다 더 소중한 일이 어디 있느냐, 각종 첩보 자료를 모아서 종합적으로 취합하는 데 필요한 절대적 시간이 부족했다. 남북 관계와 북미 관계 등을 고려할 때 신중할 수밖에 없었다는 등 이야기들이 나올 것입니다.

이번 추석에서 가장 중요한 것은, 사람 간의 왕래를 자제해서 코로나19의 확산을 최대한 막는 일입니다. 두 자리 숫자로 떨어진 확진자 수가 추석 연휴 이후 확 늘어난다면, 경제는 다시 엉망이 될 테고 자영업자들의 한숨은 깊어갈 것입니다. 더욱이 수능을 앞두고 있는 고3 학생들은 부담이 커질 것이고요.

파이팅해서 코로나19를 퇴치하는 추석이 되도록 힘을 모아야겠습니다.

(2020.09.29.)

김정은 위원장이 사과했지만 …

　북한의 김정은 위원장의 사과문이 전달됐습니다. 김정은 위원장은 실종 공무원 이 모씨가 북한의 피격으로 사망한 것과 관련해 "가뜩이나 악성 바이러스 병마의 위협으로 신고하고 있는 남녘 동포들에게 도움은커녕, 우리 측 수역에서 뜻밖에 불미스러운 일이 발생하여 문재인 대통령과 남녘 동포들에게 실망감을 더해준데 대해 대단히 미안하게 생각한다."는 통지문을 보내왔습니다.

　2008년 금강산에서의 박왕자 씨 피살사건에서도 북측의 공식적인 사과가 없었던 점을 비추어 볼 때 김정은 위원장의 신속한 사과는 상당히 이례적인 일입니다. 향후 남북 관계의 끈을 놓지 않겠다는 김정은 위원장의 의도라고도 해석됩니다.

　북한은 코로나 19 사태가 매우 심각한 상황이라고 합니다. 그래서 국외에서의 북한 입국에 대해 북측 당국은 매우 예민하게 반응하고 있습니다. 북한은 지난 8월 말에 사회 안정성에서 포고문을 발표해서 접경지역에 접근하면 즉시 사살하라는 명령이 하달됐다는 것입니다. 실제 최근 북·중 국경지역에서는 밀수업자들에 대해 사살된 경우가 있다고 합니다.

　인도주의적 원칙과 현대 국가의 상식으로는 도저히 이해가 가지 않죠. 더욱이 만약 월북, 귀순 의사까지 밝혔는데 무참히 사살됐다면 더 믿기 어렵습니다.

　유가족들은 강하게 반발하고 있습니다만, 군 당국은 실종 공무원이 월북을 감행했을 것이라고 추정하고 있습니다. 주변 채무관계와 구명조끼 외에도 무륳까지 부유물을 찼다는 점, 군 감찰망을 통해 귀순 의사를 밝힌 것이 포착된 점 등을 근거로 들고 있습니다.

유엔 해양법 협약 98조에는 '모든 국가는 중대한 위험이 없는 한 바다에서 발견된 실종 위험이 있는 조난자를 구조하고 지원을 제공하도록 요구한다'고 명시하고 있습니다.

남북 간의 분단으로 인해, 또한 해상에서의 잦은 접촉으로 인해 남과 북의 주민들은 자칫 월경할 수 있습니다. 의도적인 월경이 일어날 수도 있고, 순간적인 착오나 실수로 인해 NLL선, 남과 북의 경계선을 넘어갈 수도 있는 것이죠.

인도주의 원칙에 입각해 이러한 분쟁적 성격의 사건을 해결하는 것은 매우 지당한 일입니다. 실제 우리 정부는 북측에서 표류 등으로 서해 북방 한계선을 넘어온 북한 주민에 대해서 최근 10년 동안 총 187명을 송환하고, 82명의 귀순을 허용했습니다.

천안함 폭침으로 남북 관계가 최악으로 치달았던 2010년 당시에도 57명의 북한 주민을 무사히 돌려보낸 일도 있습니다. 김정은 위원장의 이례적이고 신속한 사과가 남측 국민들에게 어떠한 반향을 일으킬지 알 수 없습니다만, 만약 남북 간의 군사 통신망, 핫라인이 존재했더라면 이러한 일이 발생했을까 라는 상당한 안타까움이 남습니다.

개성공단 연락 사무소를 북측이 일방적으로 폭파한 점도 더욱더 안타깝습니다. 북한측의 행위는 김 위원장의 사과에도 불구하고 씻을 수 없는 과오로 남을 수밖에 없습니다.

(2020.09.25.)

타임즈 100인에 등극한 정은경- 바이러스 헌터

역시 정은경입니다.

"코로나19 극복에 최선을 다하겠습니다." 타임지 100인에 실린 소감을 묻는 질문에 정은경 청장이 답한 딱 한마디였습니다. 정은경 청장을 둘러싼 많은 일화가 있습니다.

거의 매일 브리핑을 했던 정은경.

갈수록 초췌해지는 모습에 언론인들이 잠은 1시간도 못 잔다는 이야기가 있다고 하자, 정 청장은 1시간은 더 잔다고 말했습니다. 정은경 청장의 활약과 초췌해지는 모습에 SNS에서는 고맙다는 해시태그가 올라와, 트위터 실시간 1위를 차지하기도 했습니다. 정 청장은 머리 감을 시간도 아껴야 한다면서 뒷머리 숏컷을 한 모습으로 브리핑에 나타났습니다.

먼저 해외에서 정은경 청장을 주목했습니다. 외신은 정은경 청장에게 '바이러스 헌터'라는 별명을 붙여줬습니다. '월스트리트 저널'에서는 "정 본부장의 일관되고 솔직한 발언, 정보에 입각한 분석, 침착함은 강력하다"고 평가했습니다. 그것이 결국 한국이 코로나19 전쟁을 벌이는데 강력한 힘이 되었다는 것이죠.

영국 최고의 보건책임자인 '제니 해리스', 미국의 '앤서니 파우치' 소장도 정은경 청장을 모범 사례로 언급했습니다.

정은경 청장은 지난 7월, 단 이틀간 휴가를 다녀왔다고 하죠. 1월 19일 코로나19 발생 이래 주말도 없이 186일간 근무한 후 첫 휴가였습니다. 당시 집 근처에서

가족과 산책하고 식사하는 등 모처럼 일상을 잘 보냈다고 합니다.

어느 한 국내 언론이 '한국엔 수많은 정은경이 있습니다.' 라고 기사를 쓰기도 했는데요, 묵묵히, 그리고 성실하게 공동체를 위해서 자신의 소임을 다하는 한국인, 정은경인 것이죠.

우리 국민들은 정은경 청장이 타임지가 선정한 올해의 영향력 있는 100인에 선정됐다는 소식을 들었을 때 자신의 일처럼 무척 기뻐했을 것입니다. 역시 정은경 본부장이 '청장'으로 승진, 발령 받았다는 뉴스를 접했을 때도 흐뭇한 느낌을 받았을 것입니다. 왜냐하면, 묵묵히 성실하게 희생을 다하는 사람이 대접받고 있구나. 라고 여겼기 때문입니다. 후배들을 이용하기만 하고, 자신의 공치사만 늘어놓거나, 상사에 아부만 잘하는 사람이 출세하는 것이 아니라, 뒤치다꺼리만 하면서 고생하는 사람이 인정받는 조직과 사회 풍토는 너무나 소중합니다.

지난 2015년 국회 상임위 질의 시, 후배를 위해서 후배 대신 나서서 국회의원 질문에 당당하게 답변했던 장면을 기억하실 겁니다. 그때는 아무도 주목하지 않았지만 이제 와서 보면 정은경 청장의 인품이 드러난 순간이었습니다. 잠시 눈을 붙이는 시간을 제외하면 온종일 긴급 상황실을 지키고 있었던 정은경, 정청장이 있었기 때문에 많은 국민들이 그의 말을 믿고, 코로나19를 극복하고 있는 것이 아닌가 여겨집니다. 그가 있어서 한국인들은 행복합니다.

(2020.09.24.)

청년들에게 공정은 무엇일까요

제1회 청년의 날이었던 9월 19일. 주제는 '공정'이었습니다. 대한민국에서 처음으로 맞이하는 청년의 날에 '공정'이라는 단어가 그날의 화두가 되었다고 하니, 매우 안타까운 측면도 있습니다.

영어에서 'Justice'라고 불리는 '공정'은 한자어로는 '公正', 즉 '공개적으로 올바름과 공평성이 구현되어 있다.'라고 해석됩니다. 예를 들어 재판이 공정하게 이뤄졌는지, 시험 문제가 공정하게 출제되었는지, 입사 채용이 공정하게 진행되었는지에서 공정이라는 말은 공평성과 올바름이라고 할 수 있습니다.

공정성은 공평성이라는 말로도 여겨집니다. 어떤 조직이 공정하냐, 한 국가가 공정하냐 라고 판단할 때 준거 틀은 '구성원들의 기여에 대한 보상'으로서의 공정성이라고 할 수 있습니다.

아리스토텔레스가 '니코마스 윤리학'에서 처음으로 분배 정의의 원칙을 제시했는데요, 아리스토텔레스는 '두 사람에게 주어지는 사회적 보상이 두 사람이 기여한 바에 비례해 분배되었을 경우, 보상은 공정한 상태를 이루게 된다'고 서술했습니다. 다른 사람에 비해 내가 공정하지 않게 보상을 받았을 경우 화가 나게 됩니다.

자기 자신이 일한 것보다 적게, 즉 과소보상을 받았을 경우 분노하고 실망하게 됩니다. 그 반대의 경우인 과대한 보상을 받았을 경우에는 스스로 죄책감과 함께 부채감을 느끼게 됩니다. 분배의 공정성이라고 할 수 있습니다.

공정성은 이론적인, 이성적인 이해라기보다 감성적인 느낌에 의해서 판단되는데요. 최근 '인국공' 사례에서 청년들이 화가 났던 이유는 자신은 정규직이 되기 위해 피땀 흘려서 노력해, 겨우 정규직 채용 시험에 합격할까 말까 하는데, 비정규직을 구제한다는 이유로 일정 연한이 되어서 정규직이 되고, 결과적으로 정규직 자리가 줄어든다는 점에 있었습니다.

비정규직을 정규직으로 전환시켜, 그 사회적 차별을 없애야 한다는 것을 머리로는 받아들일 수 있지만, 가슴으로 받아들이기는 힘들었던 것이죠. 사람들은 자신에게 돌아오는 보상이 내 책임에 맞게 마땅하게 돌아온 것인지 끊임없이 생각하고 반응합니다. 혹시 낮게 돌아온 것은 아닌지, 내가 차지해야 할 보상을 다른 사람이 빼앗아 과도하게 그 사람이 차지한 것은 아닌지, 그 공평성에 대해 항상 평가합니다.

공정성에 대한 구성원들의 평가와 인식은 공동체의 유지와 발전에 너무나 중요한 영향을 끼칩니다. 해당 공동체가 공정하다고 구성원들이 느끼게 되면 생산성도 증가하고 헌신하고 협력하며, 조직의 규칙이나 가치를 보다 잘 따르려 합니다. 공정하지 않다고 느끼면 반대의 경향성이 나타나, 공동체는 불안정하게 되는 것이죠.

공정성은 매우 세심하고 치밀한 감정의 균형적 원칙을 지켜나가야 합니다. 인간의 감정에 의해 공정성이 평가되기 때문입니다.

(2020.09.21.)

총리를 파세요

혹시 "총리를 파세요"라는 만화를 보셨나요. 정세균 총리는 "이번 추석은 저를 핑계 삼아 이동하지 마시고 집에서 가족들과 함께 안전하게 보내세요"라는 삽화 3편을 자신의 페이스북에 올렸습니다. 추석 연휴 국민들의 이동 자제를 권고하고 나선 총리 캠페인입니다.

부모님편, 자녀편, 삼촌편 3편으로 이루어진 삽화물은 국무총리의 이동 자제 당부를 핑계 삼아서라도 고향 방문을 자제하고 집에 머물러달라는 호소입니다. 정은경 본부장 역시 추석 연휴의 대이동에 대해서 간절하게 호소하고 나섰습니다. 정 본부장은 최근 한 달 반 만에 여행과 모임에서 300명이 확진됐다며, 가장 큰 리스크가 추석 연휴라고 강조했습니다.

방역 당국은 최근 코로나19 감염 경로가 불분명한 사례가 점점 늘어나 26%나 된다는 점에 주목하고 있습니다. 추석 명절을 맞아 이전과 같이 대이동이 일어난다면 N차 감염을 막을 길이 없다고 판단하는 것입니다.

지난 설 연휴 당일이었던 1월 25일 국민 이동량이 어느 정도였는지 아십니까. 국내 이동 통신사 가입자 정보를 바탕으로 한 국민 이동량 집계치는 5천 73만 건이었습니다. 민족의 대이동인 추석 연휴 때는 더 많아질 것이라는 게 방역 당국의 고민입니다. 정부와 지자체는 추석 연휴 대이동을 조금이라도 막아보려고 갖은 아이디어를 내놓고 있습니다.

도로공사는 매번 무료였던 고속도로 통행료를 이번 추석에는 유료로 전환 시

컸습니다. 약 16%의 증가 효과를 막아보려는 시도입니다. 추석 고속 도로 휴게소 역시 포장만 가능하도록 조치했습니다.

코로나19 확산에 더욱더 애간장을 태우는 곳은 각 지자체입니다.

"올 추석은 쉬어라."

부모님이 띄우는 영상 편지, 고향 방문 자제 안부 영상 보내기 캠페인을 대대적으로 벌이고 있습니다.

김천시에서는 관내 주요지점 80개소에 추석 고향 방문 자제 현수막을 내걸었습니다. 상당수의 추모공원에서는 온라인 성묘와 차례상을 선보이고 있습니다. 2020년 10월, 추석 이동 멈춤 운동에 적극적으로 참여하셔서, 코로나19 확산 방지에 한 몫 해주시길 바랍니다.

(2020.09.18.)

스가 총리 역시 아베의 연장선인가

일본의 제99대 총리로 선출된 '스가 요시히데'.

스가 총리의 임기는 1년, 아베 전 총리의 잔여 임기를 채우게 됩니다. 스가 요시히데가 구현하는 내각은 과연 어떤 성격을 가질까요. 추락한 한일관계를 새롭게 만들 의지를 갖고 있는 것일까요. 일반적인 관측은 스가 신임 내각 역시 아베 내각 2기가 될 확률이 높다는 겁니다.

실제 스가 신임총리는 전임 아베 총리의 계승을 선언하겠다는 의지를 표명했고, 새 내각 구성에서도 아베의 사람들을 그대로 기용하고 있습니다. 20명의 내각 중 절반이 넘는 11명을 아베 내각 때 각료들 그대로 임명했습니다.

이외에도 아베의 친동생 '기시노부오'를 방위상에, 부흥 담당상에는 아베 가문의 가정교사 출신을, 그래서 이번 내각을 '아베노마마 내각'이라고 부릅니다. 우리는 일본 정치권의 막강 배후 파워로 '일본 회의'를 지목합니다. 전전의 일본 영화를 역설하고, 신궁의 종교를 다시 부르짖으며 개헌을 통한 전쟁 가능한 국가로 바뀌어야 한다고 주장하는 일본 극우 집단의 대명사인 '일본 회의'.

자민당 의원 대부분이 '일본 회의' 소속이고 이들의 정치자금이 대단하다고 합니다. 실제 아베 전 총리를 움직였던 힘이었다고 합니다.

아베 내각에서 각료 15명이 극우 로비 압력 단체인 '일본 회의' 소속이었다고 합니다. '일본 회의'는 재군비와 국수주의, 천황숭배 등을 주장합니다.

19세기, 서양제국에 맞서 동아시아를 해방시킨 국가가 일본이라고 믿는 집단입니다. 한반도에서 평화롭게 살고 있는 우리가 들으면 섬뜩한 말입니다. 왜냐하면 일본은 항상 한국을 제물로 삼아 대륙으로 진출했기 때문입니다.

임진왜란과 1894년 경복궁 침략, 동학 농민군에 대한 대량학살, 그리고 청일 전쟁과 러일 전쟁을 통해 그들은 한반도를 교두보로 확보한 뒤 중국과 영국, 미국과 전쟁을 벌였습니다.

아베 전 총리가 끊임없이 추진한 개헌과 2019년에 시행된 한국에 대한 수출 규제 조치와 미·일 동맹을 통한 지소미아 협정체결 강요 등 결코 사과하지 않는 위안부 피해자와 강제징용 문제를 결코 허투루 볼 수 없는 것이죠.

스가 내각 역시 별 변화가 없을 것 같은데요.

일본에 대해 절대 경계를 늦출 수 없는 이유입니다.

(2020.09.17.)

코로나 백신 개발, 어디까지

우리는 백신을 언제쯤 접종받을 수 있을까요. 또 정부는 백신 확보를 위해 얼마나 뛰고 있는지요. 궁금한 것은 전 세계에서 백신 개발은 어느 정도 수준에 와 있고, 언제쯤 대량생산돼 전 세계 국민에게 보급될 수 있을까요.

코로나19 사태가 결코 단기간에 끝나지 않을 것이라는 예상이 분명해지면서 국민들의 관심은 이제 백신에 모아지고 있습니다. '마이크로 소프트' 창업자인 빌 게이츠는 내년 여름까지 전 세계에 백신이 대량 공급되면, 아마도 2022년이 되어서야 코로나19 확산은 전 세계적으로 끝날 것이라고 말했습니다.

현재, 전 세계에서 179개의 백신 개발이 이뤄지고 있습니다. 그중 한국도 열심히 백신 개발에 주력하고 있고요. 현재 34개의 백신이 임상시험에 들어갔는데요, 임상 3상 시험에 들어간 백신 후보들은 9개입니다.
'아스트라 제네카', '노바백스', '존슨 앤 존스', '모더나', '시노팜' 등입니다. 9개 중에서 가장 먼저 성공을 거둘 것이라고 예상된 영국의 '아스트라 제네카'가 최근 임상시험 단계에서 부작용으로 의심되는 질환이 발생했습니다. 그래서 임상시험을 잠정 중단했다고 합니다.

미국 제약사인 '화이자'가 개발한 백신 후보가 임상시험에서 긍정적 반응을 보였다고 하는데요, 4만 4천 명의 임상시험 자원자 중 2만 9천 명을 대상으로 3상 임상시험을 진행한 결과, 일부에서만 경미한 수준의 부작용. 피로증 정도만 호소했다고 합니다.

트럼프 대통령은 3~4주 안에 미국에서 백신 개발이 완성될 것이라고 밝혔지만, 대통령 선거를 겨냥한 정치적 발언이라고 여겨지고 있습니다.

한국 방역 당국은 중국의 백신 개발에도 주목하고 있는데요.

중국은 현재 4개의 후보군이 백신 개발에 박차를 가하고 있습니다.

방역 당국은 중국 제약사인 '시노팜'의 백신 개발을 모니터링하고 있는데요, 중국의 '인민일보'는 12일 '시노팜'의 백신 2종을 수십만 명에게 접종했는데, 부작용 사례는 단 한 건도 없었다고 보도했습니다.

정부는 전 세계 백신 공급 체계인 '코백스 퍼실리티'를 통해서 천만 명분을, 개별 기업 협상을 통해 2천만 명분, 약 1,700억을 들여서 3천만 명분의 백신을 우선적으로 확보하겠다고 밝혔습니다. 일단 선제적으로 3천만 명분의 코로나19 백신을 확보한 후 국내 백신 개발 동향 등을 감안해서 국민의 70% 이상이 백신을 맞을 수 있도록 추진한다는 방침입니다.

하루라도 빨리 백신 개발이 성공했다는 소식이 들려, 국민들의 얼굴에 환한 웃음이 돌기를 기대합니다.

(2020.09.16.)

스토킹 처벌법 이제 발효됩니다

해묵은 숙제, 스토킹 처벌법이 이제야 발효됩니다. 국회에서 통과된 스토킹 처벌법이 오늘 국무회의에서 의결됐습니다. 그동안 스토킹은 처벌 기준이 없다고 해도 과언이 아니었습니다.

그동안 많은 피해 여성들이 스토킹에 수시로 시달렸고, 스토킹 미투 운동까지 벌어져, 숨겨져 있던 많은 사례들이 사회에 알려졌습니다. 스토킹은 정도가 심하고, 지속되면 강력 범죄로까지 이어집니다.

지난 5월 창원의 한 식당에서 손님인 한 남성이 여성 사장을 살해했는데, 이 남성은 피해자인 여성 사장을 수개월 전부터 100통이나 넘는 전화를 걸며 괴롭히는 스토킹 가해자였습니다.

스토킹 가해자에 대한 처벌이 가볍다는 것이 가장 큰 문제였습니다. 스토킹을 당한 피해자가 경찰에 신고해도, 가벼운 경범죄 정도로 취급됐습니다. 잘해야 벌금 5만 원 정도의 과태료 혹은 지속적 괴롭힘으로 간주되면 10만 원 이하의 벌금형만 부과할 정도였죠. 스토킹 행위는 갈수록 그 정도가 심해지는데 피해자에 대한 처벌이 약하니 재범이 언제든지 가능하고, 더욱이 피해자는 보복이 두려워서 신고하기도 꺼려했던 것이 사실입니다.

지난 6월 법원은 30여 년 동안 스토킹하고 협박한 혐의를 받는 남성에게 징역 1년 6개월을 판결했습니다. 가해자인 이 남성은 이전에도 동일한 성격으로 4차례나 협박과 폭행으로 처벌을 받았다고 합니다. 그런데 법원은 1년 6개월만 선고한 것이죠.

　스토킹 관련 법안은 1999년 15대 국회부터 14차례나 발의됐지만, 무슨 이유에서인지 국회의 문턱을 넘지 못했습니다. 이번 21대 국회에서 통과돼 오늘 국무회의에서 의결된 것이죠. 이제 스토킹 행위가 확인되면 3년 이하의 징역, 3천만 원 이하의 벌금을 물게 됩니다. 어떠한 행위를 스토킹으로 인정할 것인지가 중요하겠죠.

　스토킹 범죄는 피해자의 의사에 반하여 지속적으로 피해자에게 상당 정도의 불편과 불안을 야기 시키는 행위입니다. 피해자의 의사와 상관없이 접근하거나 가는 길을 막는 행위, 집 근처에 배회하면서 피해자를 기다리는 행위도 포함됩니다. 피해자의 우편함에 글을 보내거나, 특히 휴대폰에 문자나 영상을 보내는 행위가 지속적으로 아무 이유 없이 반복돼 피해자를 불안하게 만들면 범죄 행위가 됩니다.

　지난 5년 동안 서울에서 이뤄진 주거 침입 성범죄는 300여 건입니다.

　2016년 여성가족부 성폭력 실태조사에 따르면 스토킹을 당한 여성 중 2회 이상의 반복적 피해를 경험했다고 응답한 비율은 69.4%입니다. 그동안 스토킹을 당한 여성들은 법의 보호를 실질적으로 받을 수 없었기 때문에, 이사를 가거나, 직장을 그만두거나, 휴대 전화 번호를 바꾸는 등 자신의 주거 환경과 생활상의 권리를 포기하면서 소극적 대응을 할 수밖에 없었습니다. 20여 년 만에 통과, 의결된 스토킹 처벌법이 그 실효성을 나타내기를 기대합니다.

(2020.09.15.)

택배노동자들은 왜 과로사로
쓰려져 가는 것인가요

 을왕리에서 치킨 배달을 하던 사장을 치어서 사망케 한 사건, 30대 여성 음주운전자로 밝혀졌죠. 참변을 당한 50대 가장의 딸이 올린 국민청원이 14일 오후 3시 기준 56만 명이 넘어섰습니다.
 가해자의 오만과 반 인간적 행위가 목격자의 증언에 의해서 알려지면서 가해자에 대한 엄중한 처벌 여론과 함께, 배달의 소중함도 다시 한 번 우리에게 다가오고 있는 것 같습니다.
 코로나 19 사태로 배달에 대한 수요는 급증하고 있습니다. 실제 배달주문이 폭증하고 있습니다. 유명 배달앱의 경우 수도권 거리 두기 2.5단계가 시행된 이후 배달물량이 많게는 46.6%에서 적게는 25.8% 늘어났다고 합니다. 음식업 등 소매 업종에서 배달 앱에 가입하고 싶어도 최소 2주 정도를 기다려야 한다고 합니다. 또한, 배달 지연이나 '배달 콜 골라 받기'와 같은 상황도 벌어지고 있습니다. 또한 배달 수수료도 올랐는데요, 서울 일부 지역에서는 배달 대행비 기본요금이 3,500원에서 4,500원으로 올랐고, 악천후에는 할증 요금 500원도 받습니다. 결국 배달 대행업체들 배만 불리는 것이 아니냐는 볼멘소리가 강하게 나오고 있습니다. 인상 수수료에 대한 부담은 자영업자와 소비자들에게 전가되고 있기 때문이죠. 또한 라이더라고 불리는 배달노동자들. 이들의 돈벌이는 빨리빨리 많은 양의 배달을 소화해야 하기 때문에, 위험 부담을 스스로 감당해 내야 합니다.

국토부 자료에 따르면 상반기 이륜차로 인한 교통사고 사망자 수는 전년 대비 13.7% 증가했습니다. 라이더들은 자영업자 신분이기에 위험하고 불안정한 고용상태에 놓여 있습니다. 플랫폼 노동자들의 현실은 매우 암담할 뿐이죠. 배달 사각지대에 놓인 택배 노동자들. 코로나19 영향으로 온라인 상품 구매가 활성화되면서 택배 물량은 예년보다 30% 이상 증가했습니다. 따라서 대형 택배사들은 막대한 영업 이익을 내고 있습니다. 국내 1, 2위의 택배 회사 2분기 영업 이익은 각각 24.7%, 16.8%였습니다.

추석 명절에는 택배 물량이 평상시 보다 약 50% 이상 증가할 것으로 예상됩니다. 그러나 택배 노동자들에게는 추석 명절이 더욱더 가혹한 기간이 될 것 같은데요. 더욱이 택배 노동자들은 배달만 하는 것이 아니라, 장시간의 택배 물류 분류 작업에도 투입되고 있습니다.

그러나 사측에서는 배송 전 사전 작업이라는 이유로 아무런 대가 없이 기존 택배비에 포함시켜 지불하고 있습니다.

올 1~8월 택배 노동자들의 주간 평균 노동시간은 71.3시간. 국내 노동자들 평균의 1.9배입니다. 과로사한 노동자는 7명이었습니다. 반면에 순소득은 최저임금에도 못 미칠 정도로 낮습니다. 약 4만-5만으로 추정되는 택배노동자들은 고용, 안전, 휴식 어느 것 하나 제대로 보장받지 못하고 있습니다. 코로나19로 활황을 보고 있는 택배사업, 그러나 그 이면에는 고통 속에서 배달 업무를 수행하면서 오히려 더 악화된 삶을 영위하고 있는 택배 노동자들이 있습니다.

(2020.09.14.)

의료계의 집단행동이 남긴 것

　의료계가 집단휴진을 일단 멈추면서, 전공의들이 의료 현장으로 복귀하고 있습니다.
　단체 행동의 명분과 투쟁 동력이 약화됨에 따라 전공의들의 집단 휴진 사태도 일단락 된 것 같습니다.
　그러나 아직도 불씨는 강하게 남아있죠. 바로 의대생들의 국가고시 재시험 인정 여부입니다.
　정부가 국가고시 일자를 지난 8일로 연장해줬지만, 대부분의 의대생은 국가고시에 지원하지 않아 이들의 대량 유급 사태는 불가피할 것으로 보입니다. 응시생 6명만이 참석한 채 예정대로 시험이 진행됐습니다.
　정부는 의대생들이 스스로 국시를 거부했기 때문에 구제할 수 없다는 입장입니다.
　형평성 문제가 있기 때문에 국민적 동의가 선행되지 않는다면, 정부가 쉽게 결정할 수 없는 사안이라는 것입니다.
　국민여론 역시 의대생들의 구제 여부에 대해서 결코 우호적이지 않습니다. 여론 조사 기관 '리얼미터'에 따르면 의대생들 구제에 대해 반대가 52.4%였고, 찬성은 32.3%였습니다.
　의협과 전공의들의 생각은 다릅니다. 시험에 응시하지 않은 의대생들이 시험을 볼 수 있도록 대책을 마련해줘야 한다는 것이죠.

의대생들도 이제는 국가고시를 보는 입장으로 많이 선회하고 있다고 하는데요, 현재 정부의 선택폭은 결코 넓지 않습니다.

환자를 볼모로 밥그릇 챙기는 것이 아니냐는 비난에도 불구하고 감행된 의료계의 집단행동이 우리에게 남긴 것은 과연 무엇일까요.

의사들은 '코로나19 최전선에서 싸우고 있는데 정부가 뒤에서 뒤통수를 쳤다, 한마디 상의도 없이 의대 증원 문제를 발표하고, 의료 정책을 일방적으로 밀고 나가려 한다'고 강하게 반발했습니다.

하지만 전공의들이 중심이 되어 벌인 집단행동은 환자와 가족들의 불안감만 키웠던 것이 사실입니다. 대형 병원의 잇따른 수술 연기와 외래 진료 축소 등으로 이어졌습니다. 결과는 직역 이기주의를 피하지 못했습니다. '원점 재논의'로 귀결되어 환자를 볼모로 벌인 의료계의 행동이 실리를 챙기기는 했지만, 의사들의 집단행동은 국민은 안중에도 없었다는 비난에 직면해 있습니다.

공공 의료 체계의 부실과 취약한 투자, 지역 의료 체계의 허술함을 앞으로 어떻게 보완해 나갈 것인지도 답답해졌습니다.

이번 의료계 파업에서 결국 '건강 보험 가입자들인 국민은 없어졌다.'라는 말만 남기게 되었는데요, 코로나19 사태가 일단락되면 국민을 중심에 두고 의료 시스템 개선 문제에 대한 실질적 논의가 진행되어야 할 것입니다.

(2020.09.10.)

코로나19,
두 개의 큰 산이 놓여져 있습니다

　코로나19 확진자 수가 이제 안정적으로 100명대로 떨어졌습니다. 방역당국에서도 사회적 거리 두기 2.5단계의 효과가 나타나고 있다면서 이번 주말을 기점으로 긍정적인 변화가 일어날 것으로 내다보고 있습니다.
　그러나 우리 앞에는 두 개의 큰 산이 놓여 있습니다. 향후 이 산을 제대로 넘지 못하면 다시 또 코로나19 악몽에 시달릴 수 있습니다.
　첫째는 추석 연휴입니다. 관례로 민족 대이동이 일어나는 추석 명절, 올해는 5일이나 됩니다. 코로나19가 확산될 수 있는 환경이 만들어지는 시기라고 할 수 있는데요. 다행히 KTX 예매율이 예년과 비교하면 반으로 뚝 떨어졌습니다. 좌석을 창가 쪽으로만 배정해서 100만 석이 줄었는데도 예매율이 52.6%라고 합니다. 정부 역시 고속도로 통행료를 예년과 달리 다 받을 방침입니다. 가능한 이동을 제한시키려는 조치로 보이는데요.
　추석 대이동 제한은 사실상 규제가 불가능한 일이죠. 강력한 봉쇄 조치를 내려야 하는 것인데요. 현실적으로 쉽지 않은 일입니다. 정부가 할 수 있는 일은 이동 자제 권고 정도일 것입니다. 결국, 국민들의 자발적 협력 없이는 추석 민족 대이동을 막을 방법이 없습니다. 하여튼 상당히 걱정과 우려가 앞서는 것이 사실입니다.
　두 번째로는 10월 3일 개천절 집회입니다. 경찰은 개천절 서울 시내에 신고 된

70건의 집회에 대해서 금지 통보를 내린 바 있습니다. 하지만 일부 보수단체들은 'Again 10월 3일 자유 우파 결집'이라는 구호를 내걸고 4만여 명의 대규모 집회를 예고했습니다.

지난 8·15 집회 때 보수단체들은 법원에 가처분 신청을 내고 집회를 강행해 코로나19 전국 확산의 주범으로 지목 받았었는데요. 또 국민의 건강과 생명을 위협하는 일을 자임하고 나선 것입니다. 하여튼 이번 개천절 집회는 강력히 차단해야 될 것입니다. 그렇지 않으면 또 코로나19와의 힘겨운 전쟁을 국민이 강제하는 결과를 낳을 것입니다. 정세균 총리도 개천절의 대규모 집회에 대해 '개탄스럽다'고 강한 유감을 표명하며, 공권력을 주저 없이 행사할 것이라고 밝혔습니다. 결국 앞에 놓여있는 추석 연휴 민족 대이동 문제와 보수단체의 무분별한 개천절 집회, 우리가 지혜를 모아 해결해 나가야 할 것입니다.

(2020.09.09.)

재난의 연속을
어떻게 이겨낼 것인가

 2020년은 정말 재난으로 시작해서 재난으로 끝나는 한해가 될 것 같습니다. 인류가 처음으로 맞닥뜨린 코로나19 세계적 대유행, 팬데믹 현상.
 한국 역시 올 2월부터 코로나19와의 전쟁을 시작했습니다. 중국 우한발 코로나19는 상호 경제적 의존도가 매우 높고 교류와 왕래가 빈번한, 그래서 정치적으로도 매우 밀접한 한중 관계의 새로운 시험대였습니다. 코로나19는 시작 단계부터 경제와 방역 두 마리 토끼를 동시에 잡아야 하는 고차원 방정식을 우리에게 던져 주었던 것입니다. 특히 수출 의존도가 심한 한국 경제 입장에서는 무조건적인 봉쇄가 가져올 파급 효과를 감당하기 어려웠습니다.
 코로나19는 또 종교와 방역이라는 선택 문항을 우리에게 던져줬습니다. 밀접, 밀착을 통해 급속도로 전파된 코로나19는 자유로운 종교 집회를 허용하지 못했습니다. 그리고 개인적 구원과 함께 사회적, 공동체적 책임도 우선시해야 한다는 종교의 역할도 자각하게 만들었습니다.
 신천지교회와 대구 확산, 사랑 제일 교회와 전광훈 목사, 그리고 광화문 집회와 개신교 일부의 방역당국에 대한 반발 등은 코로나19 상황을 맞아 우리가 해결하고 합의를 도출해 나가야 할 과제였습니다.
 근 한 달 동안 지긋지긋하게 지속된 장마 피해, 끝날 것 같은데 또 올라오는 태풍. 이에 대한 대책과 피해복구 역시 국가를 상시 재난대책본부로 만들었습니다.

　기후변화로 인해 변하고 있는 자연환경에 대한 근본적인 대책과 정책을 요구하고 있는 것이죠. 조금씩 기지개를 펴가며 회복시키려 했지만, 또다시 몰아닥치고 있는 2차 대유행 앞에 한국 경제는 휘청거리고 있습니다.

　언제 끝날지 모르는 코로나19로 인해 영세 자영업자들은 생존의 기로에 놓여 있습니다.

　사실 공식적으로 선포되지 않아서 그렇지, 이면을 자세히 들여다보면 국가 비상 재난사태라고 할 수 있을 것입니다.

　그러나 반드시 비관적이지는 않습니다. 전 세계 의료진들이 백신과 치료제 개발에 박차를 가하고 있어 연내에 희망찬 소식도 기대해볼만 합니다.

　포스트 코로나를 이끌어 나갈 수 있는 새로운 산업과 문화도 시작됐습니다. 그리고 더욱더 중요한 사실은 우리 대한민국 국민이 묵묵히, 성실하게 협력과 합의를 통해 국난을 극복하고 있다는 사실입니다.

(2020.09.07.)

BTS의 다이나마이트 폭발력은 코로나 19 힐링

빌보드 싱글 핫 100에서 1위를 차지한 방탄 소년단의 '다이너마이트'.
한국 가수로는 처음으로 이 차트 정상에 올랐습니다. 핫 100은 스트리밍 실적과 음원 판매량, 라디오 방송 횟수 등을 종합해 미국에서 가장 인기 있는 노래 순위를 집계하는 차트입니다. 다이너마이트는 복고풍의 디스코 감흥을 전해주기 때문에 듣고 있으면 어깨가 들썩 거릴 정도로 흥이 납니다.
특히 80년대의 디스코 음악을 연상시키기 때문에 80년대 학창시절을 보낸 사람들에게는 묘한 향수를, 신세대들에게는 아날로그적 감성을 불러일으켜, 젊은 세대는 물론 중장년층까지 공감시키는 곡입니다.
또한, 다이너마이트는 코로나 19로 지쳐있는 전 세계인들에게 힐링과 함께 충전을 주고 있습니다. 그래서 다이너마이트는 충전 프로젝트라는 개념을 담고 있는데요.
"인생은 다이너마이트. 환하게 밝힐 거야, 내 안의 불꽃들로 환하게 밝힐 거야"의 가사를 듣고 있노라면 다시 새 출발 할 수 있다는, 힘을 내자는 용기와 함께 힐링을 느끼게 합니다.
이렇게 BTS의 대부분 곡은 자신의 스토리와 청춘들의 고민을 담은 가사, 서사적 구조가 담겼습니다. BTS의 곡을 듣고 있노라면, 마치 한편의 서사시를 감상하는 느낌이랄까요. 사실 BTS의 앨범과 콘서트는 서사 구조를 지닌 시리즈로 구성됐습니다.

BTS의 '작은 것들을 위한 시', '피땀 눈물', 'Begin' 등의 곡에 잘 드러나 있는데요, 방탄소년단은 자신의 고민과 이야기를 전달해, 국적을 불문하고 많은 공감을 얻고 있습니다. 또한, 방탄소년단은 SNS와 영상 콘텐츠 등을 이용해 팬 및 콘텐츠 이용자들과 적극적으로 소통하고 있죠.

대표적인 BTS의 팬덤이 '아미'입니다. 방탄소년단은 '아미'에 대한 각별한 애정을 항상 표현하고 있는데요, 아미는 좋은 마음만 공유하고 싶은 존재라고 밝혔습니다. BTS의 활약이 전 세계적으로 지속되자 BTS와 한류의 경제적 효과에 대한 관심이 높습니다.

CNN은 29일 BTS가 현재의 인기를 유지한다면, 2023년까지 56조 원의 경제 기여 효과를 낼 수 있다고 보도했습니다.

2018년 현대 경제 연구원에서는 방탄 소년단의 연평균 경제적 효과를 분석했는데요. BTS의 관심으로 인해 외국인 관광객 수는 연평균 79.6만 명이 증가하며, 소비재 수출액 증가 효과는 약 11억 1,700만 달러, 생산 유발 효과는 4조 1,400억, 부가가치 효과는 1조 4천 2백억으로 분석했습니다.

2020년 장마와 코로나19, 태풍, 의료계 파업 등 국민들을 짓누르는 한계 상황을 이겨낼 수 있는 희망을 주고 있습니다.

다이너마이트 한번 들으시면서 힘을 내시길 바랍니다.

(2020.09.02.)

40년 장사 이래 처음,
정말 피눈물 납니다

자영업자들 하소연이 상당한 것 같습니다. "40년 장사한 이래 이렇게 힘든 시기는 처음이다. 정말 피눈물 난다고 해도 과장된 것이 아니다."

2020년 2월부터 우리에게 몰아닥쳤던 코로나19 사태. 5월에 1차 재난지원금이 풀린 이후 조금씩 나아지고 있었는데 다시 자영업자들에게 한파가 몰아닥치고 있습니다.

이번에 강화된 사회적 거리 두기는, 음식업과 관광업 등 대면서비스 업종에 종사하는 분들에게 치명적이라고 할 수밖에 없습니다.

특히 밤 9시 이후에는 배달과 포장 밖에 허용되지 않기 때문에, 저녁 영업을 주로 하던 분들은 '차라리 문을 닫는 것이 낫다'는 이야기도 나오고 있습니다. 실제 직원을 줄이고 배달 쪽으로 방향을 돌려 안간힘을 써도 월세 못 내는 업소가 수두룩하다고 합니다. 이들은 코로나19가 언제쯤 끝날지 암담하다는 표현까지 서슴지 않고 있는데요, 특히 고정적으로 나가야 하는 월세와 관리비 부담을 이겨내지 못하겠다는 것입니다.

사실 한 번도 겪지 못했던 현실을 우리는 마주하고 있습니다. 결국, 소비와 생산, 고용 등 모든 경제지표에 타격이 불가피해 보입니다. 코로나19 재확산으로 이미 소비심리가 얼어붙어 있는 상황에서 강화된 거리 두기는 소상공인들 뿐만 아니라, 이들에게 물품과 서비스를 공급하는 중간 거래업자 등 자영업자 전반이 연쇄적으로 영향을 받을 수밖에 없습니다. 또한, 대면 서비스업 중심으로 임시·일용직이 크게 줄어들고 신규 일자리와 상용직도 크게 흔들릴 가능성이 있습니다.

결국, 현실적인 해법은 두 가지밖에 없습니다. 이번 한 주 동안 정말 확실하게 사회적 거리 두기에 온 국민이 참여하여, 코로나19 바이러스가 더 이상 확산되지 않도록 차단하는 것이고요, 정부는 긴급 재난지원금을 최대한 빨리 풀고 각종 소비 진작책을 강화하여 자영업자들의 피해를 최소화하여 재기를 가능하게 만드는 길입니다. 사회적 거리 두기 2.5단계 여파가 이 정도인데, 3단계로 가면 어떨까요, 거의 패닉 수준이 될 것 같습니다.

KB증권에서는 3단계가 수도권에서 2주간만 시행되어도 연간 성장률은 0.4% 하락한다고 밝혔습니다. 또한 3단계가 시행되어 그 기간이 길어지게 되면 자영업자와 기업의 도산이 이어지고, 대출 부실화로 금융위기까지 올 수 있습니다.

어떻게 해서든지 2단계에서 코로나19 바이러스 확산을 막아 더 이상의 파국을 막아야 할 것입니다.

(2020.09.01.)

재난지원금,
소득보전의 의미로 이해해야

   2차 긴급재난지원금 지급이 불가피한 상황이 된 것 같습니다. 재정문제, 범위 문제, 지급 시기 등의 논란이 있지만, 그 필요성이 절박하게 다가오고 있습니다. 특히 9월 6일까지 약 8일 동안 진행되고 있는 강력한 거리두기로 인해 중·소상공인과 관련업에 종사하고 있는 근로자들의 피해가 매우 심각할 것으로 예상됩니다. 우선 우리는 재난지원금의 성격부터 명확히 할 필요가 있습니다.

   재난지원금은 코로나19로 인해 피해를 입은 계층, 집단에 대한 소득 보전적 성격을 갖습니다. 자칫 잘못 이해해서 복지적 성격 등 보편적 대책으로 확장해, 재난지원금 성격을 규정하면 그 효과성이 모호해질 수 있습니다. 코로나19로 인해 직접적 타격을 본 업종은 '대면 서비스업'입니다.

   관광업과 요식업, 영세 상공인과 자영업자, 대면 서비스업 종사 근로자와 비정규직 및 차상위 계층이 그 직접적 대상입니다. 이들이 코로나19로 인해 일시적인, 혹은 갑자기 소득을 상실해 생활하기 어려울 경우에 국가가 소득을 임시적으로 보전해 주는 것이 바로 재난지원금의 역할입니다.

   따라서 재난지원금은 피해 집단과 계층에게 직접적으로 화폐 형태로 지원해 주는 것과 함께 이들이 속해있는 업종의 활성화를 위해 국내 소비를 유도하는 정책이 병행돼야 합니다.

그래서 재난지원금은 지역의 소비경제를 활성화시키기 위하여 지역 화폐 형태로 제공되며, 수령 후 바로 사용할 만큼 필요성이 높은 계층을 대상으로 삼아야 하는 것입니다.

만약 재난지원금이 크게 절실하지 않은 계층에게 지급될 경우 이들은 어차피 써야 할 돈을 정부지원을 받아 사용하는 수준에 머물게 되기 때문에 재난 지원금으로 인한 소비 유도 효과가 낮을 수밖에 없는 것이죠.

반면에 수입이 급격히 줄어든 계층에게 제공된 재난지원금은 직접적인 소비 행위를 촉진함으로써 경제 활성화로 이어 질 수 있습니다. 그리고 재난지원금은 긴급히 지원돼야 합니다. 직접적 피해계층은 지원이 절박하기 때문입니다.

결국, 재난지원금의 성격은 공론화 과정을 거칠 수밖에 없는데요. 이참에 그 성격을 명확히 해서 기준도 정하고 실효성도 분명해졌으면 합니다.

(2020.08.31.)

가짜뉴스(Fake News)가 왜 심각한가요

　Fake news, 가짜뉴스에 대한 확실한 퇴치 방안은 없을까요. 최근 '가짜뉴스를 구별하는 4가지 방법'이라는 서적도 출간됐습니다. 가짜뉴스 때문에 사회가 몸살을 앓고 있다는 반증입니다. 가짜뉴스 논란은 비단 우리나라에만 국한된 현상은 아닙니다. 왜냐하면, 가짜뉴스는 21세기 가장 강력한 영향력을 행사하는 IT 기업, 미디어 플랫폼에 정식 기사 얼굴을 하고 나타나고 있기 때문입니다.

　구글과 페이스북 같은 IT 기업들은 디지털 뉴스의 중개자로서 해야 할 주요한 역할도 하지만, 가짜뉴스의 온상지가 되어버렸습니다. 페이스북의 대표적인 가짜뉴스 중 하나가 바로, 지난 미국 대선 기간에 널리 유포된 '프란치스코 교황이 트럼프 대통령을 지지 선언했다'는 것이었습니다.

　〈버즈피드〉 분석에 따르면 2016년 미 대선 기간 중 가짜뉴스가 공유된 건수가 무려 870만 건이었습니다. 미 주요 언론사 뉴스의 페이스북 공유 수인 730만 건을 웃도는 수치입니다. 이 정도면 가짜뉴스는 공공의 적 수준이 아닐까 합니다. 세계적인 여론 공해라고 할 수 있죠. 그래서 세계 각국은 강력 저지에 나서고 있습니다.

　프랑스의 마크롱 대통령은 가짜뉴스와의 전쟁을 선포하고 그 확산을 막기 위한 법률 제정 작업에 들어갔습니다.

　독일 역시 640억의 벌금을 골자로 한 가짜뉴스 금지법을 시행하기로 했습니다.

우리나라의 가짜뉴스는 SNS와 유튜브 등을 통해 퍼뜨려집니다. 특히 1인 유튜브가 가짜뉴스의 중추적인 역할을 하고 있는데요, 조회 수가 결국 1인 유튜브의 생존적 영향력과 직결되기 때문에 막말과 일방적인 명예훼손뿐만 아니라 있지도 않은 사실을 조작, 왜곡하여 유튜브 이용자들의 관심을 끌어낼 수 있는 것입니다. 유튜브 이용자 수는 광고 수익 증대와 직결되기 때문에 그 과대포장성과 영업적 이익의 연관성을 부정할 수 없습니다. 유튜브는 국내 이용자 1위의 플랫폼인데요, 주로 20대 청년층과 노년층을 파고들고 있습니다.

2018년 8월에 나온 한국언론재단의 미디어 이슈에 따르면, 유튜브 이용자의 34%가 허위, 가짜 뉴스로 판단되는 동영상을 보았거나 전달 받은 것으로 나타났습니다. 20대가 39.7%로 가장 높았고, 60대가 36.9%입니다.

가짜뉴스는 '정치. 경제적 이익을 위해 의도적으로 언론 보도의 형식을 하고 유포된 거짓 정보'라고 할 수 있는데요, 일종의 믿고 싶은 것만 믿는 집단의 확증편향, 즉 자신의 정치적 성향을 잘 받아들이는 선택적 수용 행위로서의 정치적 커뮤니케이션으로 볼 수 있습니다. 매우 왜곡된 정치 주관적 불통 현상이라고 볼 수 있죠.

따라서 유튜브 상에서 범람하는 가짜뉴스가 사회를 왜곡시킬 뿐만 아니라, 양극화시키고, 진영화 시켜 건강한 정치, 사회 발전을 저해하고 있습니다. 더욱이 최근 코로나19를 중심으로 퍼지고 있는 가짜뉴스는 국민의 건강권과 공동체의 이익을 심히 훼손시키고 있습니다.

(2020.08.26.)

부동산 정책의 핵심은
실수요자에게 맞추어져야

    정부의 종합적인 부동산 공급 대책이 13일 발표됐습니다. 지난 8·4 공급 대책의 세부적인 내용을 공개한 것이라고 볼 수 있습니다.

    정부는 서울에 36만 4천 채, 수도권에 127만 채를 공급하겠다고 밝혔습니다. 새로 공공 택지를 확보해서 짓는 것이 84만 채, 재건축 및 재개발 등으로 확보된 물량이 39만 채입니다. 또 나머지 4만 채는 소규모 정비사업이나 노후 영구 임대 아파트 재정비를 통해서 공급됩니다. 정부의 그동안 부동산 정책 골자는 투기 수요 억제책이었습니다. 이전 정부에서의 '빚내서 집 사라'는 수요 유도 정책과는 상반된 정책이었습니다. 즉 금융 및 세제혜택으로 수요가 너무 증가하는 바람에 부동산 가격이 올라갔다고 판단해, 2017년부터 수요억제책을 펼쳤던 것입니다. 즉 투기수요 억제책을 강하게 펼쳐나가면 집값이 안정화 될 것이라는 판단이었습니다.

    투기 과열지구와 조정대상지역 확대를 통해 부동산 투기를 막아보려 했으며, 다주택자에 대한 양도소득세 중과와 1가구 1주택 비과세 요건을 강화해서 투기성 구매를 억제하려 했습니다. '분양권 전매 시 양도소득세 강화'도 같은 정책의 연장선에서 나왔습니다.

    역시 담보대출 기준인 LTV와 소득수준 기준인 DTI도 더욱더 강화했습니다.

재개발, 재건축도 조합원 자격을 대폭 강화하여 그 투기성을 억제하려 했습니다. 하지만 집값은 잡히지 않았던 것이 사실입니다. 오히려 실수요자들이 집사기가 더 어려운 형국이 됐습니다.

만약 2017년 때부터 지금과 같은 공급확대 정책이 함께 병행됐다면, 지금 상황은 상당히 달라졌을 것입니다. 왜냐하면 부동산 공급책은 그 효과가 바로 나타나는 것이 아니라, 최소 2~3년 뒤에 나타나기 때문입니다. 따라서 지금 전·월세가 부족한 현상이 나타나는 것은 지극히 당연한 일입니다. 수요보다 공급이 부족해서 집값이 뛰니, 전·월세 시장으로 실소유자들이 몰려서 전·월세 물량이 달리게 되는 것입니다. 즉 최근 발표한 공급정책의 가시적 결과가 나오는 2년 정도 뒤에, 부동산 시장은 안정을 찾을 수 있을 것입니다.

물론 이번 정부의 대대적인 공급확대정책은 실소유자와 시장에게 긍정적인 신호를 주게 되어, 더 이상의 패닉바잉, 공황구매 현상은 사라질 것으로 기대합니다. 최악의 상황은 막아낸다는 것이죠. 하여튼 이번 부동산 정책 논란으로 우리는 주요한 사실을 다시 확인하게 됐습니다.

부동산 정책의 골자는 실수요자들이 안정적으로, 또한 매우 희망적으로 주택을 구입할 수 있도록 하는데 1차적인 초점이 맞춰져야 한다는 것입니다. LTV와 DTV 역시 과연 집 없는 서민들이 주택을 구매하는 데 도움이 됐는지, 오히려, 소위 능력 있는 사람들이 더 주택을 구매하는 데 유리했는지 판단해야 할 정책인 것이죠. 주택정책은 주택구매, 필요자들에게 그 현실적 초점이 맞추어져야 합니다. 규제 위주의 수요 억제책만 전개시킬 때, 현실과 시장의 왜곡, 혼란을 가져오는 것은 아닌지 다시 한 번 살펴봐야 할 것입니다.

(2020.08.14.)

왜 이렇게 의료계와
합의가 안 되는 것인가요

　의사들은 정말 집단휴진을 감행할 것인가요. 의협이 주도하는 의료계 집단 휴진이 하루 앞으로 다가왔습니다. 이번 집단휴진에 상당수의 의사가 참여할 것으로 알려졌습니다.
　대학병원에서 수련하는 인턴, 레지던트 등 '전공의'와 동네의원을 운영하는 '개원의', 그리고 펠로·임상 강사로 불리는 '전임의'도 참여할 것 같아, 자칫 상급종합병원에서는 진료 차질이 예상됩니다.
　물론 환자의 생명과 직결된 필수 진료를 담당하는 인력은 이번 휴진에서 제외됐기 때문에, 대규모의 응급상황은 발생할 것으로 보이지 않지만 진료 공백은 불가피하다는 것입니다.
　국민 불편이 상당할 수밖에 없다는 것이죠. 더욱이 파업이 장기화한다면 국민의료가 공백이 생기는 매우 심각한 상황이 올 수도 있습니다. 의협은 정부가 추진하는 의과대학 정원확대, 한약첩약 급여화, 공공의대 설립, 비대면 진료 도입 등에 강력하게 반대하고 있습니다. 그런데 의협이 반대하고 있는 4개 사안은 국민적 명분이 약한 것이 사실입니다.
　이번 코로나19 사태를 겪으면서 지방 의료의 현주소가 적나라하게 드러났고, 특히 공공의료 부족은 국가적 사안으로 떠오른 것이 사실입니다. 또한, 60세 이상 초고령 인구가 지속적으로 증가하면서, 이에 따른 의사 수의 부족은 국민적 요구사항이기도 합니다. 또한, 비대면 원격진료는 향후 의료계의 수입측면에서 볼 때도 수용해야만 하는 절차만 남아있다는 분석도 있습니다.

그러나 의협은 정부의 전향적 정책을 '4대 악 의료 정책'으로까지 규정하고 집단휴진에 나서겠다고 합니다. 왜 이렇게까지 의료계와 대화와 합의가 안 되는 것일까요. 의사들은 의대 정원확대 등 공공의료 강화와 지역별 의료격차 완화를 위한 정부의 정책은 의료진 질의 저하를 가져올 것이라고 주장하고 있습니다.

그러나 내면에는 의사들의 수입 문제가 직결됐다고 보는 시각도 강합니다. 또한 의사들은 의사 수의 절대부족이 문제가 아니라, 의료수가가 상대적으로 떨어지는 전문분야에 대한 기피현상이 바로 실제 필요한 전공 분야의 의사 수 부족으로 나타났다는 것입니다. 또한, 지방근무도 젊은 의사들이 상대적으로 회피하는 분야라는 것이죠. 지방근무 이후의 보장 측면이 약하다는 것인데요, 즉 정부가 의사들의 현실적인 문제를 고려하지 않고 일방적으로 밀어붙이고 있다는 주장입니다.

주무부처인 복지부는 '의료 발전 협의체'를 구성해서 의료계의 요구와, 지역의료 격차 해소를 함께 논의하자고 했는데요, 의협은 믿을 수 없다며, 일단 집단휴진을 강행한 뒤 대화를 고려해 보겠다는 의도인 것 같습니다.

그러나 환자들을 볼모로 이해관계를 관철시키는 행동은 결코 국민적 동의를 받지 못할 것으로 보입니다. 의료계의 불만 사항이 정확히 전달됐다면, 이제라도 집단휴진을 철회하고 합리적 순서에서 대화를 진행하는 것이 맞을 것입니다.

(2020.08.13.)

포스트 코로나,
한국 성장률 OECD 1위 예상

　우리나라 경제에 희망의 청신호가 켜졌습니다. 이곳저곳에서 기대감이 표출될 수 있는 지표들이 나타나고 있는데요. 우선 코스피 지수가 상승세입니다. 2년 2개월 만에 2,400선을 돌파한 코스피는 연 6일째 계속 최고점을 찍고 있습니다. 더욱 반가운 소식은 국내 증시를 지켰던 동학 개미군단 외에도 외국인들의 매수세가 늘고 있습니다. 수출 중심의 한국 경제 측면에서 볼 때 국제 경제가 조금씩 나아질 것이라는 전망이 주식 시장에 반영된 것으로 보입니다. 미국의 코로나19 확산세가 꺾였다는 소식도 한몫하는 것 같습니다.
　그동안 부진을 면치 못했던 조선업에서도 낭보가 이어지고 있습니다. 한국 조선 산업이 지난달 수주량에서 세계 1위를 차지했습니다. 영국의 '클락슨 리서치'에 따르면, 한국 LNG선 4척을 포함해 50만 CGT 12척을 수주했다고 밝혔는데요. 이는 전 세계 발주량의 74%나 되는 물량입니다.
　경제협력기구인 OECD에서는 연일 코로나19 상황에서의 한국 경제를 주목하고 있습니다. OECD는 전 세계 국내 총생산 순위에서 한국의 GDP가 12위에서 9위로 올라설 것으로 전망했습니다. 이는 캐나다와 러시아, 브라질을 앞서는 수치입니다.
　코로나19 세계적 대유행, 펜데믹 상황에서 한국의 경제력이 상승, 도약하는 것을 나타내는 징표입니다. 또한 OECD는 11일 기존의 성장 전망치를 수정한 경제 성장률을 제시했는데요. 한국이 유일합니다.

한국은 지난 6월 올해 경제 성장률이 마이너스 1.2%였는데, 0.4% 오른 마이너스 0.8로 상향 조정 됐습니다. 전 세계 국가의 성장률 중 최고 높은 1위입니다.

OECD의 분석 자료는 포스트 코로나 시대를 예견할 수 있어서 매우 중요해 보이는데요. 그만큼 한국의 방역 대처와 경제적 대책이 매우 효과적이었다고 평가되는 것입니다. 포스트 코로나 시대에 한국의 국력이 전 세계적으로 신장할 것이라는 객관적인 분석이라고 할 수 있습니다.

지겨운 장마, 끈질기게 우리를 괴롭히고 있는 코로나 바이러스, 이제 그 긴 터널을 지나 희망의 밝은 빛이 다가오고 있습니다.

(2020.08.12.)

지구온난화와 기후변화,
그리고 이상기후

　이번에 피해를 본 사람들 대부분 한 결 같이 하는 말이 있습니다. "평생 이렇게 비가 많이 온 적이 없었다. 이런 경우는 처음이다." 유례없는 긴 장마에 '국지성 폭우'라는 이상 현상이 한반도를 덮쳤습니다. 그리고 많은 국민이 걱정과 우려에 쌓여있습니다. 그런데 이러한 이상 현상은 우리나라만 해당되는 것은 아닙니다. 유럽은 역대 최고급 폭염입니다. 스페인 북부는 42도까지 올라갔습니다. 프랑스 도시의 약 3분의 1 지역에 폭염 경보가 내려졌습니다. 중국 남부에도 폭우가 쏟아져 수재민이 5천만 명이 넘어버렸습니다. 일본 규슈 지방도 폭우로 70여 명이 숨졌습니다.

　기후변화는 지구온난화가 주범이라고 하죠. 지구온난화현상은 말 그대로 지구의 온도가 높아지는 것을 말합니다. 산업혁명 이후 개발과 이에 따른 이산화탄소 배출량이 늘어나면서 150여 년 동안 약 1도 정도 지구 온도가 상승했다고 합니다. 21세기 말까지 대체로 기온은 최소 1.1℃에서 최대 6.4℃까지, 해수면은 18cm에서 59cm 정도 상승할 것으로 전망되고 있습니다. 결국 지구의 균형이 무너지면서 자연재해의 불확실성이 더욱 커지고, 이는 재앙과 재난으로 이어지게 된다는 것입니다.

　기후변화의 심각성은 지구온난화로 인한 해수면 상승과 20~30%의 종의 멸종 등에서 조만간 인간의 생존 자체를 위협할 정도로 평가되고 있습니다. 결국 지구 온난화를 부채질 하는 온실가스 배출량을 어떻게 전 지구적으로 줄여나가느냐 하는 것이 관건입니다.

유엔에서는 기후변화에 대한 범국가적 공동 대응을 위해 유엔 기후변화 협약을 상호 체결 했습니다. 우리나라도 1993년에 이 협약에 가입했죠. 1998년 온실가스 배출량 감축대책으로 전 세계의 선진국들 중심으로 교토 의정서가 체결되었습니다. 교토 의정서에서는 기후변화를 유발하는 지구온난화 물질을 이산화탄소를 포함한 여섯 가지로 규정하고 있습니다. 또한, 2007년 12월 발리 로드맵도 선언되었죠. 2015년 12월 12일 파리 기후 협약이 맺어졌습니다.

미국의 버락 오바마 대통령 주도로 맺어진 파리 협약은 전 세계 온실가스 배출량의 90%를 차지하는 195개 당사국이 채택한 협정입니다. 이들은 온실가스의 실질적 감축을 위해 국가 결정 기여를 제출하도록 하고 있습니다.

미국은 2030년까지 26~28%, 유럽은 2030년까지 40%, 중국은 60~65% 감축, 한국도 2030년도 목표연도로 37% 감축 목표를 제출한 바 있습니다. 그러나 파리 협정은 그 강제성과 중간 과정에 대한 점검 등에 대해서 의문이 제시됐습니다. 더욱이 트럼프 대통령은 2017년 6월 파리 협약 탈퇴를 일방적으로 선언해 버렸습니다. 이처럼 지구온난화를 방지하고 기후변화를 대비하는 인류의 노력이 쉽지 않은 상황입니다. 따라서 폭염과 국지성 폭우 등 이상기후 현상은 앞으로 매우 빈번하게 나타날 수밖에 없을 것 입니다.

(2020.08.10.)

한글의 우수성을 모르시나요

미국 UCLA의 '제어드 다이아먼드' 교수는 한글이 세계에서 가장 우수한 문자이고, 때문에 남북한이 세계에서 문맹자가 가장 적다는 논문을 과학 잡지 〈디스커버리〉 1998년 6월호 판에 발표했습니다.

세계적인 언어학자로 알려진 독일 함부르크대 삿세 교수는 "서양이 20세기에 이룩한 음운 이론을 훈민정음은 15세기에 보여줬으며, 훈민정음은 과학적이고 철학적인 세계 최고의 문자"라며 극찬했습니다.

백성을 너무나 사랑해서 백성에게 알맞은 글자를 창제하여, 백성을 가르친다는 의미의 훈민정음을 반포한 세종대왕. 훈민정음은 우주 만물의 구성 원리인 음양오행에 바탕을 두고, 인간의 음성 기관을 본떠서 만들어졌습니다.

즉 한글은 과학적인 음성 발화 원리를 바탕으로 만들어졌기 때문에, 인간 감성의 다양하고 세심한 표현을 각양각색으로 표현할 수 있습니다. 한글은 문자 속에 소리 자질이 내재된 신비스러운 문자로서, 인간의 감정을 표현하는 데 가장 우수한 문자입니다. 그래서 영국 옥스퍼드 대학에서도 합리성과 과학성, 독창성 면에서도 한글이 세계 모든 문자 중 가장 우수한 문자라고 평가했습니다.

21세기 정보화 시대에도 한글은 그 우수성을 확실하게 보여주고 있습니다. 한글은 지구상에서 가장 정보화 사회에 적합한 문자입니다. 컴퓨터의 조합형 원리와 완전히 일치한다는 것인데요. 한글 24자를 조합해서 만 천여 개의 음절을 만들어 낼 수 있어, 여러 가지 소리를 거의 완벽하게 표현할 수 있습니다. 따라서 컴퓨터 자판 입력 속도가 다른 언어에 비해 몇 배 이상 빠릅니다.

스마트폰에서는 더할 나위 없이 비교가 안 됩니다. 4만 자나 되는 중국 한자나, 100글자가 넘는 일본 문자로는, 휴대전화에서의 '입력'과 '검색 속도'가 한글 24자와 비교되지 못할 정도로 늦다는 것이죠. 휴대전화의 '엄지족'이 그냥 만들어진 말이 아닌 것입니다.

13억 8천만 명의 인구를 갖고 있는 인도에서 한국어를 제2 외국어로 선정했다는 소식이 들립니다. 한국어와 한국 문화를 알리는 세종 학당이 올해 들어 76개국, 213개소로 확대됐습니다. 2007년 3개국의 13개소로 문을 처음 열었던 세종 학당이 이제 전 세계 곳곳으로 확장됐다고 하니, 자부심과 함께 한국 문화의 우수성에 다시 한 번 감탄할 수밖에 없습니다. 한국어를 배운 외국 학생들이 작년에 7만 명이 넘었고, 한국어 능력 시험에는 30만 명이 넘는 외국인들이 응시했습니다. 또 올해 처음 도입한, 온라인 비대면 수업이 139개 세종학당에서 이뤄지고 있습니다. 세계 언어로 웅비하고 있는 한글, 대한민국의 저력으로 입증되고 있습니다.

(2020.08.07.)

인간 정주에 관한
이스탄불 선언과 공공임대주택

"모든 사람을 위해 적절한 주거를 확보할 것과 인간 정주를 좀 더 안전하고 건강하며, 살만하게 그리고 공평하게, 지속 가능하며 보다 생산적이게 나갈 것을 선언하는 바이다. 그리고 세입자의 법적 안정과 주거상의 차별로부터의 해방을 확보할 수 있도록 해야 한다." 1996년 6월 3일의 인간 정주에 관한 이스탄불 선언입니다. 터키 이스탄불에서 열린 제2차 유엔 인간정주회의는 인간의 정주 환경, 특히 저소득층과 소외계층의 주거 안정 및 주거권 보장을 위한 국제적 합의의 자리였습니다.

저소득층을 위한 한국의 임대주택 공여는 김대중 정부부터 본격적으로 시작됐습니다. 김대중 정부는 국민임대주택 20만 호 건설을 목표로 서민층들의 주거 안정과 주거 복지 정책을 추진했습니다. 노무현 정부 시절에는 국민임대 100만 호를 목표로 삼아, 임기 중에 약 47만 호를 공급하는 실적을 냈습니다. 국민임대주택에 대한 수요와 요구는 갈수록 증대했는데요. 이후 정부에서는 수도권 주변 택지를 개발해 분양 정책과 함께 실시된 '보금자리 주택', 신혼부부와 사회 초년생들에게 저렴하고 양질의 임대주택을 보급하는 '행복주택', 그리고 '기업형 임대주택' 정책 등이 이어졌습니다. 덕분에 우리나라의 공공임대주택 비율은 최근 OECD 평균 8% 가까이 끌어올렸습니다.

그러나 유럽의 사회 주택 평균 공급률은 약 20%에 가깝습니다. 네덜란드가 32%, 오스트리아는 23%, 덴마크는 19% 입니다. 세계에서 가장 삶의 질이 좋다고 하는 오스트리아의 비엔나는 공공임대주택 비율이 40%나 됩니다.

서울시 SH 공사가 조사한 바에 따르면, 공공 임대주택의 필요성에 대해서 95.1%가 찬성하고 있습니다. 또한, 10명 중 7명은 내 집 주변에 공공임대주택이 들어와도 괜찮다는 입장입니다. 더욱이 2017년 SH 공사 도시 연구원의 연구 조사에 따르면, 임대주택이 들어오면 주변 집값이 떨어지기는커녕, 집값 상승에 도움을 준다는 결과도 있습니다. 즉 국민임대주택이 들어서면 주변 집값이 떨어진다는, 더욱이 공공임대주택 입주를 지역 이기주의와 결합하는 '님비'적 사고는 매우 퇴행적이고 시대의 흐름을 거스르는 전근대적 사고일 뿐입니다.

아직도 우리나라 국민들은 은행 빚을 내서 주택을 구입해 살고 있습니다. 원금과 이자 지출이 매달 상당합니다. 본인 소유 주택이라 할지라도, 어떻게 보면, 은행에 저당 잡힌 소유인 것이죠. 또한 전 국민의 약 38%가 전, 월세 세입자로 분류됩니다. 그래서 주택 주거비용이 차지하는 비율이 전체 가계 지출에서 가장 큽니다. 80%까지 부담하는 가정도 상당수입니다. 따라서 이제 국가의 시책은 어떻게 질 좋은 공공임대주택을 광범위하게, 신도시뿐만 아니라 도심에서도 공급해 국민의 안전한 주거 환경을 조성하느냐가 중요합니다.

특히 공공임대주택의 확대는 청년들의 불안한 주거 환경을 개선하기 위해서 반드시 실현돼야 할 정책이죠. 최근 질 좋은 공공임대주택을 건설해 중산층에게도 보급하자는 것은 매우 미래지향적인 주택 정책입니다.

(2020.08.06.)

고질적인 스포츠 성폭력

우리나라는 하계 올림픽, FIFA 월드컵, IAAF 세계육상선수권 대회, 2018년 평창 동계올림픽까지 세계에서 6번째로 그랜드 슬램을 달성한 스포츠 강대국입니다. 그러나 스포츠 성폭력 문제에 있어서는 후진성을 면치 못하고, 끊이지 않고 성폭력 사건이 발생하고 있습니다. 그 이유는 여러 가지가 있겠지만 관대한 처벌로 인해 관례적으로 재발하는 것으로 보여집니다. 더욱이 스포츠 성폭력은 매우 은밀하게 발생합니다. 즉, 감독, 코치라는 권력을 이용해 자행됩니다.

지도자와 선수라는 상하 관계 또는 선후배 관계 등 복종의 문화를 기반으로 발생합니다. 그래서 은폐되기 쉽고 반복되고, 지속되기 쉬운 구조적 특성을 갖고 있습니다. 해결이 쉽지 않은 이유죠. 대부분의 여성 스포츠 선수의 인권침해 문제는 사회적 이슈가 되기 전까지는 항상 내연하고 있는 실정입니다. 그래서 그 구조적 원인에 대한 근본적 처방을 하기 전에는 한국 스포츠계의 고질적인 비윤리성은 치유되기 힘들다는 것입니다.

여성 스포츠인에 대한 관행적이고 고질적인 성폭력, 성추행은 남성 지배적인 체육계 실정과 무관치 않습니다.

남성 중심의 지도자 문화는 그 네트워크로 남성 감독만 채용되고 여성 선수들을 관리하는 시스템이 오랫동안 정립되어 왔습니다. 여성 지도자 양성과 채용은 구조적으로 어렵다는 것입니다. 또한 성적 지상주의는 남성 지도자들에게 절대적 권력을 용인시켜 주었습니다. 국제 대회 입상, 혹은 국내대회 성적과 유수 대학 진학은 억압적이고 은폐된 선수 관리를 용인했습니다.

  선수들의 정상적 교육 수혜뿐만 아니라, 상식적인 청소년 시절 향유를 불가능하게 만든 것이죠. 그 결과 바늘구멍을 뚫고 들어간 극소수의 선수들만이 고통 속에 영광의 기쁨을 맛보겠지만, 대부분의 탈락 선수들은 체육 낙오자로 전락하게 됩니다. 5일 스포츠윤리센터가 출범합니다. 폭력과 성폭력 등 각종 스포츠계 비리를 척결하고, 선수들의 인권 보호를 위해 설립되는데요. 스포츠윤리센터가 근본적인 해결책을 제시해 스포츠 성폭력, 한국 체육계의 오명을 벗는 계기로 활동하기 바랍니다.

(2020.08.05.)

임대차보호법… 시장 연착륙이 관건

　주택 임대차 보호법이 전격적으로 통과되자 각종 불안정한 예측과 과장된 우려가 증폭 되고 있는 것이 사실인데요. 마치 이번 개정법 시행으로 전세 물량이 사라지고, 전세 가격이 급등해 전세가 월세로 급격히 전환될 것이라는 걱정도 나오고 있습니다. 하지만 전셋값 상승과 매물 잠김 현상은 작년 11월부터 이미 나타났다는 분석도 있습니다. 실제 작년 12월 강남권의 경우, 전세 가구 1만여 가구 중 거래가 이뤄진 건수는 10건 미만이라는 것입니다. 또한, 작년 5월 서울 주택 구매 절반인 52.4%가 전세 갭 투자를 통한 주택 구매였다는 것입니다. 특히 강남 4구의 갭 투자 구매 비율이 72.7% 라는 점은, 구조적으로 전세에서 월세로의 전환이 급격하게 이뤄질 수 없다는 사실상 지표입니다.
　물론 법 시행 이후 현실적인 문제점이 발생할 수도 있고, 시장에서의 부작용으로 인해 조정기와 혼란기는 불가피한 측면도 있죠. 실제 1989년 12월 30일 임대차 보호법 개정으로 임대 기간이 1년에서 2년으로 조정됐을 때, 1990년 봄까지 전·월세 가격이 오르다가 1991년 이후 전·월세 가격은 안정됐습니다.
　주택임대차 보호법은 갑자기 올해 논의돼서 통과된 법은 아니죠. 19대 국회에서는 여야로 구성된 서민주거복지 특별위원회에서 전·월세 상한제와 계약갱신 청구권을 도입하는 임대차 보호법이 여러 차례 논의됐고요. 20대 국회에서도 임차인들을 보호하는 관련 법안들이 다수 발의돼 국회 및 사회에서 충분한 논의가 이뤄져 왔습니다.

왜냐하면, 전 국민의 38%나 되는 임차인의 불안과 고통은 주거거주권이라는 문제를 야기 시켜왔고, 안정적인 주거 정책을 방해하는 요소였기 때문입니다.

그러나 관련 법안은 항상 여야 간의 이견으로 인해, 국회 문턱을 넘지 못했습니다. 즉 높은 국회 문턱 때문에 세입자들은 30년 동안 보증금을 올려주지 않으면, 2년마다 이사해야 하는 주거 불안에 시달려 왔던 것이 사실입니다.

참여연대 발표에 따르면 우리나라의 세입자 평균 계속 거주 기간은 평균 3.4년에 과합니다. 세입자 중 58.6%가 현재 주택에 2년 이내로 거주하고 있고, 2년 내 주거 이동률은 세계 1위입니다.

독일의 세입자 평균 거주 기간 12·8년과 매우 비교되는 수치입니다. 독일은 한번 월세 얻기가 힘들지, 세입자가 정식 계약을 체결하면 집주인이 월세를 올리기도, 세입자를 내보내기도 어렵습니다. 주거권과 재산권이 거의 대등한 수준입니다.

결국, 이번에 통과된 임대차 보호법이 시장에 잘 연착륙해서 불안정한 거주 환경이 안정될 수 있도록 지혜를 모으는 일이 진정 국민을 위한 길이 아닐까요.

(2020.08.03.)

국정원의 명칭 변경에 담긴
정보기관의 역사

국가정보원의 명칭이 또 바뀝니다. 당정청은 30일 고위 당정청 협의회를 갖고 '국가정보원'을 '대외안보정보원'으로 이름을 바꾸기로 했습니다. 그리고 국정원의 국내 정치 참여를 엄격히 제한하기로 했습니다. 국정원 개혁을 위해 명칭 변경과 함께 대공 수사권 삭제, 국회 등 외부 통제 강화, 그리고 국정원 직원이 정치에 관여하고 불법 행위를 할 시 형사 처분을 강화하는 방안을 마련하기로 했습니다.

국정원의 출발은 1961년 박정희 군사 쿠데타로부터 유래합니다. 박정희와 김종필 등 군 장교들이 무력으로 정권을 장악한 뒤, 헌법을 개정하고 제3공화국 창설에 나섭니다. 이때 배후에서 정치적 공작을 맡아서 실질적으로 추진한 집단이 바로 '중앙정보부'입니다. 김종필 씨가 당시 중앙정보부장을 맡아 제3공화국 창설 작업을 진두지휘 하게 되는데요, 먼저 부여받은 임무는 기존 정치인들에 대한 정치활동금지 작업, 그리고 박정희 정권과 함께 할 새로운 정치인 발굴 작업이었습니다. 그리고 공화당이라는 간판을 달게 됩니다. 공화당을 통해 민선 이양과 대통령선거 준비를 하게 되었습니다. 또한, 당 창설과 정치활동을 위해서는 막대한 정치 자금이 필요했는데요, 1962년의 증권 파동과 워커힐 사건, 새 나라 자동차 사건, 빠찡코 사건 등이 당시 김종필과 관련된 4대 의혹이었습니다. 또한, 박정희 집권 이후에 비밀리에 모의 되어, 전격적으로 실행되었던 화폐 개혁도 중앙정보부장인 김종필의 작품인 것으로 알려져 있습니다.

박정희 정권 시절 중앙정보부장이라고 하면 '나는 새도 떨어뜨린다'는 이후락을 생각나게 합니다. 중앙정보부가 정권 배후에서 박 대통령의 특별 지시를 받아, 야당 국회의원 회유 및 협박과 민주화 운동 인사들에 대한 고문과 납치 등을 자행했던 일은 잘 알려진 역사적 사실입니다. 1973년 일본에서 활동 중이던 김대중 총재를 납치해 대한 해협에 빠뜨려 암살하려 했던 사건 역시, 중앙정보부의 뛰어난 정치 특무 공작으로 알려졌습니다. 박정희 정권 시절 중앙정보부는 무소불위의 권력을 자랑했죠.

박정희는 자신의 친구이자, 자신이 임명한 김재규 중앙정보부장에게 암살당합니다. 부당한 권력의 비극적 말로를 보여주는 사건이었습니다. 이후 전두환 정권 시절 중정은 '국가안전기획부'로 이름을 바꿉니다. 5공화국 시절, 안기부는 보안사와 함께 정권의 양대 축을 이루면서, 각종 공안사건 조작과 민주화 운동 탄압에 앞장섭니다. 본연의 임무였던 대외 정보 수집 및 방첩 활동은 두 번째 일이었습니다.

1997년 김대중 정부가 들어서면서 안기부는 국정원으로 이름을 바꾸고, 대대적인 개혁 작업에 들어갑니다. 명실상부한 정보기관으로서 재탄생시키기 위한 개혁 작업이었습니다. 특히 정치적 중립이 강조되었습니다. 그러나 다음 정권 들어서서 국정원의 정치적 중립 원칙은 무너졌습니다. 대통령 선거에 개입했던 국정원 댓글사건이 대표적인 사례라고 할 수 있겠죠.

문재인 정부 들어서 국정원의 국내 정치 관여는 엄격하게 제한되었습니다. 실제 그 결과와 효과는 분명히 나타났죠. 이제 그 명칭도 '대외안보정보원'으로 바꿔 역할과 한계를 분명히 하려는 것 같은데요, 현 정부의 권력기관 개혁성과로 남을 것입니다.

(2020.07.30.)

미사일 지침 개정의
파급효과는 엄청납니다

    중국과 러시아, 그리고 일본은 군용 정찰 위성을 띄워 한반도 인근 상공을 관측해 왔습니다. 그러나 정작 한반도의 주인인 한국은 한미 미사일 협정에 묶여서 군 정찰위성을 띄울 수 없었습니다. 이제 우리나라도 자체 개발한 고체 연료 발사체를 통해 다수의 군용 정찰위성을 발사할 수 있습니다. 그리고 한반도 전역을 24시간 감시할 수 있는 'unblinking eye' 시스템을 구축할 수 있게 되었습니다.

청와대는 대한민국의 모든 기업과 연구소, 대한민국 국적의 모든 개인은 액체 연료 뿐만 아니라 고체 연료와 하이브리드 등 다양한 형태의 우주발사체를 아무 제한 없이 자유롭게 개발하고 생산·보유 할 수 있다고 밝혔습니다.

    1979년 박정희 정권 시절부터 맺어진 한미 간의 미사일지침은 그동안 한국 자체의 미사일 개발 및 운용을 제한해 왔습니다. 당시 박 정권이 자체 개발한 백곰 미사일은 미국의 요구로 사용이 어려워졌습니다. 아마도 미국이 우리나라의 무기 능력을 자신들의 통제, 관리 하에 두려는 의도라고 볼 수 있겠죠. 우리나라 역시 미국이 우수한 미사일 시스템을 지원해주고 있었기 때문에 이를 양해 협력해 왔습니다.

    그러나 북한의 미사일 등 기술이 갈수록 진화함에 따라, 한국 자체보유 능력

신장 필요성이 증대했으며, 경제력 발전과 군수 산업 발달 정도는 한국 스스로 고도무기 생산이 충분히 가능해진 상황이 되었습니다. 역대 정권에서는 수차례 미국과의 협상을 통해 사거리 중량 제한 사항을 풀어나갔습니다.

그리고 2017년 문재인 정부 시절 모든 미사일 탄두 중량 제한을 없애기로 합의했고, 이제 그동안 액체로만 묶여 있었던 미사일 주입 원료 제한을 고체도 가능하도록 합의한 것입니다.

미사일 고체연료 주입은 우주 개발과 군사적 미사일 발사에 유용하게 사용할 수 있습니다. 한국은 향후 중·장거리 미사일 기술 개발과 군사 정찰 위성 등 최첨단 군사 자산 획득이 매우 용이해졌습니다. 이번 한미 협정은 40년 동안 족쇄처럼 묶여 있었던 조항을 없애, 우주 산업 도약의 시대를 열었다고 평가하는 것입니다. 한국의 동북아시아 위상을 높여 강대국들의 각축장인 동북아시아의 군사력 균형 형성에도 일조할 것으로 보입니다.

미국이 이번 미사일 지침을 완화한 이유도, 한국을 통해 중국의 강대한 군사력을 견제하려는 의도라는 분석도 있습니다. 한일 관계에도 영향을 줄 것인데요. 한일 군사정보협정, 지소미아 파기를 논할 때마다 우리 군의 정찰 위성이 없어서 일본의 군사 정보가 필요하다는 논의도 사실 약화될 수밖에 없을 것입니다.

(2020.07.29.)

124년 만에 사라지는 군대 영창

군 영창제도가 사라집니다. 그것도 124년만입니다. 군 영창은 한마디로 군대 내에 설치된 감옥입니다. 영창 징계는 지휘권자의 명령에 따라 15일 이내 일정 기간 동안 가두는 징계처분입니다. 군 영창제도는 신체의 자유를 구속하는 반인권적 행위라는 점이 누차 지적됐습니다. 군대 내에서는 영장 없이도 인신을 구속해도 되느냐는 영장주의 원칙에 위배되는 위헌성 논란까지 불러 일으켰습니다.

지금까지 한해에 약 만여 명의 사병들이 영장 없이, 지휘관의 명령 하나로 영창에 구금되어 왔습니다. 국회는 논란이 많았던 군 영창제도를 폐지하는 내용을 담은 군 인사법 개정안을 통과시켰습니다. 일제시대의 잔재 분위기가 물씬 풍겼던 헌병이라는 명칭도 지난 2월부터 '군사경찰'로 개칭되었습니다.

일제시대의 헌병은 민간인까지 괴롭히면서 일제 강압 통치의 상징처럼 여겨졌었는데, 해방 후 지금까지 그 명칭이 존속되어 왔다는 점을 볼 때, 아직도 우리 군대 내에 일제 군국주의 문화 잔재 청산 문제가 남아있다는 것이죠.

군 영창 제도 역시 일제 군국주의 관습으로 전해져 내려온 것 중 하나입니다. 국방부는 2018년 8월 국방개혁 2.0 인권존중 방안을 발표했습니다. 그 첫 번째가 양심적 병역거부자 대체복무 제도였는데요, 지난 7월 15일 병무청 대체역 심사위에서는 양심적 병역거부자로 대법원에서 무죄 판결을 받은 35명에 대해 대체역 편입을 결정했습니다. 헌법상에 보장된 양심의 자유가 군대 내에서도 실현된 사례라고 할 수 있습니다.

두 번째가 군 영창제도 폐지였고요, 세 번째가 군 인권침해 구제 전담기구 설치입니다. 사실, 군은 인권 사각지대라고 해도 과언이 아닙니다. 상사라는 이유로, 군의 위계질서를 명분 삼아 사병에게 저지른 인권침해는 셀 수도 없을 것입니다. 국방부는 군 내 성폭력 인권침해 사건을 전담 수사하는 기구를 운영하고 있습니다. 또한 인권 자문변호사 제도를 신설하고, 인권 영향 평가 제도를 시행하며, 군 간부들을 대상으로 인권 교육을 강화하는 방안 등이 추진됩니다.

대한민국 임시정부 광복군의 법통을 이어받고 있는 대한민국 국군. 그러나 해방 후 일본 제국주의 군대에서 충성했던 사람들이 국군 창설에 관여하고, 1961년 군사 쿠데타 이후 군사 권위주의 강압 통치로 군 병사들을 지배하던 군대 내의 군사 문화가 이제서야 조금씩 바뀌고 있다고 하니, 우리의 그릇된 기득권 문화가 얼마나 사회 곳곳에 아직도 뿌리 깊이 숨겨져 있는지, 그 실상을 알 수 있을 것 같습니다.

(2020.07.28.)

실질적인 지방분권화에
해답이 있습니다

국토균형발전과 분권화가 해답인 것 맞습니다. 그동안 국토균형발전과 분권화는 얼마나 실현되었을까요. 수도권에 인구 50%가 모여살고 있는 나라 대한민국. 이렇게 수도권 인구 집중 추세가 계속 진행된다면 2030년에는 인구의 약 60%가 수도권과 천안, 아산 등에 몰릴 것으로 예상되고 있습니다. 그렇다면 국토면적의 약 88%에 인구의 40%가 살게 되고 12%에 해당하는 수도권에 60%가 모여 살게 되는 기현상이 벌어지게 됩니다.

수도 서울은 정치, 경제, 문화, 교육, 사회의 중심지입니다. 청와대와 국회, 대기업 본사, 국내 유수 대학, 문화, 의료, 체육시설 등 국가기능의 중심지입니다. 교통 인프라 역시 항공, 철도, 대중교통, 도로망 등이 국제적 수준입니다.

서울은 도심과 함께 도심의 중심 기능을 받쳐주는 2차적 중심지로 부도심이 형성되어 있습니다. 서울 주변은 서울의 과포화된 기능을 대신하는 위성 도시들로 둘러싸여져 있습니다. 그리고 한마디로 살기 좋습니다. 모든 것이 집중되어 있으므로 불편이 없습니다. 반면에 지방은 점점 살기 불편한 곳으로 추락하고 있습니다. 국토균형발전은 어제오늘 나온 이야기가 아니죠. 2003년 국회에서 국가균형발전 특별법과 지방분권 특별법이 통과되었습니다. 그리고 각종 사업을 추진했습니다. 전국 10개의 혁신도시 건설과 개발, 153개 공공기관이 지방으로 이전되었습니다. 덕분에 한동안 수도권 인구 유입 현상은 잠시 멈췄습니다. 2017년부터 다시 인구는 수도권으로 몰리기 시작했습니다. 서울과 지방의 격차가 더욱 벌어졌고, 지방은 낙후되고 수도권은 발전되었으며, 수도권의 집값은 내려갈 줄 모르고 상승해왔습니다. 지방분권은 그동안 얼마나 진행됐을까요. 중앙집권 국가로서의 끝없는 완성이 결국 인구 50%의 수도권 집중으로 나타난 것은 아닐까요. 현재 지방자치단체의 재정 자립도는 50%대에 머물고 있습니다. 80%의 국세, 20%의 지방세 불균형은 아직도 시정되지 않고 있습니다.

반면에 세출은 4대 6입니다. 당연히 지방은 만성적인 재원 부족에 시달려 왔습니다. 근본적으로 취약한 재정구조입니다. 재정 분권, 지방분권 이라는 말은 정치호사가들의 수사법일 뿐입니다. 중앙정부에서 내려 보내는 지방교부세와 보조금의 액수에 지방자치단체들은 길들어 있습니다. 지방정치는 중앙정치에 종속되어 있고, 광역단체장 당선은 지역의 발전을 위한 디딤돌이 아니라. 대선 도전의 디딤돌로 변해버렸습니다.

어떻게 보면 매우 간단합니다. 지방이 각각의 특색을 지니면서 살만한 곳으로 변모하면 됩니다. 그것은 결국 실질적인 지방자치 시대일 것입니다. 지자체가 재정 및 각종 중앙권한에서 독립되어 스스로 활성화 될 수 있는 여건이 마련된다면, 국토의 균형 발전은 경쟁적으로 이뤄지지 않을까요.

인근 지자체와 비교되고, 선거에서 다시 검증받으려면, 경쟁적으로 또 독립적으로 지자체는 최선을 다할 것이고, 전 국토는 균형적으로 발전될 것입니다. 이제라도 지방분권을 어떻게 할 것인지, 지방자치의 실질화를 위해 법과 제도를 어떻게 바꿀 것인지, 깊이 있게 고민하는 것이 정도正道가 아닐까 합니다.

(2020.07.27.)

언컨택트 산업시대가 열리고 있습니다

우리는 최근 포스트 코로나 시대에 변화할 여러 가지 양상을 이야기하고 있습니다. 정치와 사회, 문화, 교육, 경제 모든 분야에서 지금까지 우리가 예기치 못했던 변화가 이뤄질 것입니다. 직접 만나서 설득하고, 관계를 맺어가는 일이 가장 중요한 정치 분야에서도 올해 전당 대회는 온라인으로 열릴 것이라고 합니다. 언컨텍트 시대가 광범위하게 열리고 있는 것입니다.

비대면이 일상화되면서 그동안 대면으로 이뤄졌던 일과 직업과 이와 관련된 네트워크가 전통적인 분야로 치부되고, 새롭게 비대면 분야가 급성장할 가능성이 매우 큽니다.

실제 주식시장에서 비대면과 관련된 업종의 주가가 상승세를 보이고 있죠. 교육이 온라인, 원격수업으로 대체되면서 교사가 직접 학생들을 보면서 가르치던 시대는 지나가고 있습니다.

온라인, 원격의 교육 환경을 조성하고, 교육 프로그램을 개발해야 하는 새로운 교육 내용이 요구되고 있습니다. 교사의 자질과 교육 내용도 더욱 경쟁이 치열해졌습니다. 원격 수업은 상호 비교가 분명히 될 뿐만 아니라, 우수한 1인 교사의 영상을 다량으로 배포할 수도 있습니다.

종교 역시 과거와 같이 함께 모여서 예배를 보는 형식도 많이 달라 질 수밖에 없습니다. 벌써 온라인 예배가 상당히 자리 잡고 있습니다. 노동 형태가 매우 다양해질 것으로 보입니다. 재택근무가 일반화되면서 프리랜서와 같은 고수익,

전문직 노동의 우버 화가 나타날 것입니다.

미국에서는 벌써 어딘가에 고용되어 있지 않고, 필요할 때 일시적으로 일하는 임시직 경제인 '긱Gig 경제'가 나타나고 있습니다.

한국 역시 코로나19 여파로 올 상반기 구직난이 심해졌지만, 비대면 관련 일자리는 별로 줄지 않았습니다. 오히려 IT·웹·통신 분야는 디지털 경제 전환이 가속화되면서 성장 동력을 얻고 있다는 분석이 나옵니다. IT·웹·통신 분야는 지난해보다 6.5% 채용공고가 늘었습니다. 쇼핑몰과 오픈 마켓 분야는 지난해와 비슷하게 직원을 모집했습니다. 대면접촉이 불가피한 피부미용분야가 -62.6%, 호텔, 여행, 항공업이 -50.3%인 것과 매우 대비되는 수치입니다.

고용노동부는 하반기 비대면·디지털 정부 일자리 60개 사업 중 22개 사업에 대한 사업별 모집 공고를 모아서 통합 안내를 하고 있습니다. 데이터·콘텐츠 구축 분야와 비대면 서비스 분야로 나눠집니다. 구체적으로 대학 강의 제작 운영지원 분야와 시설물 안전관리 DB 구축, 그리고 전통시장 SNS 지원입니다.

비대면, 언컨텍트시대, 그 서막이 본격화되고 있는 것 같은데요, 정보 채집을 습관화하고, 개인의 자질과 능력을 배가하는 일이 가장 중요해지는 것 같습니다.

(2020.07.22.)

오욕으로 얼룩졌던 용산 공원부지,
이제야 국민품으로

　몽골군부터 청군, 일본군, 그리고 최근에는 미군까지, 외국군의 주둔 등 오욕으로 얼룩졌던 용산 공원 부지가 대한민국 국민에게 자유롭게 개방됩니다.

　용산 동남쪽에 있는 미군 장교숙소 5단지 부지가 2020년 8월 1일부터 전면 개방되었습니다. 용산 공원 부지는 최근 미군이 평택으로 이전했지만, 한국 근현대사의 아픈 상처를 간직한 곳이자 서울 속에 있으면서도, 고립된 저들의 외래 공간이었습니다.

　한국의 영토이면서 주권이 미치지 않는 경계의 땅이었습니다. 서울 도심 속에 자리 잡고 있으면서 서울 교통의 흐름을 막아버리고, 서울 지역의 토지 연속성을 차단하는 금단의 땅이기도 했습니다. 용산 미군기지는 1945년 9월 한국에 진주한 미 24단이 일본군 기지를 접수하면서부터 출발합니다.

　1953년에는 미 8군 사령부가, 1978년에는 한미연합군 사령부가 용산 미군기지 내에 건설되었습니다. 용산 미군기지 반환은 1987년 노태우 전 대통령의 공약으로부터 시작되어, 1989년 서울시가 용산 미군기지의 민족 공원화 계획이 발표되고 1990년 6월 용산 미군기지 이전 합의서가 체결되면서 추진되어 오늘에 이르게 된 것입니다.

　용산은 '동국여지승람'에 나오기를, 그 산의 모양이 용의 형태와 같다고 하여 용산으로 이름 지어졌습니다. 조선 시대에 용산은 서울의 관문이었죠. 조선 팔도의 정박지로서 쌀을 중심으로 한 경강 상인들의 물류 집화장이자, 전략적 요충지였습니다.

용산강 일대는 울창한 삼림이 우거지고 녹사평 일대에는 갈대밭이 발달하여 도시 귀족들의 유람지이자, 문인들의 풍류지이기도 했습니다. 용산은 지리적 이점으로 인해 별 영창 등 병영 거점으로도 역할을 해왔습니다. 특히 외국군이 침략했을 때는 용산에 주둔군을 두어 장악했죠.

13세기 몽골군의 병참 기지로, 임진왜란 때는 일본 고니시 부대, 또 임오군란 시기에도 청군의 주둔지였습니다. 용산이 그 오욕의 역사가 본격적으로 시작된 시기는 일본군이 침략하면서 부터입니다. 1896년 왜군 수비대 주둔, 1903년 왜군 주차대 사령부 설치, 1909년 왜군 주차군 사령부 병영시설 완공, 이후 왜군 20사단 등 1945년에는 60만의 왜군 주둔 등 일제는 용산을 군사 도시화 시켜버렸습니다. 그리고 그 주변에 일본인들의 집단 거주지까지 마련했죠.

정부는 미군이 이전한 공원 부지 개발 계획을 국민과 함께 할 수 있도록 노력하고 있는데요, 용산 공원 추진 위원회와 국민 참여단 논의를 진전시키고 있습니다. 이제 다시는 용산 공원이 외국군의 금단 땅이 되어서는 안 되겠죠. 향후 개발되는 용산 공원이 서울시민의 품으로, 국민의 품으로 완전히 귀환하기를 바랍니다.

(2020.07.21.)

경찰개혁 과제도
한두 가지가 아닙니다

　차기 경찰청장 김창룡 후보자에 대한 국회 인사청문회가 열렸습니다. 김창룡 후보자는 경찰의 개혁 과제에 대해서 속도감 있게 진행하겠다고 밝혔는데요, 지난 국회에서 검찰개혁의 일환으로 검경수사권 조정안 등이 통과돼서 경찰의 권한이 이전보다 상대적으로 커졌기 때문에 신임 경찰청장 후보자의 생각이 매우 주목을 받았습니다.
　즉 국민이 경찰을 확실히 믿을 수 있을 것인지, 수사권을 독자적으로 행사할 때 문제가 없는 것은 아닌지, 그만큼 능력이 있을 것인지에 대해 의구심이 들고 있는 것이 사실입니다.
　김창룡 경찰청장 후보자는 국회 인사청문회 자리에서 자치경찰제와 국가수사본부 도입, 그리고 정보 경찰 개혁 등을 밝혔습니다. 경찰조직과 업무 전반을 인권 친화적으로 탈바꿈 시키겠다고 말했습니다. 경찰개혁의 과제로는 몇 가지 점이 지적되고 있습니다.
　우선적인 과제는 인권 친화적 경찰의 상을 정립하는 것입니다. 시민은 자신들의 안전을 위해 경찰에 물리력을 행사할 수 있는 권한을 주었습니다. 경찰이 반 인권적인 시민의 안전을 위협하는데 그 권한을 쓰게 된다면 대 국민적 신뢰는 땅에 떨어질 것입니다.

경찰은 안타까운 과거를 갖고 있습니다. 대표적인 사례가 2015년 민중 총궐기 집회 시위에서 시위대를 향해 물대포를 쐈던 일이 있었죠. 결국 백남기 농민이 물대포를 맞아 사망했습니다. 2009년 용산 참사 사건과 2010년 양천경찰서 고문 사건도 경찰의 명예를 더럽힌 사건입니다. 수사과정에서 빈번히 발생해 왔던 인권침해를 어떻게 방지할 수 있을 것인지도 주요한 관심사항입니다.

이외에도 경찰청장 중심의 위계적인 계급구조, 경찰대 출신들의 경찰수뇌부 장악 비율이 높아짐에 따른 내부의 불균형과 인사 불만, 자치경찰과 국가경찰의 분리를 통한 경찰권의 분산, 수사 경찰과 행정 경찰의 분리를 통한 경찰권 남용의 방지, 경찰의 정치적 중립성 확보와 민주적 통제 장치로서의 경찰 위원회의 실질화, 경찰청장과 지방경찰청장 및 자치 경찰서장의 직위 개방을 통한 경찰의 폐쇄성 극복과 능력 있는 인력의 확보, 공공변호사 제도의 도입 등 경찰개혁의 과제가 한두 가지가 아닙니다.

이러한 경찰개혁의 과제는 경찰의 대 국민 신뢰성 확보를 향한 방안들인데요, 아무쪼록 민중의 지팡이로서의 경찰이 국민적 권위와 신뢰를 회복하길 바랍니다.

(2020.07.20.)

정권마다 요동친 부동산 정책

 역대 정부의 부동산정책은 어떻게 변화했을까요. 안타깝게도 한국 역대 정권의 부동산 정책은 전체적 일관성이 없었다고 할 수 있습니다. 정권마다 부동산 정책은 표류해 왔으며, 국민들은 내 집 마련에 힘들어했습니다.

 부동산 불패 신화의 강남이 바로 박정희 시대에 탄생했으며, 부동산 투기의 대명사인 복부인이 등장합니다. 박 정권이 개발을 중심으로 모든 정책을 펼쳐 나갔기 때문에, "개발 있는 곳에 부동산 투기와 상승이 있다."라는 경험적 진실이 만들어진 시기입니다. 1970년대 평당 30만원하던 서울 아파트 가격은 100만원이 넘어버렸습니다. 이에 따라 돈푼깨나 있는 분들은 강남 집 한 채는 필수였습니다. 우스갯소리로 '개도 포기한 동네'라고 비아냥하던 개포동이 '개도 포니를 타는 동네'가 되었다는 이야기가 있었습니다.

 전두환 정부 시절 부동산 시장은 과열되었습니다. 전두환 정권은 취임 초기 양도소득세를 면제하고 주택 구입 자금을 지원했습니다. 전두환 정권 시절의 부동산 정책은 임시 미봉책이었습니다. 부동산 시장이 가열되자 주택 투기 억제책을 내놓고, 1985년 주택경기가 다소 침체되자 주택 건설 활성화 대책을 내놓고, 하여튼 덕분에 정부의 부동산정책은 신뢰를 잃어버리게 되어 부동산 가격만 올라가 버렸습니다. 이때 '빨간 빽바지'라는 말이 있었죠. 고급 부동산 정보를 비밀리에 입수한 군 간부 장교들의 부인들이 벌였던 싹쓸이 부동산 투기 현상을 말하는 것이었습니다.

노태우 정부는 투기판이 되어버린 부동산 시장에 극약 처방을 내렸습니다. 1988년 부동산 종합 대책과 투기 억제 지역 확대, 1가구 1주택 비과세 요건 강화 등의 정책을 펴나갔습니다.

1992년 집권한 김영삼 정부는 금융·부동산실명제 정책을 도입했죠. 그래서인지 부동산 거래는 전반적으로 위축되었지만, 부동산 시장은 안정화 되었습니다. 당시 전국 아파트 가격은 3% 오르는 수준이었습니다. 그러나 부동산 시장은 1997년 IMF 위기로 인해 곤두박질쳤습니다.

결국 김대중 정부는 부동산 시장을 살리기 위해 전면적인 부양책을 펼쳤습니다. 취·등록세 감면, 전매제한 폐지, 청약요건 강화 책등이 줄이어 나왔습니다. 결국 집값은 급등했습니다. 전국 아파트 가격은 평균 38% 상승했으니까요.

노무현 정부는 부동산 투기와의 전쟁을 선포하고 등장했죠. 강력한 억제책에도 불구하고 시장은 아파트 가격을 올려놓았습니다. 평균 34% 뛰었습니다.

이명박 정부 때는 서울 아파트 값이 평균 3% 내렸습니다. 박근혜 정권 시기에 '빚내서 집 사라'식의 규제 완화 정책을 벌여 부동산 시장이 경기부양책으로 활용되었습니다. 덕분에 서울 아파트 가격은 역대 최고 수준을 기록했습니다.

부동산규제 정책을 전면에 내걸고 있는 문재인 정부, 아직은 시장 신뢰를 형성하지 못하면서 부동산 정책이 난항에 부딪혀 있는 것이 사실입니다. 남은 2년 동안 과연 어떤 정책을 펴나갈지 주목된다 할 것입니다. 하여튼 국민 입장에서는 정권마다 변한 부동산 정책보다, 놔두면 올라가는 똘똘한 한 채가 더 믿음직스러울 수밖에 없었던 것 같습니다.

(2020.07.15.)

2021년도 최저임금,
1.5% 인상된 8,720원으로 결정

　2021년도 최저임금이 현행 1.5% 오른 시급 8천720원으로 결정되었습니다. 최저임금 위원회는 14일 새벽 전원회의를 열어 이렇게 결정했는데요, 적용되는 최저임금제를 월급으로 환산하면 209 노동시간을 기준으로 182만 2,480원입니다. 2020년에는 179만 5,310원 이었습니다. 그러나 1.5%는 국내 최저임금 제도를 시행한 1988년 이후 가장 낮은 수준이라고 볼 수 있습니다.
　노동계와 경영계는 각각 최초요구안에 차이가 상당히 컸습니다. 노동계는 16.4% 인상된 1만 원으로, 경영계는 2.1% 삭감된 8천 410원을 제시했었습니다. 결국, 이번 최저임금 결정은 코로나19로 인한 경제적 어려움, 그리고 최근 최저임금 1만 원을 목표로 연차적으로 올랐던 점도 고려된 것으로 보입니다. 실제 2018년에는 16.4% 인상된 1,060원이, 2019년에는 820원이 인상된 10.9%였습니다.
　최저임금의 본래 취지는 근로자에게 임금의 최저 수준을 보장하여 생활상의 안정을 보장한다는 것입니다. 최저임금제는 저임금 해소로 임금 격차를 완화하고 소득분배를 개선해 사회적 불평등을 약화하는 역할도 합니다.
　현재 한국의 임금 실태를 볼 때 최저임금제의 실제적 혜택 대상은 대기업 노동자, 혹은 전문사무직 노동자라기보다 비정규직, 영세사업장 노동자, 단기성

일에 종사하는 노동자 등입니다. 이들은 노동조합의 보호를 받지 못하기 때문에, 최저임금제가 마지막 보루 역할을 해왔습니다. 최저임금 제도는 중소, 영세기업에 근무하는 저임금 근로자들의 임금 상승에 중요한 기여를 해왔습니다.

지난 2018년과 2019년, 최저임금 인상은 영세기업과 중소기업에 감당하지 못하는 역의 결과를 나타냈던 것도 사실입니다. 경제적 어려움과 함께 최저임금 인상 압박으로 곤란에 처했던 중소 영세 상공인들의 어려움이 실제 노정되었던 것이죠. 이번 최저임금 심의 결정 과정에서 노동계는 참석하지 않았습니다. 노사 합의에 의한 최저임금 결정이 이루어지지 못한 것입니다. 사실 매년 결정되는 최저 임금 협의에서 노사 간 합의가 이루어졌던 적은 많지 않습니다.

한국의 최저임금제는 전 업종, 전 지역이 동일하게 적용받고 있습니다. 외국과는 상당히 다른 관례인데요, 미국의 경우 연방 정부에서 최저 임금액의 가이드라인을 정하면, 주 정부에서 각 주의 사정에 따라 최저 임금액을 결정합니다.

우리나라 역시 지역마다 물가와 기업 환경이 다르고, 매우 다양화된 업종의 특성에 따라 임금 양태도 차별적입니다. 그런데 1988년부터 결정해온 최저임금 결정 방식을 30년이나 지난 지금까지도 고집한다는 것 자체가 문제일 수 있습니다. 좀 더 유연하고 현실 변화한 결정 과정과 제도가 필요할 것입니다.

(2020.07.14.)

유명희, WTO 사무총장 도전

　WTO 사무총장에 도전한 한국의 유명희 본부장. 유 본부장은 최근 유명무실한 지위로 전락하고 있는 WTO의 개혁을 주장하고 있습니다. 다자간 무역 체제의 실질적 복원을 밝히고 있습니다. 다자 무역 체제의 활발하고 상호 협력적인 질서를 이끌기 위해서 WTO는 1995년 세계무역기구로 출범했습니다.

　WTO는 전 세계 164개국이 회원국으로 각국의 무역 장벽을 낮추고 무역 협상의 기반을 제공함으로써 자유로운 무역을 지원하는 데 그 목적을 두고 있습니다. 지난 25년 동안 WTO는 자유무역을 기반으로 국제 통상 질서를 이끌어 왔습니다. WTO는 비농업 분야에서 출발했지만, 농업분야뿐만 아니라, 서비스 시장, 그리고 지적 재산권까지 다자무역체제의 범위를 확대해오면서 무역 자유화 수준을 높여왔습니다.

　수출 의존도가 높은 한국은 WTO 체제 하의 자유로운 무역 질서가 매우 주요한 기반임을 부정할 수 없습니다. 유명희 본부장의 WTO 진출에 상당한 관심을 둘 수밖에 없죠. 왜냐하면 선진 강대국 중심의 보호무역주의 혹은 폐쇄적인 무역질서, 대륙별 지역주의는 한국의 통상무역에 절대 유리하지 않기 때문입니다.

　최근 WTO의 무용론이 나올 정도로 세계무역기구의 역할은 축소되고 있습니다. 특히 미·중 간의 무역분쟁이 심화되고 새롭게 개발도상국으로서 글로벌 지위를 획득하고 있는 중국, 인도, 브라질 등의 이해가 WTO 체제에서 관철되지 못하고 있습니다. 즉 세계 무역을 관장하는 국제기구로서의 WTO가 이를 해결하기 위한 적절한 기능을 전혀 수행하지 못하고 있습니다.

회원국 간의 무역 분쟁이 발생하면 이를 국제법적으로 해결하는 상소 제도마저 그 기능을 제대로 발휘하지 못해, 다자 무역 체제의 협력 시스템이 흔들리고 있습니다. 더욱이 코로나 19의 세계적 대유행, 펜데믹 현상이 발생하자 각국은 무역통상의 문을 더욱 굳게 잠그고 자국 이기주의적 양태마저 보이는 실정입니다.

국제간의 분업 체계를 유지하여, 값싸고 질 좋은 상품을 자유로운 국제적 통상 무역으로 생산해서 개발도상국을 포함한 각국이 무역 거래에 적극적으로 참여할 수 있는 틀마저 위협받고 있는 실정입니다. 이렇게 어려운 상황에서 한국의 유명희 본부장이 다자 무역 체제의 실질적 복원을 내걸고 사무총장 선거에 뛰어들었습니다.

유 본부장은 세계 경제의 활발한 복원과 함께 호혜 협력을 통한 국제 경제의 활성화를 주창하고 있습니다. 유명희 본부장의 WTO 진출은 한국의 국제적 위상 강화와 함께 국제 무역 질서의 재정립이라는 주요한 미래가 달려 있습니다.

(2020.07.13.)

부동산 보완대책 발표했지만,
과연 시장의 반응은

　2017년 8·2 대책 이후 계속된 부동산 정책이 두 마리 토끼를 다 놓치고, 오히려 그 취지와 목적에 반하는 현상이 시장에서 나타나자 홍남기 부총리가 새로운 보완 대책을 서둘러 발표한 것입니다. 부동산 가격이 안정되기보다, 실수요자에게 반하는 시장 상황이 연출되고, 오히려 투기 수요만 증가하여, 서울 등 수도권의 내 집 마련이 어려워진 현실을 서둘러 타개하기 위한 '민심 달래기' 정책이라고 볼 수 있습니다. 이번 정책의 핵심은 투기 수요를 강력하게 억제하고, 공급 확대를 어떻게 만들어 낼 것이냐에 주안점이 있습니다.
　정부의 1차 표적은 다주택 보유에 따른 집값 상승과 이에 따른 공급부족 현상입니다. 정부는 다주택자들이 더 이상 2채, 3채를 보유한다는 것이 경제적으로 손해가 간다는 점을 확실하게 압박하기 위해, 강력한 증세 정책을 펴게 됩니다. 1년간의 유예 기간을 두어 그동안 부동산 차익을 노리고 구매했던 주택을 매각하라는 신호입니다. 그것은 취득 단계에서부터 보유 단계, 그리고 양도 단계까지 강력하게 증세를 매기는 정책입니다. 다주택자와 법인이 주택을 매입할 경우 취득세율을 12%까지 부과됩니다.
　기존 4주택 이상에게만 적용되던 중과 세율을 2주택은 8%, 3주택 이상은 12%까지 세분화했습니다. 종합 부동산세 역시 중과 세율을 최고 6%까지 높였습니다. 기존 종부세율은 3.2%였습니다. 종부세율을 적용받는 층은 전체의 1%에 불과하다는 점도 강조했습니다. 다주택자가 조정대상 지역에서 집을 팔 경우, 중과세율을 현행보다 10% 높여서, 2주택자는 20% 그리고 3주택자는 30%의 양도세를 매깁니다. 여기에 기본세율까지 합치면 집을 팔아도 양도차익에 대해 62~72%의 고율의 세금이 부여되기 때문에 사실상 투기성 다주택 소유가 경제적으로 아무런 이득이 없음을 보여주려 한 것입니다.

역시 2년 미만의 단기차익을 노리고 매매를 하는 사람들도 60~70%의 세금 폭탄을 맞게 됩니다. 즉 필요 없이 집을 갖고 있지 말고 시장에 내놓으라고 하는 것이죠. 부동산 투기를 통한 불로소득은 결코 허용하지 않겠다는 강력한 의지 표현입니다.

그러나 해결의 키는 공급확대에 있습니다. 정부는 경제부총리 주재로 주택 공급확대 TF를 만들어 현실적이고 실현 가능한 공급확대 정책을 내놓겠다고 발표했는데요, 골자는 도심의 고밀도 개발과 3기 신도시의 용적률 상향 조정, 그리고 도심 내 기관의 이전 활용 방안을 통해 물량을 확대하고, 신혼부부 등 생애 최초로 주택을 구매하는 층들을 위해 특별공급 등을 신설해서 그 물량을 대폭 확대하겠다는 것 입니다.

정부는 부동산 시장의 안정을 위해 특단의 단기적인 처방법을 제시한 것이라고 볼 수 있는데요, 결국 방향은 두 가지입니다. 강력한 투기 수요 억제책과 함께 실수요자 중심의 공급 확대 정책인데요, 물론 국회에서의 입법 보완도 강구되어야 하겠지만, 과연 시장의 반응이 어떻게 나타날 지 그것이 결국은 정책결과를 좌우하지 않을까 여겨집니다.

(2020.07.10.)

한미워킹 그룹, 도움이 되는 것인지

 미 대북 특별대표를 겸하고 있는 스티브 비건 미 국무부 부장관이 7일 오후 한국을 방문했습니다. 약 2박 3일간의 일정으로 한국을 방문한 비건 대표에게 관심을 갖는 이유는 스티브 비건 대표의 북한에 대한 메시지, 혹은 북미 간의 실무 접촉 성사 여부 등입니다. 왜냐하면, 문재인 대통령의 미 대선 전 북미 정상회담 등을 촉구했기 때문입니다. 하지만 비건 대표의 방한을 앞두고 북미 간의 기류는 결코 부드럽지 않습니다. 권정근 북한 외무성 국장은 자신들은 미국 사람들과 마주 앉을 생각이 없다고 밝혔습니다.
 미 국무부 역시 비건 대표 방한에 대해 한국과 북한의 완전한 비핵화, 즉 FFVD를 논의할 것이라고 밝혔습니다. 북미정상회담 성사를 위한 '줄다리기'라기 보다는, 양측의 입장 재확인 순서라고 보여집니다.
 미국 측은 북한 측이 주장하고 있는 단계적 비핵화로서의 스몰딜, 영변 핵시설 폐기와 부분적인 제재 완화에 대해 생각이 없다는 것을 다시 밝힌 것이고, 북한 측 역시 한국이 중재하더라도 미국 측의 일정 타협안 제시가 없으면 미국과 대화할 생각이 없다는 것입니다.
 비건 대표는 최근 논란이 되고 있는 '한미 워킹그룹'의 미국 측 대표입니다. 한미워킹그룹은 2018년 11월 20일 출범했습니다. 당시 폼페이오 미 국무장관은 "우리는 비핵화와 남북관계가 함께 나아가는 2인용 자전거이며, 중요한 병행과정이며, 워킹그룹은 그 방식을 유지할 수 있도록 고안했다"고 밝혔습니다.

워싱턴에서 열린 제1차 회의에서 미국 측은 남북철도 공동조사 사업에 대해 강력하고 전폭적인 지지를 표명했습니다. 한미워킹그룹의 목적은 한미동맹의 틀 속에서 두 나라가 이견 없이 대북 정책을 추진하는 데 있었습니다. 그러나 2018년 북미 관계가 순항할 때는 남북 교류 등에 전향적인 영향력을 표명했지만, 2019년 하노이 회담 이후 북미 관계가 어긋나기 시작하면서 한미 워킹그룹은 남북관계 진전에 일정 장애물로 작용해 왔던 것도 사실입니다.

즉 북미 간 비핵화 협상의 종속 변수로 남북 관계가 작용하면서, 한미 워킹그룹은 한국의 대북 정책에 제동을 거는 일을 해왔다고 볼 수 있습니다. 미국 측의 명분은 비핵화가 진전되기 위해서는 남북관계 역시 압박 요인으로 작용해야 된다는 논리였습니다. 한미 워킹그룹에서 미국 측은 철도, 도로 연결 사업뿐만 아니라 금강산 관광, 개성공단 재개에도 부정적인 입장만을 취해왔습니다.

결국 한국은 미국 측의 제재가 조금도 풀리지 않는 상황에서 남북 관계의 진전을 한 발자국도 옮겨 놓을 수 없었습니다. 향후 한미워킹그룹이 한국 측의 미국에 대한 설득과 협력의 장이 될지, 아니면 상호 걸림돌로만 작용할지, 새로운 외교안보팀의 과제가 될 것으로 보입니다.

(2020.07.07.)

체육계의 폭력은 언제나 근절될 수 있는 것인지

고질적으로 끊이지 않고 자행되고 있는 체육계의 폭력. 마치 암흑가의 폭력처럼, 독버섯처럼 우리 어린 선수들을 옥죄고 있습니다. 지난해 국가인권위 조사단에서 실업선수 1천251명을 대상으로 벌인 실태조사에 따르면 전체의 26.1%가 신체폭력을 당한 경험이 있다고 답했습니다.

신체폭력을 당한 이유에 대해서는 가해자의 기분이 좋지 않아서가 38.5%입니다. 어이가 없어서 할 말이 없을 정도입니다. 2019년 심석희 선수의 용기 있는 폭로로 체육계의 판도라가 드러났죠. 그래서 국민청원, 언론보도, 체육계의 조사와 정화 운동, 가해자에 대한 수사와 재판, 인권위의 실태조사 등이 연이어 발표되었습니다. 그리고 다시는 가르친다는 명목으로 폭력을 쓰는 일은 없을 것으로 생각했습니다.

그러나 다시 발생했습니다. 이번에는 더욱더 고질적인 형태로 드러났습니다. 고 최숙현 선수의 경우에는 자신의 억울함을 관계 기관에 진정했지만 아무런 소용이 없었다는 사실이 더 충격을 주고 있습니다.

최 선수 가족들은 지난 3월에 수사당국에 고소했으며, 4월에는 대한체육회 스포츠 인권센터에, 지난달에는 대한 철인3종 협회에 진정했습니다. 경주시청과 경주경찰서, 경북체육회 등 무려 6곳에 하소연했습니다. 그러나 돌아온 것은 최 선수에 대한 외면뿐이었습니다. 자신의 처지가 나아질 수 없다는 자괴감에 빠지자 결국 최 선수가 극단적인 선택을 한 것으로 보입니다.

최 선수의 죽음에는 수많은 가해자가 직간접적으로 연루되어 있다는 추정도 가능합니다. 왜 이렇게 체육계의 폭력은 없어지지를 않을까요. 엘리트 체육 시스템에서 비롯된 성적지상주의, 선수의 성적은 대학진학으로의 성패를 좌우한다, 선수의 성적은 코치의 성공과 연결된다 등 원인에 대한 각종 진단은 있었지만, 체육계에서 벌어지고 있는 반인권적인 행태는 절대 사라지지 않고 있습니다.

무엇이 우선이고 무엇이 부차적인 것인지 구분도 못 하는 사람들이 체육계의 지도자라고 앉아 있는 것은 아닐까요. 급기야 대통령이 최윤희 차관을 콕 짚어서 "고 최숙현 씨 인권피해에 대해 최윤희 차관이 직접 챙겨라"고 지시 내리게 되었습니다.

선수 출신인 최윤희 차관이 그 고질성과 풍토를 잘 알고 있을 것이기 때문에, 이번에는 그 환부를 도려낼 수 있다고 믿었을 것입니다. 문체부는 최윤희 차관을 단장으로 특별조사단을 구성했습니다. 인권위도 조사를 본격화했고, 대구지검도 수사를 시작했습니다. 국회에서도 역시 청문회를 추진하고 있습니다. 그러나 어린 최숙현 선수가 세상을 떠난 뒤 이루어지고 있는 일이라서 그 뒷맛이 너무 씁쓸하고 가슴이 아플 뿐입니다. 청와대 게시판에는 고 최숙현 선수의 억울함을 풀어달라는 청원이 하루 만에 10만을 넘어섰습니다.

(2020.07.03.)

결국은 노사정 합의 안 무산, 민노총 불참

매우 아쉽습니다. 22년 만의 노사정 합의와 협약이 불발되었습니다. 본래 7월 1일 10시 반 정세균 국무총리와 노사정 대표들은 '코로나19 위기극복을 위한 노사정 대표자 협약식'을 열 예정이었습니다. 그러나 불과 15분 전에 민노총의 불참 통보로 행사가 취소되었습니다.

민노총의 김명환 위원장의 결단, 그리고 각 경제주체의 양보와 협력으로 사회적 대타협이 성사되는 것으로 알려졌으나 민노총 내부의 강경파와 온건파 간의 논쟁과 다툼이 결말이 나지 않아서 결국 노사정 대타협은 또 뒤로 미뤄지게 되었습니다.

본래 협약 안에는 기업의 고용유지 및 사회적 보장제도 등이 담겨 있던 것으로 알려졌었는데, 민노총 측 일부 세력이 더 다른 요구가 보태져야 한다고 강하게 반발하면서 협약식이 전격적으로 취소된 것으로 전해지고 있습니다.

그동안 노사정은 정세균 국무총리와 함께 목요대화 참여 등을 통해 노사정 합의안을 도출하기 위해 노력해 왔습니다. 그 이유는 코로나19 위기로 인한 경제적 여파가 매우 거셀 것으로 예측되었기 때문입니다. 특히 기업의 도산과 이에 따른 대량 실업이 몰아닥칠 것으로 예상되었기 때문에 더욱더 노사 간의 협력이 중요한 시기였습니다. 즉 노사정 간의 합의는 노동자들에게는 실업과 해고의 위협을 방지해주고, 기업은 정부의 정책적 지원으로 경제적 위기를 벗어나며, 정부는 노사정 대타협을 통해 경제위기 극복을 위한 국민 통합의 물적 토대를 만들기 위함이었습니다. 따라서 3자 간 공동의 이익을 위한 기본 환경만 조성되면 국난 극복의 계기로 작용할 수 있었습니다.

물론 이번 협약이 타결 직전에 전격 취소되었지만, 아직 협상의 기회는 남아 있습니다. 코로나19 경제 한파가 점점 몰아닥치고 있으므로 시간이 많지 않습니다. 하루라도 빨리 그 차이점을 해소하고 공동의 이익을 위한 접점을 찾길 바랍니다.

(2020.07.01.)

일본 수출규제 1년,
불매운동만 정착시켜

　니혼게이자이 신문은 30일 자 보도에서 "일본의 수출규제 1년은 한국의 일본 불매운동만 정착시켰다"고 밝혔습니다. 지난 5월 자동차와 맥주 등 한국의 대일 수입규모는 지난해 같은 기간보다 10% 줄었습니다.

　일본은 지난해 7월 한국 대법원의 강제노역 판결에 불만을 품고 한국의 반도체·디스플레이 산업의 핵심 소재 수출 규제를 전격적으로 단행했습니다. 하지만 한국 기업 처지에서 볼 때 오히려 국산화율을 높이는 전화위복의 기회가 되었으며, 소재 공급처 다변화가 이루어졌습니다. 정부 역시 소재 부품 수급 대응 지원 센터를 운용하면서 핵심 소재 육성책으로 뒷받침했습니다.

　만약에 일본의 수출규제가 없었다면 지금처럼 한국의 민관이 협력적으로 또 적극적으로 국산화와 다변화에 나서지 않았을 것입니다. SK 머티리얼즈는 해외 의존도가 100%였던 기체 불화수소의 국산화에 성공했다고 지난 17일 발표했습니다. 3년 안에 국산화율을 70%까지 끌어올릴 계획이라고 합니다. 반도체 기판 제작에 쓰이는 감광액인 포토레지스트는 한때 일본 의존도가 92%에 달했지만, 이제는 벨기에와 독일 등으로 공급처가 늘었습니다. 또 다른 규제품목인 불화 폴리이미드는 국산화가 한창입니다. 코오롱 인더스트리는 경북 구미에 생산 설비를 갖추고 지난해부터 양산에 들어갔습니다.

최근 일본은 한국 견제에 올인하고 있는 분위기입니다. 한국이 G7 국가에 포함되는 것을 반대한다고 공식적으로 밝혔습니다. 또 유명희 통상교섭 본부장의 WTO 사무총장 도전에 대해 일본 측의 방해도 예상됩니다.

그러나 한국과 일본의 위상은 하루가 다르게 변화하고 있습니다. 우선 경제력 차이는 갈수록 좁혀지고 있습니다. 명목 기준 1인당 GDP에서 과거 2000년에는 한국이 일본의 31% 수준에 머물렀지만, 2018년에는 일본의 85%까지 따라잡았습니다. PPP 구매력 기준 1인당 GDP는 이제 별 차이가 없습니다. 대한민국이 4만 2천 985달러인 반면에 일본은 4만 5천 565달러입니다. 약 5~6% 차이로 좁혀졌습니다.

IMF가 2018년 4월 1일 밝힌 자료에 따르면 2023년에 가면 구매력 기준 1인당 GDP에서 한국이 일본을 추월할 것으로 나타나 있습니다. 세계적 대유행, 펜데믹 이후 세계 경제 지형도 상당한 변화가 예상되는데요, IMF에서는 올해 한국의 경제성장률을 -2.1%로 제시했습니다. OECD 국가 중 가장 높은 수치입니다. 반면에 일본은 -5.8%입니다. 무디스와 OECD, 블룸버그 역시 한국의 성장률을 G20 국가에서 최상위로 꼽고 있습니다. 일본이 아무리 편법과 왜곡을 일삼아도 국제경쟁력과 실력 면에서 이제 그 차이가 드러나고 있습니다.

(2020.06.30.)

군함도에서는 과연 무슨 일이 일어났나요

일본은 왜 갑자기 돌변했을까요, 또 국제 사회의 비난을 무릅쓰고 약속을 파기한 이유는 과연 무엇일까요. 일본은 2015년 군함도 등 일본 근대산업시설 23곳을 세계유산에 올리면서 반대에 부딪히자 조건부 약속을 해서 등재를 관철시켰습니다. 그 조건부 약속이란 일본 내에 정보 센터를 설치해 강제징용 피해자를 기억하는 조치를 취하겠다고 한 것입니다. 마치 그런 일이 있었느냐 하는 식으로 최근 입장을 바꿔버렸습니다. 오히려 과거 역사를 부정하는 행태를 보이고 있습니다.

결국, 군함도가 메이지 일본 산업유산의 상징적인 구성 자산인데, 그 산업화가 제국주의 침탈과 야욕으로 이루어졌다는 사실을 인정하기 싫은 것이죠. 군함도에서 강제징용과 강제노동을 당해서 폭력과 고통, 유혈의 과거사를 기록한 조선인들의 기억을 애써 지우고 싶은 것입니다.

일명 군함도로 알려진 일본 무인도의 공식 명은 하시마입니다. 이 섬은 나가사키 항구로부터 19km 떨어진 곳인데요, 해저탄광이 있습니다. 1941년 한때에는 연간 생산량이 40만 톤을 넘어 아시아 태평양 전쟁 수행을 위한 자원제공뿐만 아니라 일본 근대화와 산업화의 동력으로 알려져 있습니다.

하시마 섬 자료와 강제징용 당했던 사람들의 증언에 따르면 조선인들에 대한 차별이 극도에 달했으며 하루 12시간 채굴 작업에 동원되었습니다. 또한 조선인들 중 질병과 영양실조, 익사 등으로 숨진 사람들이 122명에 이른다고 합니다.

제대로 서 있기조차 힘들 정도로 좁고 위험한 곳이어서 지옥 섬이라고 불려졌습니다.

일본이 근대 산업시설이라고 세계에 자랑하는 군함도. 일본 근대화와 산업화는 결국 식민지 조선의 무고한 백성들에게 가해진 제국주의 만행의 토대에서 이루어졌다는 과거를 어떻게 감출 수 있을까요.

한국의 강경화 외교부 장관은 유네스코에 군함도 세계유산 등재 취소를 요청했습니다.

(2020.06.29.)

남북의 극단화
6·25가 우리에게 남긴 것은

6·25 전쟁은 1991년 그 비밀 자료들이 공개되기 전까지는 그 발발 원인에 대해 논란이 많았습니다. 김일성 북한 정권의 국토 완정론에 따른 남침설과 이승만 정부의 북침설, 또 미국의 음모와 유도에 따라 북한이 전쟁을 시작했다고 하는 남침유도설 등이 그것입니다. 사회주의권 국가들의 멸망 후 소련의 전쟁 관련 기밀문서 등이 공개되었죠.

북한이 소련의 승인과 중국의 지원을 받아 전쟁을 일으킨 것이 밝혀졌습니다.

1949년 3월 김일성은 모스크바를 방문하여 스탈린에게 남침을 제안했지만, 9월 24일 소련공산당 중앙위에서는 북한의 남침을 반대한다는 결정을 내립니다. 그 이유는 북한의 준비부족과 남침이 결국은 미군이 개입할 수 있는 명분을 주기 때문이라는 것이었습니다.

1950년 3월 30일 김일성과 박헌영은 모스크바를 재차 방문하여 기습공격을 감행하면 3일 안에 남한을 점령할 수 있으며, 미군참전이 어렵다고 설득합니다. 결국, 스탈린은 북한이 위태로워질 경우 중국공산당이 지원한다는 승인을 받아내는 조건으로 남침을 승낙하게 됩니다. 1950년 6월 25일 북한군의 전면남침이 감행되었고 이틀 뒤인 27일 미군이 지원하게 되며, 유엔군이 파병됩니다.

또한, 10월 19일에는 대규모의 중국 인민해방군이 참전하게 되면서, 6·25 전쟁은 국제적인 내전으로 비화하게 되고 그 전쟁의 참혹한 결과는 우리 민족이 온통 뒤집어쓰게 되었습니다.

400만 명이 넘는 사상자가 발생했으며, 500만의 전재민, 그리고 천만의 이산가족이 발생했습니다. 남한경제의 42%가 파괴되었고, 북한 역시 8,700여 개의 공장이 완전히 파괴되었습니다. 북한 전역에는 1평방킬로미터 당 평균 18개의 폭탄이 투하되었습니다. 한민족은 남북으로 완전히 분리되었고 전쟁으로 인한 야만과 증오는 전 국토에 물들었습니다.

남북은 분단의 고착화와 함께 본격적인 체제 경쟁에 나서게 되었고 남한은 반공 국가의 보루로서, 북한은 사회주의 유일 독재체제로 나아가게 되었습니다.

6·25 전쟁이 발발한 지 70년이 지났지만 우리는 아직도 분단체제에 살고 있으며 한반도는 1953년 맺은 휴전협정의 지뢰밭에 놓여있습니다.

이데올로기와 외세에 의해 갈라진 분단, 그리고 공산주의자들의 극도의 모험주의적 행동에 따라 발발된 민족전쟁. 희생된 죄 없는 국민들. 그 상처와 아픔은 언제쯤 완전히 치유될 수 있을지 안타까울 뿐입니다.

(2020.06.25.)

40년이 지났는데도 밝혀지지 않는
군 의문사 사건

　대통령 직속 군 사망사고 진상규명 위원회에서는 군대에서 발생한 사망사고에 대해 진정 신청을 받고 있습니다. 군이라는 특수성 때문에 군대에서 발생한 억울한 사망 사고나 은폐된 사건 사고 등을 밝히겠다는 것입니다. 특히 군부 권위주의 정권 시절에는 정권의 폭압성 때문에 묻혀 있는 진실이 아직까지도 밝혀지지 않고 있습니다.
　서슬이 시퍼렇던 80년대 초반, 전두환 신군부 세력은 자신에게 반대하는 대학생들을 붙잡아 불법적으로 강제징집하여 군대로 보내버렸습니다. 군대 내에서 육군 보안사는 녹화 사업이라는 명목으로 이들 학생들을 취조하고 조사하고 전향협박과 동료 학생의 밀고까지, 심지어 '프락치' 활동까지 강요했습니다. 약 천121명의 학생이 강제징집 당하여 녹화 사업을 당한 것으로 알려져 있는데요, 군대 내에서 녹화 사업과 진술을 거부한 학생들은 모진 고문과 압박을 받은 것으로 밝혀져 있습니다. 그중 약 9명의 학생이 군대 내에서 의문사 당한 것으로 추정되고 있습니다. 녹화·선도공작 의문사 진상규명 대책위는 오늘 서울 중앙지검 앞에서 기자회견을 열고 강제징집과 녹화 사업을 주도한 전두환과 당시 보안사 대공 처장 및 대공 과장을 고발한다고 밝혔습니다.
　일명 육사 11 기생들의 비밀 사조직인 하나회. 전두환, 노태우, 정호용, 김복동 등 신군부 세력은 79년에 12·12 군사 쿠데타를 감행합니다. 이들은 전방 부대인 9사단을 빼돌리고, 수경사와 공수여단을 동원하여 군사 반란을 일으켰습니다. 80년 5월 광주시민들을 3공수, 5공수 등 공수여단을 투입하여 무참히 살해합니다. 이들은 대통령과 국회의원과 장·차관 등 요직으로 진출하여 국가 통치권도 장악합니다. 정권 반대 세력의 집결지인 대학을 병영화하고 순치시키기 위해 갖은 수단을 다 쓰게 됩니다. 그 중 가장 반인륜적인 행위로 꼽히는 것이 바로 녹화 사업과 선도 공작입니다. 20대의 젊은 나이에 군대 내에서 의문사를 당한 학생들이 있습니다. 대책위는 김두황, 이진래, 정성희 등의 9명의 의문사에 대해 진실과 실체가 밝혀져야 하며, 약 2천 42명의 녹화 공작 존안 파일이 아직도 군대 내에 보관되어 있다면서 그 내용을 공개해야 한다고 밝혔습니다.

40년이나 지났는데 아직도 밝혀지지 않은 진실. 20대의 꽃 같은 나이에 군대 내에서 의문사를 당한 학생들에 대한 진상규명, 신속하고 철저히 이루어져야 할 것입니다.

(2020.06.23.)

남북경제협력의 상징인 개성공단에
군대 재배치하겠다고 나선 북한

북한 측이 개성공단 지역에 다시 군대를 배치하겠다고 위협하고 있습니다. 개성공단 지역에는 2003년 착공 이전까지만 해도 6사단과 64사단 62포병여단이 배치되어 있었습니다. 6사단은 북한군 주력 전차인 천마호와 장갑차부대를 보유하고 있는 부대로서, 6·25전쟁 당시 전차를 앞세워 남쪽으로 진격했던 부대였습니다. 이들 부대들은 개성공단 설치로 인해 후방으로 퇴각했었습니다.

개성공단은 전적으로 6·15 남북 공동선언으로 이루어진 남북 경제협력의 상징과도 같은 곳입니다. 6·15 공동선언은 한국에서도 그 의미가 높게 평가되고 있지만, 북한 역시 선대인 김정일 위원장이 이룬 성과로서 상당히 중요하게 여겨지고 있습니다. 그 이유는 6·15 공동선언에 나오는 "우리 민족끼리 서로 힘을 합쳐 자주적으로 해결해 나가기로 하였다"라는 문구 때문입니다.

실제 6·15 공동선언 이후 북한에서 출간된 다수의 서적에 「6·15 시대와 민족공조, 6·15 시대의 탄생, 6·15 북남 공동선언의 력사적 의미는 무엇인가」 라는 주제의 연구 결과들이 발표됐습니다.

북한은 김정일시대 이후 통일문제 해결에서 민족 공조가 최우선임을 표방했는데, 2000년 6월 15일 남측의 최고 지도자와 그 원칙을 합의했기 때문에 자신들이 주장하던 통일 원칙이 관철되었다고 여기기 있는 것입니다.

남과 북은 2000년 6·15 공동선언 이후 매년 서울과 평양을 오가며 6·15 공동행사를 치렀으며, 2005년에는 상설적인 6·15 공동위까지 결성했습니다. 남북 민간차원의 교류로 이어진 것입니다.

금강산 피격 사건 등 5·24 조치 이후에는 6·15 남북 공동행사는 이루어지지 않았으며, 별도로 각기 6·15 공동선언 행사가 치러졌습니다. 북측은 2013년 이명박 정부 시절 6·15 공동행사를 남측이 불허했다고 비난하기도 했습니다.
또한, 북측은 2018년 6월 1일 6·15 남북공동행사를 남측지역에서 열자고 제안했습니다.

이제 북한은 개성공단에 군대를 재배치해서 6·15 공동선언 이전으로 돌아가려고 하고 있습니다. 자신들이 애지중지하던 6·15 공동선언의 의미까지 부정하고 있습니다. 우리 민족끼리 자주적으로 해결하자고 했던 선언의 내용을 부정하고 군사적 위협과 대결을 부채질하고 있는 것이죠.

북한 정권은 선대의 유훈을 중요시 여기는 정권이라고 하는데요, 선대 김정일 위원장이 업적으로 쌓은 6·15 공동선언의 민족 자주의 원칙을 저버리고 민족 대결의 정치로 돌아가려는 의도는 과연 무엇인지, 스스로를 부정하는 것은 아닌지 매우 우려스럽다고 할 수밖에 없습니다.

(2020.06.18.)

남북한 군사력 비교해보니,
현격한 차이로 점점 벌어져

　북한이 결국 예고했던 군사 조치를 실행에 옮기는 것으로 보입니다. 금강산 관광지구와 개성공단 지구에 다시 연대급 부대를 배치하고 철수했던 민경 지구를 재전개하며 서남해상의 부대들을 증감하겠다고 밝혔습니다. 특히 김여정 부부장의 거센 발언이 단순히 외부용이 아니라, 북한 내부용이라는 점을 고려할 때 북한군의 동향을 예의주시할 필요가 있으며, 기습적이고 일시적인 도발 가능성도 엿보입니다.

　한국과 북한의 군사력의 차이는 매우 큰 것으로 나타났습니다. 전 세계 138개국의 군사력을 비교하는 미국 군사력 평가기관인 '글로벌 파이어파워 GEP'가 최근 2020년 세계 군사력을 발표했습니다. 이 보고서에 따르면 북한의 군사력은 25위, 한국은 세계 6위입니다. 한국의 군사력은 문재인 정부 들어서 지속적인 투자로 인해 2017년 순위 11위였지만 3년 만에 6위 군사력 강국으로 성장했습니다. 한국은 올해 '국방예산 50조 원 클럽'에 이름을 올렸습니다. 반면 북한은 예년보다 7계단이 떨어진 25위를 기록했는데요, 경제력에서 급격한 하락세를 보이는 것이 국방력에도 영향을 미친 것으로 보입니다.

　GEP 수치는 전차와 함정, 전투기 등 동원 가능 전력뿐만 아니라 경제력과 국방비 등 전쟁 수행 능력도 합산해서 평가하는데요, 북한의 국방 예산은 한국의

3.6%에 불과합니다. 또한, 북한의 화폐 가치는 남한의 1.9%입니다.

최근 한국에서 시험 발사된 '현무4'는 북한의 지하 벙커를 파괴할 수 있는 한국형 벙커버스터로서 북한의 300m 지하 시설물을 확실하게 타격할 수 있습니다. 북한은 6·25전쟁 이후 약 6천여 개 지하 요새 실지물을 건설했다고 알려져 있습니다. 북한의 전차와 전투기 역시 옛 소련제 구형인 T-72이며, 전투기도 상당수가 1980년대 소련에서 도입한 미그-29입니다. 남한의 첨단기능을 갖춘 K-1, K-2 전차 그리고 스텔스기 F-35A 및 차세대 한국형 전투기인 KF-X와는 비교가 되지 않습니다.

북한은 지난 1999년과 2001년에 기습 침범 감행한 제1연평해전에서 참패하여 NLL 북방한계선으로 쫓겨 간 사례가 있습니다. 1999년 6월 제1연평해전에서는 한국 해군의 즉각적인 응전으로 북한의 어뢰정 1척이 침몰했으며 420t급 경비정도 대파되었습니다. 2002년 6월 북한군이 선제포격한 제2차 연평해전에서도 북한 경비정은 화염에 불탔고 교전 25분 만에 퇴각했습니다.

북한의 군사위협용 시위와 도발은 이제 별 효용 가치가 없다는 점을 알았으면 합니다. 그리고 위험 수위를 넘게 되면 자신의 고립을 자초하는 자충수임을 깨닫기를 바랍니다. 1945년 분단 이후 대립과 갈등으로 점철되었던 한반도의 시계를 이제 다시는 뒤로 돌려서는 안 될 것입니다.

(2020.06.17.)

청춘예찬은 이제 끝난 이야기,
청년문제 정말 심각합니다

　청춘예찬이라는 수필이 있습니다. 1930년대 일제 강점기하에서도 희망을 잃지 않고 꿋꿋하고 용기 있게 살아가는 청년상을 보여주는 글입니다. 젊은이들의 피 끓는 정열과 원대한 이상, 그리고 건강한 육체를 들어 청춘을 찬미하고 격려한 수필이죠.
　그러나 언제부터인가 '청년'이라는 단어 옆에는 '문제'라는 단어도 함께 쓰이게 되었습니다. 이제 '청년 문제'는 매우 보편적인 단어가 되어 버렸습니다. 더욱이 최근 '청년 실업문제'는 매우 심각한 사회문제, 사회복지 분야에서 광범위하게 다뤄지는 국가적인 현상입니다.
　언제부터인가 청년은 향후 대한민국을 건설하고 책임지는 미래세대라는 의미보다, 뭔가 현재의 '사회적 약자'로서 어떻게 지원받고 보살펴져야 하는 경제적 약자가 되어 버렸습니다. 젊음과 무한한 가능성, 무한정의 자유까지 거론되던 청년이 이제는 취직 걱정, 결혼 걱정, 내 집 마련 걱정 등 우리 사회의 제반 모순을 힘겹게 짊어지는 세대가 되어버린 것입니다.
　청년 문제 중 가장 심각한 사안은 청년실업입니다. 특히 코로나19 고용 충격에서 청년들에게 몰아닥친 실업률은 가장 심각합니다. 통계청 발표에 따르면 5월 취업자는 1년 전보다 18만 명 이상 줄었습니다. 청년실업률은 10%를 넘어섰고, 더 긴 시간 일하는 자리를 원하는 청년들까지 더한 확장 실업률은 26%를 넘어섰습니다.

5월 기준 역대 최고입니다. 청년 4명 중 1명은 쉬고 있다는 것입니다. 올해 상반기 청년 구직시장은 최악입니다. 올해 상반기 대졸 공채를 한 10대 그룹은 단 네 곳 뿐이라고 합니다. 경영환경이 불투명해지자 기업들이 대규모 공채보다 필요인력을 수시로 뽑는 채용방식으로 전환했기 때문입니다.

더욱이 코로나19 세계적 대유행으로 인해 해외 취업 시장 문은 닫혀 버렸죠. 청년실업에서는 정규직, 비정규직 등 노동시장의 이중구조, 고용보호의 약화, 양질의 일자리 부족, 고학력층의 하향 지원과 일을 하지 않으면서도 교육을 받지 않는 일명 NEET족의 증가 등 그 문제점은 해결되지 않고 계속 쌓여만 가고 있는 형편입니다.

결국, 국가의 장기적 대책 마련이 없다면, 한국 청년들의 고통은 갈수록 커질 수밖에 없습니다. 국회에서 청년기본법이 통과되었죠. 청년에 대한 정의와 국가와 지자체의 청년정책에 대한 책무, 청년의 참여확대 등이 명시되어 있습니다. 또한, 국무총리는 5년마다 청년 정책에 관한 기본계획을 수립해야 합니다.

국가의 대들보로서의 청년이 지원대상 으로서의 사회적 약자가 아니라 한국의 미래를 책임질 수 있는 든든한 자산으로 육성되기를 기대합니다.

(2020.06.11.)

박종철과 이한열,
그리고 6·10 민주항쟁

87년 6월 항쟁. 벌써 33년이나 지났습니다. 우리는 87년 6월 항쟁에서 박종철, 이한열 열사를 떠올릴 수밖에 없습니다. 그들의 희생이 없었다면 6월 10일 신 군세력의 양보를 받아낼 수 없었을 것이기 때문입니다.

87년 6월 항쟁은 4·19 이후 한국 민주화운동 세력이 총집결하여 신군부 세력과 일대 회전을 벌였던 사건이라고 볼 수 있습니다. 6월 항쟁은 1960년 4·19 혁명과 70년대 반독재투쟁, 1980년 광주 민주화운동, 80년대의 치열한 민주화 운동이 집적된 30여 년 동안의 민주화 운동의 결과이기도 하기 때문입니다.

당시 민주화 운동 세력은 민주헌법 쟁취 국민운동본부를 결성하여 독재에 반대하는 모든 단체와 인사들이 집결했습니다. 25개 단체와 각계 인사 2천 196명이 발기인으로 참여한 국본은 해방 이후 최대의 반독재 연합전선 이었습니다. 학생과 재야, 야당, 그리고 노동자 등이 조직적으로 응집되었습니다.

국민들의 참여도 광범위하게 이루어졌습니다. 군부독재를 반대하는 모든 세력이 계급적, 직업적, 종교적, 지역적 차이에 관계없이 민주화 시위에 참여했습니다.

내 손으로 내가 대통령을 선출하겠다는, 천부 인권적인 사상. 백성이 곧 하늘이라는 민본주의 사상을 실현하겠다는 의지로 충만했습니다. 그리고 결국 광주 민주화운동을 피로써 진압한 신군부 세력을 후퇴시키고 국민주권을 회복한 것입니다.

87년 6월 항쟁은 100만 이상의 국민 대중이 보름이 넘도록 전국적인 가두시위를 통해 전두환 하나회 세력의 권력승계 작업을 막고 절차적 민주주의를 획득했던 세계사적인 운동으로 기록되었습니다. 또한 87년 6월 항쟁은 5.16 군사쿠데타 이후 지속된 군부 권위주의 정권을 국민의 힘으로 굴복시켜 헌법 개정을 통해서 민주주의를 쟁취한 운동이기도 합니다. 6월 항쟁 그 무지막지하던 신군부 세력이 직선제 개헌을 받아들였던 날로부터 벌써 33년이나 흘렀습니다.

그렇다면 33년이라는 세월 동안 우리는 얼마나 민주주의를 발전시키고 실질화 시켰을까요. 절차적 민주주의는 33년 전 국민의 힘으로 쟁취했지만, 과연 기회의 평등과 과정의 공정성, 그리고 개인의 자유와 인권은 어느 정도 개선이 되었을까요. 국가는 진정 국민의 이익과 함께하는 국민 국가로 어느 정도 자리매김하고 있는 것일까요. 국민의 대표성을 갖는다고 하는 국회는 실제 대의제 민주주의 실현에 앞장서고 있는 것일까요.

물론 33년 동안 그 어느 나라도 범접할 수 없는 선진적이고 민주적인 진전을 이룬 것은 사실입니다만, 민주주의를 지키고 진전시켜야 한다는 책무는 6월 10일, 6월 항쟁의 정신을 기리고 기억하는 마음속에 항상 간직해야 할 것입니다.

(2020.06.10.)

20세기 최대의 인신매매 범죄인
일제의 위안부 만행

위안부 피해자 운동의 대의란 과연 무엇일까요. 일제 강점기에 강제로 끌려가 성노예 취급을 받았던 위안부 피해자들, 이들 수는 대략 20만여 명으로 추정되고 있습니다. 30여 년 동안 갖은 어려움을 겪으면서 진행된 한국의 위안부 피해자 운동은 일제의 반인륜적인 만행을 폭로하고 고발했으며, 위안부 피해자 문제를 국제적인 인권과 평화의 사안으로 올려놓았습니다.

1996년 유엔인권소위원회에서 채택된 '쿠마라스와미 보고서'는 일본 정부의 일본군 위안부에 대한 인권침해는 명백히 국제법 위반이라는 점을 최초로 적시한 보고서입니다. 그 이후 1998년 맥두걸 보고서에서는 일본군의 위안소 운영에 대한 잔혹성을 범죄행위로 규정했습니다. 인도에 반하는 죄, 노예 죄, 집단학살, 전쟁범죄, 고문 등이 일본군의 군 위안소에서 자행되었다고 밝혔습니다. 뒤이어 2007년 7월 30일에 채택된 미 하원의 위안부 결의안에서는 위안부 문제를 20세기 최대의 인신매매 범죄로 규정했습니다.

그러나 문제는 일본 정부의 태도입니다. 아베 정부는 그나마 도덕적인 견지에서 사과한 1993년 고노담화를 이어받고 있지 않습니다. 또한 위안부 동원과 관련된 성노예와 강제연행을 부정하고 피해자들의 개인 청구권도 부정하고 있습니다. 그리고 이러한 반인도적인 태도는 일본의 재무장을 촉구하고 국가의 사과조차 거부하는 일본 극우세력의 활동을 부추기고 있습니다. 한국 내의 청산되지 못한 친일 세력의 망국적 준동까지 이어지고 있는 형편입니다.

 우리는 그동안 위안부 피해문제에 대해서 국가적 사안으로 얼마나 다루었는지 되돌아 봐야 할 것입니다. 정부 관련부처와 국회에서는 과연 위안부 피해자 문제를 공식적으로, 얼마나 다루었는지도 이참에 다시 돌아볼 필요가 있을 것입니다. 혹시 민간단체에게 맡기고 예산만 지원한 것은 아닌지도 말입니다.

(2020.06.09.)

날으는 홍범도 장군의 영웅적 항일 투쟁

봉오동 전투 100주년이 되었습니다. 우리는 홍범도 장군의 영웅적인 항일 투쟁을 기리고 봉오동전투 전승 일에 대해서 기념식을 갖고 있습니다.

1919년 대한민국 임시정부가 결성된 이후 독립전쟁의 일환으로 독립군을 통일해야 한다는 중요성이 합의되었습니다. 그리고 동 만주 지역에서 개별적으로 항전하던 독립군들을 임시정부 산하로 재편하였고, 그 첫 번째 전쟁이 바로 봉오동 전투였습니다.

홍범도의 대한북로 독군부는 중대와 소대의 편제를 갖추고 상촌에 있는 연병장에서 군사훈련을 실시한 준비된 독립군이었습니다. 당시 대한민국 임시정부에서 발행한 기관지인 독립신문 85호에는 봉오동 전투의 전황이 자세하게 기록되어 있습니다. 그래서 독립군들은 봉오동 전투가 공식적인 독립전쟁의 1호 승리라고 한 것이죠.

1868년 평양에서 가난한 농부의 아들로 태어난 홍범도 장군은 산포수로 활동하다가, 일제의 명성황후 시해 사건 이후부터 의병전쟁에 참가한 인물입니다. '날으는 홍범도'라는 명칭을 얻을 정도로 일본군 격퇴에 혁혁한 전과를 세웠던 홍범도 장군은 1908년 이후에는 연해주로 이동해서 동 만주 지역을 그 근거지로 활용하면서 국내 진공작전을 준비했었죠. 그는 간도와 두만강, 백두산 일대에서 무장투쟁을 벌이면서 일진회 회원들과 친일관리, 부호들을 응징하기도 했습니다. 봉오동 전투에서 승리한 홍범도 부대는 그 거처를 옮겨, 동 만주 지역의 독립군 부대들을 소탕하기 위해 출동한 일본군들을 상대로 1920년 10월 청산리에서 김좌진 장군과 함께 대첩의 성과를 올리기도 했습니다.

홍범도 장군은 1921년 1월 우수리강을 건너 러시아령 자유시로 근거지를 옮기게 됩니다. 일본군의 대대적인 대만주, 대간도 토벌작전을 견디기 힘들었기 때문인데요. 러시아의 볼세비키 지원을 받아 독립운동을 더욱 효과적으로 하기 위함이었습니다. 그러나 자유시 사변이 일어나고 러시아 공산당의 통제가 심해지면서 장군의 활동반경도 제약되었습니다. 결국 1937년 9월 스탈린의 한인 강제이주 정책에 따라 홍범도 장군은 카자흐스탄으로 쫓겨 가 1943년 10월 25일 이국의 땅에서 쓸쓸히 최후를 맞게 됩니다.

홍장군은 2009년이 되어서야 대한민국 국적을 취득했는데요. 정세균 총리는 이날 기념사에서 홍범도 장군의 유해를 조국으로 모셔오겠다고 밝혔습니다. 조국의 독립과 해방을 위해 싸웠던 홍범도 장군의 유해를 하루라도 빨리 모셔왔으면 합니다.

(2020.06.08.)

대북전단 살포가
어떤 결과를 가져올까요

　지난달 31일 탈북민 단체인 자유북한운동연합은 김포에서 대북 전단 50만 장과 소책자 50권, 1달러 지폐 2,000장, 메모리 카드 1,000개를 대형 풍선에 매달아 북한으로 날려 보냈습니다. 대북전단에는 '위선자 김정은'이라는 문구도 담겨 있었습니다. 이에 대해 북한 김정은 위원장의 대변인격이자 노동당 제1부부장인 김여정의 강력한 항의성 발언이 나왔습니다. 김여정 부부장은 대북 전단 살포를 남한 당국이 막지 않을 경우 개성공단 완전 철거와 남북공동 연락사무소 폐쇄, 남북 군사합의 파기까지 언급했습니다.

　이렇게까지 강력한 반응을 보이는 이유는 자신들의 존엄인 김정은 위원장에 대한 비난 문구와 사진이 실려 있기 때문일 것입니다. 북한 내부의 교란을 통해 김정은 정권 흔들기라고 보는 것이죠.

　사실 대북전단 살포는 이전부터 남북 간의 갈등요인을, 또 남한 내부의 남·남 갈등도 촉발시키는 행위로 결과했습니다. 실제 대북전단 살포는 남북 간의 군사적 긴장으로까지 이어졌습니다.

　2014년 10월 북한은 탈북단체가 날린 대북 전단 풍선을 향해 고사총을 발사하고 한국군이 응사하는 사건이 있었습니다. 탈북단체들은 표현의 자유를 명분으로 대북 전단 살포에 대한 정부의 간섭에 반발해왔습니다.

대북전단 살포 금지법 제정은 위헌논란과 함께 국내의 보수와 진보 간의 갈등으로까지 비화되었습니다. 2018년 통일부가 '대북전단 살포시 통일부 장관 사전승인' 내용의 남북교류협력법 개정안을 발의했지만, 야당의 반대로 국회에서 통과되지 못했습니다.

지난 2018년 4월 27일 남북 정상은 판문점 선언에서 '군사분계선 일대에서 확성기 방송과 전단 살포를 비롯한 적대 행위를 중지한다'는 사항을 합의한 바가 있습니다. 더욱더 주의 깊게 살펴봐야 할 것은 '대북전단 살포'에 대한 실효성입니다. 탈북 단체는 폐쇄적인 북한 주민들에게 자유의 소식을 전달한다는 의도를 두고 있는지는 몰라도, 과연 어느 정도 효과가 있을지 오히려 역효과가 발생하는 것은 아닌지 살펴봐야 한다는 것입니다.

남북 정상은 이미 2000년 6·15 공동선언에서 흡수 통일 방지에 대해 합의한 바가 있습니다. 그 이유는 북한 정권을 흔들거나 붕괴시키는 통일 전략은 이미 철 지난 행위이기 때문인 것이죠. 오히려 북한 정권을 인정하여 그들이 국제사회에 나올 수 있도록 환경을 조성하고, 개방정책을 통해 남북 교류를 활성화하여 스스로 변화할 수 있도록 하는 것이 북한 주민들에게 실제적 이득을 가져다주기 때문입니다.

4일, 통일부의 발 빠른 입장이 나왔습니다, 통일부는 "접경지역에서의 긴장 조성행위를 근본적으로 개선할 수 있는 실효성 있는 제도 개선 방안을 검토 중"이라고 밝혔습니다. 탈북단체들은 과연 무엇이 진정 북한 주민들을 위한 길인가에 대한 고민과 숙고가 필요하다고 할 것입니다.

(2020.06.04.)

한국이 G12에 들어가게 된다면
얼마나 좋을까

　트럼프 대통령이 한국을 G7 정상회의 주최국으로 초청하겠다는 의사를 문재인 대통령에게 공식적으로 제안했습니다. G7 정상회의를 한국과 인도, 호주 러시아를 포함하여, 남미의 브라질까지 확대하여 G12 체제로 발전시키겠다는 의사까지 밝혔다고 합니다.

　전 세계 부와 무역을 지배하고 있는 서방 7개국이 참여하고 있는 G7 정상회의는 연례적으로 열리고 있으며 경제 정책 조정기능과 함께 7개국의 이해와 협력을 목표로 하고 있습니다. 현재 G7에 참여하고 있는 국가는 미국과 영국 독일 프랑스 이탈리아 캐나다 일본입니다. 아시아 국가에서는 유일하게 일본이 참여하고 있는데요, 한국이 주최국으로 참가하게 되면 일본의 아시아 대표성 및 독점적 지위는 흔들릴 수밖에 없을 것입니다. 그래서인지 일본의 요미우리와 산케이 신문은 트럼프 대통령의 G7 한국 초청 제안은 한국에게 미국과 중국의 갈등 구조에 선택을 독촉하는 결과를 낳을 것이라고 보도했습니다.

　코로나19 사태로 K-방역이 전 세계적인 인정을 받게 되었죠. 코로나19에 대한 전방위적인 접근과 신속한 경기 대응책은 한국이 향후 경제 위기에서 가장 먼저 빠져나올 가능성을 보여주고 있습니다.

　IMF에서는 올해 세계경제 성장률을 대폭 하향 조정 했는데요. OECD 36개국 중 한국이 1.2%로 가장 윗자리에 올랐습니다. 일본은 5.2%로 6위, 미국은 5.9%입니다. 세계적 대유행, 펜데믹 이후 한국의 위상이 급격하게 올라간 것이죠.

이러한 한국의 국격 상승이 트럼프 대통령 G7 주최국 초청 대상에 한국을 넣게 된 기본적인 배경이 되었다고 볼 수 있죠. 일각에서는 중국을 포위하는 미국의 인도·태평양 전략의 목적으로 한국과 인도·호주를 주최국으로 초청한 저의가 있다고 합니다만, 한국이 주최국으로 참가하게 된다면 북핵 문제 등도 함께 논의될 수 있습니다. 그 위상이 올라가 중국과의 관계 교섭도 훨씬 유리한 위치에서 다룰 수 있습니다. 균형적 외교 정책도 가능합니다. 외교는 힘과 세력 관계에 의해서 좌우되기 때문입니다.

프랑스와 독일, 그리고 러시아까지 참여하는 G7 정상회의가 미국 트럼프의 의도대로 좌우되지는 않을 것입니다. 실제 2019년 프랑스에서 열린 G7 정상회의에서는 미국과 프랑스와의 이해관계 충돌로 몇 가지 주요한 의제가 공동 성명으로 채택되지 못했습니다. G7 정상회의는 최근 국제 무역질서 뿐만 아니라, 안보와 환경 문제까지 다루는 매우 중요한 국제회의로 격상되었습니다.

한국이 정식 구성원으로 참여한다는 것. 그것은 한국의 국제 질서로의 새로운 진출로 기록될 수 있을 것입니다.

(2020.06.02.)

'정무장관' 부활하면
무엇이 달라지나요

정무장관 제도가 부활하는 것인가요. 여야 원내대표와 대통령과의 청와대 오찬 회동에서 주호영 원내대표가 전격적으로 제안하였습니다. 문재인 대통령도 그 자리에서 바로 정무장관제 검토를 지시했습니다. 대통령의 협치 강화의 의지 표명이라고 할 수 있죠.

정무장관이라는 직은 상당히 정치적인 역할을 하는 자리였습니다. 한마디로 정당 및 시민사회와 가교, 소통 역할을 하는 것이 주 임무였죠. 정치인들의 목소리를 들어서 대통령에게 전달하고, 청와대의 의중을 정치권에 전달하여 상호 정치 협력적 관계를 만들어 내는 업무를 수행했습니다. 특히 야당과의 역할 조정이 주 업무였습니다.

대한민국 정무장관 제1호는 이승만 제1공화국 시절의 지청천 장군이었습니다. 지청천 장군은 1940년에 결성된 임시정부의 광복군 사령관이었죠. 당시는 무임소 국무위원이라고 불렸었는데요. 이승만 정부 시절 제헌 의회 구성은 소속이 전체 의석수의 42.5%인 85석을 차지하고 있었고, 이승만 대통령이 소속된 정당이 없었기 때문에 대통령의 정치적 메시지를 갖고 정치권과 통로역할을 할 장관이 필요했던 것이죠.

박정희, 전두환 시절에도 무임소 장관 혹은 정무장관이라고 불리는 정치인들이 최고 권력자와 국회의원들과의 메신저 역할을 했습니다. 최고 권력자와의 가교 구실을 했기 때문에 정무장관은 정권 내의 실세들이 그 역할을 맡았습니다.

실제로 정권 내에서 킹메이커로 불렸던 허주 김윤환 의원이 정무장관을, 6공의 황태자로 불렸던 박철언 의원이 정무장관 이었습니다. 박철언 정무장관은 노태우 대통령의 특명을 받고 야당 총재였던 김종필 김영삼 씨를 만나 3당 합당 작업을 진행시켰습니다.

그러나 김대중 정부 시절 정무장관 제도를 폐지했습니다. 그 이유는 정치적 행위가 너무 비밀스럽게 이루어지고, 정무장관에게 권력의 힘이 집중되는 부작용이 있었기 때문입니다.

이명박 시절에 다시 특임장관이라는 이름으로 부활하는데요, 초대 특임장관은 현재의 주호영 원내대표였습니다.

야당 원내대표가 제안한 정무장관 제도가 부활한다면 국회와의 소통이 활발해지고 가교역할도 기대할 수 있는데요, 정무장관 제도가 부활하려면 21대 국회에서 정부조직법이 개편돼야 합니다. 또한, 정무장관의 임무가 정확히 명시돼야 하고 공개적이고 투명한 역할도 요구된다고 할 것입니다.

(2020.05.29.)

코로나19를 뚫어 버린 한국의 교육열

학생들의 등교가 본격적으로 시작되었습니다. 지난 20일 고등학교 3학년생 등교에 이어서 고등학교 2학년생과 중3, 그리고 초등학교 1~2학년생들이 선생님과 친구들을 만나러 이른 아침부터 학교로 달려갔습니다. 어린 학생들을 학교에 보내는 학부모들 마음은 매우 착잡했을 것입니다. 혹시나 우리 아이가 감염되는 것은 아닌지, 학교에서 공부는 제대로 할 수 있을지. 걱정 반 기대 반 마음이었을 것입니다. 최근 지역감염 현상이 다시 나타나는 가운데 내린 교육 당국의 등교 결정이 100% 안전을 보장하고 있지는 않습니다.

유은혜 교육부총리가 밝힌 바와 같이 지금 등교 못하면 올해 아예 못하기 때문에, 또한 학교 방역에 대한 나름대로 자신감도 느끼고 있기 때문에 절박한 마음으로 등교 결정을 내렸을 것입니다. 교육 당국이 등교 결정을 내리게 된 결정적인 배경은 아마도 우리나라의 높은 교육열이 아니었을까 싶습니다.

일제강점기 시절 차별적인 교육정책에도 불구하고 조선 청년 학도들의 배움의 열망은 대단했죠. 일제가 공립 교육제도를 도입한 이유도 결국 전국적으로 자리 잡혀 있었던 서당 및 사립학교 등의 교육 환경 열기를 식민지 교육시스템으로 돌리기 위한 고육책이었습니다. 해방 이후에도 교육열은 매우 뜨거웠습니다.

공부를 열심히 해서 대학을 나오게 되면 신분이 상승할 수 있다는, 즉 교육이 사회의 수직 이동을 가능하게 했기 때문입니다. 그래서 농촌에서 소 팔고 땅 팔아서 자식들을 서울로 보냈던 것입니다. 이러한 교육열은 사회의 경쟁적 신분 이동의 계기로도 작용했지만, 대한민국이 질적으로 성장할 수 있었던 매우 중요한 계기가 로 작용했던 것도 사실입니다. 교육의 높은 열기가 바로 지금의 대한민국이 있게 한 것입니다.

지난 4월 15일 우리는 코로나 19를 뚫고 국회의원 선거를 치렀습니다. 66.2%의 높은 투표율을 기록했습니다.

이번의 학교 정상화 정책 역시 정립된 방역시스템과 국민들의 협력으로 소기의 성과를 낼 것입니다. 어려운 상황에서도 교육을 받아야 하고 열심히 공부해야 한다는 분위기 역시 우리 어린 학생들에게 많은 도움이 될 것입니다. 인생에서 배움이 너무나 중요하다는 사실을 분명히 가르쳐 주기 때문입니다.

(2020.05.27.)

마스크가 백신입니다

"나도 집에서는 마스크를 안 쓴다. 그런데 사람들 있는 곳 나오려면 체면을 위해서라도 쓰고 나온다. 눈치 보이고 마스크 안 쓴 사람 보면 괜히 불편하더라". 서울시와 인천 등 일부 지자체에서는 '오늘부터 마스크를 쓰지 않으면 대중교통과 택시 등에 탑승이 거부될 수 있다.'는 발표가 있었습니다. 중대본도 교통 분야 방역 강화안에서 대중교통 탑승객에게 마스크 착용을 권고했습니다.

최근 시민들이 마스크를 쓰고 대중교통을 이용하는 비율은 약 70% 정도. 30% 정도는 마스크를 착용하지 않고 대중교통을 이용하고 있다는 것입니다. 더욱이 날씨가 더워지면서 마스크 착용을 꺼리는 시민들이 늘어날 수밖에 없는데요, 정부와 지자체가 마스크 권고를 강하게 방침으로 정했습니다. 마스크 착용이 코로나19 바이러스 차단에 실질적 효과가 있음은, 이번 코로나19 사태에서 전 세계적으로 입증되었죠.

지난 3월만 해도 마스크 무용론을 주장하던 미국과 유럽의 국가들도 마스크 착용을 의무화하고, 4월부터는 마스크를 대량 구매하기 위해, 허둥지둥 대던 모습을 기억하실 텐데요. 그동안 유럽과 미국 등에서는 마스크를 쓰면 병에 걸린 사람이거나 얼굴을 가리고 싶어 하는 범죄자로 간주하는 문화가 있었죠.

마스크 쓰길 꺼리던 트럼프 대통령도 최근 마스크를 착용한 모습이 포착되기도 했습니다. 유럽에서는 프랑스와 오스트리아, 독일 등에서 마스크 착용이 일찍 의무화 되었습니다. 이들은 한국과 홍콩 등에서의 마스크 착용에 따른 방역

효과를 보자 바로 실시한 것입니다.

　마스크 착용은 대중교통 등 좁고 환기가 어려운 곳에서 비말을 통한 차단에 의미를 갖죠. 실제 마스크를 착용하면 코로나 19 바이러스 감염률을 최고 75%나 낮출 수 있다는 연구 결과도 나와 있습니다.

　지난 5월 17일 홍콩의 유엔 콕 융 미생물학 교수가 중심이 되어서 참가한 합동 실험 결과인데요, 기침, 재채기, 대화, 웃음 등으로 비말이 입에서 튀어나와 다른 사람의 입이나 코 등으로 옮겨가는 비접촉 감염 방역 효과에 마스크의 효과는 상당하다는 것입니다.

　사실 마스크를 쓰게 되면 답답하고, 매우 거북한 것이 사실입니다. 하지만 백신이나 치료제가 개발되지 않은 상황에서 마스크 착용은 코로나 19 바이러스 예방에 최선의 방법입니다. 힘들고 귀찮더라도 마스크 착용을 생활화 할 수밖에 없을 것 같습니다.

(2020.05.26.)

사실상 사문화되어 있는 5·24 조치

지금으로부터 10년 전인 5월 24일. 정부는 남북교역 중단과 대북 신규투자금지, 방북 불허 그리고 인도적 지원까지 불허하는 독자적인 5·24 조치를 발표했습니다. 2010년 3월 26일, 북한의 천안함 폭침사건에 대한 대응 조치였습니다. 그러나 10년이 지난 지금, 5·24 조치는 북한의 공식적인 사과가 없다고 하는 문제만 남아있지, 현실 관계에 있어서는 그 실효성이 없어진 것이 아니냐는 문제 제기들이 있습니다. 왜냐하면 5·24 조치와 별도로 남북 간의 교류는 부분적으로, 또 지속적으로 유연하게 허용되어 왔기 때문입니다.

5·24 조치가 취해진 바로 다음 해인 2011년 9월 7대 종단 대표의 방북이 이루어졌고, 비정치, 종교, 문화계의 방북이 선별적으로 허용되었습니다.

2013년에는 나진. 하산 물류 사업도 예외 사업으로 인정되었습니다. 2015년 4월에는 5·24 조치 이후 처음으로 민간단체의 대북 비료 지원이 승인되었습니다. 문재인 정부에서는 세 차례의 정상회담을 통해 남북 간의 교류와 협력을 공식화했습니다. 단지 북미 간의 비핵화 협상이 풀리지 않아 실질적인 진전이 없을 뿐입니다. 사실 우리의 독자적인 대북 조치는 2016년부터 6차례에 걸쳐 취해진 유엔과 미국의 북한에 대한 경제 제재의 포괄성의 측면에서 볼 때 별 의미가 없습니다.

통일부는 지난 20일, "5·24 조치는 지난 시기 역대 정부를 거치면서 유연화와 예외 조치를 거쳤으며, 그래서 사실상 그 실효성이 상당 부분 상실되었다"면서

"5·24 조치가 남북한 교류 협력을 추진하는데 더 이상 장애가 되지 않는다"고 밝혔습니다.

통일부의 공식발표는 5·24조치의 폐기는 아니지만, 사실상의 사문화를 암시한 것이라고 볼 수 있습니다. 그래서 이번 통일부의 발표를 두고 향후 우리가 북한과의 교류와 협력을 시작하겠다는 예고편이라고 볼 수 있다는 해석이 있습니다. 북한과의 교류를 확대하기 위해서는 어떻게 해서든 5·24 조치에 대한 정부의 언급이 필요했을 것이라는 생각이죠. 또한 시간만 끌고 있는 북미 간의 지지부진한 비핵화 협상을 마냥 기다릴 수 없다는 판단도 담겨 있는 것 같고요, 문재인 정부 집권기간 동안 나름대로 구체적인 성과를 내겠다는 의지도 담겨있는 것 같습니다.

문제는 북한의 반응과 미국과의 협력인데요, 결코 쉬운 문제는 아닙니다. 최소한 개별 관광 추진과 금강산 관광, 개성공단 사업 재개 등은 반드시 진행해야 하지 않을까요. 그것은 남북이 직접 협의해서 진행했던 사업이고, 복원 차원이기 때문입니다.

(2020.05.25.)

소득 양극화는
더욱더 심화되고 있는데…

　우려했던 결과가 현실의 수치로 나타났습니다. 코로나 19에 따른 직접적 피해가 바로 저소득층에 집중되고 있다는 점이 드러난 것입니다. 통계청이 21일 발표한'1분기 가계 동향에 따르면 소득에 따른 상·하위 계층 간의 격차는 더 벌어졌습니다. 하위 20%로 분류되는 저소득층의 가계소득은 그대로였지만 소득이 상대적으로 안정세를 보이는 층에서는 소득 증가 폭은 올랐습니다. 소득 상위 20% 계층인 5분위 층, 즉 월평균 소득이 천 115만 8천 원인 계층의 소득 증가 폭은 6.3% 늘어났습니다. 소득격차를 보여주는 5분위 배율은 지난해 5·18배에서 올해 5.41배로 벌어졌습니다.

　즉 전체적인 소득분배가 악화되고 있는 것입니다. 더욱더 우려되는 점은 이 통계가 코로나19 사태 초기 단계였던 1분기 관련 수치라는 점입니다. 특히 1월은 코로나19 사태 영향을 거의 받지 않았습니다. 본격적으로 일선 가계 경제에 영향을 미쳤던 2분기 통계 수치는 더욱더 나빠질 것이 뻔합니다.

　하위계층의 소득 지표에서 빨간불이 켜진 이유는 임시직, 일용직 및 불안정 고용에 처해 있는 계층들이 일자리를 잃었기 때문입니다. 그런데 2분기부터는 임시직과 일용직뿐만 아니라 정규직에서도 실직이 가시화 되었고, 영세 자영업자와 특수직 고용노동자, 프리랜서 노동자, 그리고 청년층에게도 그 직접적 타격이 미쳤습니다.

결국 향후 일자리, 즉 고용안정책을 어떻게 만들어 나가느냐가 가장 중요한 담론이 될 것인데요, 과연 우리사회가 사회안전망이 촘촘히 짜져 있는가에 대해서는 의문이 앞설 수밖에 없습니다. 경제 위기 상황에서 고용 유지와 고용 창출을 어떻게 마련하는가도 너무나 중요한 국가적 과제입니다. 이런 점에서 볼 때 지난 20일 국회에서 통과된 고용보험법 개정안에 166만이나 되는 특수직 노동자들을 배제한 점은 매우 안타까울 수밖에 없습니다.

전 국민고용보험책도 단계적으로 넓혀가야 한다는 이야기도 설득력을 얻고 있습니다. 경제성장률 상승은 과히 기대하기 힘듭니다. 성장과 분배라는 두 마리 토끼를 잡기는 현실적으로 쉽지 않을 것입니다. 결국 정부의 과감한 재정 확대 정책 외에는 달리 방법이 보이지 않는 코로나19 상황인 것 같습니다. 슬기로운 지혜와 국민적 통합이 절실해지고 있습니다.

(2020.05.22.)

노사정 주체들이
한자리에 모였습니다

민노총과 한국노총 등을 포함한 노사정 주체들이 한자리에 모였습니다. 코로나19 고용위기 극복을 위한 노사정 사회적 대화가 정세균 총리 주재로 20일 첫 발을 뗐습니다. 너무나 중요한 자리였습니다. 노사정 대화와 합의는 사실상 코로나19 위기 극복의 가장 중요한 기본이 되기 때문입니다. 이번에 코로나19 위기 극복 과정에서 전 국민은 한마음으로 움직였습니다.

그러나 경제위기 극복에는 다른 목소리를 낼 수도 있습니다. 분배 문제에 직면해서는 자신의 몫을 더 강조할 수밖에 없기 때문입니다. 경제적 위기에 부딪혀서는 결국 갈등과 대립이 격화될 수밖에 없는 것이죠. 따라서 경제위기 극복에 각 계층과 집단들이 자기들의 이해만 주장하게 되면 코로나19 위기 극복의 마지막 난관은 쉽게 넘을 수 없습니다.

이날 회의에서도 간극은 분명히 보였습니다. 노동계는 고용 안정을, 경영계는 기업 살리기를 통한 일자리 지키기를 주장했습니다. 그러나 노사정 협력과 고통분담 이야기도 나왔습니다.

22년 전 IMF 경제위기가 닥쳤을 때도 우리는 노사정위원회를 1998년 1월 15일 출범시켰습니다. 노사정 위원회를 통한 사회협약을 만들어 냈습니다. 경제위기 극복을 위한 노사정 위원회였습니다.

한 달 뒤 2.6 사회협약을 만들어냈습니다. 당시 노사정은 공동선언문에서 "노동의 유연성을 위해서 정리해고제의 조기 실시와 파견근로제의 법제화를 허용하는 대신, 국가는 노조의 정치 활동을 보장하고 공무원과 교원의 단결권을 허용하며, 고용안정 및 실업 대책, 그리고 사회 보장제도를 확충할 것"을 상호 약속했습니다.

그 이후 우리는 IMF 경제위기를 극복하고 연 7~8%의 경제성장률을 달성했으며 IT 강국으로 변모했습니다. 노사정의 신뢰와 합의가 없었다면 불가능했을 것입니다. 코로나19 위기 극복을 위해서 한자리에 모인 노사정 위원들, 매우 어려운 상황을 대변해야 할 것이지만 국가적, 국민적 협력이라는 과제에 충실히 임해서 코로나19 위기를 극복하고 위기를 기회로 만드는 계기가 되었으면 합니다.

(2020.05.21.)

국가폭력에 대한 진상규명과 저항권

국회 본회의에서 그동안 처리가 미뤄졌던 N번방 방지법과 진실화해를 위한 과거사법, 고용보험법 개정안 등이 드디어 통과되었습니다. 특히 과거사법은 형제 복지원 사건으로 피해를 보고 안타까움에 처해있었던 사람들에게는 매우 반가운 일이었을 것입니다. 형제복지원 사건은 1975년부터 1987년까지 자행된 인권유린의 극치였습니다. 12년 동안 불법감금과 강제노역, 그리고 구타와 암매장 등이 이루어져 확인된 사망자들만 551명이었습니다. 형제복지원에 대한 진상조사는 과거사법에 근거해 2006년부터 시작되었지만, 완결되지 못했습니다. 그 이유는 과거사법 기간이 4년으로 제한되어 있었기 때문입니다. 그래서 이번에 통과된 과거사법은 기한을 3년 더 연장한 것입니다.

관련자 최승우 씨는 과거사법 통과를 위해 2년 넘게 천막 농성을 했고, 최근에는 고공 농성까지 벌였습니다. 이외에도 진실 화해를 위한 과거사정리 기본법은 국가 권력에 의해 자행된 인권유린 행위 등을 조사하게 됩니다.

6·25 전쟁 시 불법적으로 이루어진 민간인 집단 학살사건과 권위주의 정권 시 부당한 공권력으로 조작 혐의가 있었던 사건 등도 그 대상이 됩니다. 과거 사법이 대상으로 삼고 있는 기간은 1945년 8월 15일부터 권위주의 통치 시까지입니다. 국가폭력에 대한 진상규명을 그 목적으로 삼고 있습니다.

국민 저항권이라는 것이 있습니다. 인간의 기본적 자유와 권리를 억압하는 불법적 국가권력에 저항할 수 있는 권리를 의미하는데요, 18세기 시민의 권리 선언 형태로 나타난 미국의 각 주 헌법과 1789년 프랑스의 인권 선언에 명시되어 있죠. 저항권은 기본적 인권과 자유민주주의 체제를 수호하기 위한 최후의 수단으로 프랑스 헌법과 독일의 헌법에 반영되어 있습니다.

하지만 한국의 헌법에는 아직 안타깝게도 반영되어 있지 않습니다. 단지 헌법 전문에 "불의에 항거한 4·19 민주 이념을 계승하고"라고 되어 있어 저항권 명시를 대신한다고 볼 수 있습니다. 국가 폭력에 대해 한 개인이 맞서는 일은 현실적으로 불가능한 일입니다. 그래서 부당한 국가폭력은 마구잡이로 개인의 인권과 자유를 유린할 수 있는 것입니다.

이번에 개정, 통과되는 과거사법이 다시는 우리 사회에서 국가폭력이 이루어지지 않도록 하는 선례를 만들기 바랍니다.

(2020.05.20.)

코로나 19에 실력 발휘한
한국의 공동체 의식

이태원발 태풍이 다행히 미풍으로 그치는 것일까요. 제2의 신천지 사태로 번질 수 있다는 예측이 어긋나고 있습니다. 우려했던 바와 달리 연 나흘째 국내 지역감염 확진자 수가 10명 이하 수준에서 유지되고 있습니다. 지난 18일 기준 이태원 클럽 관련 누적 검사자는 무려 6만 5천여 명으로 급증했습니다. 익명검사 발표가 있자 스스로 의심이 드는 사람들이 자발적으로 검사를 신청한 것입니다. "나 하나쯤이야." 하는 개인 우선주의적 부정적 측면이 한국에서는 통하지 않고 있는 것입니다.

최근 프랑스 상원 공화당그룹이 작성한 '코로나 19 감염병 관리의 모범사례'에서는 한국 국민의 수준 높은 자발적 공동체 의식에 주목한다고 밝혔습니다. 영국의 BBC방송에서도 코로나19에 의연하게 대처하고 있는 한국의 시민의식에 대해 높게 평가했습니다.

이제 한국에서는 마스크 착용은 선택이 아닌 필수입니다. 한국 사람들이 자발적으로 검사에 참여하고, 마스크를 반드시 착용하는 이유는 코로나19로부터 자기 자신을 보호하려는 이유도 있지만, 다른 사람들에게 피해를 주기 싫은 이유도 매우 큽니다. 이웃과 가족, 공동체 구성원들이 나 때문에 피해를 보는 것을 우려하기 때문인 것이죠.

이는 개인 우선적 문화 특성이 있는 서양과 다릅니다. 개인 이해만을 앞세우지 않고 공동체의 이익도 함께 중요시 여기는 한국의 전통적 유교문화 특성과 연관이 깊습니다.

유교문화라고 하면 성리학과 주자학을 떠올립니다만, 유교의 본류인 공맹 사상과는 차이가 있습니다. 조선 사대부들의 독재의 이념적 도구로 활용된 성리학은 가부장제 중심과 수직적 엄격성 등을 강조하면서 사대부 지배의 신분사회를 합리화 시켰습니다. 본래의 공맹 사상은 백성이 근본이라고 하는 평등성과 혁신성을 담고 있습니다. 공동체와 개인의 이익이 상호 조화하는 중도, 중용의 지평을 지향합니다.

국가주의적 복종이나 개인 우선주의적 치우침이 아니라, 민주적 공동체 하에서 개인과 공동체의 이해가 상호 충돌 하지 않고 조화 점을 찾을 수 있도록 해서, 공동체와 개인의 병존적 발전을 이룰 수 있게 하는 것이죠. 우려와 기대가 교차하고 있는 것이 사실인데요, 다시 한 번 한국 국민의 수준 높은 민주적 공동체 의식을 기대합니다.

(2020.05.19.)

스승의 날,
다시 돌아보는 교육 현실은

스승의 날은 1963년부터 시작되었습니다. 그러다가 1982년 법정 기념일로 정해졌죠.

매년 5월 15일, 우리는 스승의 날을 맞습니다. 학교에서 선생님을 항상 접하는 학생들뿐만 아니라, 사회에서 활동하고 있는 그 누구나 자신의 마음속에서 고마워하고 그리워하는 스승이 한 분은 있을 것입니다. 특히 학창 시절 자신이 어려움에 처해져 있을 때 대가없는 도움을 주셨던 선생님을 어떻게 잊을 수 있을까요. 청소년 시절에 일탈적인 행동을 바로잡아주시고 관용과 배려를 베풀어주셨던 선생님에 대한 고마움에 5월 15일이 더욱더 그 의미가 있습니다.

식민지 지배와 6·25 전쟁을 겪은 대한민국이 압축적인 경제성장과 민주주의 발전을 통해 전 세계 10위권 경제대국에 오를 수 있었던 이유는 바로 '교육의 힘'이라는 점은 아무도 부정할 수 없습니다.

1948년 대한민국 정부가 수립되자 전 국민을 대상으로 하는 의무교육제가 실시되었습니다. 헌법과 교육 기본법에서도 교육을 받을 권리와 함께 의무교육제를 명시하고 있죠.

제1공화국에서 교육은 가장 역점을 둔 사업 중 하나였습니다. 그것은 오래된 한국의 전통문화 및 제도에서 비롯되었다 할 것인데요, 조선 시대에도 중앙에는 국가 최고의 교육기관으로서 성균관과 사학이, 지방에는 행정 단위별로 향교가 설치되었습니다. 그리고 전국 곳곳에 서당이 있었습니다. 서당은 실질적인 민간 교육기관으로서 국민 기본교육을 담당했습니다. 특히 구한말 나라가 어려웠던 시절에는 서당에서 우국지사와 독립운동가, 그리고 혁신적인 지도자들을 배출했습니다.

대한제국 시대에는 근대 교육의 열기와 함께 2천 236개의 국공립, 사립 신식학교가 설립되었고, 대한 세대가 양성되었습니다. 이들에 의해 독립운동의 큰 물결과 흐름이 형성되었다고 할 수 있죠. 근대적 의미의 최초 교육 양성기관인 한성사범학교도 고종 32년, 1895년에 설립되었습니다.

교육의 힘으로 산업화와 민주화를 달성한 대한민국. 지금 우리의 교육 현실은 과연 어떨까요, 아직도 교육의 열기와 에너지는 차고 넘칩니다만 국가 대계로서의 교육의 목적과 역할은 충분히 자리 잡고 있는지, 오늘 스승의 날을 계기로 다시 한 번 되돌아봐야 할 듯합니다.

교육이 수요자와 공급자 간의 효율성과 시장성으로 떨어져 버린 것은 아닌지, 대학 입시와 취업의 굴레 속에서 교사들은 스승이 아니라 수월성만을 위한 전문 교원의 역할만 강요당하고 있는 것은 아닌지, 다시 돌아볼 필요가 있지 않을까요.

(2020.05.15.)

포스트 코로나 시대에
과연 무엇을 대비할 것인지

　코로나19로 촉발된 문제로 인해 급격하게 국제적인 환경이 변할 것이라는 예상이 힘을 얻고 있습니다. 그렇다면 우리는 포스트 코로나 시대를 얼마나 대비하고 있을까요.

　경제 지표는 계속 떨어지고 있습니다. 관세청 자료에 따르면 5월 1일에서 10일 사이의 수출액이 전년 동기 대비 46.3% 떨어졌습니다. 한국의 수출 의존도를 볼 때 미국과 유럽의 경제 상황이 호전되지 않는다면 2020년 수출경기는 하락세가 지속될 것입니다. 반도체 의존성을 뛰어넘는 새로운 소프트웨어 등의 신지식 개발을 통한 시장 개척이 이뤄지지 않는다면 한국 경제의 난관은 쉽게 극복되기 어렵습니다. 포스트 코로나 시대를 대비한 혁신적인 경제 환경이 마련돼야 한다는 것이죠.

　지난 12일 정세균 국무총리와 박용만 대한상의 회장, 벤처 기업인들이 모인 가운데 국내 첫 '규제샌드박스 민간지원센터' 출범식이 열렸습니다. 영국과 미국, 일본 등에서 정부를 중심으로 샌드박스가 운영되고 있지만, 민간의 새로운 채널을 통해 제도 혁신을 꾀하는 샌드박스 운영은 한국이 처음입니다. 그만큼 기업중심을 통한 경제 혁신에 무게를 두겠다는 의지로 읽히는 것이죠. 샌드박스는 혁신 제품과 서비스의 시장 출시를 불합리하게 막는 규제를 유예·면제하는 제도인데요. 정부가 중심이 되었던 관행을 과감하게 깨고 대한상의 중심으로 규제 혁신 추진 사업을 펼쳐 나가겠다는 것입니다. 창업의 골든타임과 기업의 편의성을 민간 시장 중심으로 펼쳐 나가겠다는 것이죠.

한국형 뉴딜 사업 추진 역시 마찬가지입니다. 중장기적인 국가 계획으로서의 한국형 뉴딜 사업의 핵심은 과감한 규제 철폐와 비대면 산업 육성책입니다. 문재인 대통령은 기후 환경 변화를 이끌어 나가는 환경 친화 뉴딜 사업도 강조했습니다. 그동안 의료계에서 논란이 되어왔던 '원격의료' 사업 역시 새롭게 강조되고 있습니다.

세계 최고 수준을 가진 한국의 의료기술. 원격의료 기술은 이미 전 세계적으로 확산, 발전되고 있으며 유관 산업 유발 효과도 상당합니다. 이번 코로나19 사태 때 한시적으로 시행한 전화 상담 진료가 17만 건에 달한다고 합니다. 최근 원격의료 도입이 긍정적으로 필요하다는 정부 관계자들의 발언이 이어지고 있습니다. 지난 2008년 글로벌 금융위기 시에 한국의 반도체 등 정보통신 사업이 세계적 위상으로 뛰어올랐던 점을 기억하실 것입니다.

2020년 세계적 유행, '펜데믹' 현상이 전 세계를 강타하면서 글로벌 경제 산업의 변화와 함께 주도권도 분명히 바뀔 것입니다. 여기에 한국의 비약적 도약 기회가 있다고 할 것입니다.

(2020.05.14.)

고용보험 사각지대에
놓여 있는 사람들

　4월 취업자 수가 21년 만에 최악입니다. 지난달 취업자가 1년 전보다 47만 6천 명 감소했습니다. IMF 외환위기 여파가 심했던 1999년 초 이래 최대의 감소 폭입니다. 통계청이 발표한 4월 고용동향을 보면, 취업자 수의 감소는 숙박 및 음식점업 그리고 교육 서비스업에서 두드러지게 나타났습니다. 통계 작성 이래 가장 크게 줄었다고 합니다. 임시직 취업자도 30년 만에 최대 폭으로 감소했습니다. 결국 코로나19 사태 충격의 가장 직접적인 타격은 비정규직과 임시직, 특수 고용직에서 나타난 것으로 보입니다. 아마 앞으로도 정규직 근로자들보다 고용 안정성이 떨어지는 층에서 실직률이 더욱 높아질 것입니다. 더욱 심각한 것은 비정규직 등 고용불안정 층들이 실직하게 되면 당장 생계 대책에서 커다란 난관에 봉착할 수밖에 없다는 것입니다.

　이들은 고용보험, 실업보험 대상자에서도 제외되어 있습니다. 현재 근로자 중 고용보험 혜택을 보고 있는 수는 약 천 350만 명, 전체 취업자가 2천 700만 명임을 감안하면 취업자 약 절반 정도가 고용보험 사각지대에 놓여 있습니다. 여기에 자영업자까지 합산하면 그 수는 더욱더 불어나게 되죠. 매우 심각한 사회 문제라고 할 수 있습니다. 특수고용자, 프리랜서, 플랫폼 노동자, 자영업자 등이 코로나19 사태의 위험에 노출되어 있지만, 그 대책은 아직 충분치 않습니다.

그래서 전국민 고용보험을 시작해야 한다, 단계적으로 추진해야 한다는 목소리가 나오는 것입니다.

전국민 고용보험 도입에 대한 국민적 요구는 비교적 높다고 할 수 있습니다. 리얼미터가 지난 12일 조사한 바에 따르면, 10명 중 6명은 전국민 고용보험 도입에 긍정적인 것으로 응답했습니다. 전국민 고용보험은 재원을 마련하고 기존 소득신고, 보험체계를 수정해야 하므로 사회적 합의가 필요합니다. 이제 논의가 시작되었다고 할 수 있죠. 재원 마련이 이뤄지려면 성장도 함께 이뤄져야 하는 측면도 존재합니다. 실업보험이 그냥 나눠 주는 것이 아니라, 구직성을 함께 띄어야 한다는 주장도 있고요. 고용보험 사각지대에 노출된 노동자들에 대한 구제책은 매우 시급합니다.

지난 5월 11일 고용보험 가입 확대를 위해 예술인들을 포함하는 고용보험법 개정안이 국회 환노위를 통과했습니다. 하지만 특수고용자들은 제외되었습니다. 산정 기준이 정확하지 않다는 것이 그 이유였는데요. 그러나 전 국민 고용보험 논의, 시작점에만 머물러서는 안 될 것입니다.

현재 사태의 심각성에 비추어 볼 때 하루라도 빨리 그 논의가 적극적으로 이뤄져야 할 것입니다.

(2020.05.13.)

독립유공 서훈도 없는 전봉준, 김개남 장군
- 동학농민혁명 126주년을 맞아

　국가기록원에서는 동학농민혁명 기념일을 맞아 녹두장군 전봉준 등 동학농민군들의 형사재판 원본을 복원해서 공개했습니다. 약 217장 분량의 판결 기록은 일제가 전봉준 장군 등의 재판에 깊숙이 개입했음을 보여주는데요, 경성주재 일본 영사 우치다 사다쓰치의 서명이 확인되고 있습니다.
　1894년 10월 27일 일본 총리 이토 히로부미는 조선의 동학농민군을 모조리 죽이라는 결정을 내립니다. 그리고 일본군은 약 30만 명의 동학군을 무자비하게 학살합니다. 왜냐하면 1894년 동학농민군 2차 봉기의 구호는 "일본은 우리의 적국이다."라는 척왜였기 때문입니다.
　동학농민혁명은 1894년 일본군이 경복궁을 침략하자 발발하여 나라를 구하기 위해 목숨을 걸고 일어난 운동입니다.
　그러나 전봉준, 김개남 장군 등에 대해서는 아직도 독립 유공 서훈도 없습니다. 동학농민운동이 우리에게 중요한 이유는 근대적 의미의 국민국가 형성 운동이었기 때문입니다. 일각에서는 한국의 민주주의가 해방 이후 서구에서 이입된 것으로 알고 있지만, 결코 아닙니다.
　19세기에 한국은 어떤 나라보다 앞서서 신분제를 폐지하는 인간 평등사상, 그리고 자주 독립국 쟁취 운동, 집강소 등 자치운동 및 인간의 해방과 자유 등을 쟁취하기 위한 모습을 동학 농민혁명에서 보여주었습니다. 동학은 일제의 무자비한 탄압에도 불구하고 살아남아 1900년대 약 300만의 동학교도로 성장하여 3·1운동을 직접 일으키는 원동력이 됩니다.

 동학농민혁명이 일어난 지 1백26년이 되었습니다. 지난해 처음으로 동학농민혁명이 국가기념일로 정해졌습니다. 올해부터 고교 역사 교과서에 동학농민혁명의 시작을 고창 무장 기포로 서술되었습니다. 몇 년 전부터 시작된 동학농민혁명 세계기록 문화유산 등재 작업이 이제야 결실을 볼 것으로 보입니다.

 동학을 기념하는 전국 규모의 공원이 뒤늦게 정읍에서 첫 삽을 떴습니다. 동학과 관련된 많은 유적지가 방치되어 있고, 추가적인 발굴 조사와 연구도 대단히 미흡한 실정입니다. 동학에 관한 연구와 기념사업, 그것은 우리 스스로 민주주의와 근대 국민국가 형성을 일구었다는 주요한 역사적 사실을 복원하는 일입니다.

(2020.05.11.)

K-방역에 이어 'K-에듀'까지

이번 코로나19 사태를 겪으면서 우리는 K-방역을 세계 최고의 수준으로 올려놓았습니다. 세계 각국이 한국형 방역 모델을 배우기 위해 공유 요청이 잇따르고 있죠. K-방역 웹 세미나가 3차례나 개최됐는데, 100여 개국에서 3천여 명이 접속했습니다. 그런데 K-방역만큼 세계적 주목을 받는 분야가 있습니다. 바로 K-에듀입니다. 전 세계에서 팬데믹이 한창 기승을 부리고 있던 4월 9일, 한국은 전 세계에서 거의 유일하게 초중고생 온라인 개학을 시작했습니다.

초기 접속에 약간의 문제가 있었지만 빠르게 안정을 찾아 전국 초중고생 300만이 동시 접속해서 쌍방향 수업을 진행하고 있습니다. 학생들의 출석률도 90%를 훌쩍 뛰어넘었다고 합니다. 이번 전국 초중고생 온라인 수업을 위해서는 기존 서버 용량 가지고는 턱도 없었죠, 약 천5백배의 증설이 필요했습니다. 이 엄청난 공사를 한국의 IT 기술진들은 단 보름 만에 해치웠습니다. 통상 6개월 정도 걸릴 일이었습니다. K-에듀테크 수출 길도 열릴 것으로 보입니다.

KOTRA가 온라인 수업 분야의 기술 수출을 위해 화상 상담회를 개최했습니다. 약 90건의 화상 상담이 이뤄졌다고 하는데요, 중국을 비롯한 아세안 쪽의 바이어들이 높은 관심을 보였다고 합니다. 실제 K-에듀는 일본과 베트남 등 휴교령이 이어지고 있는 국가들을 중심으로 진출하고 있으며, 해외에서는 온라인 개학이 어떻게 이뤄졌는지, 그 준비과정과 지도 방법 등에 문의가 이어지고 있습니다.

코로나19 사태는 결과적으로 한국의 위기관리 및 극복 능력을 전 세계에 보여주고 있습니다. 의료 기술 등 방역 관련 분야에 이어 온라인 교육 분야까지, 투명성과 국민의 신뢰를 통한 협력, 그리고 새로운 모델로서의 민주주의적 공동체 형성까지 21세기 선진 국가의 지향점을 보여주고 있는 것입니다.

(2020.05.04.)

너흰 아비 없음을 슬퍼하지 말아라.
사랑하는 어머니가 있으니

강보에 싸인 두 병정에게 "너희도 만일 피가 있고 뼈가 있다면 반드시 조선을 위해 용감한 투사가 되어라. 태극에 깃발을 높이 드날리고 나의 빈 무덤 앞에 찾아와 한잔 술을 부어놓으라. 그리고 너흰 아비 없음을 슬퍼하지 말아라. 사랑하는 어머니가 있으니" 윤봉길 의사가 두 아들에게 보내는 유서입니다.

지금으로부터 88년 전이었던 1932년 4월 29일, 일제의 간담을 써늘하게 했던 사건이 중국 상해에서 벌어졌습니다. 24살의 젊은 조선 청년이 일본 상해군 파견 사령관인 시라카와 대장을 즉사케 하고, 일본 육군 9사단장 등을 척살하는 일이 일어난 것입니다. 1932년 4월 29일 홍구공원에서는 일제가 상해를 군사적으로 점령한 것을 축하하는 천정절 축하식이 열렸습니다. 조선의 젊은 청년은 혈혈단신으로 일본군의 포위망을 뚫고 식장 안으로 들어가, 준비한 수통 폭탄을 연단에 침착하게 던져, 일제군 장성들을 처단한 것입니다. 윤봉길 의사는 탱크와 비행기, 대포, 기관총 및 수천 명의 무장군인들이 삼엄하게 경비하는 그곳을 뚫고 들어가서, 보란 듯이 폭탄을 던진 것입니다. 식장은 순식간에 아비규환으로 변했고, 윤봉길 의사는 자결하려고 준비해간 도시락 폭탄을 터뜨리지 못하고 일본군에게 잡혔습니다. 그 와중에도 윤 의사는 희미한 미소를 지었다고 합니다. 승리와 성공의 미소였습니다. 전 세계가 깜짝 놀랐습니다. 특히 4억의 중국인들은 한 조선 청년의 대담성과 용기에 놀랐습니다. 중국의 100만 대군이 해내지 못한 일을 조선의 젊은 청년이 해냈다는 찬사가 이어졌습니다. 물론 윤봉길 의사의 뒤에는 대한민국 임시정부 한인청년단 단장인 김구 선생이 있었습니다.

중국의 장개석 총통은 백범 김구 선생을 만나려고 찾아다녔고, 김구 선생을 만난 장개석은 무조건적인 도움을 약속했습니다. 이때부터 임시정부는 중국국민당의 지원을 받아 한국광복군 창설에 주력하게 되었으며, 1940년 광복군이 만들어지게 됩니다.

윤봉길 의사의 상해 의거 이후 임시정부로 물밀 듯이 자금 지원이 들어왔고 임시정부는 명실공히 대한민국을 대표하는 정부로서의 역할을 수행했습니다. 1943년 한국의 자유와 독립이 약속된 카이로 선언이 발표되는 것입니다. 그의 영웅적인 죽음으로 지금의 대한민국이 서 있음을 한 치도 잊어서는 안 될 것입니다.

(2020.04.29.)

의료진들 감사합니다.
덕분에 챌린지 / Stay Strong

코로나19 극복 격려와 감사의 마음 나누기가 점점 확산되고 있습니다. 대표적인 것이 '덕분에 챌린지'이죠. 우리를 코로나19 위협으로부터 지켜주고 있는 의료진들입니다. 그들의 희생과 분투에 고마움의 메시지를 전하는 '덕분에 챌린지.' 덕분에 챌린지는 지난 4월 16일부터 시작되었는데요, 국민참여형 의료진 응원 캠페인이죠. SNS와 포탈 커뮤니티 중심으로 급속하게 확산되고 있습니다. 다양한 아이디어로 의료진들의 고투에 감사를 표시하고 있습니다.

이 외에도 전 세계적으로 확산되고 있는 태그 달기 SNS 캠페인이 있습니다. 대한민국 외교부가 시작한 것인데요, 「건강하게 버티자. 스테이 스트롱」 캠페인입니다.

전 세계 인류가 서로 서로 힘을 내서 코로나19를 이겨내자는 캠페인인데요, 강경화 외교부 장관이 스타트를 끊었고 주한 외교사절들도 참여하고 있습니다. 주한 해리스 미국 대사도 이 캠페인에 참여하여 "Fight against COVID 19, Stay Strong"이라는 문구를 남겼습니다.

해리스 대사는 다음 캠페인 참여자로 로버트 에이브럼스 주한 미군사령관, 스미스 주한 영국대사 그리고 이수혁 주미 한국 대사를 지목해서 태그를 달았습니다.

각국에서 활동하고 있는 우리 외교관들도 열심히 스테이 스트롱 캠페인을 벌이고 있는데요, 주 노르웨이 남영숙 대사는 자신의 페이스북에 한국과 노르웨이, 아이슬란드의 국기를 첨부하여 확산시키고 있습니다. 남 대사는 "코로나 바이러스 확산으로 모두에게 힘든 시간이 이어지고 있지만, 이럴 때일수록 함께 힘을 내는 것이 중요하다고 자신만의 응원 문구를 담은 로고를 만들자"고 캠페인을 벌이고 있습니다.

블라디보스토크 주재 한국 총영사관도 한러 수교 30주년을 맞이하여 연해주 지방정부의 주요 인사들이 한국 외교부의 '스테이 스트롱' 캠페인에 적극적으로 참여하고 있다고 밝히고 있습니다.

우리가 주도해서 확산되고 있는 '덕분에 챌린지, 스테이 스트롱 태그 달기' 캠페인이 바로 코로나19를 지구에서 추방시키는 집단적인 힘으로 작용할 것입니다.

(2020.04.24.)

경제동향 수치가 심상치 않습니다

　수출 이상 징후가 드디어 수치로 나타나기 시작했습니다. 관세청은 4월 1일에서 20일 사이 일평균 수출액은 지난해 보다 26.9% 감소한 217억 2,900달러라고 밝혔습니다. 효자품목인 반도체도 마이너스 14.9%입니다.
　이상 징후는 고용동향에서도 나타나고 있습니다. 지난 17일 통계청이 발표한 3월 고용동향에 따르면 지난달 취업자 수가 대폭 줄어들었습니다. 1년 전보다 19만 5천 명 감소했습니다. 취업자 감소 폭은 24만 명을 기록했던 2009년 5월 금융위기 이후 최대 폭입니다.
　문제는 국제 경제의 하락이 계속 심각해질 것이라는 점입니다. 수출 의존도가 높은 한국으로서는 더욱 걱정이 되지 않을 수 없습니다. 국제통화기금 IMF에서는 세계 경제가 1930년대 대공황 이후 최악의 침체를 겪을 것이라고 전망했습니다.
　기업의 불황은 집단해고로 이어질 것이고, 기업은 대폭적인 구조조정을 통해 가장 쉬운 길을 찾으려 할 것입니다. 결국, 수많은 노동자가 거리로 나오게 될 것이고, 사회문제의 심각성과 함께 정치적인, 국가적인 혼란도 예상됩니다. 어떻게 고용 안정을 이룰 것인가에 달려있습니다. 한 번도 경험 해보지 못한 상황에서 어떻게 일자리를 지켜내느냐가 핵심입니다.
　정부는 고용 유지를 기업 지원과 연계할 방침입니다. 문 대통령은 "노사 합의로 고용을 유지하는 기업을 우선 지원 할 것"이라고 밝혔습니다. 고용 유지 조건부 지원 원칙은 글로벌 표준이 되고 있습니다. 독일은 고용을 유지하되 근무시간을 줄이는 조건으로 통상임금의 3분의 2를 지원하기로 했습니다. 미국은 고용을 유지하는 중소기업에게 부채를 탕감해 주기로 했습니다.

쓰나미처럼 닥쳐올 고용 대란을 대처하기 위해서는 결국 노사정 합의가 우선입니다. 다행히 정세균 총리는 지난 18일 민주노총 김명환 위원장을 만난데 이어 한국 노총위원장, 경총 회장 등과 연쇄 회동하고 있습니다. 공통된 의견을 합의하기 위해서일 것 같은데요, 우리는 코로나19라는 전염병을 사회적 연대와 협력으로 극복해 나가고 있습니다. 이제 몰아닥칠 경제위기도 공동체적 협력으로 전 세계적 모델을 만들어 냈으면 합니다.

(2020.04.21.)

60년 전, 4·19혁명은
이렇게 해서 일어났습니다

1960년 4·19 혁명이 일어난 지 벌써 60년이나 지났습니다. 4·19 혁명 발발의 도화선은 고등학생 시위였습니다. 1960년 2월 28일 일어난 대구의 고등학생들은 '학원의 자유를 달라, 학원을 정치 도구화 하지 말라'고 외쳤습니다. 이승만 정권과 이기붕 일당은 3월 15일 대대적인 부정선거를 자행했습니다. 부통령 후보였던 자유당의 이기붕을 당선시키기 위해 사전투표를 감행하는가 하면, 투표함 바꿔치기 등 온갖 불법을 자행했습니다. 오죽하면 선거 당일 이기붕의 득표율이 너무 높게 나와 자유당은 최인규 내무장관에게 득표율 하향을 지시하기도 합니다. 그래서 이기붕은 79%의 득표율로 낮춰지게 됩니다. 자신의 소중한 투표권을 도둑맞은 국민들은 분노하기 시작했고, 마산에서 처음으로 항의 시위가 일어납니다.

이승만의 경찰은 폭압적인 탄압을 일삼아 결국 4월 11일 어린 고등학생인 김주열 군의 시신이 마산 중앙부두 앞에 떠오르게 됩니다. 김주열의 눈에는 최루탄이 박혀있었습니다. 시위는 전국적으로 확대됐고, 4월 19일 경무대 앞으로 몰려간 학생, 시민 시위대를 향해 이승만의 경찰은 발포하게 되고 21명의 젊은 생명이 민주주의 제단에 바치게 됩니다.

결국 4월 26일 이승만과 그 집단은 국민의 힘에 굴복하여, 정권을 내놓게 됩니다. 4·19혁명은 민주주의의 가장 중요한 요소인 선거권을 권위주의 정권이 탈취한 사건에 대해 다시 국민의 손에 가져온 역사적 쾌거입니다. 주권재민의 역사를 국민이 확인한 것이죠.

4·19혁명의 영령들이 민주화 제단에 묻힌 지 60년, 그들이 다시 찾아온 투표의 신성한 권리는 지금도 살아, 부당한 권력을 심판하고 과거로 회귀하지 못하게 하는 주요한 국민의 무기가 되어 있습니다.

(2020.04.20.)

코로나19와 66.2%의 총선투표율

66.2%의 총선투표율의 놀라운 기록을 쓰면서 21대 총선이 성공적으로 마무리 됐습니다. 국회의원 선거의 투표율은 대선과 다르게 대개 60% 내외를 나타냈던 것이 상례입니다. 단지 정치적으로 혹은 국가적으로 커다란 변화가 예고될 때 높은 투표율을 기록했습니다.

1985년 권위주의 정권 하에서 신한민주당 돌풍을 일으켰던 제12대 총선에서는 84.6%의 투표율을 기록했습니다. 또한 87년 민주화 이후 치러진 88년 13대 총선에서도 75.8%의 높은 투표율을 보였습니다. 거의 대선급 투표율이었죠. 그 이후부터 한국 총선 투표율은 조금씩 하락하기 시작해, 국회의원을 선출하는 투표 행위가 국민들 관심에서 조금씩 멀어졌던 것이 사실입니다.

국민들은 총선 결과가 자신들의 삶에 크게 중요하다고 생각하지 않았던 것이죠. 그러나 이번 2020년 총선은 매우 달랐습니다. 특히 코로나19 사태 하에서 벌어진 총선이기 때문에 더욱더 놀라지 않을 수 없었습니다. 국민들은 코로나19를 뚫고 투표를 해서 자신들의 정치적 효능감을 실현했습니다.

그 이유는 과연 무엇일까요. 코로나19 사태에서 야기된 건강과 안전상의 불안감을 해소해 달라는 뜻이 아니었을까요. 자칫 코로나19에 감염될 수도 있다는 우려를 안고 왜 용감하게 투표장으로 향했을까요. 코로나19로 야기될 경제적 불황을 해결해 달라는 강력한 요구가 아닐까 합니다.

전 세계는 우려와 의혹의 시선으로 한국의 4.15 총선을 지켜봤습니다. 그러나 한국 국민들은 자발적인 협력과 통제로 코로나19를 성공적으로 극복해 나가고 있듯이, 민주주의 꽃이라고 할 수 있는 선거를 침착하고 차분하게 치러 냈습니다. 코로나19 극복은 바로 민주주의 실현 과정과 부합한다는 사실을 전 세계에 다시 한 번 보여준 것입니다.

이번 선거 결과를 통해 정치권력의 책무는 더욱더 막중해졌습니다. 어떻게 하면 코로나19 사태로 닥친 국민의 고통을 해결해 줄 수 있을지 그 책임감이 더욱 높아진 것입니다.

(2020.04.16.)

선거란 한 표 한 표가 모여서
거대한 민심의 바다를 만드는 것

　21대 총선일이 다가왔습니다. 마음의 준비는 하셨는지요. 우리는 민주주의의 중요 요소 3가지를 꼽습니다. 그것은 선거, 정당, 국회입니다. 그중에서 선거는 국민에게 가장 신나는 일 중 하나입니다. 선거 당일 국민은 오래간만에 내놓고 주인 행세를 할 수 있습니다. 그동안 국민 위에서 으스대던 사람들이 선거 시기만 되면 국민에게 읍소합니다.

　국민은 감춰 놓았던 마음을 내일 마음껏 풀어놓을 수 있습니다. 누구 눈치도 보지 않고 자신이 그동안 품었던 감성 효과를 한 장의 투표용지에 옮겨 놓을 수 있는 것입니다.

　대한민국 국민이 민주주의 제도에 입각해서 투표를 처음 시작한 날은 1948년 5월 10일 제헌의회 선거입니다. 그 이후부터 국민은 국회의원과 지방의원, 그리고 1952년부터는 대통령도 직접 국민 손으로 뽑게 되었습니다.

　물론 1961년 군부 쿠데타 이후에는 국민의 직접적 선거권이 제약, 왜곡되었지만 1987년 6월 항쟁을 통해서 다시 국민선거권을 찾아왔습니다. 그리고 1987년 대선과 1988년 13대 총선부터는 국민의 선거권을 자유롭게 행사하기 시작했습니다.

　내일 치러지는 21대 총선은 87년 민주화 이후, 9번째 치러지는 국회의원 선거입니다. 국민의 대표를 뽑는, 나를 대표할 수 있는 인물을 선택하는 날입니다. 그리고 내일 뽑힌 대표들은 의회를 구성해서 국민의 의사를 국정에 반영하고 국민의 뜻을 관철시키는 정치 행위를 하게 됩니다.

너무나 중요한 날이죠. 과연 누가 나를 대신해서 정치적 행위를 제대로 할 수 있을지, 신중하고 진지하게 고민하셔서 귀중한 한 표를 행사하시길 바랍니다.

대한민국의 민주주의는 국민 한 사람 한 사람의 표가 모여 만들어졌고, 그 한 표, 한 표가 국민의 힘으로 분출해 민주주의를 지키고, 진전시켜 나가고 있다는 소중한 역사라는 사실을 내일 다시 한 번 확인하시길 바랍니다.

(2020.04.14.)

어두운 그림자로 다가오는 경제 현실

코로나19 사태는 '생활형 방역체계'로 전환되느냐, 아니면 지금과 같은 '강력한 사회적 거리두기 운동을 지속하느냐라는 분수령에 와 있는 것 같습니다. 무겁게 어두운 그림자처럼 다가오는 것이 있습니다. 그것은 바로 경제 현실입니다. 특히 소상공인들을 중심으로 한 기업의 불황이 예고되고 있습니다. 벌써 현실화되고 있는 업종이 있죠. 바로 문화, 관광 분야입니다.

국내외 인적교류의 중단으로 인해 여행·숙박 업계의 피해는 눈 덩어리처럼 불어나고 있습니다. 한국호텔업협회가 발표한 바에 따르면 호텔 업계가 3월에만 입은 피해는 약 5천8백억 원에 달합니다. 최근에는 5성급 호텔들도 휘청거리기 시작해 일시적인 운영 중단에 들어가고 있습니다. 여행사들 역시 폐업 수순을 밟은 곳이 늘어나 4월 10일 현재 192곳이나 됩니다.

문화계는 마치 태풍이 지나가고 있는 것 같습니다. 관객과 함께 이뤄지는 문화산업은 말 그대로 폐허 상태입니다. 행위자인 예술가와 관찰자인 관객이 함께 모여져야 그 실행이 이뤄지는 영화, 공연, 전시 등의 행사가 줄줄이 취소되고 있습니다. 언제 다시 열릴지 기약을 할 수도 없습니다.

서울 예술의 전당은 3월 24일부터 모든 공연과 전시를 중단하고 있습니다. 세종문화회관 역시 공연 연기, 취소 상태가 빈발하고 있습니다. 걸그룹 트와이스 그룹의 공연, 팝스타 미카의 공연, 피아니스트 백건우 씨의 공연 등이 취소됐습니다. 즉 상반기 공연을 준비 중이었던 연극, 뮤지컬, 영화 등 문화 예술계가 초토화 되는 분위기입니다.

이에 따라 해당 사업체와 문화 예술인들의 생계 및 생활이 문화계의 현안으로 대두되고 있습니다. 물론 최근 정부에서 문화예술 창작자와 회사에 대한 긴급 지원 방안이 발표돼 급한 불을 끄기 위한 노력이 이뤄지고 있습니다. 하지만 문화 예술계에서는 대책 상당수가 융자 지원, 혹은 피해를 입증해야 이뤄지는 차원에 머물러 있다는 볼멘소리도 나오고 있는 형편입니다. 좀 더 구체적이고 세심한 대책 마련이 필요하다는 지적입니다.

(2020.04.13.)

온라인 쇼핑,
비대면(언택트) 경제로 전환되고 있습니다

문제는 경제입니다. 코로나19 사태가 좀처럼 종식될 것 같지 않은데요, 생활 방역 시스템으로 하루라도 빨리 전환시켜, 사람들의 왕래와 교류를 정상화시켜 경제 살리기에 나서고 싶지만 아직 이른 것 같습니다. 아직까지는 사회적 거리두기가 정답입니다. 그러나 경제는 걱정입니다.

정상적인 활동이 뒷받침 돼야 국내 소비가 이뤄지기 때문입니다. 지난달 은행에서 가계와 기업이 빌린 돈이 모두 28조 3천억이 늘어났습니다. 가계 대출은 전월대비 9조 6천억 원 증가했습니다. 나머지 대출은 기업에서 경영상 어려움 때문에 빌린 것으로 여겨집니다. 결국 한계 상황에서 경제를 어떻게 운영하며 버티느냐가 해법일 수밖에 없을 것 같은데요, 다행히 온라인 시장은 매출이 급증하고 있습니다.

각 기업과 관련 업체들이 온라인 쇼핑에 초점을 맞춰 주력하고 있습니다. 오프라인 시장에서의 부진을 만회하기 위한 대체 효과를 노리는 것이죠.

지난 3일 통계청이 발표한 2월 온라인 쇼핑 거래액은 1년 전보다 24.5% 늘어난 11조 9천 618억 원을 기록했습니다. 역대 최고입니다.

주식시장에서도 온라인 사업 관련주들은 각광 받고 있습니다. 원격근무 관련 개발업체의 주식은 70% 가까이 급등했다고 합니다. 지자체들도 지역의 생산 업체들을 살리기 위해 앞장서서 온라인 쇼핑몰 개척에 나서고 있습니다.

군산시의 경우에는 '배달의 명수'라는 앱을 개발하고 운영해서 지역 자영업자들 살리기에 나섰습니다. 경기도 역시 적극적으로 배달 앱 개발 및 운영을 검토하고 있습니다. 해수부는 직접 팔을 걷어 부치고 나섰습니다.

5개 온라인 쇼핑몰은 한 달 동안 상생 할인전 행사를 벌여 10억 원 가까이 매출을 올렸습니다. 향후 국내 사회와 경제 모든 분야에서 비대면화와 온라인화에 속도가 붙을 것으로 전망되는데요. 삼일 리서치 센터는 코로나19가 언택트 디지털 전환 가속화를 끌어 낼 것이라고 전망 보고서를 내놓았습니다. 하여튼 코로나19 버티기 시장 전략을 넘어 온라인 디지털 전환 마케팅이 미래 시장을 개척할 것으로 보입니다.

(2020.04.08.)

늘어나는 국가부채에 대한 대책은

우리 국민이 갚아야 할 빚이 점점 늘어나고 있습니다. 2019년 지난해 국가 부채가 천743조 6천억 원으로 나타났습니다. 1년 전보다 60조 2천억 원 늘어난 액수입니다. 국가 채무도 48조 3천억이 증가하면서 처음으로 700조 원을 넘어섰습니다. 728조 8천억 원입니다. 국민 1인당 갚아야 할 돈이 천 490만원에 달합니다.

국가채무는 2014년 500조원에서 2016년에는 600조원 이상으로 증가했는데요. 해마다 증가폭이 예사롭지 않습니다.

국가부채는 언젠가는 갚아야 할 빚이죠. 반면에 국가채무는 중앙정부와 지방정부가 반드시 갚아야 할 돈입니다. 원금과 이자를 반드시 갚아야 할 날이 정해져 있습니다.

국가부채가 늘어나는 이유는 세출과 세수의 균형을 맞추지 못하기 때문이죠. 국가가 써야 할 돈은 늘어나는데 세금이 적게 걷히게 되면, 정부는 국공채 발행을 통해 적자폭을 메꿀 수밖에 없습니다. 따라서 국가 부채가 늘어나는 것입니다. 국가 재정 적자 때문에 일어나는 현상이죠.

나라살림이 결코 양호하지 않습니다. 글로벌 금융위기 여파가 한창이던 2009년 이후 최대 적자로 전환했고, 관리재정수지 적자폭은 역대 최대입니다. 물론 국가부채 비율이 GDP대비 38%이기 때문에 아직 심각한 수준은 아니라고 합니다. 특히 GDP대비 200%가 넘는 일본이나, 100%가 넘는 미국과 비교했을 때, 상대적으로 괜찮다는 것인데요, 그러나 공공기관 부채까지 합치면 전체적으로 큰 폭으로 늘어나고, 그 적자 폭이 지속적으로 증가해 왔다는 점은 매우 긴장해야 할 사실입니다. 올해 역시 세출은 더욱 늘어나고 세수는 상당 폭 줄어들 것입니다.

코로나19 사태 때문에 더 그렇습니다. 국가 예산 512조 외에도 벌써 8조원에 달하는 1차 추경이 편성되었고, 앞으로도 2차, 3차 추경도 예상됩니다. 반면에 경기는 악화되어 세금은 잘 걷히지 않을 것입니다.

최근 선거철을 앞두고 긴급재난지원금 논란이 거센데요, 재원 마련에는 뾰족한 대안이 없는 것이 사실입니다. 더욱이 경제 불황으로 인해 재정 확대 정책이 불가피 할 것 같은데요, 여러모로 걱정과 우려가 앞설 수밖에 없습니다.

(2020.04.07.)

주식시장의 의병 동학개미군단

동학 개미군단이라고 들어보셨는지요. 코로나19 사태를 극복하고 있는 전 세계적 모델을 만들어 내고 있는 대한민국 국민의 힘. 주식시장에서도 폭락하고 있는 국내 증시를 최대한 막아내고 있는 개미군단이 있습니다. 일명 '동학개미군단'이라는 신조어가 증권가에서 나타났는데요, 개미들이 급락하는 한국 증시를 떠받치는 최대 버팀목이 되고 있습니다.

1894년 일제가 경복궁을 침략해 고종과 명성황후를 포로로 잡고 친일 정권을 세웠었죠. 그러자 전봉준 등 동학농민들이 '척왜' 기치를 높이 들고 봉기합니다. 일제와의 일전에 돌입합니다. 부당한 외세의 침략에 나라를 구하기 위해 백성들 스스로 들고 일어난 것이죠.

코로나19가 글로벌 팬데믹으로 번지자 국내 주식시장은 외국인 매도세가 폭풍처럼 일어났습니다. 3월 한 달 동안 주식시장과 ETF 시장을 합쳐서 마이너스 11조 9431억을 외국인이 순매도하는 기록을 세웠습니다. 외국인 투자자들의 묻지마 매도가 국내 주식시장의 폭락을 야기 시킨 것입니다. 그러자 동학 개미군단이 일어나기 시작했습니다. 기록적인 순매수로 의연하게 맞선 것입니다.

개미군단, 개인투자자가 올 들어 3월까지 주식. ETF 시장에 쏟아 부은 순매수 금액은 자그마치 28조 2904억 원. 3월 한 달에만 무려 14조 9707억 원을 순수하게 투입하는 한국 증시 기록의 새 역사를 썼습니다.

외국인 투자자들과 기관 투자자들의 위력을 머쓱하게 만드는 일이 한국 증권

시장에서 기적처럼 일어난 것입니다. 개인 투자자들의 기록적 순매수는 코스피와 코스닥의 하락폭을 최대한 진정시키는 효과를 가져 오고 있습니다. 그 하락폭은 과거 2008년 10월 금융위기 시절의 절반도 안 됩니다.

4월 초에는 코스닥이 0.69% 상승하는 효과도 보였습니다. 계속 떨어지고만 있는 다우지수, 나스닥 지수와 큰 차이를 보이고 있습니다. 만약 개미들의 동학과 같은 집단적 운동이 없었다면, 국내 증시 하락 폭은 감당하기 어려운 수준까지 떨어졌을 것입니다. 물론 한국 기업의 기초 체력이 강화되면서, 국내 투자자들의 신뢰를 얻은 점도 한 몫 했을 것입니다. 그동안의 국민 1인당 국민소득의 실질적인 증가가 개미들의 집단적 힘을 발휘하게 했을 것입니다. 하여튼 정말 든든한데요. 앞으로도 국내 주식시장의 의병으로 활동하고 있는 동학 개미군단의 활약을 기대합니다.

(2020.04.06.)

IT 강국에서 방역 강국으로

　코로나19 사태가 전 세계의 진풍경을 연출하고 있죠. 그 중에 사재기 현상은 눈살을 찌푸리게 하는 광경 중의 하나입니다. 물론 우리나라에서는 절대 볼 수 없지만 미국이나 영국, 유럽, 일본 등에서는 쉽게 나타나고 있습니다. 외신 보도에 따르면 생필품 매대가 비어 있는 사진 등을 쉽게 접할 수 있습니다. 특히 화장지는 절대 품귀현상까지 보이고 있죠.
　일본에서는 최근 쌀 품귀 현상까지 나타나고 있습니다. 그렇다면 왜 한국에서는 사재기 현상이 하나도 나타나지 않을까요. 국민적 의식 수준의 차이일까요.
　첫째로는 정보의 투명성과 공개성일 것입니다. 코로나 19 정보가 투명하게 국민에게 전달됨에 따라 예측이 가능해 졌다는 것입니다. 국민의 안정적인 사회생활이 예측되고 보장되는 효과라고 할 수 있습니다.
　두 번째로는 IT강국으로서의 발전 결과라고 할 수 있습니다. 2000년 초반부터 결실을 맺기 시작한 한국의 IT 산업은 전국적 인프라 구축 이후, 온라인 사업과 SNS 분야에서 지속적이고 안정적인 발달이 이뤄져 왔습니다. 특히 온라인 사업의 급속한 발달과 함께 연관 사업도 함께 발전돼 왔는데요. 배달 사업이 눈에 띄게 성장해 왔습니다. 거의 모든 제품들이 배달 시스템을 갖췄고, 시간 경쟁도 치열해 주문 후 당일 혹은 다음 날이면 집 앞에 상품이 도착할 정도입니다. 택배 시스템의 전국적 유통망은 가히 세계 최고 수준입니다. 특히 배달 앱은 편의성에서 전 국민적 사랑을 받는 애플리케이션으로 발돋움했습니다.

코로나 19 사태가 터지자 전국적 유통망으로 갖춰진 배달 시스템은 더욱 그 진가를 발휘하기 시작했습니다. 미국처럼 굳이 마트에 가서 물건을 사재기 할 필요가 없어졌죠. 스마트 폰에서 몇 번 클릭하면 바로 다음 날 생필품이 우리 집으로 배달되기 때문입니다.

최근 온라인 쇼핑몰의 매출은 평균적으로 20-50%까지 늘어났다고 하죠. 오프라인 매출의 부진을 온라인에 메꿔주고 있습니다. 국내 소비와 매출의 효자 역할을 온라인 쇼핑이 하고 있는 셈입니다. 택배 회사들도 매출액이 전반적으로 10% 이상 진작되었습니다. 결과적입니다만, 코로나 19로 한국이 너무도 살기 좋은 국가임이 역으로 입증되고 있습니다. 대한민국의 저력이 IT 강국에서부터 전염병 방역 강국, 면역 강국으로 성장하는 모습을 보여주고 있습니다.

(2020.04.02.)

위기가 기회다 – 자기계발의 시간으로

사회적 거리두기로 요즘 집 밖에 나가는 시간이 무척 줄어들었습니다. 그래서 사회적 활동량도 확 줄면서, 지루하고 무료한 생활 보내시는 분들 많으실 것입니다. 이러다가 나태한 인간이 되는 것은 아닌지, 걱정도 되실 것입니다. 체중은 자꾸만 늘고 머릿속은 텅 비어가는 것은 아닌지, 우려도 크실 것 같은데요. 그러나 '코로나19 위기가 기회다'라고 발상법을 바꾸시면 어떨까요. 특히 시간 여유가 많을 때 독서 계획을 세워보시는 것은 어떨지요. 나중에 후회하시지 말고 평소에 읽지 못한 책 이번 기회에 섭렵해 보시는 것도 권해드립니다. 코로나19 사태로 한국인에 대한 품격은 세계 1위라는 점이 입증됐죠. 하지만 독서량에 있어서는 한국인은 창피한 수준입니다.

한국인 독서량은 전 세계 하위권입니다. 2015년 UN조사 결과 한국인의 독서량은 192개 국가 중 166위였습니다. 성인 독서량은 갈수록 떨어지고 있습니다. 2015년 평균 9.6권이었던 독서량이 2016년에는 8.7권, 2017년에는 8.3권으로 낮추어졌습니다.

문체부가 시행한 2019년 국민독서 실태 조사에 따르면 한국인 성인은 연간 독서량이 6.1권에 불과했습니다. 또한 10세 이상 국민의 평일 기준 독서 시간은 6분으로, 10분 이상 책을 읽은 사람은 10명 중 1명도 안됩니다. 이처럼 독서량이 줄어드는 이유는 매체 다변화 및 다양한 콘텐츠를 접할 기회가 늘어서라고 하는데요, 스마트폰 이용 폭증에 따른 결과겠죠. 독서 환경은 코로나19사태로 오히려 더욱 좋아졌습니다. 최근 전자책 등을 무료로 대여해주는 곳도 늘었구요. 각 지역도서관은 드라이브 스루 방식으로 안전하게 도서를 빌려줍니다. 최근에는 AI 독서진단 역량 검사법도 나왔구요, 중고 책 사이트도 인기가 좋습니다.

더욱이 온라인 도서 판매 시스템은 이전부터 잘 자리 잡혀 있습니다. 인터넷으로 잘 검색하면 고전 등은 무료로도 읽을 수 있습니다. 지적능력 배가, 창의력 향상, 간접 경험의 증진 등 독서의 장점에 대해서는 굳이 열거할 필요가 없겠죠. 코로나19 위기를 오히려 자기계발의 기회로 삼으시는 것은 어떨지요.

(2020.04.01.)

IT 강국과 원격수업

 학생들의 개학이 결국 미뤄졌습니다. 초·중·고교생들이 온라인 개학으로 2020년 첫 학기를 맞게 됐습니다. 정부는 일단 고등학교 3학년생과 중학교 3학년부터 4월 9일에 온라인으로 개학을 하고 나머지 학년은 순차적으로 개학을 해서 원격 수업을 시작한다고 밝혔습니다. 방역당국과 교육부는 아직 학생들이 자유롭게 학교에서 공부할 환경과 시스템이 준비돼있지 않다고 판단한 것 같습니다. 불가피하게 순차적 원격수업 시스템을 선택한 것으로 보입니다.
 그래도 교육당국이 그나마 온라인 개강을 선택할 수 있었던 것은 대한민국이 IT강국이라는 사실 때문입니다. 교사들과 중·고교생 등 대부분이 SNS와 온라인 활동에 익숙하고, 전국적으로 원격수업을 할 수 있는 인프라가 잘 구축돼 있기 때문입니다. 이번 코로나19 사태로 인해 앞으로 경제와 사회 등 전 부문의 변화가 예상됩니다. 특히 대면적 직접 경제보다 비대면적 경제활동이 더욱 활발해 질 것으로 보입니다. 기업도 재택근무와 온라인 활동에 무게 추를 실어갈 것으로 보이며, 스마트 공장 설립에 박차를 가할 것입니다. AI 등 4차 산업혁명 분야가 차지하는 비중도 눈에 띄게 높아질 것입니다.
 사회 전반의 변화가 예상됩니다. 그 이유는 어떤 바이러스가 인간 세계에 침투하더라도 사회와 경제가 정상적으로 돌아갈 수 있는 시스템적 준비가 향후에는 원격수업 프로그램 개발을 통해 교육의 효과를 배가시킬 수 있는 방안도 마련될 것입니다.

지금은 원격수업을 우리가 불가피하게 시작하게 됐지만, 이번 경험이 앞으로의 대비는 물론 주요한 기반이 될 것으로 보입니다.

(2020.03.31.)

백범 김구선생의 예언이 적중

 대한민국의 위상이 날로 올라가는 것 같습니다. 미국의 트럼프 대통령이 한국의 진단키트를 빠른 시일 내에 보내달라고 하고, 전 세계 약 40여 개국에서 이번 코로나19 사태 대처 방안과 의료기구 지원을 부탁했습니다. 일부 나라에서는 무료지원까지 요청했습니다. 대한민국이 이제 인류의 건강과 안전을 구하는 원조 국가가 된 듯한 느낌입니다.
 실제 우리는 해방 이후 미국의 물자지원 및 원조를 받았었죠. 그런데 이제는 우리가 미국을 적극 도와줘야하는 상황으로 바뀌었습니다. 그동안 쌓아온 한국의 저력이 이제야 빛을 발하는 것 같습니다. 아직도 코로나19와의 전쟁이 종식되지는 않았지만, 한국의 코로나19 극복과정은 전 세계의 모델로 자리 잡고 있습니다.
 선제적이고 공격적인 진단과 치료, 그리고 국민자발성에 입각한 협력적 통제 등은 유럽뿐만 아니라, 세계 1등 국가 미국에서도 부러워 할 정도입니다. 더욱이 코로나19 사태 속에서도 국제경제 회복을 위한 방안까지 제시하는 국가가 됐습니다.
 문재인 대통령의 적극적인 제안으로 G20 정상회의가 화상으로 열립니다. 문 대통령이 프랑스의 마크롱 대통령과의 회담에서 언급한 제안이 현실화가 된 것입니다. G20 화상 정상회의에서 문 대통령은 기업인들의 입·출국을 제한적으로 허용하는 방안을 제시할 것입니다.

세계 경제가 불황으로 치닫지 않게 하기 위한 유일한 방안이라고 할 수 있죠. 국제적 분업 체계로 연결되어 있는 세계 경제통상이 중단된다면, 그 끝은 분명합니다.

그동안 특별입국 절차를 통한 성과와 자신감이 있었기 때문에 문 대통령이 이런 방안을 제시할 수 있었다고 봅니다. 백범 김구 선생의 "30년 뒤에는 대한민국이 세계를 구할 것이다"라는 예언이 점점 적중해 가는 것 같습니다.

(2020.03.26.)

디지털 성범죄에 대한 대책이 절실

디지털 성범죄의 괴물이 우리 사회를 침략하면서, 또 한 번 우리는 충격을 넘어 경악에 빠져 버리고 말았습니다. 어떻게 이런 일이 디지털 공간에서 일상적으로 자행됐는지, 더욱이 미성년을 성노예로 착취한 잔혹한 행위에 대해 일부 젊은이들이 참여하고, 방조하고, 즐기기까지 했다는 사실에 다들 놀라고 있습니다. 청와대 청원이 이례적으로 500만이 넘어섰다는 사실은, 'N번방 사건'으로 나타난 디지털 성범죄 피해의 심각성과 함께 그 대책을 국민이 강하게 요구하고 있음을 반증하는 것입니다.

이번 N번방 사건을 통해서 드러난 사실은 국회와 사법 기관이 디지털 성범죄에 대해서 그 심각성을 인식하지 못하고 안이한 대처에 머물렀다는 지적입니다.

상대적으로 가벼운 성범죄라는 인식에만 안주했다는 것이죠. 국민 동의 청원 1호로 올라간 '텔레그램 성범죄 해결 청원'의 핵심을 외면한 채 국회의원들이 성폭력법에 '딥페이크 처벌' 규정 하나만 추가했다는 것입니다.

처벌 강화 조항을 빼버린 채 개정안을 통과시켰다는 것이죠. 더욱이 디지털 성범죄에는 양형기준도 없어 '초범이다' '반성한다'는 이유로 법적 형량 훨씬 밑의 형량이 구형되는 일이 다반사였으며, 법원의 선고도 솜방망이에 그쳤다는 것입니다. N번방 사건은 일상화된 디지털 성범죄에 비하면 일부분이라는 지적입니다.

현재도 수십-수백 건의 불법 음란 동영상이 새로운 온라인 플랫폼과 외국의 서버 등을 근거지로 해서 이곳저곳 옮겨 다니며 활발히 거래 중이라고 합니다. 이참에 범죄의 원천 요인을 찾아내야 할 것 같은데요, 디지털 성범죄를 저지르면 반드시 처벌 받는다.

특히 중형을 선고 받는다는 인식을 새롭게 정립하여, 우리 사회의 도덕 감정을 재확립하는 계기로 삼아야 할 것입니다.

(2020.03.25.)

한미 통화스와프 체결

우리나라와 미국이 600억 달러의 통화스와프 계약을 체결했습니다. 통화스와프 계약은 각국의 중앙은행끼리 서로 자국의 통화를 예치할 수 있도록 맺는 협정입니다. 따라서 환율이나 금리변동에 따른 위험도를 피할 수 있으며, 외환시장에 심리적 안정을 가져오게 하는 효과가 큽니다.

그동안 환율의 오름세가 심상치 않았습니다. 달러당 원화 가치의 하락이 좀처럼 멈추지 않았습니다. 19일에 원화가치가 50원 내려간 1,285원 이었습니다. 11년 만에 최저치였습니다. 코로나 19사태로 인해 가장 안전하다고 여겨지는 달러 사재기, 챙기기 현상 때문인 것이죠.

환율의 혼란은 바로 금융시장의 불안정과 이어집니다. 그래서 정부는 미 연방제도와 전격적으로 통화스와프 계약을 체결한 것으로 보입니다. 약 6개월간 기간으로 체결된 미국과의 통화스와프는 최근의 환율 급상승이 결국 달러화 수급의 불균형에서 기인했기 때문에, 국내 외환시장 안정화에 기여할 것으로 여겨집니다.

한국은 미국과의 통화스와프 계약 체결로 급한 불을 끈 적 있습니다. 지난 2008년 금융위기 때였죠. 국내 외환시장에서 연일 달러 품귀현상이 일어나면서 원화값이 곤두박질 친 적이 있었습니다. 그때 미국과 300억 달러 규모의 스와프 계약을 체결하면서 외환시장을 안정화 시켰습니다.

이번 통화스와프 계약 체결은 국내 외환시장에서 심리적 안전판으로 작용할 것으로 보입니다. 왜냐하면 언제든지 달러를 꺼내 쓸 수 있는 파이프 라인을 확보했기 때문입니다. 또한 기축 통화국인 미국으로부터 달러를 공급 받을 수 있다는 것은, 외환보유고 확보에도 도움을 줘 국가신뢰도 역시 제고될 수 있습니다. 해외 의존도가 높은 한국 입장에서 볼 때 그 심각성이 매우 완화되었다고 볼 수 있습니다.

(2020.03.20.)

펜더믹의 공포와 경제위기 확산

중국에서의 확진자 수는 이제 한 자리 숫자로 떨어진 것 같습니다. 한국 역시 두 자리 수를 며칠째 유지하고 있습니다. 그런데 문제는 이제야 본격화된 다른 대륙입니다.

EU 27개 회원국 정상들은 30일간의 외국인 입국 금지에 합의했습니다. 러시아도 5월 1일까지 외국인에 대한 전면 입국 금지 조치를 발표했습니다. 미국은 이미 한 달 동안의 유럽 발 입국금지 조치를 취했구요. 그러나 코로나 19가 국제 실물경제에 미치는 영향이 걷잡을 수 없이 커지고 있습니다. 1조 달러 부양책에 힘입어 뉴욕증시가 힘겹게 반등하긴 했지만, 그 장기적 실효성은 아직 확신할 수 없습니다.

전 세계 각국이 재정 확대 정책을 발표하고 금리 인하 움직임을 보이고 있습니다만, 코로나 19발 불안감은 결코 사그러 들지 않고 있는 겁니다. 미 연준의 금리 제로 발표에도 불구하고 미 증시시장의 하락 폭은 멈추지 않고 있습니다. 1주일 새 서킷브레이크가 3번째 발동되었습니다.

유럽증시도 마찬가지입니다. 최근 전체적으로 4-6% 폭락했습니다. 코로나 19 공포감으로 인해 증시에서 사라진 돈은 천문학적입니다. 15일 블룸버그가 86개국의 증시총을 집계한 결과에 따르면 경 단위의 증시 폭락이 있었는데요, 1경 9천 4백75조의 시가총액이 증발해버렸습니다.

전 세계 자본시장의 비상이 걸린 것이죠. 결국 문제는 코로나 19에 대한 공포감과 향후 미칠 불안감을 어떻게 약화시키고, 종식시킬 건가에 달려 있습니다. 하지만 안타깝게도 코로나19사태를 반전 시킬만한 극적인 방역 처방은 보이지 않고 있습니다. 오히려 세계 각국은 문을 더욱 굳게 잠그는 국수적 방역에 우선적 조치를 취하는 것 같습니다.

그러나 과연 이러한 봉쇄, 통제책으로 전염성이 강한 코로나19의 확산세를 막을 수 있을지 걱정됩니다. 무조건 나부터 살고 보자는 입장이 아니라, 함께 이 위기를 극복해 나가는 '국제적인 협력' 만이 코로나19와의 싸움에서 이기는 최선의 방법이 아닌가 합니다.

(2020.03.18.)

한국의 특별입국절차 확대가
대안이 될 수 있는지

정부는 16일 0시를 기해 유럽발 전 항공노선을 대상으로 특별 입국절차를 확대·강화했습니다. 또한 19일 0시를 기해서는 한국으로 들어오는 모든 내·외국인을 대상으로 특별입국절차를 확대 적용합니다.

특별입국절차는 해당자들에 대한 자발적인 통제 조치라고 할 수 있습니다. 모바일 자가진단 앱을 의무적으로 설치하여 14일간 매일 자가진단 결과를 제출해야 합니다. 또한 입국자들 동의하에 유사시 위치추적도 가능합니다. 개인 거주지 확인이나 연락처 등재는 물론 필수고요.

특별입국절차는 전 세계 각 국이 서둘러 입국 봉쇄와 제한적 입국, 혹은 14일간의 격리 등 조치와 비교해 볼 때 우려가 제기되기도 합니다. 하지만 특별입국절차는 그동안 한국이 코로나19와의 싸움에서 얻은 경험적 성과에 토대를 두고 있습니다. 경제적으로 대외 의존도가 높은 한국으로서는 불가피하게 시작한 특별입국절차가 의외로 코로나19 외국 유입 차단에 더 효과가 컸다는 것이 방역당국의 분석입니다.

특히 코로나19가 중국에서 한창 기승을 부렸던 시기에 취했던 특별입국절차가 상당히 실효성이 높았다는 것입니다. 결국 전염병으로서의 코로나19에 대한 대응책은 물리적인 통제보다 자발적 협력이 훨씬 효과가 있었다는 것이죠.

자발적, 협력적 통제책으로서의 특별입국 절차는 각국이 적극적으로 검토해 볼만한 사항입니다.

현재와 같이 글로벌 경제가 통제와 봉쇄 등으로 심각한 위기 상황으로 치닫고 있을 때, 하나의 주요 대안일 수 있다는 것이죠. 즉 인적 교류 등이 장기간 제한된다면 국제경제는 더욱 더 나락으로 빠질 수밖에 없습니다.

물론 한국과 같이 특별입국절차가 실효성을 발하기 위해서는 방역·의료시스템의 완비, 정보통신 기술의 발달, 높은 수준의 민주주의 문화 등이 배경으로 작용해야겠지만, 세계적 불황을 지연·약화시킬 수 있는 매우 효과적인 대안임은 분명하다고 할 수 있습니다.

(2020.03.17.)

한국, 코로나 극복모델이 된 이유 3가지

　미국을 비롯한 세계 각국이 승차진료 설치를 서두르고 있습니다. 각국에서는 한국의 경험과 노하우를 배우고 싶어서 외교라인 쪽에 문의가 쏟아진다고 합니다. 프랑스의 마크롱 대통령은 문재인 대통령에게 전화를 걸어서 "코로나 극복, 한국에 배우고 싶다"고 말했습니다. 문 대통령은 "경험과 데이터 등을 공유할 의사가 있다"면서 G20 차원의 특별정상회의 개최를 제안했습니다.

　한국 국민의 코로나19와의 싸움 과정 및 결과는 단순히 대한민국 차원을 넘어, 전 세계가 주목하는 일이 됐습니다. 이렇게 대한민국의 코로나19 극복 과정이 전 세계의 모델이 된 이유가 있습니다.

　첫 번째로는 투명성과 민주주의입니다. 한국 정부의 방역당국은 하루에 2차례씩의 브리핑을 통해 코로나19 피해 현황 및 대처 상황을 국민과 함께 공유하고 있습니다. 또한 언론은 자유로운 환경에서 방역당국의 문제점 등을 지적합니다. 모든 정보가 투명하게 공개되고 있습니다. 국민은 정보의 투명성을 통해 정부를 신뢰하게 됩니다. 향후 전개될 상황에 대한 예측도 가능합니다. 강제적이고 봉쇄적인 통제 정책이 없어도 국민은 자발적으로 '사회적 거리두기'와 '개인위생수칙'을 시행하고 있습니다. 민주주의의 위대함이 코로나19 싸움에서 가장 효과적임을 보여주고 있습니다.

　두 번째로는 정착되어 있는 공공의료 시스템입니다. 한국은 오래전부터 국민건강보험 제도를 시행 확대해오고 있습니다. 이번 진단도구 검사는 한국 국민에게는 무료입니다. 자가 격리, 병원 치료 및 입원 등에서 나오는 비용은 개인 부담이 아니라 국가가 전적으로 부담하고 있습니다. 그래서 국민은 누구나 약간의 이상이 생겨도 경제적 우려 없이 의료기관을 찾을 수 있습니다. 코로나19에 대한 선제적 대응이 가능한 이유입니다.

 세 번째로는 세계 최고 수준의 의료 시스템입니다. 이번 코로나19 대응에서 한국 의료 능력과 시스템은 세계 최고 수준임이 입증되었습니다. 치사율이 0.9% 정도라는 점이 증명하고 있습니다. 이제 완치자 수가 확진자 수를 앞지르기 시작했습니다. 국민이 안심하고 현 난국을 헤쳐 나갈 수 있다고 판단하는 이유입니다. 능력은 위기상황에서 빛을 발한다고 하죠. 국민 평균 아이큐 지수 105로 세계 최고의 수준이며, 자유로운 환경만 주어지면 창의력을 발휘하는 대한민국, 코로나 위기를 슬기롭게 극복하는 과정에서 한국민의 위대성을 세계에 보여주고 있습니다.

(2020.03.16.)

마스크 생산 개성공단을 활용한다면

　마스크 공급이 수요를 못 따르는 문제에 대한 해결책은 없을까요. 물론 대구.경북 지역을 중심으로 조금씩 진정 기미도 보이고 있지만, 마스크 대란은 당분간 지속될 수밖에 없습니다. 미국을 비롯한 유럽으로 코로나19가 확대되면서 전 세계 유행병인 펜데믹의 초입 단계로 사실상 옮겨갔다고 합니다.
　이제 마스크 공급문제도 전 세계적인 걱정거리가 되어버렸습니다. 현재 한국의 마스크 하루 공급량은 천만 개 수준입니다. 평균 3천만 개의 수요량에 비하면 턱없이 모자라죠. 그런데 지난 6일부터 청와대 청원 게시판에 개성공단 가동을 통해 마스크 대란을 해결하자는 청원이 올라와서 주목을 끌고 있습니다. 10일 현재 약 만여 명이 청원에 동의하고 있습니다. 아이디어 차원에서 상당한 호평을 받고 있는데요, 과연 현실적으로 가능한 지에 대한 의문도 있습니다.
　그러나 남북이 협력하고 미국과 유엔에서 동의하고 WHO에서도 지원해 준다면 개성공단의 마스크 생산도 현실 가능한 일입니다. 특히 세계보건 위기 상황이기 때문에 더욱 설득력이 있습니다.
　김진향 개성공업 지구지원재단 이사장은 언론과의 인터뷰에서 '위기는 기회'라며 방역 물품을 대량 생산할 수 있는 곳은 개성공단이 세계에서 유일하며, 한 달에 100만장을 생산할 수 있는 마스크 전문 제조업체가 개성공단에 있고, 면 마스크 업체는 50여개나 있다는 것입니다.
　더욱이 위생방호복 제조 가능업체도 70여개나 있기 때문에, 한 달이면 가동이 충분히 가능하다는 것입니다.

펜데믹 현상에 대처할 수 있는 주요한 방안 중 하나라는 것이죠. 문제는 미국 및 유엔제재인데요, 유엔 안보리에서 개성공단을 세계보건을 위한 예외사항으로 인정해주면 문제는 간단히 해결된다는 것입니다.

마스크도 전 세계적으로 보급하고, 입주기업 가동으로 경제 활성화도 도모하고, 막혔던 남북 교류도 재개하는 1석 3조의 효과를 볼 수 있다는 것이죠. 불가능한 기대일까요.

통일부가 발 빠르게 움직여서 현실화시켜 보는 것은 어떨까요. 현실적 가능 기대치로 만들 수도 있습니다. 본래 남북 관계의 진전은 불가능을 가능으로 바꾼 역사 과정이 있습니다.

(2020.03.10.)

일본의 아이러니한 한국인 입국 제한

　국가 간의 외교관계는 매우 냉혹한 것이 다시 한 번 입증되었습니다. 한국 국민의 입국금지, 혹은 제한조치를 취한 국가가 100여개가 넘었다고 하니, 코로나 19 사태로 인한 수출무역의 난관도 예상됩니다. 물론 이 중 상당수가 방역과 의료 시스템이 선진적이지 못한 국가라고 합니다만, 중국 일부 성의 입국금지와 제한조치는 매우 섭섭할 수밖에 없습니다.
　그러나 역시 일본이라는 국가는 신뢰할 수 없다는 것이 다시 한 번 입증된 것 같습니다. 전격적으로 취한 한국인에 대한 입국 제한 강화 조치는 매우 경악스러울 수밖에 없습니다.
　일본에서의 코로나 19 확진자가 천 여 명을 넘어서고 지역 감염이 확산되고 있음에도 불구하고 우리는 그 사태를 일단 지켜보자는 입장이었습니다. 우리가 일본인에 대해서 입국 제한·금지조치를 취할 경우, 경제 및 관광문제에 상호 타격을 받을 수밖에 없기 때문에 사전 협의가 필요한 사항이기 때문입니다.
　이번에 일본이 취한 조치는 한국인에 대한 무비자 입국금지와 14일간 격리조치로서 사실상의 입국 거부로 볼 수 있습니다. 더욱이 확진자에 대한 투명성과 공개성이 한국에 비해 현저하게 떨어지는 일본이 선 조치를 취한 점은 아이러니한 현상이기도 합니다.
　외교가에서는 일본의 과도 조치에 아베 정권이 또다시 혐한 분위기를 일으켜 국내정치에 이용하려 한다는 해석이 나오고 있습니다. 자신들의 방역 오류를 한국에게 책임전가하려는 의도가 있다는 것이죠. 더욱이 작년 7월에 일본이 독단적으로 취한 한국 수출 규제 조치를 확실하게 매듭짓지 못한 상태입니다. 또한 미국의 압박으로 지소미아 종료를 유예한 조치 역시 진행 중에 있습니다. 중국을 중심으로 발생하여 동북아시아. 전 세계적으로 확산되고 있는 코로나19. 인접국인 극동아시아의 국민이 가장 피해를 보고 있죠. 따라서 향후 한중일 3국의 국제적인 보건, 의료 협력과 교류가 절실하다 할 것입니다.

그러나 다시 발동한 일본 아베 정권의 전통적인 한국 제물 활용 근성, 이번에는 확실히 상호주의에 입각해 그 대가가 어떠한지 보여줘야 할 것입니다.

(2020.03.06.)

마스크에 대한 수요와 공급
국가가 조절해야

마스크가 이렇게까지 우리 생활에 밀접하게 영향을 미칠 줄은 몰랐습니다. 대통령이 마스크 부족 때문에 국민에게 사과할 정도니까요. 마스크가 쌀 등 생활필수품 보다 더 중요한 세상이 되어 버렸습니다. 마스크를 끼지 않으면 코로나19에 감염될지 모른다는 불안감과 공포가 만연되어 있습니다. 방역당국도 마스크 수요 과다와 공급 부족이라는 초유의 사태에 직면하여, 그 정책이 흔들렸던 것도 사실입니다.

그러나 첫 번째로 현재의 마스크 공급역량으로는 전체 우리 국민에게 매일 균등하게 정기적으로 공급하는 것은 불가능합니다. 현 마스크 1일 생산량은 천만개 정도 수준. 그러나 우리 인구는 5천만 명을 넘어서 있습니다. 마스크 생산량을 비교해 보더라도, 아무리 획기적으로 생산량을 늘리더라도 인구대비 마스크 1개의 일일 공급 조건을 단기간에 맞추기는 불가능한 것입니다. 그래서 마스크를 전 국민에게 균등하게 무상으로 배분한다는 것도 어려운 일이죠. 그리고 시장의 속성상 수요가 늘고 공급이 모자라면 가격은 폭등하고, 수요 부족에 상시 시달릴 수밖에 없습니다. 또한 중복 구매자 및 개인 비축자들도 늘어나 실제 마스크가 필요한 국민은 구매할 수 없는 것입니다.

일단 이러한 비상 상황에는 마스크를 전략물자로 지정하여 공급을 배가시키도록 정부의 보증을 강화하고, 전체 공급과 수요를 정부에서 조절하고 균형을 맞추는 통제책을 펴야 합니다. 정부가 최근 방책으로 내놓은 안은 약국의 의약 안전 전용서비스인 DUR 정보시스템을 활용하는 것입니다. DUR을 통해 마스크를 의약품으로 취급해서 판매하게 되면 중복구매를 없앨 수 있다는 것입니다. 또한 마스크 판매처도 전국의 동네약국으로 단일화해서 공급하면 좀 더 안정적으로 구매와 공급이 가능하다는 것입니다. 하여튼 이 방식도 일단 빨리 시행해 봐야겠죠. 모든 정책은 처음 현실에 적용하다 보면 보완해야 할 것이 생기기 때문입니다. 그러면서 차차 현실 적응성이 생길 것입니다.

(2020.03.04.)

전 세계 상위 0.9%가
전체 부의 약 44%를 독점

    영화〈기생충〉에서 주제로 다루었던 '빈부격차' 심화문제.〈기생충〉에서는 비록 코믹하게 다루었지만 갈수록 전 세계적으로 사회적 양극화 문제는 심화되고 있습니다.

    2014년에 출간된 『21세기의 자본』의 저자인 프랑스의 경제학자 토마스 피게티는 전 세계의 통계를 근거로 자본에서 얻는 수익률이 경제 성장률보다 높다는 논지를 주장했습니다. 토지와 건물, 혹은 유동성 자본으로 벌어들이는 수익이 해당 사회가 벌어들이는 소득보다 훨씬 많다는 것입니다. 자본의 우월성 때문에 사회적 양극화와 빈부격차는 커질 수밖에 없다는 것입니다. 피게티는 결국 세금을 많이 걷어 들이는 재분배 정책을 통해 사회적 불평등을 완화해야 한다고 주장했습니다.

    크레디트 스위스가 발간한 2019 글로벌 웰스 보고서에 따르면, 전 세계 상위 0.9%가 전체 부의 약 44%를 독점하고 있다고 밝혔습니다. 전 세계적으로 자산 100만 달러 이상을 보유한 4천 680만 명이 158조 3천 달러를 보유하고 있는 것입니다. 100만 달러 이상의 자산가의 수는 미국이 가장 많은 수를 차지하고 있으며, 그 다음이 중국, 일본 순이었습니다.

    반면에 전 세계의 하위 50%가 보유한 자산은 전체의 1%, 하위 90%가 보유한 자산은 전체의 18%에 불과했습니다. 빈부격차의 현상이 수치로 극명하게 증명되고 있다 할 것입니다.

한국은 전 세계 수치보다는 빈부격차가 상대적으로 완화돼 있는데요. 한국의 백만장자는 74만 명이며 상위 1%가 전체 부의 30%를 차지하고 있는 것으로 나타났습니다. 또한 소득 불평등 지수를 보여주는 지니계수에서도 한국은 2019년에 0.345로 2011년 통계집계 이후 가장 낮은 수준을 보여주었습니다. 정부의 지속적인 복지정책 결과라고 여겨집니다. 그러나 여전히 한국은 36개 회원국 중 28번째입니다.

영화〈기생충〉에서 표현해서 공감을 얻은 빈부격차와 소득 불평등의 현상은 우리나라를 포함하여 전 세계적이며, 매우 심각하게 해당사회를 균열시키고 있습니다. 일찍부터 중과세 정책을 실현하여 복지정책을 지속적으로 추진해 온 북유럽 국가들은 사회적 불평등 문제에서 상대적으로 자유롭다는 점도 잘 인식해야 할 것입니다.

(2020.02.20.)

올해 한국의 경제성장률을
1%대로 하향

　국제신용평가사 무디스가 올해 한국의 경제성장률을 1% 대로 하향 조정했습니다. 무디스는 코로나19 확산에 따라 중국 경제 활동의 급격한 위축이 한국에도 직접적인 영향을 미칠 것으로 보고 경제성장률을 기존 전망치였던 2.1%에서 0.2%낮춘 1.9%로 전망했습니다. 물론 OECD에서는 2020년 한국의 잠재성장률을 2.5%로 상정했지만, 중국과의 무역 의존도가 높은 한국 경제의 성격을 볼 때, 수출의 감소 등은 불가피할 것으로 보입니다.

　코로나19 여파가 시작된 지 약 한 달여가 됐는데요, 실제 국내 경제에 미치는 영향은 매우 심대한 것이 사실입니다. 시민들의 외출이 줄어듦에 따라 가장 타격을 보고 있는 분들은 바로 소상공인들입니다. 특히 외식업체는 매출이 30-50% 줄어들 정도로 심각합니다. 항공업도 마찬가지입니다. 해외여행 취소가 잇따라 국적 항공사 취소 환불 액이 최근 3주 동안 3천억에 달하고 있습니다. 중국을 오가는 컨테이너 수송률은 50% 줄었습니다.

　문재인 대통령은 현재의 국면을 비상 경제 시국이라고 규정하고 정부가 할 수 있는 모든 것을 다해줄 것을 당부했습니다. 경제는 각 주체들이 활발하게 움직여야 활성화되고 진작되는 성격을 갖고 있습니다. 코로나19에 대한 불안감과 우려감이 확산되면 각 경제주체들의 활동이 약화돼 경제에 대한 타격을 주게 되는 것입니다. 즉 심리가 매우 중요한 역할을 하는 것입니다. 이럴수록 믿음과 기대감이 더욱더 중요한데요, 정부의 방역정책과 경제정책에 대해서 국민들이 신뢰를 가질 수 있도록 최선의 노력이 중요합니다. 국민들 역시 불필요한 오해와 우려 등은 스스로 차단하고 국가공동체에 대한 자발적 협력을 아끼지 말아야 할 것입니다.

조금 잦아들었던 코로나19의 확산세가 다시 지역에서 꿈틀거리고 있습니다. 지역 감염의 우선은 초기 방역시스템의 가동입니다. 정부의 자신감 있는 정책 추진과 함께 국민 공동체가 함께 이 위기를 극복해 나가겠다는 지혜와 의지가 중요할 것입니다.

(2020.02.20.)

천리안 2B호 드디어 발사

 이제 천리안 2B호가 발사될 시간이 10여 시간 앞으로 다가왔습니다. 19일 오전 7시 18분에 발사될 천리안 2B호의 카운트다운은 이미 시작되었습니다. 발사 4시간 38분 전부터는 액체산소와 액체 수소 등 발사체 추진제 주입이 시작됩니다. 발사 9초를 남긴 시점까지는 언제든지 카운트다운이 정지될 수도 있습니다. 하지만 관계자들은 성공적인 발사를 예측하고 있습니다. 천리안 2B호의 임무는 해양 환경 변화와 대기 오염물 농도를 관측하는 일입니다.
 미세먼지 농도 변화를 실시간 모니터링 할 수 있고, 중국에서 넘어오는 미세먼지 현상도 관찰할 수 있습니다. 천리안 2B호는 지구에서 약 3만 6천여 킬로미터 떨어진 곳에서 정지해 한반도와 그 주변 바다를 집중 관측합니다. 관측 범위는 우리나라를 비롯해 중국, 일본, 대만, 필리핀, 태국, 인도네시아 몽골까지 약 20여개 국가의 환경변화를 관측할 수 있습니다.
 항공 우주산업은 최첨단 기술 분야입니다. 특히 AI와 빅데이터 등 4차 산업혁명 산업과 밀접하게 관련되어 있는 산업입니다. 세계의 우주 산업은 최근 약 10% 이상의 증가세를 보이고 있습니다. 세계 선진국들은 우주를 미래의 신성장 동력으로 인식하여 매우 활발하게 우주산업을 육성하고 있습니다.
 한국 역시 2010년 이후 우주산업에 투자한 결과, 2021년 한국의 우주 활용 서비스 시장 규모는 약 1조 6천억 원으로 추정되고 있으며, 우주 경제 활동 금액도 2조 천억대로 예측되고 있습니다. 우리나라는 1994년 우리별 3호 위성 개발을 시작으로 우주 산업 분야에 뛰어들었는데요, 2010년 6월 쏘아올린 천리안 1호는 유럽 기업과 공동 개발하며 서러움도 많이 겪었습니다. 하지만 약 8년 동안 독자 개발하여 지난 2018년 12월에 천리안 2A호를 쏘아 올렸으며, 이번에 천리안 2B호를 발사하게 된 것입니다. 천리안 2B호는 위성본체와 시스템을 독자 개발했으며, 탑재체도 국내 연구팀과 국외 기업이 공동 개발했습니다. 남미 기아나 꾸르 우주센터에서 발사될 천리안 2B호. 성공적인 운항을 통해 한국 우주산업의 새로운 이정표를 쓰길 바랍니다.

(2020.02.18.)

중국인 유학생 혐오 없게 포용해야

이제 대학이 개강할 것으로 보입니다. 코로나19로 인해 대부분의 대학이 개강 일자를 2-3주 정도 늦췄는데요, 중국인 유학생 문제를 어떻게 처리할지를 두고 매우 고민에 휩싸여 있는 것이 사실입니다.

현재 국내 대학에서 공부하고 있는 중국인 유학생은 7만 1067명으로 정부는 아직 국내 거주지가 확정되진 않아 국내 입국이 어려운 중국 체류 유학생에게는 1학기 휴학을 권고하기로 했습니다.

중국에서 입국한 유학생은 무조건 입국 후 2주간 등교가 중지됩니다. 코로나19에 대한 대학 내 감염 확산을 우려한 조치인데요. 아마도 각 대학별로 중국인 유학생에 대한 특별 대책을 세울 것으로 보여 집니다.

만약 도서관과 식당, 수업 강의실 등에서 코로나19가 번지기 시작하면 사실 감당하기 어려운 사태가 발생할 수도 있기 때문입니다. 100% 확실한 차단이 필요한 것이죠. 하지만 더 어려운 일은 중국인 유학생들에 대한 기피 혹은 혐오 현상이 증폭될 지도 모른다는 것입니다.

대학 당국과 정부 차원에서 방역시스템을 성공적으로 벌여나가도 중국인 유학생들에 대한 기피 현상이 번져나가면, 대학 공동체의 균열 움직임이 나타날 수도 있기 때문입니다.

우한교민들을 아산과 진천 등지에 분리 격리 조치를 하겠다고 하자, 지역 주민들의 반발이 초기에는 매우 거셌습니다. 그러나 지역 주민들은 넓은 포용력으로 우한 교민들을 받아들였고, 3차 교민 이송 시에는 중국 국적을 가진 가족들도 데리고 왔습니다. 이들은 현재 이천에서 정부의 보호를 받으며 안전하게 생활하고 있습니다.

함께 생활해야 하는 대학인들 입장에서는 우려스럽고 걱정스럽겠지만, 국내의 검증된 방역 시스템을 믿고 중국인 유학생들에게 따뜻한 손길을 내밀어 이들이 한국 대학 공동체의 일원으로 편하게 생활할 수 있도록 배려해야 할 것입니다.

(2020.02.17.)

영화 <기생충> 한국 문화강국의 힘 보여줘, 오스카 석권

봉준호 감독이 이야기한 1인치 자막의 장벽은 영화 기생충으로 허물어졌습니다. 허리우드 영화만을 유난히 고집했던 아카데미상의 차별도 허물어졌습니다. BBC 방송에서는 '자막달린 영화 중 작품상을 받은 영화는 기생충이 처음이라고 보도했습니다. 개인이 아카데미 4개상을 휩쓴 경우는 월트디즈니 이후 67년만입니다.

하여튼 한국인이 감독이고, 시나리오를 한국 작가가 쓰고, 한국배우가 연기하고, 영화소재 역시 한국에서 일어난 일을 갖고 이렇게 전 세계 영화의 톱 클라스에 오른 경우는 처음입니다. 전 세계 영화계에서 기록 잔치를 하고 있는 봉준호 감독의 <기생충>으로 그는 아카데미상 영화 수상식에서도 한국어로 매우 자랑스럽게 수상소감을 밝혔습니다. 그리고 1인치의 언어장벽을 거듭 강조했습니다. 봉감독이 1인치의 언어장벽을 허문 힘은 과연 무엇일까요, 그것은 바로 공감의 힘입니다.

영화 <기생충>의 장면과 거기서 전달하는 무언의 메시지를 통해 전 세계 영화 팬들을 공감시켰다는 것인데요, 한마디로 이심전심이 통한 것이죠. 봉감독은 공감의 전달력을 통해 불과 1인치 밖에 안 되는 언어의 유희를 뛰어넘었습니다. 그는 기생충에서 표현했던 양극화와 사회 갈등이 단지 극동의 한국에만 국한 된 것이 아니라, 바로 전 세계가 그 문제점에 대해서 심각하게 고민하고 있고 공감하고 있다는 사실을 문화를 통해 확인시켰습니다.

공감은 나와 네가 분명히 상대적 존재감을 가지면서도 함께 상대의 마음을 읽고, 상대의 마음에 동조하는 전 인류가 갖고 있는 체득적 능력입니다. 공감은 언어만의 사치와 언어만의 기교에 현혹되지 않습니다.

한국의 문화인들이 인간이 갖고 있는 공감능력을 끌어내는 창의력과 독창성을 발휘한 것입니다. 정말 너무나 자랑스럽고 뿌듯한 우리 영화인들입니다. 1인치의 장벽을 뛰어넘은 영화 기생충은 지금까지 전 세계 205개국으로 수출되어 방영되고 있습니다. 지금까지의 흥행수입은 1,960억이며, 이로 인한 유무형의 경제적 파급 효과도 수십조 원에 달할 것으로 기대됩니다.

(2020.02.11.)

공수처 설립준비단 출범에 부쳐

오늘 고위공직자 범죄수사처 설립준비단 현판식이 열렸습니다. 설립준비단장은 남기명 전 법제처장으로 위촉이 됐었죠. 공수처는 이제 약 5-6개월 정도의 준비기간을 거쳐 7월경에 정식으로 출범할 것으로 보입니다.

공수처 설치에 대한 논의는 매우 오래전부터 시작됐습니다. 1996년부터 공수처 설치에 대한 필요성이 국회와 시민사회에서 제기됐습니다. 결국 25년이나 지나서야 공수처가 설립될 것 같습니다.

그동안 국회에서 여야 간의 이견 차이가 있었기 때문에 공수처 설립이 늦어진 이유도 있었지만, 검찰의 조직적이고 매우 정치적인 저항이 공수처 설립을 지연시킨 주요 요인이었음은 아무도 부인할 수 없을 것입니다.

일단 공수처가 설립되면 검사에 대한 수사와 기소가 가능해집니다. 김학의 전 차관에 대한 늑장 수사와 공소시효 만료된 뒤에 기소한 행태에서 드러났듯이, 검사 자체에 대한 수사는 제 식구 감싸기를 벗어나지 못했습니다. 검사 동일체 원칙과 검찰의 강고한 집단주의가 검찰 자체수사에 대한 수사와 기소를 막고 있었다고 봐야 할 것입니다.

공수처가 설립되면 독자적인 수사권과 검사 판사에 대한 기소권을 갖게 되기 때문에, 그동안 누차 지적돼왔었던 검찰의 기소, 수사권 독점에 따른 무소불위 권력에 대한 일정 견제가 가능합니다. 공수처는 대통령과 국회의원 및 판검사 등 경무관 이상의 공직자에 대한 수사 및 영장 청구가 가능해 집니다.

공수처장은 그 공정성과 중립성을 확보하기 위해, 공수처장 후보 추천위원회에서 5분의 4 이상의 동의를 얻어 추천된 2인 중 대통령이 1명을 지명해 국회 인사청문회를 거치도록 했습니다.

 이제 고위 공직자에 대한 수사 전담기구가 구성됨에 따라 비생산적인 정치권의 논란과 정치검찰 운운은 사라질 기대를 갖게 되었습니다. 준비단은 공수처 출범에 필요한 조직과 예산을 준비하고, 각종 법령 등의 정비에 나설 예정인데요. 국민적 요구에 부응하고 국민적 신뢰를 받을 수 있는 공수처가 설립되기를 바랍니다.

(2020.02.10.)

인수공통 감염병의 진실

　야생 박쥐로부터 옮겼다고 하는 신종 코로나바이러스. WHO에 따르면 최근 20년간 사람에게 발생한 신종 전염병 중 60%가 인수공통 감염병이며 이중 75%가 야생동물로부터 유래했다고 합니다. 이번 우한발 신종 코로나 바이러스 외에도 인류는 박쥐로부터 유래된 바이러스 감염병으로부터 많은 고통을 받아 왔습니다.

　1994년 호주에서 발생했던 '핸드라 바이러스'. 2003년 중국에서 발생해 전 세계 7백여 명을 사망케 했던 '사스 바이러스'. 2012년 사우디에서 발생해 2015년 한국으로 옮겨와 38명의 생명을 앗아간 '메르스 바이러스'. 2014년 서아프리카에서 유행했던 '에볼라 바이러스' 등이 있습니다.

　중국 우한에서 '왜 신종 코로나 바이러스가 발생했느냐'라는 점에 대해서 여러 가지 의견이 있습니다. '중국 야생 동물 거래 시장의 위생 수준과도 관련이 있다. 야생동물의 포획과 도살, 거래 과정이 모두 전염병 발생의 위험 소지를 안고 있다'라는 것입니다. 중국 당국은 사스 발병 이후 한동안 박쥐 거래를 금지했지만 다시 허용했습니다. 중국에서 발생했던 '사스'는 박쥐의 코로나 바이러스가 사향고양이를 중간 숙주로 하여 인간에게 전염시켰는데요, 신종 코로나는 중간 숙주 동물은 물론 인간 대 인간 전염 원인도 밝혀내지 못했습니다.

　지금 인구 천 만 명이 넘는 우한은 폐쇄됐습니다. 한국도 우한 입국자를 제한하기로 했습니다. 위생과 제도가 후진적인 나라가 존재하는 한 인수 바이러스 감염병은 지속적으로 발생할 수밖에 없습니다.

 또한 인류가 발달시킨 기술과 네트워크화가 바이러스 감염병을 전 세계적으로 확산시키는 환경을 제공하고 있습니다. 나날이 발전하는 항공·선박·철도 등으로 전 세계는 거미줄처럼 엮여 있고, 경제·사회·문화적으로 밀접하게 결합되어 있습니다. 그 점이 바이러스 전파의 환경적 요인으로 작용한다는 것입니다.

(2020.02.03.)

WHO 결국 국제적 공중 보건 비상사태 선포

 세계보건기구 WHO가 결국 신종 코로나바이러스로 인한 전 지구적 피해와 위협 상황이 국제적 비상사태임을 확정했습니다. WHO는 신종 코로나에 대해 국제적 공중 보건 비상사태를 선포한 것입니다. 물론 중국과의 무역과 교역은 중단하지 않는다는 조건이지만, 중국에서 자체 발생한 신종 코로나가 전 지구적으로 확산하고 있으며, 중국 자체의 의료 보건 능력으로는 막을 방법이 없다고 판단한 것입니다. 이는 신종 코로나의 확산 속도가 매우 무섭다는 것이며 전 세계 국민들의 건강을 심각하게 위협하고 있음을 세계 보건기구가 확인한 것입니다.
 WHO는 지난 22일과 23일 긴급회의에서 국제 공중 보건 비상사태 선포를 심각하게 논의했지만, 결론에 이르지는 못했었습니다. 또한 게브레예수스 WHO 사무총장은 최근 시진핑 중국 국가 주석도 면담했습니다. WHO가 경제대국 중국의 영향력에도 불구하고, 또 자칫 국제 경제에 악영향을 미칠지도 모르는 상황에서 국제 공중 보건 비상사태를 선포한 것을 보면 신종 코로나의 위협성을 미루어 짐작할 수 있습니다.
 중국과 국경을 접하고 있는 북한, 베트남, 몽골, 러시아 등은 중국 국경을 순차적으로 폐쇄하고 있으며 아시아와 유럽, 북미에 본사를 두고 있는 항공사들은 우한 편을 이미 폐쇄하고, 최근 중국 간 직항로도 중단할 움직임을 보이고 있습니다. WHO가 비상사태를 선포한 이유로는 코로나바이러스에 대한 정확한 실체와 방지 대책이 명확히 수립되지 않았기 때문일 것입니다. 이는 중국 당국이 최근에는 전향적으로 바뀌었지만 우한 발 신종 코로나에 대한 정보를 투명하게 공개하지 않았기 때문이기도 합니다.

이제 WHO가 국제적 공중 보건 비상사태를 선포했음에 따라, 중국은 타국의 선진의료 시설 및 의료 인력에 대한 지원을 받을 수 있으며 국제 의료시스템과 함께 신종 코로나 근절 대책을 세워나가야 합니다. 신종 코로나는 중국 국민의 생명과 안전뿐만 아니라, 전 세계 인류의 생명도 심각하게 위협하고 있기 때문입니다.

WHO의 비상사태 선포에 따라, 한국의 대 신종 코로나 대책도 단순 방어적 성격에서 좀 더 적극적이고 능동적인 대책으로 변모해야 될 것으로 보입니다. 한국 역시 다른 어느 나라보다 중국과 상시적 교류와 접촉이 활발하기 때문입니다.

(2020.01.31.)

주한미군 분담금
상호 호혜적 관계에서 결정되어야

주한 미군 사령부는 방위비 분담금 협상이 타결되지 않자, 주한미군에서 일하고 있는 한국인 근로자들에게 4월 1일부로 무급 휴직을 시행한다고 통보했습니다. 이는 한미 간에 교착 상태를 보이고 있는 방위비 분담금 협상을 압박하려는 의도로 보이는데요. 한국인 근로자들까지 볼모로 잡아 자신들의 증액 의도를 관철 시키려 한다는 비난에 직면할 수도 있습니다.

1991년부터 시작된 방위비 분담 특별 협정에 따른 한국 측의 분담금은 28년 동안 8.95배 증가해왔습니다. 2018년에는 8.2% 증가해 1조 원대를 넘어서기도 했습니다. 미국 측은 이번에 1조 389억 원의 무려 5배가 넘는 50억 달러를 요구하고 있습니다. 주한미군 인건비뿐만 아니라. 한반도 순환배치 비용과 역외 훈련 비용까지 요구하고 있는 사항인데요.

하지만 방위비 분담은 미국 군대의 주둔비용에 대한 비용 분담입니다. 이는 SOFA 협정에 근거해서 맺어지고 있는 합의사항입니다. 따라서 한국 측이 미군의 인도 태평양 전략에 따른 비용을 부담할 이유는 전혀 없는 것이죠. 더욱이 만약 주한미군의 인건비까지 우리가 분담한다면, 이는 한국 측이 미군 용병을 차용한다는 이야기도 나올 수 있는 것입니다.

주한미군이 한국에 주둔하는 이유는 한국 측의 일방적 이해 때문이 아니라 미국 측의 동북아시아 세력 확장 및 균형적 이해, 즉 한미 양국의 이해가 맞아 떨어지기 때문인 것입니다.

즉, 한미관계는 상호 호혜적 관계를 바탕으로 한 군사 외교적 관계인 것입니다. 이러한 매우 상식적인 인식은 미국 조야에서도 공감하고 있는데요, 애덤 스미스 미 하원 정보위원장은 미국 측의 50억 달러 요구는 한국과의 관계를 위태롭게 할 가능성이 있다고 밝혔습니다. 미 상원 외교위원회 간사인 밥 메넨데즈 의원도 방위비 분담금 협상의 교착 상태는, 한미 관계와 인도-태평양에서의 미국의 존재를 위태롭게 할 위협이 되고 있다고 우려를 표명했습니다.

결국 미국 측의 상식에 벗어난 무리한 요구가 한미동맹의 실질적 내용을 훼손시킬 수 있다는 것입니다. 미국 측의 전향적인 태도 변화를 기대합니다.

(2020.01.29.)

설 명절에 얽혀 있는 우리의 역사

　우리 고유의 명절인 설. 설은 음력 정월 초하룻날입니다. 양력으로 새해 첫날을 지내는 것이 아니라, 음력으로 설 명절을 지내는 것은 우리나라의 오래된 풍습입니다. 일제는 강권으로 음력설을 지내지 못하게 했습니다. 일제 강점기에는 오직 양력설만 지내도록 했습니다. 이러한 일제가 정한 양력설 지내기는 바뀌지 않고 광복 후에도 계속 이어져 내려왔습니다.

　해방 이후 오랫동안 양력설 연휴라고 해서 3일씩이나 지내도록 정부는 공휴일 제도를 정했었죠. 그러나 국민들은 이에 아랑곳하지 않고 스스로 음력설을 지내왔습니다. 결국 국민들이 음력설을 지내는 풍습이 오랫동안 정착되자, 국가에서도 1985년에 음력설을 민속의 날이라고 정해 공휴일로 인정했습니다. 그리고 고향을 찾는 귀향인파가 늘어나게 되었습니다. 결국 정부는 음력설을 고유명절 설날로 정해서 오늘에 이르게 된 것입니다.

　양력으로 1월 1일도 공휴일로 정하고, 오래된 우리의 풍습으로 내려온 음력설도 연휴 공휴일로 지정해 음력설과 양력설을 병행하는 조치를 취하게 된 것입니다.

　조선시대 국가의 의례서인 국조오례의에 따르면 정월 초하루 새벽에 종묘에서 임금이 큰 제사를 지냅니다. 마찬가지로 백성들도 조상에게 차례를 지내, 조상의 음덕을 기리고 친척과 형제들이 함께하면서, 세배로서 예의를 갖추고 새해의 소원을 함께합니다.

설의 대표적인 음식은 아무래도 떡국입니다. 떡국을 한 그릇 먹었다는 것은 한 설을 쇠고 한 살을 더 먹게 된다는 것인데요, 올해는 60년 만에 돌아온 흰쥐, 경자년입니다. 흰쥐는 부지런하고 영민해서 재물을 모으는 행운이 깃드는 동물이죠. 우리 국민 모두 올해에는 경제도 풀리고 부강해지는 경자년이 되기를 기대합니다.

(2020.01.23.)

한국외교의 지혜로운 선택, 호르무즈 독자파병

한국 정부의 지혜로운 선택이라고 할 수 있을까요. 한국은 미국의 요구에 부응하면서도 이란과의 외교적 관계를 고려해, 사실상 독자 파병 카드를 결정했습니다.

현재 오만만과 아라비아 만을 연결하는 호르무즈 해협은 사실상 이란 군이 통제하고 있습니다. 호르무즈 해협은 이란과 사우디아라비아 사이에 위치한 지역으로 아라비아 만에서 오만만, 인도양으로 빠져 나가는 유일한 해로입니다.

이 지역의 중요성은 뭐니뭐니해도 원유 수송에 있습니다.

호르무즈 해협으로 수송되는 원유량은 천7백만 배럴로 세계 해상 수송량의 약 35%를 차지합니다. 이라크와 사우디아라비아, 이란 등 중동에서 생산되는 원유의 대부분은 호르무즈 해협을 통해 전 세계로 우송이 됩니다.

따라서 호르무즈 해협이 봉쇄되거나 전쟁 발발로 차단이 되면, 전 세계의 원유 공급은 일대 차질이 빚어질 수밖에 없습니다. 오일쇼크, 인플레이션으로 이어져 세계 경제에 막대한 영향을 미치게 됩니다.

미국은 작년 여름부터 호르무즈 해협을 공동으로 방위하자면서 IMSC 호르무즈 호위 연합에 동참해달라고 국제 사회에 요구해 왔습니다.

그러나 IMSC에 참여 의사를 밝힌 나라는 바레인과 사우디아라비아, 아랍에미레이트, 알바니아, 영국, 호주 등 6개국에 불과합니다.

프랑스와 독일이 주도하고 있는 EU에서는 미국과 안보 동맹 관계이지만 IMSC에 한 나라도 참여하고 있지 않습니다. 유럽 주요국들은 별도로 유럽 호르무즈 호위 작전이라는 군사 동맹체를 만들어 자국 상선 보호에 나서기로 했습니다.

EU는 2015년 미국과 유엔 안전보장 이사회 국가들이 중심이 되어 이란과 체결한 핵합의 협정인 '포괄적 공동 행동 계획'을 지금도 중요시 여기고 있습니다.

미국의 트럼프 대통령이 2018년 일방적으로 탈퇴 선언을 했지만 계속 유지하고 있습니다. 한국 역시 호르무즈 해협과 이해관계가 매우 밀접합니다. 한국이 수입하는 원유의 70%와 가스의 30%가 호르무즈 해협을 통과합니다. 한국 선박은 연 900여회 통과하고 있습니다. 또한 중동에는 우리 교민들 약 2만 5천명이 거주하고 있습니다.

지난해 4월 미국이 이란산 원유 제재에 대한 유예 조치를 연장하지 않겠다고 하자, 이란은 해협을 봉쇄하겠다고 엄포를 놓았습니다. 미국과 이란 어느 나라도 호르무즈 해협과 관련된 무력 갈등을 일으키기는 쉽지 않습니다. 호르무즈 해협은 국제 사회의 힘의 균형이 이뤄지는 곳이기 때문입니다. 그래서 미국과 이란의 갈등이 증폭되자 유럽 등 각국이 세력 균형을 유지하기 위해 독자파병 결정을 내린 것입니다. 여기에 한국도 동참했다고 봐야 할 것입니다.

(2020.01.22.)

경찰개혁도 함께 다루어져야

공수처 법안과 검경 개혁 법안이 통과되면서 무소불위의 검찰 권한이 상대적으로 축소된 반면, 12만 경찰의 권한이 비대, 강화되는 것은 아니냐는 우려의 목소리가 있습니다. 이에 부응하기 위해 경찰이 자체 개혁과제를 발굴, 추진하기 위한 책임 수사본부를 발족합니다.

책임 수사본부에서는 국가수사본부 추진과 경찰 수사의 전문성과 공정성을 높이는 경찰개혁과제의 발굴과 추진, 정착 등의 업무를 담당하게 됩니다.

국회에서 통과된 형사소송법 개정안의 핵심 내용은 검사의 수사지휘권 폐지와 직접수사범위 제한입니다. 경찰은 검찰의 직접수사 대상으로 규정한 공직자범죄와 선거범죄, 부패범죄 등 권력형 범죄와 각종 공안사건 등을 제외한 일반 형사사건 전반에 대해 1차 수사권과 종결권을 갖게 됩니다.

하지만 그 책임도 매우 엄중해졌습니다. 경찰이 독립적인 수사권을 확보했지만, 그 권한을 정말 민주적으로 국민 이익에 입각해서 사용할 것인가에 대해서는 우려가 많기 때문입니다.

즉, 검찰의 지휘나 감독을 받지 않는 경찰에게 독립적인 수사권을 부여하는 점에 대해, 시기상조론이 있었던 것도 사실입니다. 그 이유는 그동안 수사 현장에서 경찰이 국민에게 확실한 신뢰를 보여주지 못했고, 경찰의 수사 전문성과 자질 등을 시급히 제고시켜야 한다는 목소리가 높기 때문입니다.

특히 인권에 대한 존중은 경찰 스스로도 인정하고 있는 부분이기도 합니다.

또한 경찰 역시 사법 권력이기 때문에 그 권력을 분산시키고 통제 받아야 하는 것은 기정사실입니다.

검찰에서 중수부 출신, 특수부 출신이 요직을 담당하면서 정치검찰, ○○○사단, 기수문화 등 많은 폐단을 노정시켜 온 바와 같이 경찰대 출신이 경찰 수뇌부 장악 비율이 계속 높아지고 있다는 점도 경찰 권력의 집중에서 우려되는 사항입니다.

수사 과정에서 발생할 수 있는 인권 침해도 어떻게 방지할 수 있을 것인가도 주요 관심 사항이죠. 따라서 자치경찰제의 전면화를 통한 국가경찰과 자치경찰의 분리, 수사경찰과 행정경찰의 분리, 경찰대 개혁, 경찰위원회 실질화, 공공변호사 제도 도입 등을 포함한 경찰개혁도 추진돼야 하는 것입니다. 경찰의 권력 비대화 우려는 결국 법과 제도로 통제할 수밖에 없는데요. 현재 국회 계류 중인 각종 경찰개혁 법안이 시급히 통과 되어야 할 것으로 보입니다.

(2020.01.21.)

쪽방촌 재정비 사업 시급히 이루어져야

　50년 된 영등포 쪽방촌이 임대. 분양 아파트가 들어서는 공공주택단지로 탈바꿈 하게 됩니다. 국토부와 서울시는 영등포 쪽방촌 주거 환경 정비 사업 계획을 발표했는데요, 이곳 만 평방 제곱미터 지역에 쪽방 주민들을 위한 영구 임대주택 370호와 신혼부부, 청년층을 위한 행복 주택 220호가 들어서게 됩니다.
　이곳 영등포 외에도 서울, 부산, 인천 등 전국적으로 쪽방촌 9곳이 정비됩니다. 정비는 지역 여건에 맞는 방식으로 추진한다고 하는데요, 서울시는 서울역, 창신동 남대문 쪽방촌에 대해 도시환경 정비사업을 통해 정비할 계획입니다. 서울에는 영등포 외에도 쪽방촌이 4곳이나 더 있습니다.
　무려 50여 년 동안 쪽방촌이라고 불렸을 만큼, 주거환경이 매우 열악합니다. 쪽방촌 주민들 역시 차상위 계층에 속하는 사람들이 대부분이라고 할 수 있습니다. 따라서 쪽방촌 재정비 사업은 시급히, 그리고 주민들과의 충분한 협의를 통해서 추진돼야 하는 사업이었죠.
　그러나 과거 개발시대처럼 밀어붙이기식 재정비는 결국 토건업자들과 투기 업자들의 배만 불리게 할 수 있습니다. 쪽방촌 재정비 사업 추진에서는 쪽방촌 거주민들의 재정착이 가장 중요합니다. 이들이 외곽으로 밀려나가거나 그나마 안착해있던 쪽방촌마저 빼앗겨 버리는 상황이 일어나면 안 되는 것이죠.
　정부는 이점에 착안해 공공임대주택을 건설하겠다는 계획입니다. 또한 서울시의 부족한 주택공급을 늘기 위해서 청년들을 위한 주택도 짓는다고 합니다. 재정비 계획은 지역 공동체로서의 안락한 환경 조성도 매우 중요할 것입니다. 아직도 전국적으로 쪽방촌이 10여 곳이나 된다고 하니 안타까운 일인데요, 아무쪼록 도시재생사업의 기본 원칙에 입각해 추진하기 바랍니다.

(2020.01.20.)

왜 한국은행은 기준금리를
1.25%로 동결했는지

한국은행이 기준금리를 1.25%로 동결했습니다. 2020년 새해 처음으로 열린 금융통화 위원회에서는 지난해 11월 1.25%로 내린 기준금리를 그대로 유지했습니다. 기준금리는 지난해 7월 1.75%에서 1.50%로 내린 뒤 역대 최저치인 1.25%로 조정된 바가 있습니다. 기준금리는 한국은행의 최고결정 기구인 금융통화 위원회에서 매달 회의를 통해서 결정하게 됩니다.

한국은행에서 발표하는 기준금리는 시중 은행을 포함한 금융 기관들의 금리에 영향을 미치게 됩니다. 즉 시중금리의 상승과 하락의 주요 요인이 바로 한국은행의 기준금리 책정입니다. 또한 기준금리는 통화량과 물가에도 직접적 영향을 미치게 됩니다.

따라서 기준금리는 경기변동 및 향후 추세 등을 감안해 금융통화위에서 신중하게 결정하게 됩니다. 한국은행이 기준금리를 인하하지 않고 동결한 이유는 일단 국내경기 회복세를 지켜보자는 입장인 것 같습니다.

미중 무역 분쟁이 종식될 분위기가 있고, 세계 경제가 완만한 상승세 기대가 있기 때문에, 국내 경제 역시 2020년에 경기부진이 일부 완화되는 움직임이 나타날 수 있다는 것입니다. 고용상황도 취업자 수 증가 폭이 다소 확대되는 움직임도 반영된 것 같습니다. 정부가 12.16 부동산 대책을 내 놓은 지 한 달 밖에 안

되고, 계속 초강도 부동산 투기 억제책을 내놓고 있어, 추가적인 금리인하는 부담이 되었을 것이라는 분석입니다.

즉, 금리를 내릴 경우 자금이 부동산으로 몰리게 되어 집값 상승을 부추길 수 있다는 것입니다. 이번 한국은행의 기준금리 동결은 국내경제의 상승세가 완만할 것으로 예상하기 때문에 나온 정책인데요, 향후 수출 부진 등 특별한 경기 하강세 조짐이 보이지 않는 한 기준 금리 동결책은 당분간 유지될 것으로 보입니다. 앞으로의 경제 상황을 예의주시 해야 될 것입니다.

(2020.01.17.).

이산가족의 개별관광 추진,
한국 외교력의 시험대

정부는 남북 협력과 교류 사업의 일환으로 꽉 막힌 북미 관계의 선순환적 해결을 위해 북한 개별관광을 추진하겠다고 밝혔습니다. 특히 인도주의적 차원에서의 이산가족 개별 방문부터 시작해, 이를 확대해 나가겠다는 생각인 것 같습니다.

개별관광의 방안은 제3국을 통해 북한으로 입국하는 것을 검토하고 있는 것 같은데요, 그러기 위해서는 북한에서 입국 허가와 함께 비자 발급이 이뤄져야 합니다.

이산가족 개별 방문 안을 추진하는 이유는 인도주의적인 사안이기 때문에 미국에서 반대하기도 어렵고, 북한도 수용할 수 있는 명분을 줄 수 있기 때문인 것 같습니다.

미국을 방문 중인 이도훈 외교부 한반도평화교섭본부장은 미국 측과 북한 개별관광 문제를 논의할 예정이라고 밝혔습니다. 강경화 외교부 장관 역시 샌프란시스코에서 열린 한미외교장관 회담에서 폼페이오 미 국무장관에게 개별 관광 및 남북 협력 구상에 대해 설명했습니다.

정부는 일단 미국 측을 설득하는데 주력하는 것 같은데요, 물론 북한에 대한 개별 관광은 유엔 제재사항이 아니기 때문에 한국정부가 직접 추진할 수도 있습니다. 하지만 북한 핵문제의 해결은 한미 양국이 보조를 맞춰야 해결될 수 있습니다. 미국 측의 동의를 끌어내야 하겠죠.

미국은 북한과의 비핵화 협상에 실질적인 진전을 위해서는 한국과 중국 등 국제사회가 북한에 대한 압박을 가하기를 원하고 있습니다. 미국 측이 이산가족 북한 개별방문 사안에 대해 동의한다면, 그것은 미국이 남북간의 협력이 북미 관계 개선에 도움을 줄 수 있다고 판단한다는 것을 의미합니다.

또한 이산가족 개별방문이 제3국을 통해 방북한다면, 그 제3국은 중국일 가능성이 크기 때문에 중국의 협력도 뒷배경으로 작용할 수 있습니다. 중국이 움직여준다면 북한 측의 반응도 긍정적으로 끌어낼 수 있다는 것입니다.

결국 한국의 외교력이 시험대에 올랐다고 볼 수 있는데요, 이산가족들의 북한에 대한 개별관광 추진, 그 성과가 빠른 시일 내에 나오기를 기대합니다.

(2020.01.16.)

정세균 신임 총리에게
거는 기대는 경제활성화인가

　신임 정세균 총리가 국무회의를 주재했습니다. 정 총리는 전날 취임사에 이어서 경제 활성화를 강조했는데요. 그만큼 정 총리의 최대 과제는 경제 진작을 어떻게 이룰 것인가에 있다고 할 것입니다.
　정 총리는 오늘 국무회의에서 '과감한 규제 혁파로 기업하기 좋은 환경을 조성하고 4차 산업혁명 시대 먹거리를 창출할 수 있도록 혁신 성장을 더욱더 가속화 해달라고 주문했습니다. 정세균 총리는 취임 일성을 경제 활성화와 기업 친화적 발언에 가장 무게를 뒀습니다.
　이제 문제는 시장의 반응일 텐데요, 과거 산자부 장관을 역임했고 기업에서도 활동한 바 있는 정세균 총리에 대한 신뢰가 어느 정도 시장에서 발현되는지가 관건이 될 것입니다.
　물론 아직 취임한 지 며칠도 되지 않아서 속단하기 어렵습니다만, 경제계에서는 어느 정도 기대를 갖고 있는 것도 사실입니다. 시급한 문제는 안정적인 투자 여건과 투자 확신 분위기 마련입니다.
　민주주의와 시장 경제의 병행 발전론은 이미 경제적으로 성공한 민주주의 국가와 세계 경제에 정설로 받아들여지고 있습니다. 신자유주의 실패에 따른 후유증과 폐해를 극복할 대안입니다.

민주 정부는 시장을 지배하려고 하는 것이 아니라, 시장이 자율적으로 잘 돌아갈 수 있도록 촉진자 역할에 주력하고, 시장의 민주적 경쟁을 방해하는 독점과 불공정을 방지하는 정책을 펼쳐나가는 것입니다. 그래서 국민 한 사람 한 사람과 경제 주체들이 자유롭고 창의적으로 시장에 참여해 그 능력을 발휘하게 만드는 것입니다. 당연히 생산성은 증가하고 국민 경제는 도약·발전 하는 것이죠.

신임 정세균 총리가 기업의 혁신 성장 여건 마련, 공정 경제, 그리고 성장과 분배의 견인차 역할을 해낼 균형성 있는 정세균표 경제 정책을 추진하기를 기대하겠습니다.

(2020.01.15.)

북미협상 재개될 수 있을까?

로버트 오브라이언 미 백악관 안보 보좌관은 미 언론과의 인터뷰에서 "북한과 지난 스톡홀름에서 한 협상을 이어나가길 원한다는 의사를 전달했다"고 밝혔습니다.

지난 미 트럼프 대통령의 김정은 위원장의 생일 축하 메시지에 이어서 미국이 북한과의 대화 추진을 하고 있음을 알 수 있는 보도인 것 같습니다.

그러나 북한은 미국에 대해 아직 공식적인 반응을 내놓고 있지는 않습니다.

미국 조야는 두 가지 반응이 엇갈리고 있는 것 같은데요, 트럼프 대통령이 북한의 김정은 위원장에게 핵무기를 확대할 시간만 벌어준 것 외에 별다른 소득이 없었다는 비난과 함께, 탄핵 문제 등이 해결되면 트럼프 대통령이 북미 간의 진전된 협상안을 11월 재선거에 활용하기 위해 적극적으로 협상에 나설 것이라는 예상입니다. 북한 선전 매체는 한국이 미국의 51번째 주로서, 아무 권한이 없다고 비난했습니다.

북한의 공식적인 입장은 아니지만, 이러한 북한의 선전 방송은 통미봉남 정책의 일환이라기보다 한국에 대해 자신들의 이해를 미국 측에 항변해달라고 하는 압박용이라고 보는 것이 타당할 것입니다.

특히 최근 북미 간 실무 협상 재개 추진 보도를 볼 때 더욱더 그럴 개연성이 있는데요, 문재인 대통령은 신년사에서 개성공단과 금강산 관광 재개를 위한 노력을 계속해 나갈 것이고, 북한 김정은 위원장의 답방이 실현될 수 있는 여건을 마련하는 데 남북이 함께 노력하자고 제안했습니다.

  한국의 강경화 장관과 미국 폼페이오 국무장관의 회담이 예정돼 있죠. 아마도 광범위한 한미 간의 협력 주제 등을 포함해 북미 간 실무 협상 재개 방안도 논의될 것으로 보이는데요, 반가운 설 연휴 소식이 전해지길 기대합니다.

(2020.01.13.)

규제자유특구 투자
시작은 포항에서부터

경북 규제자유특구인 포항에서 대기업의 선제적인 투자 사례가 나왔습니다. GS건설이 차세대 배터리 리사이클 제조 시설 구축을 위해 천억 원을 투자합니다. 정부에서는 향후 14개 특구에 대한 기업들의 대규모 투자 물꼬를 트는 계기로 기대하고 있습니다.

배터리 리사이클링 사업은 전기차 확대에 따라 수요가 급증할 것으로 예상되는 분야이죠. 따라서 포항은 향후 차세대 배터리 산업의 선도 도시로 기대 받게 됐습니다. 규제자유특구는 규제 없이 혁신 기술을 테스트 할 수 있는 지역으로, 2019년 4월부터 이 제도가 도입됐습니다.

현재 강원의 디지털 헬스케어, 대구의 스마트 웰니스, 대전의 바이오 메디컬, 제주의 전기차 충전 서비스 등 전국적으로 14곳이 특구로 지정돼 있습니다. 특구에서는 2년 동안 규제 제약 없이 신기술을 개발, 시험할 수 있으며 최대 5년까지 규제 자유 특구로 지정돼- 혜택을 받을 수 있습니다.

기업이 새로운 분야로 진출하려고 할 때 가장 걸림돌로 작용하는 것이 바로 불필요한 규제입니다. 또한 해당 규제가 완화되기 위해서는 상당한 시일이 소요됩니다. 그래서 규제 자유 특구라는 범주를 만들어, 기업의 투자를 유인하기 위한 정책을 기안한 것이죠.

규제자유특구 지정은 미래의 신산업 육성과 함께 지역을 개발하기 위한 조치라고 볼 수 있습니다. 문제는 앞으로 얼마나 많은 기업들이 규제 자유 특구에서 활발한 투자 활동을 벌이느냐 인데요, 14개 특구 중 포항이 올해 처음으로 시작한 것입니다. 포항을 계기로 전국적 바람이 불기를 기대합니다.

(2020.01.09.)

2020년 첫 번째
경제활력대책회의가 열렸는데

홍남기 경제부총리 주재로 2020년 첫 번째 경제 활력 대책회의가 열렸습니다. 홍 부총리는 올해는 반드시 경기반등의 모멘텀과 성장 잠재력의 토대 구축을 이뤄내겠다고 하면서, 약 60조원으로 편성된 공공기관의 투자 집행을 앞당겨서 적기에 시행할 수 있다고 했습니다. 예타 기간도 최대한 앞당기겠다고 밝혔습니다.

2019년 한국의 경제성장률은 가까스로 2% 대를 지켰습니다. 올해도 역시 국내 경제성장률은 결코 높지 않을 것으로 예상되고 있는데요, 한국은행은 약 2% 초반대로 전망하고 있습니다. 그것도 정부의 확장적 재정 운영 정책에 따른 내수여건 개선 등에 기대를 두고 있는 수치입니다.

글로벌 무역 분쟁의 지속과 반도체 경기 회복의 지연이 성장률 상승요인에 장애로 작용할 것이라는 분석입니다. 즉, 정부는 60조원 조기 투자 집행으로 국내 경제의 호조를 앞당기겠다는 생각인 것입니다.

그러나 정부의 재정 확대 정책만으로는 한계가 있습니다. 결국 민간 영역에서 투자가 활성화되고, 일자리가 늘어나, 소비가 늘어나야 잠재적 경제성장률을 끌어 올릴 수 있기 때문입니다.

경제 활력의 환경 조성은 경제 주체들이 마음껏 움직일 수 있도록 여건을 만들어 주는 것입니다. 기업이 정부의 시장 친화적, 친 기업적 정책의 로드맵을 신뢰하고 투자를 활성화하고 고용을 늘리는 일이 주요 핵심입니다.

분배와 생산은 함께 굴러가는 바퀴와 같은 것입니다. 서로 이끌어주고 당겨줘야 생산과 분배의 시너지 효과는 배가 되고 경제 활력으로 이어지게 됩니다.

지금은 생산을 증대시키기 위한 조건이 더욱더 중요할 것 같은데요. 대폭적인 규제 완화와 함께 정부의 정책을 시장이 신뢰하여 적극적인 투자와 고용 지표가 신장되기를 기대합니다.

(2020.01.08.)

금강산관광과
개성공단 재개 이루어져야

문재인 대통령이 북한에 대해 다시 한 번 손을 내밀었습니다. 문 대통령은 신년사에서 김정은 위원장의 답방 여건 마련의 필요성과 함께 금강산 관광 및 개성공단 재개 카드를 언급했습니다.

즉 현재 교착 상태에 빠져 있는 북미 관계와 비핵화 협상을 남북이 서로 머리를 맞대고 대화로 풀어나가자는 뜻입니다. 북미 관계와 남북 관계가 선순환적 사이클을 갖고 있다는 점을 인지한다며, 금강산 관광과 개성공단 재개는 현재의 대립 국면을 타개할 수 있는 유효한 카드가 될 수 있습니다.

금강산 관광은 사실 미국의 동의만 얻어내면 지금이라도 남북 간 실행할 수 있는 사안입니다.

개별적인 북한 관광은 유엔제재 사항이 아니기 때문입니다. 단, 금강산 관광객에 대한 철저한 안전 보장책이 우선돼야 하겠죠. 금강산 관광 중단의 발단은 남측의 관광객인 박왕자씨에 대한 북한군의 피살에 있었기 때문입니다.

2000년 6·15 남북 공동선언으로 시작된 개성공단 사업은 남북 모두에 원윈되는 사업이었습니다. 북측은 양질의 저렴한 노동력을 제공하면서, 상대적으로 고액의 임금을 수령했고, 남측은 중소기업의 활성화로 이어졌습니다. 2010년 9월에는 입주 기업 생산액이 10억 달러를 돌파했고, 2012년 1월에는 북측 근로자가 5만 명을 넘어섰습니다.

그러나 2016년 2월 북한의 핵실험과 장거리 미사일 발사 요인과 겹쳐 개성공단은 전격적으로 중단됐습니다. 향후 북한이 핵미사일 발사와 실험을 하지 않는다는 여건이 마련된다면 개성공단 재개 역시 동시적으로 추진될 수 있습니다.

문제는 유엔 안보리 결의 위반 논란인데요, 남북관계의 특수성을 근거로 안보리 결의 적용 대상이 아니며, 제재위로부터 예외사항으로 사전허가 사항을 받을 수도 있는 것입니다.

특히 개성공단 재개는 비핵화 문제를 풀어나갈 수 있는 실질적 해법이라는 점을 국제사회에 대해 설득을 해낸다면 결코 불가능한 사안이 아닙니다. 문제는 남과 북의 의지가 중요한데요, 남북은 6·15 공동선언에서 우리 민족끼리 자주적으로 해결해 나간다는 원칙을 합의한 바가 있습니다. 이번 문재인 대통령의 전격적인 제안에 북측의 전향적인 반응을 기대합니다.

(2020.01.07.)

한류의 힘이 가시화되고 있어

정말 대단합니다. 봉준호 감독의 영화 <기생충>이 지난해 5월 칸 영화제의 황금종려상 수상에 이어, 할리우드 외신기자협회가 주관하는 제77회 골든글로브 시상식에서 영예의 외국어 영화상을 수상했습니다. 골든글로브상은 아카데미상과 더불어 미국의 양대 영화제로 알려져 있습니다.

봉준호 감독은 수상 소감에서 "믿을 수 없는 일이 일어났다며, 우리는 단 하나의 언어를 쓴다고 생각합니다. 그 언어는 영화입니다" 라고 말했습니다. 뉴욕타임즈는 '봉감독이 걸음을 옮기기 어려울 정도로 사람들에게 둘러싸였다'며 봉감독과 영화 <기생충>을 극찬 했습니다.

CNN은 지난해 12월 29일 '아시아는 과거 서구 문화의 수용자에서 이제 중요한 문화 세력이 되고 있다며, 한국의 영화 기생충과, 보그, 엘르 등 전 세계 패션잡지에서 정기적으로 다뤄지고 있는 한국 화장품, 그리고 BTS의 폭발적 인기'를 보도했습니다.

1990년대부터 전 세계적으로 가시화 되고 있는 한류 문화는 어떤 방어벽으로도 막을 수 없는 거대한 흐름으로 전 세계를 강타하고 있습니다. 사드배치 이후 중국의 혐한령이 내려졌지만, 한류 열풍을 중국 당국은 막을 수 없었습니다. 일본 역시 마찬가지입니다. 아베 정권은 수출 규제 조치와 함께 한류의 유입을 막으려 했지만, BTS의 일본 공연은 성공적으로 이뤄졌습니다.

베트남에서의 박항서 감독 신화는 연이어 한국 축구 감독들의 아시아 진출로 이어지고 있습니다. 한류 열풍은 금단의 땅 북한도 예외가 아닙니다. 북한 당국의 통제와 단속에도 불구하고 북한 주민들은 국경 지역 등 비공식적 루트를 통해 수입한 한국의 드라마를 즐겨보고 있습니다.

한류는 K-pop, K-drama K-beauty, K-fashion K-sports 등으로 명칭이 바뀌면서 계속돼 왔고, 최근에는 K-styles이란 접두사를 쓰며 장르와 산업별 융합 현상으로 진화해 나가고 있습니다.

한류의 세계화, 신드롬 현상은 경제적 부문에도 강력한 영향을 미쳐 한국 수출 산업의 개척자, 홍보대사로도 엄청난 역할을 하고 있습니다. 한류 브랜드가 경제 영역에서 눈부신 활약을 하고 있는 것이죠. 70여 년 전 백범김구 선생이 말씀하신 문화의 힘, 문화의 중요성에 입각한 문화 국가가 이제 와서 실현되는 것 같습니다.

(2020.01.06.)

친환경차 제작과 수출의 현황은

2020년 새해에 평택항을 통해서 전기차 니로와 수소 트럭 넵튠 등 4천 2백여 대의 친환경차가 유럽으로 수출됐습니다. 한국의 친환경차 기술은 세계적으로 인정받고 있죠. '니로'는 한번 충전으로 380km 이상 주행하는 능력을 보여줘, 유럽과 미국에서 2019년 올해의 전기차로 선정됐습니다.

2019년 전기차 수출은 2018년에 비해 2배, 수소차 수출은 총 3배 증가했습니다. 친환경차 누적 수출 대수는 총 74만 대에 이릅니다. 미세먼지, 가장 심각하게 국민 건강을 해치는 요인 중 하나입니다. 미세먼지 발생 요인으로 여러 가지가 거론되고 있는데요, 경유차에 대한 오염 정도는 무시하지 못합니다. 수도권은 경유차에 의한 미세먼지 배출량이 23%를 차지합니다. 반면, 순수 전기차의 생애 전 과정 탄소 배출량은 휘발유 차량의 절반 수준입니다.

2018년 기준 국내에 등록된 전기, 수소차 등 친환경차는 5만 6천대, 전체 차량의 0.24% 수준이었습니다. 아직 전기차가 국내 신차 시장에서 차지하는 비중은 미미하지만, 2014년 이후 전기차 시장 점유율이 10배 이상 급속하게 증가했습니다. 2020년 국내 전기차 누적 보급 대수는 10만 대를 넘어설 전망입니다.

정부는 2022년까지 전기차 43만 대, 수소차 6만 7천대, 전기 이륜차 5만 대 보급 목표를 제시한 바 있습니다. 친환경차의 보급 확대를 위해서는 우선적으로 충전 인프라가 확충돼야 합니다. 아직은 충전 편의성이 기대에 못 미치는 것이 사실입니다.

그러나 친환경차의 보급은 이제 선택이 아닌 필수입니다. 이미 세계 선진 각국은 향후 20-30년 내에 내연기관 차량의 판매를 전면적으로 금지하겠다는 계획을 발표했습니다. 노르웨이는 신차 판매 시장 점유율의 약 39.2%를 친환경차가 차지하고 있습니다.

 국내 자동차 업계를 포함하여 상당수의 세계적인 자동차 제작사가 친환경차 위주의 생산과 판매 전략을 펼치겠다고 천명했습니다. 하여튼 친환경차는 한국 경제 수출의 활로를 제공하고, 효자 품목으로 성장해 갈 전망입니다.

 전체 자동차 수출량 중에서 친환경차가 차지하는 비중이 10.6%로 늘어났습니다. 정부도 친환경차 기술개발에 지난해에 비해 53.8% 많은 2천 43억 원을 지원합니다.

(2020.01.05.)

유용화의
오늘의
눈

제2부

2019년

김정은의 새로운 길

지난 28일부터 시작된 북한의 노동당 전원회의에서 자주권과 안전보장을 위한 적극적인 공세 조치 등이 언급됐습니다. 김정은 위원장은 2일차 회의에서 "경제발전과 인민생활에 결정적인 전환을 가져오기 위한 구체적인 방안을 제기하고, 자립경제를 강조했다"고 합니다. 이번 노동당 전원회의에서 주제는 '경제'이며, '미국과 국제사회의 제재 속에서 어떻게 자립경제를 이룰 것인지"에 대해 논의가 집중된 것으로 알려지고 있습니다.

북한의 조선 노동당 중앙위 전원회의는 북한의 최상급 의사결정 기구입니다.

이번 7기 5차 전원회의에서는 미국의 태도 변화가 없을 때 택하겠다고 공언해 온 '새로운 길'이 구체적으로 논의될 가능성이 높은 것으로 보입니다.

북한의 김정은 위원장의 새로운 길은 이번 전원회의에서 구체화 되고, 내년 신년사에서 국제사회에 공표될 것입니다. 새로운 길은 미국 등 국제사회와의 협력이 없어도 북한 자체적으로 살아나가는데 별 무리가 없으며, 자강, 자립 경제를 향한 대내외적 의지 표명이 될 것으로 예측됩니다.

따라서 잠시 중단되었던 핵개발을 본래 상태로 환원시키고, 핵미사일 발사와 각종 신무기 개발 등에 박차를 가한다는 것도 함께 강조될 것으로 보입니다. 즉, 유엔의 제재 완화 등의 조치를 기대하지 않고 북한 자체의 경제력을 향상시키기 위한 노력을 경주하겠다는 것입니다.

결국 북미간의 대립과 갈등, 한반도의 긴장이 재연될 수도 있다는 것인데요,

한반도의 긴장지수는 올라갈 수밖에 없을 것 같습니다.

물론, 미국 측의 양보를 얻어내지 못했을 때 북한 측이 취할 수 있는 방법이 매우 제한적일 수밖에 없습니다. 그러나 남측에서는 지속적으로 북한 당국에 대한 우호적인 정책을 취하고 있으며, 중국과 러시아 역시 일부 제재 완화책을 유엔에서 논의하겠다는 의사 표명을 한 점을 감안해 북한당국이 극단적인 선택은 피하길 기대하는 것이죠. 북한의 경제 상황이 이전보다는 조금 나아졌을지 모르지만, 국제사회와의 교류와 개방적 경제정책만이 유일하게 북한을 잘살게 할 수 있음을 유념하기를 바랍니다.

(2019. 12. 31.)

2019년 한 해를 되돌아보는
유용화의 오늘의 눈

　유용화의 오늘의 눈, 2019년 올 한 해를 되돌아봅니다. 올해는 3·1운동, 대한민국 임시정부 100주년을 맞는 해였습니다. 헌법에 명시돼 있듯이 대한민국은 3·1운동과 임시정부를 계승한 정통성을 갖고 있습니다.
　우리는 항일·저항적 민족주의로 국가의 정체성을 바로 세운 역사를 갖고 있습니다. 100주년을 맞아 그 정체성과 정통성을 다시 확인하는 계기가 됐습니다. 6월 30일 트럼프 대통령은 미국 대통령으로서는 처음으로 금단의 땅이었던 북한 지역을 밟았습니다. 그리고 한국의 문재인 대통령과 함께 김정은 위원장을 만났습니다.
　트럼프 대통령은 김정은 위원장을 백악관으로 초청했으며, 포괄적 합의와 단계적 조치라는 비핵화 해결책도 제시됐습니다. 하지만 북미 간 협상은 다시 교착 상태를 보이고 있고, 한반도에는 대립과 갈등의 어두운 그림자가 다가오고 있습니다. 평화를 향한 담대한 발걸음을 북미 양 정상에게 요구합니다.
　일본이 지난 7월 전격적으로 한국 반도체 부품 수출규제 조치를 취한 이후 8월 28일 한국을 우방협력국가, 백색국가에서 제외하는 수출 무역관리령을 의결했습니다. 한국의 대법원 강제징용 판결에 보복하는 조치였으며, 일본 패권 국가의 행보에 한국을 희생양으로 삼는 무례한 행태였습니다. 우리는 지소미아 종료 선언으로 대응했으며, 지금은 한일 간 냉각기를 갖는 협상 국면이라고 할 수 있습니다.

그러나 아베 정권은 아직도 분명한 철회 입장을 보이지 않고 있습니다. 일본 관광객과 대 한국 수출액이 급감했고, 한국의 소재부품 자생력은 성장하고 있습니다.

11월 25일 부산에서 열렸던 제3차 한·아세안 특별 정상회의 공동의장 성명에서는 한반도의 비핵화와 평화를 다시 확인했고, 아세안 국가들의 전략적 동반자 관계로서의 자유무역주의와 다자주의 원칙을 선언했습니다. 미국의 인도·태평양 전략과 중국의 일대일로 정책에 끼여서 종속되지 않고 아세안 국가들의 지혜와 자립성을 강구하자는 것이 그 의도 입니다. 20억 인구의 새로운 성장 엔진으로 부상하고 있는 아세안은 우리나라의 제2의 교역 국가이자 투자 대상 지역입니다.

부산에서 개최됐던 한·아세안 특별 정상회의를 통해 한국의 위상은 물론 아세안 국가들과의 실질적 협력이 강화되는 계기가 됐기를 바랍니다.

결국 20여 년 만에 공수처법이 국회를 통과했습니다. 1996년 김대중 정부 노무현 참여 정부에서부터 줄기차게 검찰의 무소불위 권력을 제어하고 분산시키려 했지만, 번번이 검찰의 기득권 저항에 부딪혀 좌절돼 왔습니다.

그러나 이번에 검사, 판사와 국회의원, 대통령 등 고위 공직자에 대한 전담 수사 기구가 탄생하게 됐습니다. 국민의 70% 이상이 공수처법을 지지했듯이 과도한 검찰 권력에 대해 국민은 상당히 우려해 왔습니다. 공수처법은 검찰개혁의 신호탄에 불과합니다.

(2019. 12. 30.)

문재인 대통령의 생각은?

문재인 대통령은 전 세계 정치, 경제 분야의 유명 인사들의 기고 전문매체인 「프로젝트 신디케이트에 '무수한 행동들이 만들어내는 평화-한반도 평화구상'이라는 제목의 글을 기고했습니다. 문 대통령은 한반도 평화를 위해서는 더 많은 행동이 필요하다며, 북한이 진정성을 갖고 비핵화를 실천해 나간다면 국제 사회도 이에 상응하는 모습을 보여줘야 한다"고 밝혔습니다.

또한 문 대통령은 북미실무협상과 3차 북미 정상회담이 한반도 비핵화와 평화 구축을 위한 전체 과정에서 가장 중대한 고비가 될 것이라고 강조 했습니다. 2019년이 얼마 남지 않은 상황에서 북미관계의 일대전환이 일어나느냐, 아니냐는 중대 기로에 서 있는 것 같습니다.

한반도의 평화는 단순히 대한민국 국민에게만 중요한 것이 아니라 세계 평화의 미래 과정에도 결정적인 요인으로 작용하는 사안입니다. 마지막 남은 냉전 지역인 한반도, 세계열강의 이해관계가 부딪히고 있는 한반도에서 평화가 달성된다면 극동 아시아를 넘어 전 세계 파급력이 크기 때문입니다.

김구 선생은 '나의 소원'에서 "우리 민족은 결코 세계를 무력으로 정복하거나 경제력으로 지배 하려는 것이 아니라, 사랑의 문화와 평화의 문화로 우리 스스로도 잘 살고 인류 전체가 의좋게, 즐겁게 살도록 하려는 것이다"라고 밝힌 바가 있습니다.

한반도는 대륙세력과 해양세력이 부딪히는 곳으로 한반도에 평화가 온다면 바로 대륙, 해양세력의 평화로 이어지지만 만약 한반도가 갈등과 대립으로 점철된다면 주변국들의 각축장이 됩니다.

그러나 중요한 것은 한반도의 주인인 대한민국의 국력입니다. 대한민국의 힘이 약하면 이리저리 휘둘리게 되어, 우리 민족뿐만 아니라 주변국들의 분쟁이 일상화 됩니다. 반면, 우리의 국력이 강대하다면 주변국들 역시 평화의 길로 나아갈 수 있는 것입니다.

그것은 구한말의 역사와 6·25 전쟁의 결과가 보여주고 있습니다. 결국 한반도의 평화를 달성할 수 있는 힘은 우리의 주체적인 역량의 정도에 달려 있다는 평범하고 역사적인 교훈을 다시금 되새겨야 할 것입니다.

(2019. 12. 27.)

중국과 한반도의 이해관계

6개월 만에 다시 열린 한중정상회담. 양 정상이 최근 한반도를 둘러싸고 벌어지고 있는 긴장과 갈등 정세에 대해서 허심탄회하게 대화를 나누었다는 평가입니다. 특히 양 정상은 "북미가 대화의 동력을 이어나가는 것이 중요하다는데 공감대를 형성했다"고 전하고 있습니다.

시진핑 주석은 북한과 미국이 대화의 판을 깨서는 안 된다고 했으며, 문대통령 역시 중국과 함께 긴밀히 협력해 가기를 희망한다고 강조했습니다. 북미간의 극한 대립을 막기 위한 중국의 역할에 기대를 갖고 종용한 것이라고 볼 수 있는 것이죠. 한반도의 긴장이 격화되는 상황에 대해 중국 역시 상당한 우려를 갖고 있습니다. 그것은 미국의 군사력이 더욱더 강화되기 때문입니다. 한국의 사드배치가 주요한 실례라고 할 수가 있는데요, 2013년 6월 미국의 힐러리 클린턴 국무장관은 중국이 북한 핵을 막지 않으면 미국은 미사일 방어망으로 한반도를 포위할 수 없다고 밝혔습니다. 미국의 생각은 중국이 북한을 앞세워서 팽창 전략을 추구하고 있다는 우려가 강합니다.

2016년 북한의 연이어진 4차, 5차 핵실험은 미국의 한국 사드배치에 명분을 주게 되었습니다. 하지만 2017년 사드배치 논란으로 한중 간은 역대 최악의 외교관계로 추락했고, 그 여파가 지금까지도 이어지고 있습니다.

즉, 한국과 중국은 한반도 평화에 대한 상호 공존적 이해관계를 갖고 있다고 할 수 있으며, 양국 간의 경제 교류에도 한반도 평화는 결정적인 영향을 미칩니다.

  한중 간의 정상회담이 나름대로 기대를 갖고 마무리된 이유는 최근 미중 간의 무역 협상 1단계 합의 서명이 곧 이뤄질 것이라는 점도 상당한 영향을 미쳤습니다. 한미 동맹이 주요한 근간으로 작용하고 있는 한국 입장에서는 미국과 적대적 관계가 심화되고 있는 중국과는 호혜적 관계로 나아가기 어렵습니다. 이번 한중정상회담, 한중일 정상회담을 통해 교착상태에 빠져 있는 북미 관계의 출구가 마련되길 기대합니다.

(2019.12.25.)

한국, 여성의 사회 참여비율 여전히 낮은 상태

여성가족부에 따르면 2018년 국가 성 평등지수가 2013년 68.9에서 매년 상승하여 2018년 72.9인 것으로 나타났습니다. 성 평등지수는 여성의 사회참여, 인권 복지, 성 평등 의식, 문화 등 8개 분야 평가 지수를 토대로 측정합니다. 완전한 성 평등 상태는 100점입니다.

영역별로 보면 여성의 인권복지 영역이 80점으로 가장 높고, 사회참여 영역은 66.6점으로 가장 낮습니다. 여성의 인권수준은 많이 향상됐으나 아직 여성의 사회참여 분야에서는 제약이 있다는 것이죠.

유엔개발계획 UNDP에 따르면 189개국 대상 성 불평등 지수에서 한국이 0.058로 아시아 1위, 세계 10위로 조사됐습니다. 성 불평등 지수는 0이면 완전평등하고, 1이면 그 반대를 뜻합니다.

유엔개발 계획지수에서는 한국의 여성이 중등 이상 교육을 받은 비율은 89.8%이지만, 여성의원 비율은 17.0%로 낮은 것으로 나타났습니다. 한국 여가부의 조사에서 사회참여 비율이 낮은 것과 유사한 내용을 보여주는 것 같은데요. 스위스와 덴마크, 네덜란드, 노르웨이 등 북유럽 국가들은 여전히 최상위 수준을 보여주고 있습니다.

여성에 대한 성 평등 지수는 해당 국가 및 사회의 차별 정도를 보여주는 것이라고 볼 수 있습니다. 차별이 없는 사회는 각 개인이 갖고 있는 능력이 균등하게 쓰여 져서, 능력에 따라 사회진출 및 참여가 가능해지고, 국민통합 뿐만 아니라 훌륭한 인재 등용으로 국가생산력을 높이게 됩니다. 성 불평등 지수가 낮은 북유럽 국가들이 세계에서 가장 행복한 국가, 고순위의 국민 소득 국가임은 결코 우연이 아닐 것입니다.

현재 북유럽 등의 정치 지도자들 상당수는 여성입니다. 노르웨이의 에르나 솔베르그 총리, 또 이번에 핀란드에서 34세 최연소 여성 총리가 된 마린 총리는 5개 정당으로 구성된 연립정부를 이끌고 있습니다. 유럽연합EU의 우르줄라 폰 데어 라이엔 신임 집행위원장 역시 여성입니다.

28개의 유럽국가 중 5개 국가는 여성 총리가 국정을 이끌고 있습니다. 독일의 메르켈 총리는 포브스지가 선정한 세계에서 가장 영향력 있는 여성입니다. 유독 한국은 여성의 정치, 사회 참여가 저조한데요. 한국은 국회의원 중 여성 비율이 세계 120위권이라고 할 수 있습니다.

(2019.12.24.)

제8차 한중일 정상회의에 거는 기대

한중일 3국의 정상회의 개최는 순조롭지 않았습니다. 거의 3년에 한번 정도 만나는 꼴이라고 할까요. 2012년 이후 3국 정상회의가 열리지 않다가, 2015년 11월에 3국 정상들은 서울에서 만났습니다. 그리고 2018년 5월 어렵사리 다시 만났고, 1년 8개월 만에 다시 중국 청두에서 만나게 됐습니다. 왜 이렇게 한국과 중국, 일본 정상들은 한자리에 모이기가 어려울까요.

한중일은 역사적으로나, 지리적으로 매우 밀접하게 영향을 미치는 인접국입니다. 그러나 과거사 문제와 영토 분쟁 사안이 3국간 갈등 요인으로 작용해 왔습니다. 특히 일본이 저지른 역사적 과오가 아직도 깊은 상처로 남아있습니다.

한중일 3국은 세계인구와 세계 국내총생산 GDP 중 5분의 1을 차지하고 있습니다. 또한 세계 교역량의 6분의 1 이상을 차지하는 3대 국제권역에 위치하고 있습니다. 근접성으로 인해 상호 영향도 직접적입니다.

2002년 중국에서 발생했던 사스, 2015년 한국에서 발생했던 메르스, 2011년 3월 일본 후쿠시마에서 발생했던 방사능 오염 문제 등을 볼 때 3국의 인접적 영향력과 협력은 매우 중요합니다.

그래서 2003년에는 협력, 개방, 투명성, 상호신뢰, 문화적 다양성에 대한 존중의 원칙을 갖는 정상회의 협력에 관한 3국 공동선언문을 채택하기도 했습니다. 또한 2009년에는 지속가능 개발을 위한 공동성명도 채택하고, 다음 해에는 3국

협력사무소도 개설했습니다.

즉, 환경과 에너지, 기후변화 및 인적, 문화교류 등은 3국 간에 상존하는 협력사안입니다. 현재 3국은 21개 장관급 회의를 포함해 70개 이상의 정부 간 협의체를 운영 중이며, 100개 이상의 협력 프로그램을 실시 중에 있습니다.

한중일 3국은 2018년 5월 제7차 3국 정상회의 공동선언문에서 미래지향적인 측면에서의 보건, 고령화 사회 등 공통 과제에 대한 공동 대처의 중요성을 강조하기도 했으며, 판문점 선언의 환영 등을 내용으로 하는 한반도의 완전한 비핵화를 지지하는 내용을 담기도 했습니다. 과연 동북아시아 지역의 평화와 안정을 위해서 어떠한 메시지를 내 놓을지, 3국간의 협력 체제를 어떻게 발전시켜 나갈지 주목된다 할 것입니다.

(2019.12.23.)

중국의 100만 대군도 하지 못한 일을 해낸
윤봉길 의사

　매헌 윤봉길 의사 순국 87주기 행사가 열렸습니다. 1908년 충남 예산 출신인 윤봉길 의사는 남의집살이를 해가며 노잣돈을 벌어서, 혈혈단신으로 상해 임시정부를 찾아가 김구 선생을 만나 한인애국단에 가입하게 됩니다.
　당시 윤봉길 의사는 1929년 10월에 전국적으로 벌어진 광주학생운동을 목격한 뒤 끓는 피를 감출 수가 없었고, 마땅히 죽을 자리를 구할 수가 없었다고 김구 선생에게 털어놓기도 했습니다. 윤 의사는 1932년 4월 29일, 상해 홍구 공원에서 진행된 일제군의 상해 점령 전승 경축식에서 도시락 폭탄을 투척해 상해군 사령관 시라카와 대장을 그 자리에서 사망케 하고, 가와바타 데이지 교민 단장도 즉사케 했습니다. 또한 제9사단장인 우에다 중장 등에게 중상을 입혔습니다. 수천 명의 무장 군인들이 삼엄한 경비를 서 있었고 홍구공원 주변은 탱크와 비행기, 대포, 기관총 등이 배치돼 있었지만 윤봉길 의사는 영웅적 의거를 일으킨 것입니다.
　1930년 초기에는 한국의 독립운동은 매우 어려운 상황이었습니다. 독립운동 진영은 좌·우로 분열돼 있었고, 일제의 무자비한 탄압으로 인해 독립운동은 괴멸 위기에 놓여 있었습니다. 그러나 한 젊은 민족투사의 의거로 상황은 완전히 역전됐습니다. 4억의 중국인들도 감히 엄두를 내지 못했던 일을 해내자 중국과 전 세계는 임시정부를 주목하게 됩니다.

중국 국민당의 장제스는 김구 선생을 찾아 자금지원 및 독립운동 군사 지원을 약속했고, 미주 등 해외에 있는 우리 동포들이 후원금과 성금을 모금해 임시정부에 보내왔습니다. 당시 장제스는 "중국 100만 대군도 해내지 못한 일을 한국 용사 1명이 단행했다"고 극찬했습니다.

결국 윤의사의 영웅적 의거 이후 임시정부를 중심으로 한 한국의 독립운동은 다시 발현하게 됐으며, 이는 한국의 독립이 국제적으로 승인된 1943년 카이로 선언으로 이어지게 되는 것입니다.

윤봉길 의사는 비록 일제 군에 잡혀서 총살형을 당했지만, 지금도 대한민국의 독립과 자유를 지키고 있는 것입니다.

(2019. 12. 20.)

화살머리 고지의 유해 발굴 작업

6·25 전쟁 국군 전사자 발굴 유해 630구에 대한 합동 봉안식이 오늘 열렸습니다. 지난해 9·19 남북 군사합의에 따라 비무장지대인 화살머리고지에서 지난 4월부터 11월까지 8개월 동안 2천여 점의 유골을 발굴했습니다. 이 중 261구는 국군 117구, 중국군 143구, 유엔군 1구로 추정되고 있습니다. 애초 남북공동으로 발굴 작업을 진행하기로 했지만, 지난 2월 하노이 북미정상회담이 결렬된 이후 북한 측이 대화에 응하지 않아 불가피하게 우리 남측만 발굴 작업을 진행할 수밖에 없었습니다. 비무장 지역 전역으로 유해 발굴 작업을 확대하려는 구상도 일단 멈춰 버렸습니다.

6·25 전쟁 휴전 협정 체결이 얼마 남지 않은 상황에서 화살머리고지에서는 국군과 중국군 사이에 일진일퇴의 치열한 전투가 벌어졌습니다. 약 2주간 이뤄진 전투에서 결국 국군이 승리했으나, 양측 희생은 매우 컸습니다.

이번 유해 발굴사업에서 455발의 지뢰가 발견되었고, 지뢰와 불발탄에서 나온 철편만 35만 톤이나 된다고 하니, 당시 전투의 치열함이 어느 정도였는지 알 수 있습니다.

1950년 북한공산군의 침략으로 시작된 6·25전쟁은 4백만 명이 넘는 사상자와 5백만 명의 전재민, 그리고 1천만 명의 이산가족을 남겼습니다. 미국과 중국의 참전으로 국제전으로 확산된 6·25전쟁은 한반도를 냉전의 최 일선 지역으로 결과하게 했으며, 남과 북의 정치 체제를 왜곡시키고 굴절시켜 민족의 상처만을 남게 했습니다.

  그 이후 남한 측은 민주화를 통해 민주주의가 확립되고 경제발전이 이뤄졌으나 북한 측은 유일사상과 독재체제 강화로 국제적으로 고립되어, 자체 핵 개발을 통해 생존해 나가는 현상이 지금까지 이어지고 있습니다.

  1948년 분단이 됐지만, 만약 민족에게 총부리를 겨눴던 전쟁만 없었다면 한반도가 지금과 같이 불안한 세계의 화약고로 전락하지는 않았을 것입니다. 그만큼 전쟁의 후유증은 길고 그 상처 치유는 쉽지 않은 것입니다.

  지금 북미 간의 비핵화 협상이 교착 상태에 빠져있고, 북한 측은 핵을 무기로 다시금 유리한 협상 고지를 선점하려고 합니다. 미국 역시 북한에 대한 물리적 압박 강도를 높이고 있습니다. 한반도 평화를 저해하는 어떠한 행동도 우리가 허용해서는 안 될 것입니다.

(2019. 12. 19.)

정세균 총리 지명자에게 거는 기대

오늘 문재인 대통령은 6선의 정세균 의원을 총리로 지명했습니다. 이로써 최장수 총리직을 이어가던 이낙연 총리는 정치 현장으로 돌아가고 국정의 주요 축을 정세균 의원이 맡을 것으로 기대됩니다. 문 대통령은 신임 정세균 의원을 총리로 지명하면서 통합과 화합으로 국민의 힘을 하나로 모으고 민생과 경제에서 성과를 이뤄내는데 적임자라고 평가했습니다.

이제 신임 정세균 지명자가 국회 인사청문회와 국회동의 등을 통과하게 되면 문재인 정부 후반기의 국무총리 역할을 맡게 됩니다. 6선의 정세균 의원은 전북 진안 출신으로 1996년 제15대 국회에 입성해 20대 국회까지 내리 6번 의원직에 당선된 인물입니다. 정치권에 발을 들여놓기 전에는 쌍용 그룹에서 전문 경영인으로 활동한 바가 있습니다.

또한 참여 정부에서 산업자원부 장관을 지냈습니다. 그래서 실물경제에 밝다는 평을 듣기도 했는데요. 정세균 의원은 중소기업을 육성하고 경제성장의 원천을 서민층과 중산층에서 찾는 패러다임인 '분수경제론'을 주장한 바도 있습니다.

20대 국회 전반기 국회의장직을 역임한 바도 있는 정세균 신임 총리 내정자는 성격이 온화하고 포용력이 있는 정치인으로 특별한 정적을 두지 않는 대화와 타협을 중시하는 인물로도 정평이 나 있습니다.

정세균 신임 총리 내정자에게 부과된 과제는 국민 통합과 경제 진작입니다.

그가 가지고 있는 국회에서의 다양한 경륜이 집권 후반기의 문재인 정부에서 행정부와 입법부 간의 협력적 관계에 일조 한다면 국정을 안정시키고 국가를 발전시키는 효과를 가질 수 있을 것으로 기대됩니다.

(2019.12.18.)

제3 인터넷은행과 금융산업 육성

　금융위원회는 토스뱅크에 대한 인터넷 전문은행 예비인가를 결정했습니다. 토스뱅크는 지난 5월 자격심사에서 자금 조달과 출자능력 등 자본 안정성이 미흡하다는 평가를 받아 이번에 다시 도전해서 예비인가를 통과한 것인데요, 토스뱅크는 KEB하나은행과 SC제일은행 등과 손잡고 주주구성을 보다 견고히 했습니다. 토스뱅크가 본인가 심사결과도 통과하면, 2021년부터 영업을 개시할 것으로 보입니다. 2017년부터 영업을 시작한 케이뱅크와 카카오뱅크에 이어 인터넷 전문은행이 3개로 늘어나게 됩니다.

인터넷 전문은행은 오프라인 점포를 두지 않고 온라인 네트워크를 통해서 영업하는 은행을 말합니다. 인터넷 전문은행은 이미 미국과 유럽에서는 1990년대 말부터, 일본에서는 2000년대부터 운영을 하고 있습니다.

　우리나라는 산업자본의 은행소유 지분소유한도를 4%로 제한한 은산분리 규제로 인해 출범이 늦어졌는데요, 2019년 1월부터 인터넷 전문은행에 한해 그 규제를 완화해, ICT기업에 한해서 34% 한도를 허용하도록 했습니다.

　금융 산업은 세계화 시대에 경제성장을 촉진시키기 위해서 매우 중요한 성장산업입니다. 금융 산업에서 뒤떨어져 있으면, 땀 흘려 열심히 일하고서도 그 과실을 다 해외에 빼앗길 수 있기 때문입니다. 따라서 금산분리 완화 등 금융 산업에 대한 진입장벽을 낮추는 조치가 필요합니다.

　실제 외환, 시티 은행 등 6개의 시중 은행이 외국계입니다. 우리 산업 자본에 대해 계속 제한을 두고 소유권을 허용하지 않으면, 국내의 상당수 은행들이 외국투기 자본에게 점령당할 수도 있습니다.

　현재는 외국 산업자본이 소유하는 것은 허용하면서, 우리 산업자본에게는 그 소유를 불허하는 기이한 모순이 발생하고 있는 것이죠.

우리 민족은 타고난 금융 DNA가 있습니다. 선물 옵션 시장은 우리가 세계 1등입니다. 이번 인터넷 전문은행 확산을 계기로 금융인력 및 산업에 대한 종합적인 육성책이 기대됩니다.

(2019. 12. 17.)

항일, 평화, 통일 민족주의

문재인 대통령은 3·1운동-대한민국임시정부수립 100주년 추진위원 92명을 초청해 오찬을 함께 했습니다. 추진위는 지난해 7월 출범했으며, 그동안 대한민국임시정부 기념관 건립과 국내의 독립운동 사적지 발굴 및 복원, 그리고 해외 독립운동 유적지 정비 등의 활동을 해왔습니다.

문대통령은 이 자리에서 한반도 평화에 대한 메시지도 내 놓았습니다. 대한민국은 헌법 전문에도 나와 있듯이 3·1 운동과 임시정부의 정통성을 계승하고 있습니다. 3·1운동과 임시정부의 역사는 우리가 지속적으로 간직해 나가야 할 국민의 정체성이라고 할 수 있습니다.

한때 제국주의 침탈과 지배를 받았으며, 해방 후 강대국들의 분단 점령까지, 그리고 동족 간의 6·25 전쟁까지 치른 우리에게는 3가지의 주요한 민족주의 정치사상이 있습니다.

첫 번째로 항일 민족주의 입니다. 19세기 제국주의 국가들이 범했던 침략적 종족주의와 국수적 행태와는 완전히 다른 것이죠.

1948년 수립된 대한민국 정부는 일제와 36년, 구한말까지 포함하면 근 50년 간 끈질긴 항일 전쟁을 통해 수립된 정부입니다. 즉 백성의 나라 대한민국은 항일투쟁의 역사, 저항적 민족주의의 역사 속에서 일어난 국가인 것입니다.

또한 우리는 분단 70년의 역사 속에서 통일 민족주의를 지향하는 국가입니다. 외세에 의해서 나눠진 분단국가이기 때문에 통일을 향한 염원을 국민이 갖고 있습니다.

  우리는 평화 민족주의를 지향합니다. 일제의 침략에 맞서 항일 전쟁을 벌인 이유는 국민의 평화를 되찾기 위해서였습니다. 또한 6·25전쟁으로 남겨진 상처, 전쟁의 위협은 대한민국 국민의 생존권을 위협합니다.

  그래서 평화를 지키고, 평화로운 한반도를 재정립해야 하는 평화 민족주의를 추구하는 것입니다. 3·1운동과 임시정부수립이 우리에게 남겨준 항일, 통일, 평화 민족주의 정체성을 항상 간직해야 하는 이유입니다.

(2019. 12. 16.)

용산 기지가 이제 반환됩니다

67년 만입니다. 미군 용산 기지의 반환 절차가 시작됩니다. 정부가 용산 공원 조성 계획을 발표 한 지 14년 만입니다. 200차 SOFA 한미 주둔권 지위 협정 합동 위원회에서 한미 양국은 반환 절차 개시에 합의했습니다. 용산 기지 위치는 사실 오욕의 역사를 갖고 있습니다.

13세기 말에 몽골군이 침략했을 당시 주둔했던 곳이며, 1592년 임진왜란 때도 왜군이 병참기지를 만들었습니다. 1884년 갑신정변 때는 청나라 군대가 주둔했고, 1904년 러일전쟁 때는 일본제국주의 군대의 전초 기지로 활용됐습니다.

일제 식민지 병탄 이후에는 일본군 20사단이, 1910년부터 45년까지는 일제 조선군 본부가 자리 잡았던 곳입니다. 일본의 패망 이후 한반도에 진주한 미군이 이곳을 접수해 7사단을 주둔시켰으며, 6·25 전쟁 이후 미 군 사령부가 자리 잡게 됐습니다.

외국군이 주둔했던 용산 기지가 이제야 서울시민의 품으로 돌아오게 됩니다. 용산 기지 반환 문제는 그동안 장기 지연됐습니다. 그 이유는 환경오염에 대한 책임과 비용부담 문제가 한미 양국 간에 원만히 해결되지 않았기 때문입니다.

이번 협의에서 한미 양국은 용산 기지 외에도 원주, 부평, 동두천 기지 등 4곳도 함께 이전하는 것을 합의했는데요, 이곳 역시 환경오염에 따른 정화 비용 책임 문제가 뜨거운 감자입니다.

정부는 이들 기지를 돌려받으면서 오염정화 책임과, 주한미군이 현재 사용하는 기지의 환경관리 강화 등의 요구 조건을 함께 요구했는데요, 일단 정부가 환경 정화 비용을 부담한 뒤, 향후 미국과의 협의를 통해 미국 측 책임이 드러나면 청구할 계획입니다. 다이옥신이 검출된 부평 캠프 마켓에 773억 원 등 전체적으로 약 1100억 원 정도입니다. 물론 좀 더 정확한 환경오염 조사를 하게 되면 기하학적으로 그 비용이 늘어날 수도 있다고 합니다.

그러나 그 협의는 쉽지 않아 보이는데요, 미국은 지금까지 일본과 독일 등에서 미군 기지를 돌려준 후 오염에 대한 책임을 진 사례가 없기 때문입니다. 이번 한국의 경우에는 그 오염정도가 매우 심각한데요, 미군은 환경오염에 대한 사실에는 동의하면서도, '인간 건강에 대한 공지의 급박하고 실질적인 위험에 해당되지 않는다'며 이율배반적 주장을 하고 있습니다.

(2019.12.23.)

북미교착상태, 언제까지

　최근 하루가 다르게 격화되고 있는 북미 관계를 어떻게 해석해야 할까요. 상호 공언한 협상 시한이 얼마 남지 않은 상황에서 막판 유리한 국면을 조성하려는 협상 압박용으로 봐야 할까요. 아니면 북한이 새로운 길이라고 밝혔듯이 과거와 같이 적대적 대립 관계로 돌아가 일촉즉발의 벼랑 끝 전술로 회귀하는 수순이라고 봐야 할까요.
　트럼프 대통령은 북한이 모든 것을 잃어버릴 수도 있다면서 강력한 경고 메시지를 보냈습니다. 반면에 북한은 더 이상 잃을 것이 없다면서 중대한 실험을 했다고 밝혔습니다. 북한이 조만간 도발적 적대행위로서 인공위성이나 대륙간 탄도미사일 발사 준비 가능성도 점쳐지고 있습니다.
　결국 내년 미국 대선을 앞두고 북한의 김정은 위원장과 트럼프 대통령 사이의 한판 겨루기가 시작됐다고 볼 수 있습니다. 미국은 대 중국 견제라는 중대한 변수가 출현하면서 북한과의 핵 협상 결과에 따른 이해득실을 자국의 인도-태평양 전략 차원에서 고민하는 것으로 보이며, 북한은 최근 호조되고 있는 자국의 경제 사정을 발판으로 미국과의 협상 및 대결에서 수세적으로 할 필요가 없다고 판단하는 것 같습니다.
　미국의 중국 변수를 감안한 대 북한 전략이 확정될 때까지는 북미 간의 협상이 크게 진전이 없을 것으로 예상되는데요. 미국의 현재 수준에서의 상황 관리에 대해 북한이 크게 반발하는 것은 분명합니다. 제재 완화 등 실질적 조치가 취해지지 않는 상황에서 트럼프의 정치적 전과를 허용하지 않겠다는 것입니다.

그러나 마지막 금도인 트럼프·김정은 상호 인신공격은 아직 자제하는 것 같습니다. 그 이유는 북미 간의 전격적인 정상회담 가능성을 상호 남겨뒀다고 볼 수 있습니다. 김정은 위원장과 트럼프 대통령과의 일합은 불가피 한 것으로 보입니다.

(2019.12.11.)

행복지수, 중도
그리고 한국인으로서의 자긍심

문체부에서 한국 갤럽에 의뢰해 한국인의 의식, 가치관 조사를 했는데요, 매우 고무적인 결과가 나왔습니다. 한국인이라는 점에 대해 자긍심을 갖고 있다는 사람이 90%이고, 우리나라의 역사에 대해서 자랑스럽다는 답변도 83.3%, 전반적인 상황을 고려했을 때 행복하다는 비율이 63.6%를 차지했습니다.

반면에 91.8%가 진보와 보수 갈등이 크다고 생각하고, 당면한 문제 중 '일자리' 문제가 가장 심각하다고 생각하는 것으로 나타났습니다. 한국의 행복 지수는 지속적으로 올라가고 있습니다.

유엔에서 조사한 '2018년 세계 행복 보고서'에 따르면 2018년 행복 지수는 10점 만점에 5.838점을 받아 57위였습니다. 그런데 2019년 조사에서는 5.895로 54위로 반등했습니다.

물론 1위의 핀란드와 2, 3위의 노르웨이 덴마크와는 비교할 바 안 되지만, 58위인 일본보다 높으며 93위인 중국과는 그 격차가 매우 큽니다. 또한 일정 수준의 물질적 풍요에 도달한 우리나라 국민의 행복 요구는 폭발적으로 커지고 있습니다. 운동과 건강방송 코너, 그리고 웰빙이라는 말, 웰빙 음식의 확산이 놀라울 정도입니다.

반면에 사회적 갈등 요인으로 진보와 보수의 대립에 대해서 대다수의 국민들이 매우 안타깝게 여기는 것으로 나타났는데요. 진보와 보수의 이념적 대립은 과거 회귀적일 뿐만 아니라, 비생산적이고, 국민 경제는 물론 국민 통합에도 방해되는 결정적 요인입니다.

AI와 빅데이터, 사물인터넷 등 4차 산업혁명의 한복판에 살고 있는 대한민국이 19-20세기 유럽에서 횡행했던 진보, 보수 갈등이 재현되고 있다는 것은 안타까운 사실입니다.

갈등과 대립을 해소하고 대안을 만들어 나가야 할 정치 기제와 대의제 민주주의가 제대로 작동되지 못하고 있다는 현실이라고 볼 수 있습니다. 국민 90.6%가 경제적 양극화가 심각하다고 응답했고, 31.3%가 일자리 문제의 심각성을 고민하고 있다는 점 역시, 시급히 풀어나가야 할 과제입니다.

(2019. 12. 10.)

수출 분야의 효자 K-뷰티 산업

 화장품 산업이 한국 수출 분야의 효자 종목으로 떠오르고 있습니다. 이번 10월 수출 동향을 보면, 전체적으로 수출이 줄었는데요, 특히 주력 업종인 반도체의 감소 폭이 눈에 띕니다. 화장품 산업은 9.2% 수출 증가세를 보였습니다. 지난해 화장품 수출액은 7조 5천억 원대였습니다. 해외에서 한국산 화장품 짝퉁이 기승을 부린다고 하니, 우리 화장품의 우수성을 알 수 있을 정도입니다.

 화장품 산업의 생산은 계속 증가해왔습니다. 2012년부터의 통계를 보면, 국내 총생산 대비로 0.5~0.6%씩, 제조업 총생산 대비로는 2% 이상씩 신장세를 보여왔습니다. 또한 화장품 산업은 신기술 개발에도 상당한 성과를 보여 왔는데요, 지난 5년 동안 약 208건의 신제품이 출시됐습니다.

 조만간 바이오 빅데이터와 연계된 유전자 분석을 토대로 해서, 개인의 피부 특성을 반영한 맞춤형 화장품이 세계 최초로 개발될 예정입니다. 정부 관련 부처와 업계에서는 기능성 화장품 개발을 적극 추진하고 있습니다. 미백과 주름 개선, 자외선 차단 제품 외에도 탈모 증상 완화와 여드름성 피부 완화 등에도 효과가 큰 제품 연구에 주력하고 있습니다.

 결국 화장품 산업이 한국의 미래수출산업으로 자리 잡느냐, 아니냐는 기술 개발과 규제 완화에 달린 것 같은데요, 문제는 화장품 업계에서 대종을 차지하고 있는 중소기업에 대한 지원책입니다. 화장품 중소기업은 전체 기업의 88%를 차지하고 있는데요. 대기업들은 자체적으로 연구 개발비에 많은 예산을 투자하고 있지만, 한국 화장품 산업의 중심축인 중소기업들은 자금난과 연구 개발에 어려움을 겪고 있는 것이 사실입니다.

    정부는 '세계 3대 화장품 수출 국가 도약'이라는 목표를 세웠는데요. 그러나 세계적인 화장품 산업 국가로 나아가기 위해서는 그 토대인 중소기업의 활성화와 육성에도 최선을 다해야 될 것입니다.

(2019.12.09.)

민족의 신화를 간직하고 있는 반달곰

 매우 반가운 소식입니다. 멸종위기종 반달곰이 덕유산 일대인 삼봉산에서도 살고 있는 것으로 확인됐습니다. 반달가슴곰이 지리산 권역을 벗어나 백두대간을 따라 확산, 복원 되는 것 아니냐는 기대감도 갖게 하는 일입니다.
 반달가슴곰은 절멸 위기 등급으로 천연기념물 제329호로 보호 받고 있습니다. 정부에서는 반달곰의 생존 서식을 돕기 위해 지속적으로 방사 활동을 해왔습니다. 2001년 9월에 처음으로 네 마리를 방사했으며, 2004년부터 네 차례에 걸쳐 북한과 러시아에서 새끼 반달곰 27마리를 들여와 지리산에 풀었습니다. 덕유산 일대에서 발견된 반달곰은 지속적인 방사와 보호 활동의 성과로 보입니다.
 사실, 그동안 반달곰은 한국에서 심한 수난을 당해왔습니다. 밀렵꾼들의 불법 사냥 때문이었습니다. 웅담을 노린 사냥꾼들은 반달곰들을 집요하게 추적하여 포획했던 것입니다. 특히 지리산 일대에서 반달곰 사냥이 기승을 부렸는데요, 1960년대에는 한 해에 40마리의 반달곰이 잡히기도 했습니다.
 1972년부터 곰 사냥이 금지되고 1982년에는 천연 기념물로 지정됐지만, 밀렵꾼들의 웅담 사냥은 집요하게 이뤄졌습니다. 그런데 반달가슴곰의 멸종이 임박했다는 소식이 전해지자, 1996년 김영삼 대통령이 직접 '반달가슴곰을 보호하라'는 지시를 내리기도 했습니다.
 반달곰은 우리나라 단군 신화의 주인공이기도 합니다. 환웅이 준 쑥과 마늘을 먹고 100일 동안 동굴에서 견딘 반달곰은 웅녀가 돼서 단군을 낳았다고 하죠.

반달곰은 또한 아름다운 전설도 갖고 있습니다. 어미 곰이 다친 아기 곰을 구하려다 아기 곰을 너무나 사랑하여, 아기 곰을 떠나고 싶지 않아 반달이 돼 아기 곰의 가슴에 자리 잡았고, 그래서 반달가슴곰으로 불려지게 됐다고 합니다.

반달가슴곰은 지리산의 깃대종입니다. 생태계의 활성화를 위한 핵심 동물이라는 뜻인데요, 현재 지리산에는 약 47마리의 반달곰이 서식하고 있는 것으로 파악되고 있습니다.

정부는 약 100마리 이상의 반달곰 복원을 목표로 하고 있는데요, 그 목표가 빠른 시일 내에 이뤄지길 바랍니다.

(2019.12.05.)

미국 측의 과도한 요구,
한미 방위비 협상

　최근 한미 간 뜨거운 감자로 떠오르고 있는 한미 방위비 4차 협상이 오늘부터 미국 워싱턴에서 열리고 있습니다. 현재 방위비 1조 389억 원의 5배가 넘는 50억 달러에 육박하는 증액을 요구하고 있는 방위비 협상이 열리고 있습니다.
　미국 측은 주한미군 인건비와 미국의 한반도 순환 배치 비용, 역외 훈련비용까지 요구하고 있는데요, 반면에 한국 측은 SMA 한미 방위비 특별 협정 범위 내에서 이뤄져야 한다는 입장입니다. 군사 건설비와 군수 지원비 틀 내에서 협상을 해야 한다는 것입니다. 지난달 18일 서울에서 개최된 3차 회의에서는 미국 측이 협상 80여 분만에 자리를 박차고 나가 결렬된 바가 있습니다.
　한미 양국은 1991년부터 주한미군 주둔 비용에 대한 방위비용을 위해 특별 협정을 체결했습니다. 이때부터 2019년까지 10차례에 걸쳐 협상을 맺어 왔는데요, 매번 적게는 2.5%, 크게는 25.7%까지 증액을 합의해왔습니다.
　지난 2019년에도 8.2%나 증액했죠. 그런데, 한미 방위비 특별 협정은 SOFA 한미 주둔군 지위 협정에 근거해서 매번 협상이 맺어지고 있는데요, 한마디로 미군이 한국에 주둔하는 비용 중 일부를 한국 측이 얼마나 부담할 것인가를 결정하는 것입니다.
　그러나 이번에는 미국 측이 자신들의 대 중국 견제 정책인 인도-태평양 전략에 드는 비용까지 한국 측에서 감당할 것을 요구했습니다. 미군의 전략 자산이 한반도에서 전개하는 새로운 비용까지 부담할 것을 요구 하고 있는 것이죠.

그동안 한국 측은 미군 주둔비 정비 비용과 미군 훈련 중에 발생한 민간인 피해 비용, 평택기지 이전 일시 비용까지 지원해 왔는데요, 미군은 현재 약 2조 원의 돈이 남아돈다고 합니다. 더욱이 최근 남은 돈으로 주일 미군 주둔 비용까지 지원했다는 사실도 밝혀졌습니다.

미국의 현지 언론과 의회에서도 이번 미국 측의 한국에 대한 요구는 과도하다는 의견이 나오고 있습니다. 트럼프 행정부의 과도한 방위비 요구와 동맹국 내의 미군 감축 목소리는 궁극적으로 미국에 더 많은 비용을 지불하게 할 것이고, 역으로 동북아시아에서의 중국 측의 세력 확대만 꾀할 수 있다는 것이죠.

주한미군 주둔과 한미동맹 협정은 한국 측만의 이익을 위해서 존재하는 것은 아니죠, 한미 양국의 이해관계가 일치하기 때문인데요, 하여튼 이번 트럼프 행정부의 과도한 요구 때문에 한미 방위비 분담 협정은 올해를 넘길 것으로 보입니다.

(2019.12.04.)

한국의 부패수준은 어느 정도

한국의 부패 정도는 어느 수준일까요. 2019년 평가에서 한국은 117개 국가 중 19위, 아시아 국가 중에서는 1위를 차지했습니다. 이 수치는 유럽 반 부패국가 역량연구센터에서 발표한 자료인데요, 이외에도 미국 트레이스의 뇌물 위험 평가에서도 한국은 200개국 중 23위를 기록했습니다.

2017년에는 33위, 2018년에는 25위였습니다. 뇌물 위험 매트리스 평가는 기업인이 사업을 할 때 관료들로부터 뇌물을 요구받을 가능성을 수치로 나타낸 것입니다.

한국은 2001년 국가의 총체적인 부패 문제를 종합적이고, 체계적으로 담당하기 위하여 부패 방지 전담 기구인 부패방지위원회를 설치한 바가 있습니다. 2005년에는 국가청렴위원회로 개칭됐고, 2008년에는 국민권익위원회로 확대돼 부패 방지를 위해 노력해 왔습니다.

특히 2016년에는 공직자들의 부정 청탁과 금품 수수 등을 엄격히 제한하고 방지하기 위해, 일명 김영란법을 제정해서 실시하고 있습니다. 김영란법은 금품과 향응을 받은 공직자뿐만 아니라, 부정 청탁을 한 사람들에게 과태료가 부과되는 제도입니다. 또한 대상도 국가공무원 뿐만 아니라, 선출직 국회의원, 언론인, 사립학교 교직원들에게도 확대 적용됐습니다.

권력 유착과 부정부패는 일반 국민들과는 사실 커다란 관계가 없습니다. 기득권자들과 관련이 깊은 고질적인 현상이죠. 특히 권위주의 정권 시절, 고도성장

과정에서 재벌과 정치권력과의 유착은 뿌리 깊은 적폐 중의 하나였죠.

2016년 촛불 국민혁명은 부정부패와 권력형 비리, 권력형 특혜는 반드시 처벌받게 된다는 중요한 선례를 남겼습니다. 한국은 올해 3월, 1인당 국민소득 3만 천 349달러를 기록하면서 1인당 국민소득 3만 달러, 인구 5천만 명을 넘어서는 소위 30-50 클럽에 가입했습니다. 세계에서 7번째로 가입한 국가입니다. 국력이 그만큼 신장했다고 볼 수 있는 지표입니다.

이제 국민소득 5만 달러 시대로 나아가기 위해서는 공정과 정의가 무엇보다 중요합니다. 공정한 경쟁과 신뢰를 보장받는 사회에서 높은 국가 생산력이 나타날 수밖에 없기 때문입니다. 이번 양호한 평가를 바탕으로 대한민국이 더욱더 선진적인 국가로 도약하기를 바랍니다.

(2019. 12. 03.)

대학입시, 공정성 강화로 나아가야

오늘 대입 공정성 강화 방안이 발표됐습니다. 핵심은 대입 전형 방안이 좀 더 단순화, 객관화 된다는 것입니다.

서울 소재 주요 대학의 정시 비중이 40% 이상으로 늘어나고, 수시 논술 전형과 특기자 전형은 폐지를 추진하게 됩니다. 이제 대입 전형은 학생부 위주 전형인 수시와 수능 위주 전형인 정시로 단순화 될 것으로 보입니다. 부정의 요소가 개입될 만한 전형은 축소하고, 폐지하겠다는 것입니다.

특히 논술 전형과 특기자 전형 폐지 추진은 대입 전형을 좀 더 투명하고 객관성을 담보하도록 하겠다는 것인데요, 특기자 전형은 외국어고와 특목고 등에 유리할 수 있고, 논술전형 역시 사교육 개입 가능성이 크다고 교육부는 판단한 것 같습니다. 이외에도 비교과 활동을 입시에 반영하지 않고, 블라인드 평가도 내년부터 대입 전형 전 과정으로 확대 할 방침입니다.

대한민국이 36년간의 식민지 지배와 전쟁의 상흔을 딛고 선진국 대열에 합류할 수 있었던 이유는 교육의 힘입니다. 자녀 교육에 대한 열정, 능력 있는 엘리트들의 산업 분야 진출 등이 고도 경제 성장의 견인차였습니다. 인적 자원의 육성이 바로 오늘의 대한민국이 있게 한 힘이었다는 것입니다. 그것은 바로 경쟁력으로 조성됐습니다. 공정한 경쟁이 우수한 인력 양성으로 이어졌다는 것입니다.

대학 입시 제도는 바로 공정한 경쟁을 가늠하는 잣대이며, 내일의 대한민국을 만들어 내는 중요한 역할을 합니다. 아무쪼록 입시 전형의 원칙은 개인적이고, 주관적인 요인이 개입할 수 있는 여지를 가능한 줄이고, 너무 고집스럽다 할 정도의 객관성과 투명성에 입각해 세워져야 할 것입니다.

(2019.11.29.)

한강-메콩강 선언이 의미하는 것은

　식민지와 전쟁의 폐허를 딛고 산업화에 성공한 대한민국. 또 향후 세계무대의 무한 잠재력을 갖고 있는 메콩강 유역 5개국과의 한강-메콩강 선언이 채택되었습니다.
　한국을 비롯한 5개국은 한강-메콩강 선언에서 한국이 경험한 고속 성장의 모델을 통해 메콩 지역의 경제 발전과 번영을 위해 함께 노력한다고 밝혔습니다.
　동남 아세안 국가 중 메콩강을 끼고 있는 나라는 총 5개입니다. 미얀마, 라오스, 타이, 캄보디아, 베트남입니다. 메콩강은 모든 강의 어머니라는 뜻을 갖고 있는데요, 길이는 4천여 킬로미터고 유역 면적은 80만 평방제곱 킬로미텁니다. 인도차이나 반도를 관통하는 성장 잠재력의 상징이라고 할 수 있습니다.
　그러나 이곳은 불행하게도 영국과 프랑스 등의 식민 지배를 받았고 제2차 세계대전 때는 일본의 위협에 굴복했습니다. 이후 냉전 시기에는 미국과의 전쟁을 겪었고, 내전까지 치룬 과거가 있습니다. 동남아시아의 아픔의 땅이라는 역사를 갖고 있는 곳이죠.
　캄보디아 내전이 종식된 1990년대 들어서야 안정을 조금씩 찾게 됐고, 개혁 개방 정책도 시작됐습니다. 메콩강 연안 5개국은 개발도상국이라고 할 수 있습니다. 특히 미얀마와 캄보디아, 라오스는 아직도 GDP가 매우 낮은 수준입니다. 따라서 이들 5개국이 신흥 개발국으로 성장하기 위해서는 앞으로 어떻게 투자를 받아서 개발, 발전 하느냐가 관건입니다.

그러나 메콩강 5개국은 젊은 노동 인구의 비중이 높습니다. 베트남의 평균 연령은 30세, 라오스는 19세, 미얀마는 27세입니다. 노동력의 질이 상당히 우수하다는 것이죠. 또한, 수력 발전과 목재, 광물 자원도 풍부합니다. 따라서 최근 아세안의 고속 성장을 주도하고 있다는 평가를 받고 있습니다.

결국 대한민국의 발달된 기술과 인력, 그리고 투자 자원이 메콩강 개발과 결합된다면, 이들 5개국의 경제 성장을 견인할 수 있으며, 한국 역시 글로벌 경제의 활로를 찾을 수 있다는 전망입니다. 또한, 이들과의 협력 관계를 지속해 나간다면, 대한민국의 외교력이 신장되어, 국제적 위상도 높아질 수 있다는 기대도 가질 수 있습니다.

(2019. 11. 28.)

제2의 투자, 교역대상인 아세안

부산에서 열린 한-아세안 특별정상회의가 공동비전 성명을 발표했습니다. 30년 전 1989년 한국과 아세안이 대화 관계를 수립한 이후 한국과 아세안의 교역은 20배, 투자는 70배, 인적교류는 40배 이상 크게 늘었습니다. 사실상 한국과 아세안은 이제 없어서는 안 될 존재로 부각됐죠. 하지만 그동안 아세안 국가들은 한국에는 북핵 외교만 있는 것은 아닌가, 의구심을 표명해 왔습니다. 한국은 아세안 국가들과 그 교류의 중요성만 강조했지, 실질적이고 제도적인 진전은 크게 없었다는 지적도 있었습니다.

그러나 이번 한-아세안 특별 정상회의를 계기로 한국이 아세안 국가들을 전략적 경제 동반자 관계로 위치시키고, 교역과 투자를 활성화 시키려는 의도가 확인되고 있습니다. 그것이 신남방정책으로 가시화 되고 있는 것이죠.

한국의 무역 현주소는 미중 간의 무역 전쟁 틈바구니에서 어려움을 겪고 있습니다. 따라서 한반도 주변 강대국인 미, 일, 중, 러에만 의존적인 관계를 빨리 탈피해서 다변화된 다자 외교 및 교역 관계를 수립해야 한다는 여론이 높았습니다. 20억 인구의 새로운 성장 엔진으로 부상하고 있는 아세안 국가와의 지역적 네트워크를 구축해야 한다는 주장이 지속적으로 제기돼 왔습니다.

특히 아세안은 우리나라의 제2의 교역 대상이고, 제2의 투자 대상 지역이며, 한국 사람들이 가장 많이 방문하는 지역입니다. 문제는 아세안 국가들과의 관계가 일회성으로 그치는 것이 아니라 지속적인 제도와 틀이 필요하다는 것이죠.

특히 미국은 이미 인도와 동남아시아 국가들을 상대로 '인도태평양 전략'을 수립해 추진 중이고 중국 역시 일대일로 정책을 강하게 추진하고 있기 때문에 한국의 입지는 불안정한 것이 사실입니다. 자칫 샌드위치 신세가 될 수 있는 것이죠.

결국 우리의 키워드는 아세안 국가들과의 협력일 것입니다. 그 협력이 정부 차원의 레토릭에서 그치는 것이 아니라 민간차원으로 확대돼 국내적, 국제적 지지 기반을 확충해야 됩니다. 아무쪼록 이번 한·아세안 특별 정상회의를 계기로 한국 경제의 중장기적인 활로가 만들어지길 바랍니다.

(2019.11.27.)

국민 공감 얻지 못했던 철도파업,
결국 철회

　무기한 파업을 공언했던 철도 노조의 파업이 결국 5일간의 파업 끝에 철회되고 KTX, 광역철도 등이 정상화됐습니다. 매우 다행입니다.
　국민들은 철도가 장기간 파행되는 것이 아닌지, 걱정 했었는데요. 사실 이번 철도 파업으로 많은 국민들이 불편을 겪었고, 특히 대입 수시와 논술 고사를 봤던 수험생들도 조마조마한 시간을 보냈습니다. 더욱이 수출 물량에도 영향을 미쳤습니다. 철도 파업에 대한 여론이 무척 좋지 않았던 것이 사실입니다.
　철도노조는 임금인상 4%, 4조 2교대 조 근무를 위한 4천 6백여명의 인력 증원, KTX, SRT 통합 등을 내걸고 무기한 파업에 들어갔습니다. 결국 임금 1.8% 인상안에 합의했구요, 인력 충원 문제는 국토부와 철도 노사가 협의하는 것으로, 그리고 KTX, SRT 통합문제는 국토부가 용역을 진행하기로 했습니다.
　무기한 파업이 5일 만에 극적으로 철회된 이유는, 국토부와 철도 노사가 지혜를 발휘한 것으로 볼 수 있는데요, 여론의 따가운 시선도 한 몫 했던 것으로 보입니다. 국민들의 실생활과 직접적으로 연관된 철도가 정지하자, 국민들은 노조의 파업 이유에 대해서 알아봤고, 노사간 쟁점에 대해 주의 깊게 살펴봤지만, 노조의 파업 강행에 대해서는 크게 공감하지 않았던 것으로 보입니다. 그래서 노조의 파업 동력도 상당 부분 약화됐을 것입니다.

특히, 국민의 세금과 지불 비용으로 운영되는 철도가 국민을 불편하게 할 때는 수긍할 수 있는 이유가 있어야 하는데요, 철도노조는 이 점에 대해 사실상 설득력이 약하지 않았나 여겨집니다. 파업이라는 강경한 수단을 사용할 때는 더욱더 신중했어야 한다는 자성론도 대두될 수밖에 없습니다. 그 이유는 철도는 일반 사기업이 아니라, 국가 기간산업으로 위치해 있기 때문입니다.

하여튼 철도 노사가 5일 만에 극적으로 타결 본 것은 매우 다행스럽다고 할 수 있습니다. 향후 국토부, 철도 노사가 함께 이번 파업 과정에서 불거진 쟁점과 갈등을 원만하게 해결할 수 있는 방책을 찾길 바랍니다.

(2019. 11. 26.)

김영삼!
닭모가지를 비틀어도 새벽은 온다

    오늘은 김영삼 전 대통령이 88세를 일기로 서거한 날입니다. 1927년생인 김영삼 전 대통령은 1954년 26세의 최연소 나이로 국회의원이 됐습니다. 김영삼 전 대통령은 박정희 군사 정권, 유신 독재와 맞서 싸운 야당 정치인이자 반독재 투사였습니다.

    김 전 대통령은 1979년 8월 신민당사에 찾아온 YH여성 노동자들의 인권을 위해서 함께 싸웠으며, 당시 뉴욕 타임즈와의 인터뷰에서는 '미국은 박정희 지지를 철회하고 한국 정부를 압박해서 민주화 시켜야한다'고 했습니다.

    결국 김 전대통령은 박정희 정권이 장악하고 있었던 국회에서 제명당했습니다. 타고난 승부사였던 김영삼 전 대통령은 1983년 5월 18일부터 23일간의 단식 투쟁을 통해 야권 세력을 모아내, 민주화운동 세력의 중심에 서기도 했습니다. 김영삼 전 대통령은 "닭 모가지를 비틀어도 새벽은 온다"라는 유명한 어록을 남겼습니다. '호랑이를 잡으려면 호랑이 굴에 들어가야 한다면서' 구여권 민자당 3당 합당에 합류했던 김 전 대통령은 결국 1993년 제 14대 대통령이 됩니다.

    김 전 대통령 업적 중에서 가장 소중한 것은 군부 권위주의 세력의 해체 작업에 성공했던 대통령이라는 점입니다.

    하나회 해체와 함께, 12·12 군사 반란과 5·18 광주 학살의 주역이었던 전두환,

노태우 신군부 세력을 법정에 세워 다시는 우리 사회에서 정치군인이 발 디딜 수 없도록 했습니다.

'성공한 쿠데타도 처벌할 수 있다'라는 사례를 남김으로 군부 정치에 대한 역사적 명분과 정치적 논리를 완전히 부정시키고 한국 민주주의를 공공히 하는 역사를 만들었던 것입니다.

이외에도 전격적으로 실시했던 금융 실명제와 조선 총독부 청사 철거, 통합선거법 및 정치 자금법 제정, 부정부패의 척결과 공직자 재산등록 실시 등은 과거 권위주의 정권이 남겼던 악폐들을 정리하는 새로운 역사였습니다.

문민정부의 기틀을 만들었던 김영삼 전 대통령. 오늘 4주기를 맞아 그를 기리는 기념식이 국립서울현충원에서 거행됐습니다.

(2019. 11. 25.)

지소미아는 과연 누구에게
득이 되는 일인가요

　청와대가 국가안전보장회의 상임위원회 회의를 열어 지소미아 종료 여부와 관련해 주요 관계국과의 긴밀한 협의를 지속해 나가기로 했다고 밝혔습니다. 한편 강경화 외교부 장관은 일본의 태도 변화가 없으면 지소미아는 종료된다고 말했습니다.

　23일 0시를 기해 지소미아 효력이 상실될 수 있기 때문에 오늘 NSC 회의는 상당한 주목을 받았는데요, 그동안 한국 측은 일본의 수출 규제 조치가 풀리지 않는 한 지소미아 종료는 불가피 하다고 밝혀왔습니다.

　안보상 믿을 수 없다면서 3개 품목에 대해 규제 조치를 내린 일본에게 안보상 주요한 군사 정보를 제공한다는 것은 너무나 앞뒤가 맞지 않는다는 것이죠. 더욱이 사실상의 경제 전쟁을 걸어 온 아베 정권과 군사 정보를 교류 한다는 것도 국민이 전혀 납득하지 못할 것입니다.

　지소미아 협정이 종료 된다고 해도, 동북아시아의 평화를 저해하는 일이 발생하거나, 안보상 문제가 생기면 사안과 시의에 따라서 일본과 공조하면 됩니다. 또한 한미 군사 동맹이 유지되는 한 한반도의 안보는 별 문제가 없으며, 필요하면 일본은 미국을 통해 정보를 받으면 됩니다.

　굳이 일본과 지소미아 협정을 맺어야 할 이유를 한국은 발견하기 어렵다는 것입니다. 또한 협정이 발효됐던 지난 2년 동안 일본으로부터 우리가 받은 정보는 소수에 그쳤고, 그 정보의 수준도 크게 높지 않았습니다.

지소미아 협정은 그동안 매우 예민한 사안으로 여겨져 왔습니다. 그 이유는 과거 일제가 한국을 군사적으로 침략, 물리력으로 병탄했고, 지금도 아베 정권은 평화 헌법을 개정해 전쟁 가능한 국가로 나아가려는 움직임을 끊임없이 보이고 있기 때문입니다.

지소미아 체결이 진행되면 일본은 한일 간 군수 지원 협정을 맺으려 할 테고, 그 다음 단계는 한반도에 유사시 사건이 터지면 일본군을 파견하는 것입니다. 19세기 구한말 상황과 매우 유사한 일이 발생하게 되는 것이죠.

국익에 별 도움도 되지 않고, 오히려 체결하면 일본의 군사적 이익만 증대시키는 협정을 종료 시키는 것은 지극히 상식적인 일이 아닐까 여겨집니다.

(2019. 11. 22.)

미국, 대 한반도 정책의 오류

미국의 '대한반도 정책'은 1905년 미국과 일본의 태프트-카츠라 밀약부터 살펴봐야 할 것 같은데요, 일본이 조선을 식민지화하는 대가로 미국은 필리핀을 예속화 시키는 태프트-카츠라 밀약을 맺습니다. 이는 사실상 1882년 조미수호조약 위반이었습니다.

그러나 밀약의 결과, 일본은 승승장구하여 동아시아 제국주의 침략국가로 우뚝 서게 됩니다. 성장한 일본 제국주의의 화살은 미국으로 향하게 됩니다. 일제는 1941년 태평양 전쟁을 일으켜 미국을 침략합니다. 테프트-카츠라 밀약이 미국의 침략으로 결과한 것이죠.

1950년 1월 미 국무장관의 '에치슨 선언' 역시 마찬가지입니다. 일본을 극동아시아 방어 라인으로 설정하고 한국을 배제시킨 에치슨 라인은 북한 공산주의자들의 오판을 불러일으켜 6·25 전쟁이 발생하게 됩니다.

6·25 전쟁에서 미군은 약 5만 4천여 명이 희생됩니다. 전쟁 후 '에치슨 라인'은 폐기되고 1953년 한미 상호방위 조약이 맺어지게 됩니다.

그 이후 한미 동맹은 동북아시아의 평화와 한국의 경제 성장 및 지역 안정에 커다란 공헌을 해왔습니다. 물론, 북한 공산주의자들의 도발을 방지하는데도 주요한 역할을 해왔습니다. 최근 중국의 군사력과 경제력이 미국을 위협하는 수준으로 성장하자, 미국은 다시 일본을 중심에 두고 한국을 하위에 위치시키려는 정책을 추진하려고 합니다. 지소미아 체결 및 연장 압력이 그것인데요.

일본 아베 정권은 미국의 지원에 힘입어 평화 헌법을 개정해 전쟁 가능한 국가가 되려하고 있습니다. 일본 극우세력은 과거의 영예를 되찾으려 아베정권을 확실히 받치고 있다는 사실, 미국 당국자들이 확실히 알아야 할 텐데요. 미국의 동북아시아 균형 잡힌 정책이 다시 절실해지는 이유입니다.

(2019.11.18.)

위안부 피해자 소송 3년 만에 첫 재판

　위안부 피해 할머니들이 일본 정부를 상대로 낸 손해배상 청구소송 변론 기일이 3년 만에 열렸습니다. 재판에 참석한 이용수 할머니는 무릎을 꿇고 재판부에게 현명한 판단을 내려달라고 눈물로 호소하기까지 했습니다.
　이용수 할머니는 14살에 강제로 끌려가 온갖 고문을 당했다면서, 아무 죄가 없는 피해자들을 살려달라고 눈물로 호소했는데요. 당시 법정은 매우 숙연한 분위기가 연출되었다고 합니다.
　일본 정부는 재판에 응하지 않고 있습니다. 일본정부는 국제법상 주권 면제 원칙에 따라 소송이 각하돼야 한다고 주장하고 있습니다.
　주권면제란 어떤 주권국가가 다른 주권국가에게 자국 국내의 법을 적용해서 민·형사상 책임을 물을 수 없다는 것으로, 일본은 위안부 피해 사실에 대해 한국 정부가 일본 정부에게 물을 수 없다는 주장을 하고 있는 것입니다.
　2004년 이탈리아 대법원은 2차 세계대전 당시 독일에 끌려가 강제로 노역한 이탈리아 국민이 독일을 상대로 낸 소송에서, 독일이 배상하라고 판결한 사례가 있습니다. 즉 반인도적인 범죄행위에 대해서는 '주권 면제'가 적용될 수 없다는 판결사례인데요.
　독일 나치에 빼앗겼던 바우어의 초상화도 '주권 면제 예외'가 적용돼 국제 사법재판소에서 2006년 원래 주인에게 돌아간 사례입니다.
　위안부 할머니들의 손해배상 청구소송 재판 하루 전인 12일, 국제 인권단체인 엠네스티는 이 사항은 주권국가면제, 청구권 협정 시효 등으로 제한될 수 없다며, 일본 정부에 대한 손해배상 청구권은 인정돼야 한다는 의견서를 제출한 바 있는데요.

  일본 정부는 자신들이 저질렀던 국제적인 범죄에 대해 책임지려고 하지 않는 무책임한 태도로 일관하고 있습니다.

(2019.11.15.)

국민 50%가 노후 준비 걱정

본격적인 고령화 시대를 맞아 정부가 인구 구조 변화에 따른 고령화 대책을 내놓았습니다. 노후에 안정적인 생활을 보장하기 위한 연금정책이라고 할 수 있는데요, 주택연금 가입 연령을 현재 60세에서 55세로 하향 조정하고 퇴직, 개인연금 세액 공제 한도는 200만 원 이상 상향 조정한다고 밝혔습니다.

실제 국민 약 50% 이상이 노후 준비를 제대로 갖추지 못하고 있는 실정입니다. 국민연금이 제도화 되어 있기는 합니다만, 한국의 연금소득 대체율은 39.3%에 불과합니다. OECD 권고 수준에 크게 미치지 못하는 수준입니다.

정부의 의도는 국민의 보유 자산 중 70% 이상이 부동산에 집중되어 있는 만큼 주택연금 활성화를 통해 노후의 안정적 생활에 도움을 주겠다는 정책 의도입니다.

정부는 고령화 시대를 맞아 주택정책도 보다 적극적으로 추진할 생각인데요, 고령자 복지 주택도 내년에 20곳으로 늘리고, 고령자 일자리 연계형 주택 공급 방안도 마련할 방침이라고 밝혔습니다.

고령자 주거 복지 정책은 주로 자력으로 주거 안정을 확보하기 어려운 저소득 노인 가구가 그 정책의 대상이 되는데요. 고령자들에게 주거의 안정은 활기찬 노후 생활을 위한 것뿐만 아니라, 고령 사회에서의 사회적 안정을 위해서도 반드시 해결해야 할 국가적 과제입니다.

그러나 신규 주택만을 공급하는 정책으로는 한계가 있을 수밖에 없습니다.

따라서 매입 임대주택, 또는 전세 임대주택의 공급을 확대함으로써 다양하고 현실적인 방법으로 노인들의 공공 임대주택 접근성을 확대해야 한다는 것입니다.

우리나라는 2000년에 고령화 사회로 진입했으며, 고령 사회 기준인 65세 이상 인구 14%도 이미 2017년에 넘어섰습니다. 이제 20%인 초고령사회를 눈앞에 두고 있습니다. 보다 중장기적이고 총체적인 계획 입안이 필요한 이유입니다.

(2019.11.14.)

남북공동조사와 개성 만월대

남북이 12년 동안 우여곡절을 겪으면서 개성 만월대에서 발굴 조사를 해서 나온 유물 40여점 등이 처음으로 8일부터 덕수궁에서 공개 전시됩니다.

개성만월대 남북 공동 발굴 조사는 만월대 터를 남북이 함께 8차례에 걸쳐 진행했습니다.

지난 2007년부터 2018년까지 있었던 조사에서 40여동의 건물터와 금속활자, 청자, 도자기 등 약 1만 7천여 점의 유물을 발굴하는 성과가 있었습니다.

북한 개성 송악산 밑자락에 위치한 고려시대 왕궁 터인 만월대. 고려의 황제가 400여 년 동안 정무를 펼치던 정궁으로, 2013년 유네스코 세계 문화유산으로 등재될 만큼 고고학적 가치가 큽니다.

남북 공동 발굴 조사사업은 어려운 남북관계 속에서도 꾸준히 지속되어온 남북 간의 협력적인 역사 문화 사업입니다.

2006년 남과 북의 역사학자들이 합의해서 시작된 만월대 발굴사업은 2011년 김정일 사망으로 한 때 중단되었지만, 2015년까지 총 7차례의 공동조사가 이뤄졌습니다.

또한 2018년 9월부터 3개월간 다시 사업이 진행되기도 했습니다. 남북이 함께 역사유적 발굴사업을 한다는 것은 민족이라는 공통성과 정체성을 다시 확인하고 찾는다는 매우 중요한 의미를 갖습니다.

특히 북한 땅에는 고조선, 고구려, 고려 시대에 관한 유적이 묻혀있고, 남쪽에는 백제와 신라, 조선시대 유적이 있어 남과 북 역사학계의 연구에 상호 도움이 됩니다.

즉 남과 북이 끊어진 역사의 흔적과 줄기를 공동으로 이어 나간다는 민족적 의미가 있는 것이죠. 더욱이 2018년 6월에 남측이 제안한 비무장지대 궁예 도성에 대한 발굴 사업도 추진된다면 비무장지대의 평화적 분위기 조성에도 기여하게 됩니다.

궁예 도성 유적 발굴 사업은 전쟁의 상처로 남아있는 비무장 지대임에 따라 남북 어느 측도 손을 대지 못했습니다. 태봉국의 도성 터인 궁예 도성에는 수만 가지의 유적이 묻혀있을 것으로 역사학계에서는 보고 있습니다.

또한 작년 8월 15일 문 대통령이 제안한 안중근 의사의 묘역도 함께 발굴한다면 일제하 독립 운동의 정체성을 남과 북이 함께 공유한다는 또 다른 의미가 있습니다.

여순 감옥터 어딘가에 안치되어 있을 것이라는 안중근 의사의 유해. 정말 남북이 공동 발굴사업을 한다면, '해방이 되면 내 유해는 고국으로 보내달라'고 했던 안 의사의 유언을 남북 후손들이 지켜드리는 기념비적인 역사 성과물로 남을 것입니다.

(2019. 11. 11.)

일반고 역량 강화가 답입니다

　교육부는 우리 고등학생들 140만 명 중 100만 명이 재학하는 일반고의 교육 역량을 높이기 위한 강화 방안을 발표했습니다.
　학생 한명, 한명에게 집중하는 맞춤형 교육으로 전환시키고 창의적 인재를 양성하기 위하여 향후 5년 동안 약 2조 원의 예산을 투입하겠다고 밝혔습니다.
　진로 교육의 강화, 맞춤형 교육의 본격화, 교과 순회 교사제 도입, 직업 교육의 기회 확대, 학업 안정망 확충, 교원의 전문성 강화를 위한 종합적인 정책을 마련하겠다는 것입니다.
　사실, 그동안 우리의 중·고등 교육은 우수 대학에 진학하기 위한 대입전형 올인 교육 시스템이었음을 부정할 수 없습니다. 따라서 중·고등 교육 과정이 단편적이고 일률적으로 강제되어 왔습니다.
　개인의 창의력과 잠재능력을 발굴하는 교육 과정은 완전히 무시되어 왔으며, 꿈과 희망을 키워가며 즐겁고 행복한 학창시절을 보내야 하는 청소년들은 입시 지옥을 이겨내기 위해, 도식적인 경쟁력을 강화하기 위한 천편일률적 학교생활을 보내야했습니다.
　지금과 같은 단선적인 교육 과정을 청소년들에게 주입하는 시스템은, 제4차 산업혁명 과정에서 무한 경쟁력을 발휘해야 하는 국제적 환경과는 완전히 뒤떨어져 있는 것입니다.
　혁신적인 교과 과정 개편과 함께 교육 환경이 바뀌어야 하는 것이죠. 따라서 교육 과정에 대폭적인 예산 지원도 이뤄져야 합니다. 창의력을 육성시킬 수 있는 환경과 함께 지식 정보화 교육이 우선되어야 합니다.

  이번에 문제되고 있는 고교 서열화 문제, 일반고의 저락 현상 역시, 과감한 교육 재정 투자와 함께 미래 인재 발굴을 위한 시스템으로 일반고가 변화, 육성된다면 자연스럽게 교육의 불균형성과 불공정성도 해결될 것입니다.

(2019. 11. 08.)

개천에서 용이 나는 시대는
이제 어려운가요

교육부가 오늘 학생부 종합 전형 실태 조사 결과를 발표했습니다.

2007년 입학 사정관제가 도입돼 학생부 종합 전형으로 발전한 지 12년 만에 처음으로 실태 조사를 한 결과입니다.

대학 입시와 관련된 매우 예민한 사안이라서 교육부도 발표 내용에 대해 상당히 신중했을 것이라고 추측됩니다만, 한국에서의 입시 공정성은 사회의 공정성과 직결되기 때문에 그 문제점을 지적하고 새로운 대안 및 개선책을 찾아가는 것은 국민적, 국가적 사안일 것입니다.

교육부는 4년 간 주요 13개 대학의 202만여 건 전형 자료와 학생부 종합 전형 실태를 조사해서 그 결과에 대해 발표했는데요, 과학고와 외국어고 등 특목고의 학종 합격률이 일반고보다 훨씬 높은 것으로 나타났습니다.

일반고 학생은 학종에서 1.5등급 이내가 합격했으나, 자사고, 특목고는 그보다 낮은 2.5등급 안팎의 학생이 합격하는 경향이 있었습니다. 또한 지역별 편차도 크게 있었는데요, 서울 지역 고교가 학생 수에 비해 학종과 수능에서의 합격자 비율이 지방 고교에 비해 상대적으로 높은 것으로 드러났습니다.

서울은 학생 수에서 17.2%였지만, 학종에서는 27.4% 그리고 수능에서는 37.8%로 학생 수에 비교해 높은 합격률을 보인 것입니다. 자기소개서와 추천서에서도 기재가 금지되어 있는 부모의 사회 경제적 지위가 들어가는 위반 건수가 366건이나 발견되었습니다.

대학 입시에서 절대적으로 지켜져야 할 원칙은 공정성과 투명성입니다. 그러나 제도상의 문제점으로 인해 입시생들의 공정한 기회가 저해된다면 그 문제점은 개선되어야 합니다. 고교 교육 과정의 정상화도 우리가 간과해서는 안 될 사항이지만, 가능한 편법과 반칙, 부정이 들어갈 수 있는 여지를 최소화시키는 것 역시 너무나 중요합니다.

"개천에서 용이 나는 시대"가 과거의 속담일 수 있습니다만, 지역과 집안 환경 및 배경에 의해 젊은 청년들의 장래가 왜곡된다면 공정하고 정의로운 사회 가치는 반감될 수밖에 없습니다. 또한 국가 경쟁력에서도 우수한 인재의 등용 또한 저해될 수 있구요, 아무쪼록 이번 교육부 실태 조사를 근거로 보다 진일보한 대학 입시제도 개선이 이뤄지길 기대합니다.

(2019. 11. 08.)

아세안+3 정상회의,
역내 포괄자 동반협정 RCEP타결이 관건

아세안+3은 베트남, 필리핀, 인도네시아 등 동남아시아의 10개 국가와 한국, 일본, 중국 3개국이 포함된 협동 포럼을 말합니다. 한국과 일본, 중국이 +3 으로 함께 결합한 이유는 3개국이 동남아시아에서 차지하는 경제적 위상이 매우 크기 때문입니다. 한·중·일의 무역 규모는 아세안 총 무역의 31.6%인 8천 136억 달러이며, 3개국의 대 아세안 투자액은 299억 달러로서 투자 유입액의 21.8%입니다.

아세안+3 정상회담은 1997년 처음 시작되었습니다. 작년 11월에 열렸던 21차 정상회의에서는 아시아권 내의 무역 자유화 노력, 무역 투자 증진과 남북 정상회의 및 북미 정상회의 개최 지지와 함께 한반도의 완전한 비핵화에 대한 촉구도 논의한 바 있습니다.

올해는 역내 포괄적 경제 동반자 협정, RCEP 타결이 중요한 과제입니다. RCEP은 역내 자유 무역화를 위한 다자 간 자유 무역 협정이라고 할 수 있습니다. 동남아시아 국가들이 발전하기 위해서는 결국 한·중·일의 적극적인 투자 증대와 함께 자유로운 무역이 활성화 되어야 하기 때문에, 관세 장벽 철폐를 목표로 한 RCEP 타결이 중요합니다. 또한 함께 거론되고 있는 인도와 호주, 뉴질랜드까지 포함하면 RCEP 대상 국가의 전 세계 비중은 막대합니다. 전 세계 인구의 49%인 36억의 시장, GDP 규모는 25.4조 달러인 32%, 교역량은 9.6조의 29%에 달하기 때문입니다. 즉 세계 최대 규모의 경제권이라고 할 수 있습니다. 역내 포괄적 경제 동반자 협정은 다자 간의 무역과 자유 무역 질서의 가치를 존중하기 때문에 최근 미국을 중심으로 한- 보호 무역주의에 대해서도 강력한 문제 제기를 하고 있습니다. 더욱이 최근 국제 간의 자유 무역 질서를 파괴한 일본의 수출규제조치 역시 아세안+3 정상회의와 RCEP의 흐름에 반하는 행동인 것입니다. 그래서 아세안+3 회의에 참여한 문재인 대통령은 모두발언을 통해 "다시 보호무역주의 바람이 거세다"고 밝히면서 일본의 수출규제 조치를 간접적으로 비판했고, "자유무역 질서가 외풍에 흔들리지 않도록 지켜내야 한다"고 강조한 것입니다.

이번 회의에서는 참가한 13개국 간의 외교전이 치열할 것으로 보이는데요, 한국은 이번 아세안+3 정상회의 참석과 동아시아 정상회의, RCEP 정상회의 결과를 토대로 11월 부산에서 열리는 한-아세안 특별 정상회의의 성공적 개최를 이끌어 갈 계획입니다.

(2019. 11. 05.)

일제의 강제동원 문건 공개 파장,
조선총독부 차원

국가기록원은 1940년 3월, 조선 총독부가 만들어낸 '노무자원 조사에 관한 건'이라는 원본을 공개했습니다. 또 재일동포 연구자인 고 김광렬 선생이 2017년, 국가기록원에 기증한 조선인 강제동원 관련 문서와 사진, 도면 등도 공개했습니다.

시민들에게 일제 지배의 잔학성과 반인륜적 범죄 행위가 폭로되는 매우 중요한 자료입니다.

일제 총독부가 생산한 '노무자원 조사에 관한 건'에는 1940년 조선인 가운데 동원할 수 있는 20세에서 45세 남성은 92만 7천536명, 12세에서 19세 여성 인력은 23만 2천641명으로 모두 116만 177명이라고 나타나 있습니다.

국가기록원 측에서는 당시 중일 전쟁을 겪고 있었던 일제가 태평양 전쟁을 앞두고 대규모로 강제 동원할 필요가 있었고, 이에 따라 사전 준비 차원에서 이뤄진 것이라고 설명했습니다.

또한 고 김광렬 선생이 공개한 오노우라 탄광의 직원 명부는 1900년에서 1950년의 탄광 직원 명부인데, 천896명이 조선인 명부로 추정됩니다.

조선 총독부의 공식 자료에 조선인 동원 가능한 인원이 명시되어 있다는 것은 당시 강제징용 및 위안부 동원이 일제 국가적 차원에서 매우 치밀하게 준비되었다는 사실을 보여주는 것입니다.

즉 일본 측이 주장하고 있는 것처럼, 조선인들이 더 나은 직업과 돈벌이를 위해서 자의적으로 일제 기업에 응모했다는 것은 전혀 사실과 다름을 반증하는 것이죠.

위안부 피해자에 대한 모집 역시 두 말할 나위가 없습니다. 이 자료에 근거하면 조선의 어린 소녀들 역시 조선총독부 차원에서 위안부로 강제 연행한 것이나 다름없습니다.

아베 정권은 한국 대법원의 강제징용 판결에 반발해서 전격적인 수출 규제 조치를 내렸습니다. 일제시대에 조선총독부 차원에서 저지른 반인도적 만행에 대해서는 단 한마디의 사과도 없이, 일제 식민 지배의 부당성을 감추려 하고 있습니다.

(2019. 11. 04.)

자율주행차시대가 오고 있다

　자율주행자동차란, 주변 환경을 잘 인식하여 스스로 주행하는 자동차입니다. 또한 주행 시 안전성을 담보하고, 편하고 안락한 승차감을 증가시켜 주는 기능을 갖고 있습니다.
　자율주행자동차는 부착된 GPS 카메라와 레이저, 레이더 센서 등을 통해 다른 차량과 차선, 그리고 장애물들을 인식합니다. 이외에도 주행 시 주변 환경 등을 인식하여 목적지까지 안전하게 도착할 수 있도록 안내합니다.
　한마디로 지능화된 차량으로서 운전자의 주행 조작을 최소화시켜 스스로 안전 주행이 가능한 자동차입니다.
　자율주행자동차는 고안전, 고편의, 친환경, 친생태계라는 자동차 산업에서의 4가지 미래 키워드를 담고 있는 기술입니다. 따라서 국가 전략적 차원에서 육성이 필요한 것이죠.
　또한 자율주행 자동차는 국내의 IT와 반도체 등의 기술 활용이 가능하며, 상용화에 따른 기술의 조기 확보만 가능하다면 세계 시장을 선점할 수 있습니다. 또한 자율주행 완성차 업체와 중소부품업체, 전장 부품을 생산하는 중소기업이 성장한다면 한국의 중견기업이 글로벌화 될 수 있습니다.
　오늘 세종시에서 시민을 대상으로 '레벨 3' 자율주행버스 시승 행사가 진행됐습니다. 레벨 3란 특정 상황에서 자율적 제어권을 운전자에게 넘기는 주행 기술입니다. 레벨 4단계가 이뤄지면 특정 구간에서도 운전자 없이 안전하게 자율 기능이 작동하게 됩니다.

 이제 4년 뒤에는 정식으로 승객을 태우고 자율주행버스가 거리를 활보하게 된다고 하는데요. 신호를 감지해서 스스로 멈추고, 방향 전환도 정확하게, 정류장이 나타나면 멈춰 서서 승객을 태웁니다. 또 승객들은 스마트폰으로 승하차를 미리 예약할 수 있습니다.

 자율차와 함께 하는 미래의 청사진이 펼쳐지는 것입니다.

(2019.10.31.)

금강산 관광의 역사

한국의 민간인들이 금단의 땅이었던 금강산 관광을 시작했던 시기는 1998년 11월 18일 이었습니다.

금강산 관광은 김대중 정부의 대북포용정책과 현대그룹 정주영 회장의 각고의 노력 끝에 이뤄진 역사적인 사건이었습니다.

처음에는 금강산 지역 내에 숙박 시설이 없었기 때문에 유람선을 타고 가서 금강산 앞바다 장전항에 정박한 뒤, 육지로 이동하여 관광하고 밤에는 다시 유람선으로 돌아와 숙박하는 형태로 시작 되었습니다.

2003년 9월부터는 육로 관광이 시작되었구요, 2005년 6월에는 금강산 관광객 100만 명을 돌파하기도 했습니다.

당시 북한 측은 장전항에 배치되었던 최남단 북한 해군 기지를 북쪽으로 철수 시켰습니다.

그러나 2008년 금강산 관광이 중단되자 북한 측은 공기 부양정 등 중소형 함정 100여척을 재배치했습니다. 현대아산은 금강산 관광 지구에 약 1억 9천만 달러를 투자했습니다.

한국관광공사, 에머슨 퍼시픽 등 기업이 투자한 액수는 약 1억 2천 256억달러고요, 이외에도 한국 정부는 이산가족 면회소와 관광 도로, 소방서 등에 약 598억 6천만 원을 투자했습니다.

현대그룹은 금강산 지역을 50년간 임차하는 조건으로 2005년 2월까지 북한

측 9억 4천 200만 달러를 지불하기로 합의했는데요, 약 4억 5천 500달러를 지급하지 못했습니다.

금강산 관광객은 1998년 1만 554명으로 시작해 2008년 7월 박왕자씨 피격 사건으로 중단될 때까지 193만 4천 662명이 다녀갔습니다.

10년간 관리가 되지 않고 방치된 금강산 지구는 말 그대로 남루하기 짝이 없습니다. 금강산 관광이 만약 재개된다면 시설 보수 공사는 불가피 할 것이구요, 어느 정도의 시간이 걸릴 것으로 보입니다.

북측은 우리에게 금강산 관광 지구 철거 요청을 하였고, 우리 측의 실무 협상 제안에 대해서 문서 교환 방식으로 진행하자고 전했습니다.

금강산 관광이 재개되기 위해서는 남측 방문객의 신변 안전 보장 문제도 다시 확인되어야 할 것이구요, 무엇보다 교착 상태에 빠져 있는 북미 간의 실무 협상이 원활하게 재개되어야 할 텐데요.

남북 양측의 정치적 판단과 합의가 중요할 것으로 보입니다.

(2019. 10. 30.)

AI 인공지능이
결국 미래 산업을 결정한다

　　AI 인공지능은 인간의 지적 활동을 모방하기 위해 개발된 기술입니다. 최근에는 인간의 복잡한 지적 활동까지 모방되고 있습니다.

　　2016년 세계최고의 바둑기사 이세돌 9단을 꺾은 '알파고'는 인공지능의 시작이라고 할 수 있죠. AI 기법은 하루가 다르게 발전하고 있습니다.

　　기계학습 기술·빅데이터·유전자 알고리즘 등의 데이터를 기반으로 하여 미래까지 예측하는 다양한 기법까지 등장하고 있을 정도입니다.

　　4차 산업혁명의 핵심 기술인 빅데이터와 사물 인터넷 기술이 인공지능과 융합되면서 과거에는 상상할 수 없었던 시너지 효과를 내고 있습니다.

　　이제는 로봇·자율주행 자동차 등 첨단 산업뿐만 아니라 교육·의료·금융·법률 서비스 등 국민의 일상생활 영역까지 인공지능의 영향력이 확대되고 있습니다. e-비즈니스·세탁기·청소기·건물 자체에도 AI 기술이 적용된 지능형 상품 등이 소비시장에 보편화되고 있습니다. 그래서 기존 산업전략을 뛰어 넘는 국가 전략차원의 비전과 전략이 필요합니다.

　　산업 전 분야에 AI 기반 시스템이 절실합니다. 과거 국민의 정부 시절 우리는 정보통신기술 발전에 주력하여 20년간의 먹거리를 창출한 바가 있습니다. 이제는 인공지능 등 4차 산업혁명 산업을 국민적 산업으로 육성시켜 향후 30년 먹거리를 해결해야 될 것입니다. 특히 한국인들의 지능 지수는 세계 최고 수준임이 각종 조사에서 입증되고 있습니다.

  2002년과 2006년 리차드 린과 바하넨의 세계 각국의 아이큐 지수 조사에서 한국인의 아이큐 지수는 106으로, 세계 정상급입니다. 인공지능 등 4차 산업혁명을 이끌 선도 국가의 저력을 갖고 있는 것이죠. 즉, 강한 선진국으로 나아길 길이 바로 4차 산업혁명 육성임을 다시 한 번 확인할 수 있습니다.

(2019. 10. 29.)

1900년 대한제국 칙령 41호, 독도를 우리의 영토로 선포

오늘은 스무 번째 맞이하는 '독도의 날'입니다. 1900년 10월 25일, 대한제국이 칙령을 제정해서 독도가 우리 땅임을 선언했죠. 그리고 100년이 지난 2000년, 민간단체인 독도수호대가 이날을 '독도의 날'로 기념하기 시작했습니다.

그동안 민간단체에서는 애플과 구글에 항의문을 보내 다케시마 표기를 독도로 바로잡고, 유튜브와 인스타그램 등 SNS를 통해 외국인들에게 우리 땅 독도를 알려왔습니다.

대한제국은 1900년 10월 25일 칙령 41호로 독도를 우리 땅으로 선포했습니다. 중앙정부의 조치였으며, 이해 당사자인 일본 공사관에도 칙령을 전달했습니다. 반면에 일본은 중앙정부가 아니라 시마네현 고시 제40호로 알렸을 뿐입니다. 대한제국에게는 단 한 번도 알리지 않았습니다.

일본이 독도를 영토화 했다는 것, 국제 사회에 알렸다는 것은 모두 거짓말입니다. 또 대한제국 칙령 41호에 독도가 아니라, 석도로 표기된 것을 갖고 시비를 거는 세력이 있는데, 이는 역사에 대한 무지에서 나오는 이야기입니다.

독도는 울릉도 주민들에게 독섬이라고 불려 졌으며, 독은 '돌'의 경상도, 전라도 방언입니다. 돌섬을 한문으로 표기하면 석도가 됩니다.

즉 임금의 말을 한문으로 적는 우리 어법에 따라 대한제국 칙령에서 석도로 표기한 것입니다.

    일제병탄 이전의 일본 해군성에서 발행한 일본 수로지에서도 독도를 조선의 영토로 표기하고 있습니다.

    일제는 1905년 러일전쟁에서 승리한 뒤 독도를 자국 영토로 강제 편입시켰습니다. 제2차 세계 대전이 끝난 후인 1946년 1월 연합국 최고사령부는 지령 제677호를 발표해 울릉도와 독도, 제주도는 일본 영토에서 제외합니다.

    대한민국의 영토로 국제적으로 판정받은 것입니다. 그리고 지금까지 독도는 대한민국 소유의 국유지로서 천연기념물 제33호로 지정되어 있습니다.

    그러나 일본은 1952년부터 자국의 영토라고 억지를 부리고 있죠. 침략야욕 근성을 버리지 못하는 일본의 태도라고 개탄하지 않을 수 없습니다.

(2019.10.28.)

군산형 일자리 출범의 의미

군산형 일자리는 군산 지역의 중소, 중견기업들이 지방자치단체 와 지역노동단체 등과 힘을 합쳐서 일자리를 창출하고 상생모델을 만든다는 의미를 갖고 있습니다.

군산형 일자리는 현대자동차와 LG화학 등이 참여하는 광주형, 구미형 일자리와 달리 중소, 중견기업과 벤처기업이 주축을 이루고 있습니다. 그래서 지역경제의 실질적 활성화를 이룰 수 있다는 특성을 띠고 있습니다. '지방거점도시 살리기 프로젝트'라고 할 수 있습니다. 국내 최대의 전기차 생산 단지를 만든다는 계획입니다.

현대중공업 조선소와 한국GM이 떠난 군산지역경제는 한마디로 충격과 황폐였습니다. 5천명 이상의 인구가 줄었습니다. 그래서 언제든지 떠날 수 있는 대기업, 혹은 외국계 기업이 아니라 군산 지역의 중소기업을 중심으로 상생형 기업과 일자리를 만들자는 것이었습니다.

한국GM 공장 부지를 인수한 '명신'과 전기버스 생산업체인 '에디슨 모터스', 소형 전기차 제작사인 '대창 모터스' 등 10여 곳이 컨소시엄 형태로 참여합니다.

2022년까지 4천 122억을 투자해 전기차 17만 대를 생산하고, 일자리 천9백개를 창출한다는 계획입니다.

생산 차종은 초소형 전기차와 전기 버스, 의료용 스쿠터 등 매우 다양합니다. 자동차 업계의 고질적인 문제로 지적돼 온 노사 갈등 문제를 해결하기 위해 상생 협약안이 마련되었습니다.

　노사 협상은 공동 교섭 형태로 진행되며, 노사 갈등이 발생할 경우에는 5년간 상생 협의회의 조정안을 수용하도록 했습니다. 또한 기준 임금 가이드라인이 제시되어 기본급 비중을 높이고, 근로 시간 계좌제도 도입됩니다. 정부로부터 각종 세제 혜택과 재정 지원 및 근로자들을 위한 임대 주택 등이 제공됩니다.

　8백여 개의 자동차 협력 부품 업체와 10여 개의 연구 기관이 몰려 있는 군산 권역에서 노사 상생형 통합 일자리 모델을 갖춘 기업들이 가동된다면, 군산 지역 경제는 미래의 꿈을 가질 수 있을 것입니다.

　노사정 협력을 통한 성공적인 지역 모델을 창출하길 기대합니다.

(2019. 10. 25.)

홍범도·김좌진·지청천 장군을 생각합니다

오늘은 한국독립군이 크게 싸워 이긴 봉오동·청산리·대전자령 3대 대첩 99주년이 되는 날입니다. 봉오동 전투와 청산리 전투는 99년 전인 1920년에, 대전자령 전투는 1933년에 벌어졌습니다. 3대 대첩에는 우리에게 익숙한 항일 국민 영웅들의 이름이 나옵니다.

봉오동 전투에서는 홍범도와 최진동 그리고 일본군 1개 여단을 사살했던 청산리 전투에서는 김좌진 장군이 등장합니다. 대전자령 전투를 이끌었던 지청천 장군은 대한제국 육군무관학교 출신으로 1941년 창건된 광복군 총사령관입니다.

일제의 만주 침략이 본격화되었던 1930년대, 한국독립군 총사령관인 지청천 장군은 1931년 중국 호로군과 함께 한중 연합군을 편성합니다. 또 1932년 한중연합군은 쌍성보와 동경성 등에서 일본군과 치러진 전투에서 대승을 거뒀습니다. 1933년에는, 일본군을 대전자령 깊숙이 몰아넣고 몰살시키는 대승을 거두게 됩니다. 이 때 한중연합군은 일본군 대포와 박격포 및 소총 등 대규모의 전리품을 획득하기도 했습니다.

1920년대와 30년대는 일제가 한국을 병탄하고 무력으로 한국을 식민 지배하던 시기입니다. 국민군에서 독립군으로 재편된 항일무장부대는 결코 패퇴하지 않고 만주 및 간도 지역에서 전열을 가다듬었습니다.

이들은 끊임없이 국내 진공 작전을 펼쳤으며, 봉오동 전투는 독립군의 기습을 받고 출동한 일제 추격 부대를 봉오동 골짜기로 유인하여 전멸시킨 대첩입니다.

한국독립군은 매우 우수한 신체 조건과 전투 능력을 가졌으며, 일본군과 싸워도 결코 쉽게 물러서지 않고 조국의 광복을 위해 목숨을 바쳤던 위대한 군인들이었습니다.

"육탄이 아니면 독립을 이룰 수 없고, 적혈이 아니면 민족을 구할 수 없다"라고 외치며 싸웠던 이들의 항일 투혼은 대한민국 정신에도 지금까지 이어지고 있습니다.

(2019. 10. 22.)

한국, 유엔 인권이사회 이사국으로 선출

17일 유엔 총회 회의장에서 실시된 유엔 인권이사회 이사국 선거에서 우리나라가 이사국에 당선되었습니다. 임기는 2020년부터 2022년까지 3년입니다.

한국은 2006년 유엔 인권이사회 초대 이사국으로 진출한 이래, 이번 당선으로 5번째 이사국을 수임하게 되었습니다. 이사국은 총회의 과반수인 96개국 이상의 지지를 얻어야 선출될 수 있습니다.

유엔 인권이사회는 국제 사회의 인권과 기본적인 자유를 증진하고, 중대하고 조직적인 인권 침해에 대처하고 권고하는 역할을 맡고 있습니다.

이사국은 아시아와 아프리카, 동유럽, 남미 등 지역별로 총 47개 국가가 이사국을 맡고 있는데요, 아시아 그룹에서는 한국과 일본, 인도네시아, 마셜제도 등 4개국이 선출되었습니다. 유엔 인권이사국이 되려면 최고 수준의 인권 상황이 요구됩니다. 즉, 엄격한 심사와 평가를 받는다고 볼 수 있는데요, 한국이 5번째 인권 이사국으로 선출 되었다는 것은 국제적으로 한국은 인권이 상당히 보장되고 있음을 인정한 것으로 볼 수 있습니다.

2006년 6월 유엔 인권이사회 첫 회의가 열렸을 때, 코피아난 사무 총장은 "인권 분야에서의 유엔의 새로운 활동 시대가 열렸다"고 선언했습니다.

2008년 5월 유엔 인권이사회는 위안부 일본군 성노예 문제에 대한 완전한 해결책을 일본 정부에 요구한 바가 있으며, 2009년 3월에는 기후 변화와 인권에 관한 결의안을 채택한 바도 있습니다.

2010년 5월 한국을 방문한 프랑크 라뤼 보고관은 "한국이 2년 사이에 인권, 의사 표현의 자유가 위축되었다"고 발표하고 이사회에 보고하기도 했습니다. 이외에도 인권 이사회는 전 세계의 인권침해 사실을 고발하고 시정을 요구하기도 했는데요, 2014년에는 미국의 강력한 반대에도 불구하고 이스라엘의 가자 침공을 비난하는 결의안을 의결했습니다. 최근 2019년 7월에는 중국의 위구르족에 대한 부당한 간섭을 비판하는 논란을 벌인 바도 있습니다.

아시아를 대표하여 5번째 이사국이 된 대한민국, 그 영애만큼 국내의 인권 보호는 물론 국제적인 인권 침해 방지를 위해서도 노력해야 하는 책무가 다시 부과된 것입니다.

(2019. 10. 21.)

40년이나 지나서야 국가기념일로 지정된 부마민주항쟁

1979년 10월 16일에 발생했던 부마민주항쟁은 박정희 유신독재정권을 자체 붕괴시키는데 결정적인 역할을 한 민주항쟁이었습니다.

1979년 10월 박정희 군사정권 말기에 부산과 마산을 중심으로 발생한 군사정권과의 투쟁은 1980년 5·18 광주 민주화운동, 그리고 1987년 6월 항쟁으로 이어지는 한국 민주주의 역사에서 매우 중요한 분수령을 차지하고 있습니다.

부마민주항쟁은 40년이 지나서야 국가기념일로 지정되었습니다. 부마민주항쟁에 대한 진상 규명 및 명예 회복은 2014년이 되어서야 시작 되었습니다. 진상규명 및 명예회복 심의위원회가 설립된 것이죠. 하지만 본격적인 활동은 2017년이 지나서야 시작될 수 있었습니다.

부마민주항쟁은 박정희라는 인물과 관련이 있었기 때문에 진상규명위원회 활동에 관해 정치적 논란이 있었던 것이죠. 지금까지도 피해자 신고와 진상 규명이 이루어지고 있습니다.

당시 부산과 마산 지역에서 연행당한 사람은 기록상 총 천5백63명입니다. 이들 대부분이 군사 정권에 의해 폭력과 직접적 탄압을 받았다고 봐야 합니다.

그러나 지금까지 신고를 한 사람은 3백 명에 불과합니다. 고 유치준씨만 해도 최근에 와서야 부마항쟁희생자로 인정받았습니다. 아직도 그때의 트라우마에 시달리는 사람들도 있다고 합니다.

결국 그동안 군사독재 정권에 의해 피해를 본 사람들을 국가가 방치했다는 것인데요, 진상규명위원회 활동도 올해로 그 시한이 끝납니다.

40년 만에 힘들게 국가기념일로 지정된 부마민주항쟁, 그 진상이라도 확실하게 규명돼야 할 것입니다.

(2019. 10. 17.)

남북 축구, 평양 원정

　남북 간의 축구 대결은 일제하부터 시작되었죠. 경성 평양 축구 대항전이었던 경평전은 1929년부터 1946년까지 경성과 평양을 오가면서 23차례나 열렸습니다.
　분단 이후 평양에서 처음 열렸던 1990년 10월 11일 남북통일축구대회. 29년 만에 평양에서 남북 간의 축구 경기가 개최되었습니다. 한국축구 대표팀의 첫 번째 평양 원정 경기였습니다. 당시 한국 대표팀은 선제골을 넣었지만 역전골을 허용해 1대 2로 진 바가 있습니다. 지금까지 한국과 북한은 16차례 국가대표 A매치를 벌였는데, 이때의 패배가 유일합니다.
　오늘 평양 김일성 경기장에서 열린 남북 간의 축구 경기는 월드컵 예선이었죠. 그러나 국민들이 고대했던 경기 생중계는 무산되었습니다. 매우 안타까운 일입니다. 물론 북한의 사정이 있었겠지만, 북한이 남측의 응원단 방북을 허용하고 생중계가 이뤄졌다면 북한의 국제적 위상은 물론 남북 민족 간에도 우호적인 분위기가 조성되었을 것입니다.
　즉, 북한의 국제적 고립을 타개할 수 있는 좋은 기회가 될 수 있었다는 것이죠. 최근 북미 간의 협상이 교착 상태에 빠져있고, 남북 간의 교류가 활발하지 않았기 때문에 북한이 생중계를 허용하지 않았는지, 정치와 스포츠는 분리돼야 한다는 국제 스포츠 정신에 비춰 보아도 매우 아쉽다고 할 수 있습니다.
　지난 2018년 평창 동계 올림픽에 북한 선수들이 전격적으로 참여하면서 남북

간의 대화가 복원되었고, 이를 계기로 남북정상회담이 열리게 되었습니다. 또한 북미 간의 역사적인 정상 회담이 열리는 초석이 되었습니다.

남북 간의 경제 교류, 문화 교류, 스포츠 교류, 인적 교류는 사실상 남북이 평화와 공존의 시대로 나아가기 위한 가장 중요한 수순입니다.

정치의 복잡한 이해관계와 상관없이 스포츠, 인적 교류는 민족의 동질성을 재확인시키고 정치적 갈등과 대립을 완화시키고, 순치시키는 긍정적인 기능으로 작용합니다.

아무쪼록 북미 간 협상이 난항을 겪더라도 남북 간의 스포츠 및 문화 교류는 지속되고 확대되어야 할 것입니다.

(2019. 10. 16.)

일본이 대한국 수출규제로
얻은 것은 무엇인가

지난 7월 4일 일본 아베 정권은 강제징용배상 판결에 대한 보복 성격으로 일본에 의존도가 큰 반도체 소재 부품 3가지에 대해서 한국 수출 규제 조치를 내렸습니다. 한국으로서는 당시 충격이었습니다. 반도체 산업은 한국의 주력 산업으로 경제 전반에 미치는 효과가 상당하기 때문입니다.

아베 정권이 사실상의 경제 전쟁을 걸어 온 것입니다. 아베 정권은 한국을 복속시켜, 경제적으로 예속시킨 뒤 동북아시아에서의 패권을 노리겠다는 의도를 보인 것입니다.

아베 정권의 전쟁 가능한 국가, 즉, 극우화가 진행된 당연한 수순이었습니다. 세계자유무역 질서를 파괴한 아베 정권의 행동에 대해, 한국 정부는 대화로서 문제를 풀려는 노력을 다했습니다.

그러나 아베 정권은 한 치의 물러섬도 없었습니다. 한국을 백색 국가에서 제외하고 수출규제 조치를 더욱 더 강하게 밀어붙인 것입니다.

한국 정부는 두 가지 방향으로 움직였습니다. 소재 부품 산업의 탈 일본화를 위해 국내 소재 부품 산업에 대한 지원과 육성책을 마련하여 적극 추진했고, 아베 정권의 검은 의도에 대해서는 지소미아 종료 및 WTO 제소 조치를 취했습니다. 국민들도 스스로 일본산 상품 불매 운동을 벌여 나갔구요.

아베 정권의 부당한 수출규제 조치는 오히려 국내 연관 산업의 발달과 수입 다변화가 이뤄지는 계기가 되었습니다.

지금은 국내 기업들도 상당히 안정을 찾았구요, 오히려 수출 활로가 막힌 일본 기업들의 볼멘소리가 나오고 있습니다.

오는 10월 22일 일왕 즉위식 및 다음 달 APEC 정상회의, 연말 예정되어 있는 한중일 정상회의에서 극적인 실마리가 풀릴 것으로 기대하는 일각의 시각도 있습니다만, 아베 정권의 태도가 조금도 변하고 있지 않기 때문에 장기화될 가능성이 더 높다 할 것입니다.

(2019. 10. 14.)

한국의 국가경쟁력 세계 13위

지난 9일, 세계경제포럼에서 발표 한 바에 따르면 한국의 국가경쟁력이 세계 13위로 지난해보다 두 단계 상승한 것으로 나타났습니다. 한국의 국가경쟁력은 주요 선진국 가운데에서도 상위권에 속하고, 동아시아·태평양 지역 17개국 중에서는 5위일 정도로 상당히 높다고 평가할 수 있습니다.

국가경쟁력은 기업의 경쟁력을 높이는 국가의 총체적인 능력을 의미합니다. 즉 해당 국가가 얼마나 글로벌 경쟁력을 갖춘 기업을 보유하고 있느냐라는 점이 판단되는 지표입니다.

한국은 당연히 정보통신 기술 IT 분야에서 1위를 차지했는데요. 거시경세안정성에서도 1위라는 높은 평가를 받았습니다. 한국의 경제적 잠재력이 상당하다는 국제적 인정을 받은 것입니다. 매우 고무적이고, 기대를 갖게 되는 일인데요, 이점은 향후 기업과 시장의 활성화를 진척시키는 정책을 강화하고, 정부의 재정 지출을 확대한다면 한국은 국제적 경제 성장을 이끌어 갈 수 있는 국가라는 것입니다.

그런데, 거시경제안정성과 IT분야에서는 1위라는 최고의 평가를 받았지만, 기업 활력 순위는 22위에서 25위로, 오너 리스크에 대한 태도 순위는 지난해 77위에서 88위로 떨어졌습니다.

노동시장 순위도 지난해 보다 3단계 하락한 51위로 집계되었는데요, 노사 관계에서의 협력 순위는 130위로 조사 대상국 중에서 최하위 수준이었습니다. 오너 리스크란 재벌 회장이나 대주주 등 개인, 즉 오너 총수의 잘못된 판단 등이 기업에 해를 미치는 것인데요, 한국 재벌의 불균형적 행위가 아직 해소되지 못했고, 오너 일가의 과도한 장악력이 기업 활력 제고에 부정적인 영향을 끼치는 점이 반영된 것으로 보입니다.

  한국 경제 발전에서 커다란 장애요소로 지적되고 있는 노사 간의 극심한 대립도 지표로 나타났는데요, 노사 협력과 상호 이해가 조금만 진전된다면 한국의 경제 생산성은 제고될 수 있고 사회적 합의의 문화 형성은 물론 선진 행복 국가로 나아갈 수 있음을 기대할 수 있을 것입니다.

(2019. 10. 11.)

조선어학회 사건은 왜 일어났나

1942년 10월 일제는 조선어학회를 급습해서 이윤재, 이극로, 이중화, 최현배 등 국어 학자들을 체포했습니다.

일제 경찰은 이들이 조선어 사전을 편찬하고 있음을 알아내고 치안 유지법 및 내란죄를 적용하여, 33명을 검거해 혹독한 고문 등을 가한 뒤, 감옥에 가둬 버렸습니다.

우리말 사전을 편찬했던 한글학자들은 한글 창제의 주역인 주시경 선생의 학문적 전통을 이어 받은 민족학자들이었습니다. 일제 식민지 치하에서도 한글을 지키고 계승, 발전시키려는 노력은 꾸준히 지속됐었죠.

1929년 10월에는 조선어 사전 편찬회가 조직되었고, 한글 맞춤법 통일안 등 국어의 제반 규칙을 연구, 정리해왔습니다. 그 이후에도 민족혼을 지켜 나가야 한다는 일념으로 한글사전 편찬 작업을 비밀리에 진행했던 것입니다.

일제는 1919년 3·1운동 과정에서 분기한 대한독립만세의 물결을 보고 일제 식민지 정책을 동화주의 정책으로 변화시킵니다.

동화주의란, 일본과 한국인은 본래 같은 조상을 가진 민족이기 때문에, 함께 동등한 권리를 가질 수 있다는 허위 통치이데올로기였습니다. 실제 일제가 동화주의 정책을 펼치면서 노렸던 것은, 대한민족에 대한 '민족말살정책' 이었습니다. 왜인들에 대한 우월성을 거짓 선전하고, 역사를 왜곡시켜 대한민족을 정신적으로 동화시켜 강제지배하기 위함이었죠. 이들은 조선은 식민지가 아니라 일본의 연장이라면서, '내선일체론'까지 들먹였습니다.

    그러나 한국인에 대한 동화가 그들 의도대로 만들어지지 않자 강압적인 정책으로 돌변하게 됩니다. 1938년 조선 교육령을 개정하여 한국어 사용을 완전히 금지시키고 창씨개명과 동방 요배 등 황국 신민화 정책을 강제한 것입니다. 이 와중에 한글 학자들이 한글 사전을 만든다고 했으니, 그들의 동화주의 식민 정책에 완전히 반하는 것이었습니다.

    이번 10월 9일 한글날은 세종대왕께서 백성의 글 훈민정음을 반포한지 573돌이 되는 날입니다.

    한글은 대한제국시대에 국문으로 반포 되었고, 일제의 민족 말살 정책을 뚫고서 지금까지 이어져 내려왔음을 다시 한 번 기억해야 될 것입니다.

(2019. 10. 10.)

사할린 강제동원의 진실을
어떻게 잊을 수 있겠는가

충남 서산 출신인 가영봉씨는 '누군가는 징용을 가야 된다'며 떠밀린 심지 뽑기에 걸려 사할린으로 징용을 가야했습니다.

일제는 '강제징용령'이라는 법령을 통해, 공권력을 동원해서 한반도는 물론이고 사할린, 중국, 타이완, 동남아시아, 서부 태평양 일대의 산업 현장에 755만 4천 764명 이상의 조선인을 노무 동원했습니다.

조선인은 군수 공장과 군 공사장, 석탄 광산, 집단 농장 등 만 천523개소의 다양한 작업장에서 강제노역에 시달려야 했습니다.

일제는 1941년부터 태평양 전쟁에 필요한 물자를 공급받기 위해 사할린 탄광을 대대적으로 개발했습니다. 여기에 강제징용당한 조선인들이 투입된 것입니다. 이들 조선인 노동자들은 일본인 노동자들과 달리 위험한 막장 노동에 투입되는 등 노동 과정에 차별을 받았습니다. 사할린의 일본군과 경찰은 종전과 동시에 사할린 징용자들을 거의 다 학살했고, 때로는 그 부인과 어린이들까지 죽였습니다. 자신들의 만행을 감추려 함이었죠.

일제의 감언이설과 선전에 속아 돈을 벌려고 일본으로 건너간 한국인들도 있었지만, 일제에 의해 강제로 아무 공장이나 탄광에 투입되었고, 한번 투입되면 현장에서 벗어날 수 없었습니다.

1945년 일제의 패망 이후 사할린에 가까스로 생존하여 남게 된 한인은 약 2만 3천 5백여 명으로 집계되었습니다. 이들은 미소 냉전 대립 구도에 의해 한국으로의 송환길이 막혔습니다.

대부분의 한인들은 자신의 의지와는 상관없이 가족과 가정을 모국에 남겨둔 채 사할린에 남게 된 것입니다.

1990년 한국과 소련과의 정식 수교에 따라 사할린 한인들은 귀국 송환 절차를 밟을 수 있었습니다. 강제징용 당했던 한인들 대부분은 사망했고, 현재 생존자들은 그들의 자손이라고 할 수 있습니다.

일제의 반인륜적인 만행이 그대로 기록되어 있는 사할린, 대한민국 국민이라면 그 역사를 어떻게 잊을 수 있겠습니까.

(2019. 10. 08.)

검찰개혁, 이번에는 반드시

검찰 개혁을 요구하는 국민 여론이 뜨겁습니다. 하지만 김대중 정부부터 추진됐던 검찰 개혁, 아직도 현재 진행형입니다. 쉽지 않은 것 같습니다.

20대 국회에서 검찰 개혁안이 논의되고 상임위에 관련 법안이 제출됐지만 20대 국회가 끝나기 전에 검찰 개혁안이 통과될 지는 불투명합니다. 과잉 수사, 인권 침해 논란 등 군사 권위주의 정권 시절부터 수십 년 동안 고착화돼있는 검찰의 기득권과 고질적 병폐는 혁파하기가 쉽지 않습니다. 반드시 그 기득권은 정리되어야 할 개혁 과제 중 하나입니다.

오늘 법무부와 검찰 개혁 방안을 마련하기 위해 제2기 법무 검찰개혁 위원회가 출범했습니다. 젊은 평검사들과 외부 전문가들로 구성된 위원회에서는 법무부의 탈 검찰화와 검찰의 조직 문화 그리고 인사 제도 개편 등 구체적인 개혁 방안을 마련할 것으로 보입니다.

사정 권력을 갖고 있는 검찰을 민간 국가 기구에서 통제하는 것은 지극히 당연합니다. 그것이 법무부죠. 그들 스스로 제어하지 못하기 때문입니다.

검찰에 대한 민간 통제를 담당하는 법무부가 검찰 출신들로 채워져 있다면 어떻게 민주적 통제가 가능하겠습니까. 매우 단호하고 엄중하게 추진돼야 합니다.

국민의 인권을 심각하게 침해해 왔던 피의 사실 유포죄의 현실적 적용이 이뤄지고, 공보 준칙의 개정도 관철시켜야 합니다. 검찰에 대한 감찰 기능 강화는 두말할 나위가 없습니다. 한두 가지가 아닐 것이고, 그렇게 쉽게 진행되지도 않을 것입니다.

　국회에서 멈춰있는 검경 수사권 조정과 공수처 설치 법안부터 통과시켜야 합니다. 법적인 권력 분점이 우선돼야 차후적인 개혁 과제도 뒤따라 추진될 수 있습니다.

(2019.10.01.)

국제적인 화약고
DMZ를 평화지대로 하면

문 대통령이 유엔 총회에서 제안한 비무장 지대인 DMZ를 국제 평화 지대로 만들자고 제안한 것은 우선 북한이 지속적으로 요구해 온 북한의 국가적 안전을 보장하겠다는 의미를 담고 있습니다.

6·25 전쟁으로 얼룩져 있는 DMZ가 유엔이 참여하는 평화 지대가 된다면, 북한 측이 우려하고 있는 미국의 공격도 없을 것이고, 남측과의 군사적 충돌도 사라지는 것입니다.

한반도의 완전한 비핵화와 평화가 달성될 수 있는 '촉진제'와 전쟁으로부터 평화를 지키는 '방패막이'가 될 수 있는 것이죠.

DMZ를 평화 지대로 만들자는 구상은 지난해 4월, 1차 남북 정상회담에서 문 대통령과 김정은 위원장이 서명한 한반도의 평화, 번영, 통일을 위한 '판문점 선언'에 담겨져 있습니다.

한반도를 가로지르는 155마일의 폭 4킬로미터 비무장지대는 1953년 7월 27일 맺어진- '정전 협정'에서의 군사적 충돌을 방지하기 위함이었습니다.

그러나 DMZ는 그동안 수많은 지뢰와 중화학 무기가 설치된 남북 간의 화약고로서, 첨예한 군사적 충돌 위험이 높은 지역으로 알려져 왔습니다.

물론 지난해 9·19 군사 합의로 일시적인 긴장은 완화됐지만 언제든지 폭발할 수 있는 국제적인 화약고입니다. 그런 의미에서 DMZ를 평화 지대로 만들자는 제안은 사실상의 종전 협정을 맺는 효과를 갖습니다. 더욱이 비무장지대 내에 평화, 생태, 문화 기구까지 설치된다면 세계 최악의 분쟁 화약고가 전 세계인 관광객이 찾는 국제적인 평화 명소로 자리 잡게 될 수도 있습니다.

사실, DMZ의 평화적 이용 방안은 1970년대 초부터 제안, 논의 돼왔던 사안입니다. 그만큼 역사적인 과제인 것이죠.

만약 문 대통령의 제안이 실현된다면 정전 협정이 평화 협정으로 발전돼 나갈 것입니다.

그러기 위해서는 6·25 전쟁 관련국의 동의도 필요하게 되는데요, 중국의 동의는 필수이고 러시아도 협력해줘야 합니다. 중립 지대인 DMZ가 국제적인 평화 지대로 만들어 지게 되면 국제 사회뿐만 아니라 한반도 주변 강대국들의 힘을 균형화 시키고 이해관계를 중립화 시켜주는 정치적 효과도 클 것입니다.

(2019.09.26.)

대한제국의 마지막 황제와 구본신참 舊本新參

대한제국의 황제 고종에 대한 오해와 누명이 언제쯤 확실히 벗겨질까요. 일제는 1910년 한국을 병탄하자마자 역사 왜곡 작업에 착수합니다. 1916년 발족한 조선사편수회에서 제일 처음 손을 댄 역사 왜곡은 무엇이었을까요.

고종 황제는 유약하고 무능했으며, 명성황후는 간교한 술책 꾼이었고, 대원군은 완고하고 고집 센 인물이었다는 것입니다. 구한말 대한 제국 시대의 지도자들을 폄훼해서 형편없는 인물로 만들어야 일제의 병탄이 정당화되기 때문입니다. 조선은 스스로 망한 것이며, 결국 선진적인 일제가 구원의 손길을 내어주게 됐다는 논리입니다.

21일부터 덕수궁 대한제국 역사관에서 전시되는 '대한제국 황제의 식탁 특별전'을 보면 고종황제가 자기중심을 갖고 약육강식의 19세기 제국주의 시대를 헤쳐 나갔음을 알 수 있습니다.

고종 황제가 주최하고 참석한 연회에서는 서양식이 아닌, 한식 상차림이 제공됐습니다. 이는 고종의 정치 철학이었던 '구본신참 舊本新參'의 개혁 방향에 따라 대한 제국의 국정이 운영됐음을 보여주는 징표라고 할 수 있습니다.

대한 제국 시대의 국정 철학이었던 구본신참은 '구본' 즉 민족적 전통을 근본으로 삼아 '신참' 새로운 서양 문물 중 좋은 것과 우리 몸에 맞는 것을 취사선택해 절충, 가공, 한국화 해서 도입하는 것을 말합니다. 19세기 물밀듯이 밀려들어오는 서양 문물에 대한 주체적이고 친화 개방적인 대응 철학인 것이죠.

1897년부터 약 8년간 추진된 대한제국의 광무개혁은 바로 구본신참의 결정판이었습니다. 고종이 처음 결정한 음력과 양력의 병행 사용이 바로 구본신참의 모범적인 사례죠.

대한제국 시대에는 2천 236개의 관, 공, 사립학교가 세워졌으며, 우리가 지금 자유롭게 쓰고 있는 한글이 국문으로 지정됐으며, 태극기는 대한제국의 국기로 정식 선포됐고, 무궁화와 애국가가 칭송됐습니다.

노비제 등 신분제가 폐지되어 신분과 상관없이 인재들은 공무원으로 등용됐습니다. 또한, 식산흥업 정책의 영향으로 한성 전기회사 등 근대적 회사가 703개나 1910년에 존재했으며, 민간 은행과 국제 무역이 활성화돼 근대 국가로서의 틀이 잡혔습니다.

현재 우리 대한민국에서 향유하고 있는 많은 문화와 제도는 고종의 대한제국 시대에서 유래하고 있는 것입니다.

(2019.09.23.)

2018년 평양공동선언
1주년에 비추어 보면

2018년 9월 18일. 문재인 대통령과 김정은 위원장은 평양에서 정상회담을 갖고 6개항의 공동 선언을 발표했습니다. 그 주요 내용을 살펴보면 군사적 적대 관계를 종식한다. 개성 공단과 금강산 관광 사업을 정상화시킨다. 철도와 도로 착공식을 추진하고, 남북 교류 협력 사업을 활성화 시킨다는 것이었습니다.

이산가족 문제 해결. 문화 체육 교류 협력 강화, 김정은 위원장이 가까운 시일 내에 서울을 방문한다는 합의였습니다, 그리고 핵무기와 핵 위협이 없는 한반도를 구현해 나간다는 것이었습니다.

9월 평양 공동 선언에서 가장 주목 받은 합의안은 군사적 적대 관계를 종식한다는 내용이었죠. 당시 송영무 국방 장관과 노광철 인민 무력상은 군사 분야 합의서를 채택했습니다.

비무장 지대의 비무장화, 서해 평화 수역의 조성, 군사 당국자 회담의 정례화 등을 구체적으로 이행하기 위한 후속 조치가 명시됐는데요,

남북은 그해 11월 1일부터 군사 분계선 일대에서 상대방을 겨냥한 군사 연습을 중지해 오고 있습니다.

비무장 지대 40km 이내의 비행 금지 조치도 실행하고 있고, GP 11개소를 시범 철수하는 등의 실질적 사항도 취해 나갔습니다. DMZ 내의 유해 발굴 사업도 추

진했었습니다. 남북이 공동 서명한 군사 합의서가 구체적으로 실현된다면, 사실상의 불가침 협정에 준하는 결과가 나타날 것이라는 기대도 있습니다. 핵무기와 핵 위협이 없는 한반도를 구현해 나간다는 조항이 가장 주목받는 합의 조항인데요.

한반도에서의 평화가 달성되려면 북미 간의 비핵화 협상이 순조롭게 타결돼, 북한이 한국과 미국과의 신뢰를 바탕으로, 국제 사회의 일원으로 참여해야 되기 때문입니다.

그 동안 트럼프 대통령과 김정은 위원장은 2차례 걸쳐 정상 회담을 가졌습니다. 전 세계가 주목하는 회담이었지만 기대만큼의 결과를 가져 오지 못했던 것이 사실이었습니다.

결국 북미 간의 비핵화 협상이 구체적으로 진척이 없자. 안타깝게도 9월 평양 공동 선언도 더 이상 나아가지 못하고 있습니다.

2019년도 이제 3개월 밖에 남지 않았습니다. 북미 양 정상은 올해 안에 결실을 맺어야 되다는 의사를 강하게 표현했던 것으로 기억하는데요, 문 대통령이 유엔 총회 참석을 위해 22일 뉴욕을 방문합니다. 한미 정상 회담도 예정돼 있는데요, 뭔가 막힌 곳을 시원하게 풀어 줄 수 있는 결과가 나오기를 기대합니다.

(2019. 09. 19.)

육탄이 아니면 독립을 이룰 수 없고…
한국광복군 창군 79주년

"육탄이 아니면 독립을 이룰 수 없고, 붉은 피가 아니면 민족을 구할 수 없다" 1940년 9월 17일 창건한 광복군 총사령부가 천명한 선언문 중 일부입니다.

오늘은 대한민국 임시정부의 정규 군대였던 광복군을 창설한지 79주년이 되는 날입니다. 전 세계 역사상 식민지 지배를 받은 나라 중 임시정부를 구성한 나라는 대한민국이 유일합니다. 더욱이 산하에 군대를 보유했던 곳도 대한민국 임시정부가 유일무이 합니다.

1932년 윤봉길 의사의 홍구 의거는 중국 국민당 정부 장개석의 대한민국 임시정부에 대한 전격적인 지원을 이끌어 냅니다.

장개석 총통의 지원으로 1935년 김구의 임시정부는 낙양 군관학교를 설립하고, 일제의 만주 침략으로 거점을 잃고 이곳저곳을 전전하던 지청천, 이범석, 오광석 등 옛 독립군 장교와 병사들을 모으게 됩니다.

이후 1940년 9월 17일 중국의 전폭적인 지원 하에 지청천을 총 사령관으로 하는 한국광복군을 창설합니다. 또, 1944년에는 임정 직속 한국광복군으로 전환됩니다.

1942년 광복군과 기타 한국인 항일 유격대의 인원수는 도합 10만 명에 달했고, 한반도 북서 지역에서 활동하던 항일 유격대는 만 6천명에 달했다고 하죠.

1945년 남경과 상해 일대에서 작전 활동을 전개하고 있던 한국광복군만 해도 3천여 명에 이르렀습니다.

광복군 제2대장이었던 이범석은 미국 OSS와의 합작으로 한국인 특수 부대의 국내 침투 훈련도 실시했었죠.

1940년 창설된 광복군은 1907년 일제의 대한 제국 군대 해산일인 8월 1일을 창립일로 정했습니다. 해산 당한 대한 제국 군대의 항거와 치열했던 시가지 전투를 기념하기 위함이었습니다.

해방 후 1948년 창건된 대한민국 국군은 광복군을 계승한다고 밝히고 있습니다. 자랑스러웠던 한국광복군의 정통성을 이어나가기 위함입니다.

대한민국 군대의 위용과 자긍심을 역사 앞에서 확인하는 날이 바로 9월 17일인 것입니다.

(2019. 09. 17.)

추석(한가위)의 유래에 대해

이제 추석 한가위 명절이 시작됩니다. 예로부터 우리나라는 새해의 시작을 알리는 '설'과 추수 및 가을걷이의 기쁨을 함께 하는 추석을 2대 명절로 지내왔습니다. 설에는 차례를, 추석에는 성묘와 차례를 지내고 있죠.

동아시아에서 '설'은 음력 1월 1일로 삼아 삼양이 태동하여 하늘과 땅의 괘가 동하는 날로 기리고 있습니다. 그런데 추석은 조금 다릅니다. 음력 8월 15일인 추석은 본래 신라의 한가위에서 유래했다고 합니다.

고대 중국의 고사에 연원을 두지 않고 있습니다. 추석은 가을밤이라는 명칭처럼 가을 농경 의례일로 이해돼 왔습니다. 한해의 첫 수확인 햇곡식을 처음 맞이하는 의례이며, 수확의 계절을 맞아 힘든 농사일을 마쳤다는 의미의 감사제라고 할 수 있는 것입니다.

농경 사회의 전통을 갖고 있는 우리나라에서는 추석 명절에 성묘 의식을 함께 행하여 왔습니다.

고향을 방문하여 부모님에게 인사드리고 그리웠던 친지들과 이웃을 만나 기쁨을 함께 나눈 뒤 조상의 묘 앞에서 제례를 지냅니다. 조상에게 감사의 예를 표하면서 자신들의 정체성을 확인하는 행사이기도 합니다.

국가에서는 추석을 맞아 연휴 기간을 지정했습니다. 그래서 추석 연휴 기간에는 전국적인 대 이동이 이뤄지고, 자연스럽게 추석 밥상 여론에 관심이 집중됩니다. 친지, 이웃들과 만나 정치, 사회 현안에 대한 가감 없는 의견 교환이 이뤄지게 되는 것이죠. 일종의 추석 공론 터가 열리는 것입니다.

추석연휴 기간에는 여론에 민감한 정치인들이 앞 다퉈 기차역이나, 터미널에 나가 국민들을 향해 인사하는 풍경이 연출됩니다.

가을걷이 성묘로서의 기능 외에도, 나라의 여론을 형성하는 공론장의 역할까지 자연스럽게 더해진 것이죠.

추석 연휴 때 형성된 국민 여론은 당연히 이후 정치와 국정 운영에도 반영됩니다. 이번 추석 연휴에도 건강하고 생산적인 여론이 교류되기를 바랍니다.

(2019.09.16.)

관광산업은 '굴뚝 없는 공장'

직장인 10명중 7명이 휴식 시간을 관광으로 보내고 싶다는 조사 결과가 있습니다. 관광도 이제는 '워라밸'이라는 개념 속에서 하나의 여가 휴식 생활 사이클로 여겨지고 있는 것입니다. 관광 산업은 국가 경쟁력뿐만 아니라, GDP에서도 중요한 위치를 차지하고 있습니다.

올해 세계 경제포럼. WEF의 관광 경쟁력 평가에서 우리나라가 140개국 가운데 16위에 올랐습니다. 2007년 이후 가장 높은 순위입니다. 관광 경쟁력 평가는 2007년부터 세계 국가의 여행과 관광 경쟁력을 4대 분야, 14개 항목으로 구분해서 격년 단위로 실시하고 있습니다.

우리나라는 2007년 42위로 평가됐습니다. 그 이후 꾸준히 상승돼 지난 2017년에는 19위를 기록했었죠. 이번 평가에서 우리나라는 기반 조성이 상승한 것으로 여겨지고 있습니다. 그동안 관광 인프라 작업을 충실히 추진한 결과라고 할 수 있죠.

대한민국은 자연 환경 뿐만 아니라. 지정학적 위치, 그리고 교통수단 및 편의시설을 볼 때 관광 산업을 통한 전체 경제의 신장을 가져올 수 있는 여건을 충분히 갖추고 있습니다. 특히 한류 문화의 우수성이라는 전 세계적 강점도 갖고 있습니다.

관광 산업은 '굴뚝 없는 공장'이라고 합니다. 관광은 제품을 생산하는 공장이 없어도 고용 창출 효과를 낼 수 있습니다. 고부가가치 산업인 것이죠. 또한 관광은

'보이지 않는 무역'이라고 합니다. 외화 획득은 물론, 국제적인 친선, 문화교류, 국위 선양 등을 해낼 수 있는 것입니다.

관광객의 증가는 숙박과 음식, 상업, 교통 등의 관련 서비스 산업을 성장시키고 지역 경제 활성화로 직결됩니다. 아직도 한국 국민은 해외 소비 유출이 큰 나라로 조사됐습니다. 한국 경제 연구원 조사에 따르면 한국은 OECD 국가 중 해외 소비 유출이 5번째로 큰 나라라는 것입니다. GDP에서 관광 산업이 차지하는 비중도 1.8%에 불과하다고 합니다.

그동안 기반 조성 등 관광 산업에 대한 투자 등이 상당히 이뤄졌지만 좀 더 민간 중심의 자율적 관광 시장 조성 및 실질적 경쟁력에도 힘써야 한다는 지적입니다.

(2019. 09. 11.)

세계 최대의 가전제품 박람회 IFA

IFA, 오늘부터 약 1주일 간 세계 최대 규모의 가전제품 박람회가 열립니다. 독일 베를린에서 열리는 2019 IFA는 1924년 12월에 시작했지만, 1939년 제 2차 세계 대전이 발발하자 중단됐습니다. 1950년부터 다시 시작돼 세계에서 가장 역사가 깊은 산업 전시회로 자리 잡았습니다. 1931년 제8차 박람회에서는 음극선관을 사용한 텔레비전 시스템이 처음 공개됐고, 1933년 8월에 열린 제 10차 박람회에서는 국민라디오 VE 301W가 첫 선을 보이기도 했습니다.

IFA는 이제 전 세계의 전자-IT기업이 총출동하여 새로운 제품과 기술력을 과시하는 행사로 자리 잡았는데요,

2018년 9월에 열린 IFA에서는 전시된 제품이 1천 814개였으며 방문객은 24만 4천여 명, 그리고 기조 참석자들은 2천 3백여 명이었습니다.

이번 2019 IFA에서는 미래의 모바일 제품과 자동차, 로보틱스, 디지털 보건, 미디어 기술 제품들이 전시되는데요, 한국의 삼성전자와 LG전자도 참여해 혁신적인 신제품을 선보입니다. IFA는 단순히 첨단 제품만을 전시하는 행사는 아닙니다. 혁신적인 기업과 대학 연구소 등이 자신들을 소개할 수 있는 공간도 마련됩니다. 혁신적인 지식과 정보, 그리고 사업 아이디어도 접할 수 있으며, 미래와 관련된 주제를 갖고 전문가와 패널들이 토론에도 참석할 수 있습니다.

우리나라에서도 국제적인 박람회는 많이 열리고 있죠. 1968년부터 시작된 한국 무역 박람회가 대표적이라고 할수 있죠.

오는 10월, 코엑스에서 산업 통상 자원부 주최로 열리는 '한국전자전'도 주목할 수 있습니다.

50회째 열리는 '한국전자전'에는 500개사와 약 7만 명의 관련자들이 참여할 것으로 보이는데요,

중소형 가전, 홈 엔터테인먼트, VR, 빅데이터, 로봇 등 첨단 제품과 혁신 기술이 선보일 예정입니다.

(2019.09.09.)

동남아시아의 베터리인 라오스의 메콩강

라오스는 정식 국가 명칭이 '라오 인민 민주주의 공화국'입니다. 라오 인민 혁명당사회주의 국가라고 할 수 있죠.
1950년부터 시작된 인도차이나 전쟁에서 북베트남군과 연합하여 내전에서 승리한 좌파 파테트라오군이 1975년 정권을 잡은 뒤 사회주의 정권이 탄생하게 됩니다.

라오스는 한국과 1985년부터 정식으로 수교 관계를 맺었습니다. 물론 북한과는 1975년부터 수교 관계를 맺고 있죠. 라오스는 통제 경제 체제를 유지해 오다가 1990년부터 시장 경제 체제를 받아들이고 있습니다. 이 때부터 외국인의 투자 유치도 시작했습니다.

개혁 개방 정책을 통해 2013년부터 경제 성장률도 높이 끌어 올리고 있습니다. 라오스는 전통적으로 농업 국가입니다. 특히 수도작이 중심이어서, 쌀 수출국입니다.

약 1,500킬로미터 흐르는 라오스의 메콩강은 '동남아시아의 배터리'라고 불릴 정도로 수자원이 풍부합니다. 메콩강은 인도차이나 반도의 교통, 생활상의 대동맥이라고 할 수 있습니다. 중국과 베트남, 미얀마, 라오스, 태국, 캄보디아 등 6개 나라를 걸쳐 흐릅니다. 향후 교통뿐만 아니라 인근 지역 발전 등 개발 잠재력이 매우 풍부하다고 할 수 있습니다.

문재인 대통령이 한국 정상으로는 처음으로 라오스를 방문하고 정상 회담을 가졌습니다. 문대통령은 라오스 방문을 마지막으로 동남아시아 10개국에 대한 순방을 마치게 됩니다. 이후 11월, 부산에서 열리는 한-아세안 특별 정상 회의와 한-메콩 정상 회의에서 메콩 5개국과의 상생 협력 방안이 마련될 것으로 기대됩니다.

아세안 10개국은 대부분 개발도상국 입니다. 따라서 건설 등 인프라 구축 사업이 매우 절실하다고 볼 수 있습니다. 한국의 중소, 중견 기업 진출이 용이한 장점을 갖고 있습니다. 한류 열풍이 거세게 불고 있어- 상호 경제, 문화 협력도 기대되는데요. 중장기적으로 상당한 잠재력을 갖고 있는 아세안 10개국입니다.

(2019. 09. 06.)

아웅산 수치,
부패한 권력은 권력이 아니라 공포이다

미얀마라고 하면 '아웅산 수치'가 떠오릅니다. 아웅산 수치는 미얀마 군부 정권과 싸워온 미얀마 민주화의 상징이기 때문입니다. 그녀는 1991년 노벨 평화상 수상자이기도 합니다. 그녀의 가장 유명한 연설 중 하나는 '공포로부터의 자유'입니다.

"부패한 권력은 권력이 아니라 공포이다. 권력을 잃을지 모른다는 공포는 권력을 휘두르는 자를 부패시키고, 권력의 채찍에 대한 공포는 거기에 복종하는 사람을 타락시킨다." 라는 말로 시작합니다.

미얀마는 1962년부터 쿠데타로 집권한 군부가 나라를 지배해 왔습니다. 사회주의를 표방한 네윈 장군의 장기 집권은 미얀마 국민의 저항을 불러 일으켰고, 그 중심에 아웅산 수치가 있었습니다.

1988년 8월 8일. 민주화 시위가 시작됐다고 해서 붙여진 '8888 항쟁'은 미얀마 최대 규모의 반정부 시위였습니다. 장기 독재자였던 네윈 장군이 실각했지만, 미얀마 군부는 1988년 9월 18일 신군부가 다시 쿠데타를 일으켜, 무자비한 학살로 정권을 재장악했습니다.

마치 18년 간 장기 집권했던 한국의 박정희가 1979년 무너졌지만, 그 후예들인 신군부 세력이 다시 준동하여 광주의 시민들을 학살한 사례와 유사한 역사라고 할 수 있습니다.

 군사 정권에 의해 가택연금, 탄압을 당했던 아웅산 수치는 2016년 자신이 소속된 국민 민주 연맹이 총선에서 승리하자, 민주적 정치권력을 장악하고 미얀마의 국정 운영을 이끌어 나가고 있습니다.

 미얀마는 지정학적으로 중국, 인도와 인접하고 있어서 강대국들의 이해관계에 의해- 역사적 굴절이 매우 심했습니다.

 1824년부터 영국과 세 차례의 전쟁을 겪고 난 뒤, 1885년 버마의 왕조는 결국 멸망했습니다. 이후 영국령으로 병합되고, 1937년에는 영국의 식민지로 전락합니다. 그리고 1942년에는 일본의 침략을 받았습니다. 1948년 독립을 하게 됩니다.

 2012년 미국 오바마 대통령의 견인으로 미얀마는 개혁-개방 정책을 적극적으로 펼치게 되었습니다. 아웅산 수치가 정권을 잡으면서 개혁-개방정책이 박차를 가하게 됐죠.

 문재인 대통령은 어제 아웅산 수치와도 정상회담을 가졌는데요, 양국은 많은 분야에서 시너지 효과를 낼 수 있다며 경제 협력 방안을 논의했습니다.

 앞으로 한국-미얀마의 발전적 협력을 기대하겠습니다.

(2019. 09. 05.)

독일의 사죄와 일본의 뻔뻔함

　독일과 일본은 왜 이렇게 다를까요. 프랑크 발터 슈타인 마이어 독일 대통령이 지난 1일 폴란드에서 열린 제2차 세계대전 발발 80주년 행사에 참석해, 폴란드인들에게 용서를 구했습니다. 특히 비엘룬 공격으로 희생된 폴란드인들을 기리며 사죄했습니다.
　독일의 나치 정권은 1939년 9월 1일 새벽 4시 40분 비엘룬을 기습적으로 공격하면서 폴란드를 침공했습니다. 비엘룬은 순식간에 도심의 75퍼센트 이상이 파괴됐고, 민간인 천 200여 명이 목숨을 잃었습니다.
　폴란드를 점령한 독일의 나치는 계속해서 학살을 자행했습니다. 유대인 300만 명을 포함해 600만 명 이상이 사망한 것으로 추정되고 있습니다. 이러한 만행에 대해 독일은 1990년 1억 5천만 마르크를 배상 명목으로 지불했습니다.
　독일의 지도자들이 폴란드를 방문할 때마다 전쟁 범죄에 대한 반성을 하고 있습니다. 그럼에도 불구하고 최근 폴란드 정부는 배상을 강화할 것을 다시 요구하고 있습니다.
　일본은 매우 다릅니다. 최근 일본 우익 세력은 1923년 조선인 6천여 명이 살해당한 간토 대학살 추도식장도 방해했습니다. 아베 정권은 한국 대법원의 강제 징용 판결에 대해서도 인정하지 않고 있습니다.
　19세기 구한말부터 일본이 한국 국민에게 가했던 만행은 그 누구도 용서받지 못할 일입니다. 1894년 동학농민군 약 30여만 명을 학살한 일, 1896년 명성황후를 살해하고 능욕한 범죄, 항일 독립 의병을 무참히 사살한 일, 그리고 선량한 조선 청년에 대한 강제징병과 강제징용, 위안부 동원 등 이루 열거하기 힘들 정도입니다. 오히려 아베 정권은 과거의 영화를 되찾겠다며 극우적 행위만을 일삼고 있을 뿐이죠.

유럽과 동북아시아의 정세는 독일과 일본의 처신이 다름에 따라 많은 차이가 있습니다. 독일 지도자들의 진정어린 사과는 유럽의 평화와 협력을 정립 시키고 있습니다. 반면에 일본의 뻔뻔한 언행은 동북아시아의 정세를 긴장시키고, 갈등과 대립만을 부채질할 뿐입니다.

(2019. 09. 04.)

한미군사동맹이 의미하는 것은

 6·25 한국전쟁이 끝나자, 한국과 미국은 1953년 상호방위 조약을 체결했습니다. 이승만 대통령이 반공 포로를 전격적으로 석방 하면서까지 미국을 종용해서 맺은 조약입니다.
 미국 역시 남한을 태평양 방위 전략에서 제외 시켰던 에치슨 라인 정책을 수정하고 남한을 공산주의 세력 남하를 막기 위한 주 방어선으로 설정할 필요가 있었습니다.
 1954년 11월 발효된 한미 상호방위 조약은 조약만료 기간이 없습니다. 제6조에 '조약은 무기한으로 유효하다'고 명시돼 있습니다. 더욱이 2조에서는 위협의 인식이 있을 경우에는 한미양국의 공동행동 뿐만 아니라. 단독의 군사행동까지 보장하고 있는 파격적인 조약입니다.
 한국과 미국은 1978년 한국군과 주한미군을 통합시키는 군사 지휘기구인 '한미 연합사령부'를 발족시켰습니다. 유사시에는 미군 병력 67만여 명과 함정 160여척, 항공기 2천여 대를 한반도로 파견할 수 있도록 돼있습니다.
 65년 간 지속된 한미 군사동맹은 한미 상호조약과 한미 연합사령부 유지에 바탕을 두고 있으며, 일각에서 우려하고 있는 한미동맹의 와해되고 약화되는 일은 위 두 사항이 파기되지 않는 한 현실적으로 불가능 합니다.
 즉 지소미아와 관련된 한미 간의 이견이 노출됐다고 해서 한미동맹을 우려할 필요는 전혀 없다는 것이죠. 어떻게 보면 과민 반응일 수도 있습니다. 한미동맹은 그동안 한반도의 전쟁을 억지시켰으며, 동북아시아의 세력균형에 매우 중요한 역할을 해왔습니다. 더욱이 굳건한 한미 군사동맹은 한국 경제의 비약적 발전이 이뤄질 수 있도록 하는 환경적 요인이었음도 부인할 수 없습니다.

국가 간의 조약과 협정은 상호 간의 이익이 전제되고 공유될 때 맺어지고, 그 내용이 지속됩니다. 지소미아 재연장 문제는 한국의 주권과 국익에 직결된 사안이며, 향후 한국의 안보와도 직접적 관련이 있는 사항입니다.

당연히 국익적 관점에서 한국은 미국에게 일본의 부당성과 지소미아 종료의 불가피성을 역설할 수 있으며, 한일관계의 역사적 특수성을 이해시킬 필요가 있는 것입니다. 주권 국가로서의 지극히 상식적인 외교 활동이라는 점이 함께 인식됐으면 합니다.

(2019. 09. 02.)

이완용 등 경술 8적에게 말한다
경술국치 109년

오늘은 일본이 무력을 앞세워 강제로 한국을 병탄한 경술국치 109년이 되는 날입니다. 나라를 일본에게 팔아먹은 경술8적.이완용, 윤덕영, 민병석, 고영희, 박제순, 조중응, 이병무, 조만희가 다시 생각나는 날이기도 합니다. 1910년 8월 29일 일본은 한일 병합조약을 공포했습니다.

8월 22일 조인 절차를 마무리 지었지만, 한국 국민의 반발을 고려해 서울로 병력을 이동시킨 뒤 29일 뒤늦게 발표 했습니다. 한일 병합조약은 명백한 불법입니다. 순종 황제의 비준 절차인 서명이 빠져 있기 때문입니다.

대한 제국의 마지막 황제인 순종은 끝까지 서명 날인을 거부했습니다. 일본과 친일 대신들이 1907년 7월, 고종 황제 강제퇴위 때 빼앗은 행정 결제용 옥새만을 날인했을 뿐입니다.

국제법상 국가 간의 조약에 필수적인 국새와 순종의 칙유 서명은 조약에 보이지 않습니다. 한반도는 합법적인 식민지가 아닌, 일본이 총과 칼을 앞세워서 한국을 무력으로 병탄 점령한 것입니다.

경제보복 이유조차 정직하게 밝히지 않는 일본의 후안무치, 그 때나 지금이나 다를 게 없습니다.

1905년 을사늑약이 발표되자 고종은 헤이그에 이준, 이상설 등 밀사를 파견해 국제 사회에 을사늑약의 불법성을 알렸으며, 1909년 독립 의군부 소속인 안중근 의사는 이토 히로부미를 저격했습니다.

1907년 대한 제국 군대가 강제해산 당하자 국군과 의병 부대는 국민군으로 편성돼 끝까지 항거했습니다. 국민군은 국내에서 일본군과 치열한 전투뿐만 아니라, 만주로 근거지를 이동해 독립군으로 대열을 정비해서 봉오동, 청산리 전투에서 대승을 거둡니다.

일본과의 국민전쟁은 3·1운동과 독립군 투쟁, 광복군 창설, 그리고 대한민국 임시정부로 이어지며, 1943년 카이로 선언에서 미국, 영국, 중국 등 연합국으로부터 한국의 독립과 자유를 승인받습니다.

오늘이 비록 '경술국치일'이라고 불릴지라도, 한국 국민은 결코 일본에게 순순히 항복하거나 나라를 내어준 것이 아니라, 1894년 갑오왜란부터 시작해, 1945년까지 50여 년간- 지속적인 투쟁과 전쟁을 벌였으며 그 성과로 1945년 광복을 맞이했음을 우리는 역사 앞에서 확인해야 할 것입니다.

(2019.08.30.)

103만 2천 684명이
강제동원 당했는데…

일본의 스가 요시히데 관방 장관은 한국을 백색 국가에서 제외한 것이 적정한 수출 관리를 위한 것이라고 설명하면서도 한국에 징용 문제 해결을 촉구했습니다.

결국 백색국가 제외는 한국 대법원의 강제징용 판결에 대한 보복조치임을 다시 한 번 간접 시인한 꼴이 됐는데요.

일본 측의 거듭된 주장은 1965년 한일 청구권 협정을 통해 한국인의 손해배상 청구권이 소멸됐다는 것입니다.

한국 대법원에서는 인권 범죄로 인한 손해배상 청구권에 대해서는 그 소멸시효를 적용할 수 없다고 밝히고 있습니다. 더욱이 불법 행위를 저지른 가해자가 소멸 시효를 운운하는 것은 권리남용에 해당할 뿐만 아니라, 한일청구권 협정은 국가 간에 이뤄진 것으로, 개인의 손해배상 청구권은 포함되지 않았음을 명확히 했습니다.

국제법상의 원칙에도 개인의 인권 침해에 관련된 손해배상 청구권은 국가 간의 협정에 의해서 포기될 수 없다고 밝히고 있습니다.

일본은 전쟁 체제에서 인력 확보를 위해 조선인을 강제로 동원했습니다. 당시 강제 동원된 피해자는 확인된 숫자만 103만 2천 684명으로 실종자와 동남아시아 등에서 귀환하지 못한 강제징용자와 종군 위안부 등을 헤아리면 이보다 훨씬 많을 것이 분명합니다.

일본은 이들에게 충분한 식사도 제공하지 않고 노예처럼 부리면서 강제노동에 종사하게 한 것입니다. 반인도적이고 반인륜적인 전쟁 범죄가 과연 1965년에 일본이 박정희 정권에게 지원한 3억 달러의 무상 자금과 2억 달러의 차관으로 종식시킬 수 있을까요. 더구나 개인에 대한 반인권 손해배상은 언급도 되지 않았구요.

일본 정부는 이제라도 강제징용 판결과 관련한 경제 보복 조치를 철회하길 바랍니다. 한일 양국 간 진정으로 발전적 관계를 바란다면- 외교적 해결에 호응해야 할 것입니다.

(2019. 08. 29.)

부정한 평화라도 정당한 전쟁보다 낫다
DMZ 평화경제 국제포럼에 부쳐

8월 28일과 29일 이틀간 DMZ 평화경제 국제포럼이 열립니다.

독일 사민당의 지도자인 슈뢰더 전 독일 총리의 특별강연도 예정돼 있다고 하는데요, 한반도 평화에 관심이 많은 그는 한국인 김소연씨와 지난해 결혼한 인물이기도 합니다.

남북 간의 평화경제는 김대중 정부 시절, 처음 등장했습니다.

2000년, 분단 이후 사상 처음으로 남북정상 회담이 개최되고, 남북 경제 교류 협력을 위한 개성공단 설치와 금강산 관광 사업이 추진됐습니다.

이후 노무현 정부에서도 평화 번영의 정책 하에서 북한과의 경제 협력을 강화해 나갔습니다.

내일부터 개최되는 평화경제 국제포럼은 문재인 정부 평화경제에 대한 구상과 전망, 그리고 나아가서 한반도 평화 공동체의 구체적인 로드맵까지 제시될 것으로 기대됩니다. 평화와 경제는 선순환적 의미를 갖고 있습니다. 평화경제는 평화가 경제 이익을 확보해 주고 동시에 경제 이익이 평화를 유지해 준다는 함의를 갖고 있습니다.

국가 간의 교역이 증가하게 되면 상호 의존성이 점증하게 돼 충돌의 가능성이 줄게 될 뿐만 아니라 경제적으로도 상호간 이득이 창출돼 궁극적으로 평화가 확보되는 것입니다. 남북 간의 상호 평화, 경제 정책이 공존 되면 한반도는 경제적 공동체로 나아갈 수 있고 이는 동북아시아의 평화는 물론 국제 평화에도 기여를 할 수 있습니다.

남북 간 평화적 경제 교류가 실현되면 전쟁의 공포와 막대한 군사비 지출은 줄고, 대륙으로의 직접적 진출이 가능하게 됩니다. 이렇게 되면 우리의 세계적인 기술력이 북한의 우수한 노동력과 풍부한 지하자원과 결합해 남북한 공동 번영의 시대가 열릴 수 있습니다.

서해의 목포, 인천, 새만금과 북한의 신의주, 단동, 대련, 베이징을 연결하는 '환황해 경제권'이 조성되고, 부산, 울산, 포항, 강릉에서 원산과 나선 및 핫산, 그리고 블라디보스톡을 연결하는 '환동해 경제권'이 개발된다면 남북한은 꿈같은 한반도 경제 공동체의 길이 열릴 수 있는 것입니다.

르네상스 시대 최대의 인문주의자인 에라스무스는 "부정한 평화라도 정당한 전쟁보다 낫다"라는 말을 남겼습니다. 전쟁이 인류에게 가져다 준 폐해에 대한 경고라고 할 수 있는데요. 우리 한반도에도 평화와 경제가 선순환 되는 번영의 미래가 다가오기를 기대합니다.

(2019. 08. 28.)

1900년 10월 22일,
독도는 대한제국 행정편제에 등록

일본 측이 대한민국 동해 영토수호훈련에 대해 반발이 심합니다. 일본 정부는 "독도는 명백한 우리 고유의 영토"라면서 "이번 한국의 독도방어훈련은 받아들일 수 없다"고 밝혔습니다. 대한민국 군의 독도방어훈련은 이번이 처음이 아닙니다. 지난해에는 6월과 12월, 두 차례 열렸습니다. 독도에 대한 대한민국 영토 지배에 대해 일본이 반발하는 행위는 국제법에 대한 무시입니다.

1902년 4월 대한제국은 '울릉도 절목'을 마련해 시행함으로써 울릉도와 독도에 대한 실효적 지배를 관철하고 울릉도와 독도의 행정편입을 '관보'로 반포함으로써 근대 국제법상의 영유권 절차를 확립했기 때문입니다.

울릉도와 독도에 대한 조선의 정책은 수백 년 동안 수립된 것입니다. 조선의 전통적인 대 울릉도 독도 정책은 거주 주민들을 쇄환하여 섬을 비우고, 침범하는 왜인들을 토벌하는 정책이었습니다.

조선 세종 때부터 지속적으로 시행했던 정책입니다. 물론 영유권 확보 정책 역시 견지해 왔구요. 왜구들이 수시로 울릉도 등을 침범하고 인근 해역에서 불법 조업을 함에 따라 고종은 울릉도와 독도에 주민들을 이주시켜, 주민 거주공간을 확보하고 농지를 개간시켜 영토 확립정책을 추진합니다.

고종은 1898년 광무 2년에 칙령 제12호로 울릉도 도감을 설치했고, 1900년 10

월에는 독도가 포함된 울릉도와 주변 도서를 5등급의 군으로 승격시켜, 군수를 배치하는 실효적 지배를 완성시킵니다.

대한제국은 1900년 10월 22일 울릉도로부터 동남향으로 87.4km 떨어져 있고, 총면적이 18.7만 제곱미터에 달하는 작은 섬 '독도'를 정식 행정 구역으로 삼고 대한제국 행정편제에 편입시킨 것입니다. 첫 군수는 배계주가 임명됐습니다.

당시 일본 해군성에서 제작한 '일본 수로지'에서도 독도는 조선의 영토로 표기돼 있었습니다. 1905년 러일전쟁에서 승리한 일본은 독도를 침략하게 됩니다. 1905년 1월 28일 전승국 일본은 독도의 일본 영토 편입을 결정하게 되는 것입니다. 제2차 세계대전에서 일본이 패망하자, 독도는 일본 영토에서 제외됩니다. 1946년 1월 29일 연합국 최고 사령부는 지령 제677호를 발표해 울릉도와 독도가 대한민국 영토임을 국제사회에 알렸습니다.

한일 간에 있어서 독도는, 자주 영토와 침략이라는 역사성을 갖고 있습니다. 그래서 독도 방어훈련은 일본의 침략 근성에 확실한 쐐기를 박는다는 의미에 있어서도 중요한 것입니다.

일제강점기 시절에 빼앗겼던 독도, 다시는 빼앗기지 말아야 하는 것은 우리의 소명의식과 관련 있는 것입니다.

(2019. 08. 27.)

지소미아에 얽혀 있는 세 가지 수

 이제 며칠 남지 않았습니다. '한일군사정보보호협정' 'GSOMIA'를 더 연장할지, 아니면 파기할지를 결정해야 합니다. 지소미아 연장 여부와 관련해서 우리는 세 가지 경우의 수를 생각할 수 있습니다.
 첫 번째 지소미아 연장에 동의를 표시하는 경우입니다. 중국을 견제하기 위한 미국의 전략적 의도 즉, 한미일 삼각 협력 체제를 통한 중국 견제의 미국의 동아시아 전략에 적극 찬성하는 것이죠. 미국 측에게 일본의 도발에도 불구하고 한국이 미국 측에게 적극 협력한다는 강한 의사 표시를 하게 되는 것입니다. 한미 동맹에 대한 굳건한 신뢰 의지를 보여주게 되며 한국 측은 미국의 전향적 양보를 통한 북미 간의 협상 진전도 요구할 수 있습니다.
 두 번째는 자동연장 상태로 놓아두는 경우입니다. 지소미아는 한쪽이 파기하지 않으면 1년 자동 연장됩니다. 현재의 힘 상태를 묵인하자는 것인데요. 미국의 향후 조정 능력에 대한 기대와 함께 일본의 태도 변화가 예상되기 때문에, 미국이 현재 한국과 일본에 미치는 영향력을 인정하는 상태로 놓아두자는 것입니다. 한일 간 물밑협상의 물꼬가 어느 정도 트여져 있다고 판단하여, 공식적 협상으로 진전될 수 있다고 여겨질 때 취하는 경우의 수입니다.
 세 번째로는 지소미아를 파기하는 경우입니다. 일본의 태도 변화가 전혀 감지되지 않을 때 취하는 방안입니다. 결과적으로 미국의 적극적 개입과 중재를 요구하게 되는 효과를 가져 올 수 있습니다. 일본의 도발이 지속적으로 예상되며, 일본의 도발이 멈추지 않는 한 한미일 삼각 협력 체제 유지는 불가능 하다는 것을 미국 측에게 충분히 설명할 필요가 있습니다.

한미일 삼각 협력 체제로 중국을 견제하려는 미국의 의도가 관철되기 위해서는 일본 측의 전향적인 태도 변화가 필수라는 점을 강조하는 것입니다.

지소미아는 2010년경부터 미국 측과 일본 측의 강력한 요청으로 인해 2016년 박근혜 정권에서 맺은 협정입니다. 일본 아베 정권은 지소미아 체결 이후 수순은 예상됩니다. 한국군과 일본 자위대가 유사시 군수 지원 체계를 통합 운영할 수 있는 상호 군수지원 협정인 ACSA입니다. 그 다음 단계는 유엔사 이름하에 일본 자위대가 한반도에 일부 주둔하는 것을 상정하고 있을 것입니다.

이 모든 수순을 미국의 비호와 동아시아 전략 하에 이뤄질 수 있다고 일본은 가정하고 있을 것입니다. 지소미아 연기, 파기 결정은 중층적인 경우의 수를 상정해서 판단해야 할 것입니다.

그러나 가장 중요한 것은 현재 한국의 국제적 위상과 힘의 역학 관계를 중심에 놓고, 다시는 일본의 지배 야욕이 한반도에 미치지 못하도록 하는 중장기적인 전략 하에 신중히 결정해야 할 것입니다.

(2019.08.21.)

일본이 방사성 오염수를 바다에 방출한다면 논란

　일본이 방사성 오염수 방출을 강행하려는 걸까요? 국제 환경단체 그린피스 숀 버니, 그는 독일사무소 수석 원자력 전문가이기도 한데요.
　숀버니는 "아베 내각과 도쿄 전력이 후쿠시마 제1 원전에 쌓여 있는 고준위 방사성 오염수 100만 톤을 태평양에 방류할 계획을 추진하고 있다"며 "특히 한국은 위험에서 벗어나기 어렵다"고 밝혔습니다.
　2011년 3월 11일, 후쿠시마 원전사고로 방사성 물질의 대량 누출이 발생했습니다. 한 달 뒤 도쿄전력은 일본 정부의 묵인 하에 2011년 4월 4일부터 약 10일 동안 총 1만여 톤의 방사능 물질 오염수를 바다에 방출한 바가 있습니다. 현재 후쿠시마 제1원전 부지에는 약 115만 톤의 오염수가 보관돼 있습니다.
　그런데 2020년이 되면 그 용량이 한계에 다다르게 된다는 것인데요, 일본 정부는 가장 용이하고 비용이 적게 드는 해상 방류를 검토하고 있다는 것입니다. 아마도 내년 도쿄올림픽 때문에 근시일 내에 해상 방류를 강행하지는 않을 것으로 보이지만, 올림픽이 끝나는 8월경 이후에는 일본 정부의 해상방류 강행이 예상 되고 있습니다.
　일본이 방사능 오염수를 바다에 방출하여 그 피해가 우리 국민의 생명과 신체, 재산 등에까지 영향을 미치게 된다면, 우리나라 국민은 일본을 상대로 국가

책임을 물어 배상 청구를 할 수 있습니다. 국제법 위반입니다.

일본이 1972년에 가입한 런던협약과 1996년 의정서, 그리고 유엔 해양법 협약상의 의무 위반인 것입니다.

런던협약에서는 1993년, 인근 해양 국가와의 사전 협의 없는 모든 방사능 물질의 해양투기를 금지토록 하고 있습니다. 문제는 일본이 방사능 오염수 대량 유출과 같은 인류 재앙적 범죄 행위를 하지 못하도록 사전에 조치하는 일입니다. 그 직접적 최대 피해 국가는 한국이 되기 때문입니다.

현재 우리는 일본이 공개하지 않으면 방사능 유출과 방류에 따른 오염 정도를 정확하게 측정할 수 없습니다. 아직 한국 자체의 준비 정도가 충분치 않다는 것이죠. 결국 일본 정부의 투명성과 공개성에 기댈 수밖에 없다는 것입니다.

외교부는 일본대사관 경제공사를 초치하여 "후쿠시마 원전 오염수의 처리 결과가 양국 국민의 안전과 태평양 해양 국가에 미치는 영향이 매우 엄중하다"는 공식 입장을 전달했습니다.

내년 7월, 일본에서 열리는 도쿄 올림픽. 도쿄 올림픽 위원회는 후쿠시마산 식자재를 올림픽에 참가하는 전 세계 선수들에게 제공하겠다고 발표해 논란이 일고 있습니다.

대 한국 수출 규제조치로 국제 무역질서를 교란시킨 일본. 도쿄 올림픽을 전후하여 국제 해양 생태계까지 오염시키는 악행을 저지를까봐 심히 우려됩니다.

(2019.08.20.)

광복절 74주년에 부쳐

 1945년 8월 15일 해방·광복이 된 지 74주년이 됐습니다. 일본에서는 8월 15일을 종전기념일로 부릅니다. 미국과 연합군에게 패망한 날을 그럴 듯하게 포장한 것 같은데요. 이번 광복절은 우리에게 더욱더 뜻 깊은 날이었습니다. 그 이유는 일본의 도발로 인해 총성 없는 경제 전쟁이 시작됐기 때문입니다.
 문재인 대통령은 광복절 축사에서 책임 있는 경제 강국과 교량국가, 그리고 평화경제를 강조했습니다. 일본과의 경제전쟁에서 이기는 유일한 길은 일본 의존도에서 탈피하는 것입니다.
 그동안 국제 분업 체계로 인해 어쩔 수 없이 의존도가 높았던 산업 분야에서 어떻게 하면 국내 연관 산업을 육성시키고 수입을 다변화 시키느냐가 관건입니다. 문제는 중소기업입니다. 대기업들은 자체 내구력이 강해서 버텨나가는데 큰 문제가 없을 것으로 보이는데요. 피해가 직접적인 중소기업에 대한 자구책 마련이 철저해야 할 것입니다. 소재부품 산업 국내 육성책인데요. 중소·중견기업 친화적 정책전환이 절실합니다. 규제 완화와 함께 금융 지원과 인프라 육성책이 마련돼야 합니다. 동시에 갑질이 아닌 상호 협력 체계를 갖는 대기업 중소기업 네트워크 체계도 이번 기회에 반드시 마련돼야 합니다.
 북한이 매우 안타깝습니다. 남한 측이 일본과 경제전쟁을 벌이고 있는데, 미사일 발사체를 연이어 쏘아대고 있으니 협력적인 남북관계가 아쉬울 뿐입니다. 장기적으로 남북이 함께 협력 공동 대응하면 일본의 패권국가 추진을 효과적으로 저지할 수 있을 것입니다.

결국은 대한민국이 부강해지는 길 외에는 다른 방안이 없습니다. 빠른 시일 내에 1인당 국민소득 5만 달러 시대를 달성해서 반도강국의 면모를 보여야 일본이 오판하지 않게 됩니다.

한국의 경제 강국·문화강국 시대는 동북아시아의 평화를 오게 만들고 인류의 평화와 번영으로 이어지게 되는 것입니다.

(2019. 08. 19.)

문재인 케어의 핵심은

공자의 대동사회에서는 노약자와 병자 그리고 가난한 사람들이 보호받고 부양받는 국가의 역할을 강조하고 있습니다.

건강은 인간이 누려야 할 기본적인 권리이며, 자신의 능력을 발휘할 수 있는 기본 조건입니다. 건강보험은 인간이 건강할 권리와 능력을 발휘할 수 있도록 기회를 보장해 주는 복지제도입니다.

한국의 건강보험 보장률은 OECD 국가 평균 80퍼센트에 못 미치는 60퍼센트 대입니다. 2005년 61.8퍼센트였던 건강보험 보장률은 10년이 지난 2014년에도 겨우 1.4퍼센트 오른 63.2퍼센트였습니다.

문재인 정부는 지난 2년간 각고의 노력 끝에 환자 3천6백만 명에게 2조2천억 원의 의료비 경감 혜택을 줬고, 건강보험 보장률도 67.2퍼센트로 끌어 올렸습니다. 아직도 건강보험과 관련하여 정비돼야 할 부분이 여럿 있습니다.

건강보험 보장률은 국민들의 의료비 부담과 직결된 사항입니다. 경제적으로 어려움을 겪고 있는 국민들은 비급여 항목 의료비 때문에 이중적인 고통을 겪을 수밖에 없고, 국민 건강의 수준은 증진될 수 없습니다.

문재인 케어의 핵심은 국민 부담이 과중한 비급여 항목 의료비를 국민건강보험에서 보장해 주는 것입니다.

2017년부터 강력하게 추진된 보장성 강화정책으로 MRI와 CT 및 65세 이상 임플란트, 틀니 본인 부담금 경감 등이 현실화됐습니다.

국민들도 10명 중 8명이 건강보험제도가 향상됐다고 느끼고 있습니다. 아직도 의료계와 정부의 마찰은 계속되고 있고, 건보 재정 문제는 사회적으로 뜨거운 논란거리입니다. 일단 비급여의 풍선 효과입니다. 병원 측은 기존 비급여 진료가 건보에 포함되면, 다시 비급여 진료 항목을 신설하여, 병원 측의 이익을 도모할 수 있다는 지적입니다. 국민의 부담이 도로 환원되는 것이죠. 비급여 진료를 통해 수익을 늘리려는 병원의 관행을 없애기가 쉽지 않다는 것입니다. 포괄수가제 적용이 하나의 대안으로 제기되고 있습니다.

병원 측이 문제 삼고 있는 낮은 건강보험 수가와 비급여 풍선효과를 동시에 해결할 수 있는 해결책 이라는 것이죠. 포괄수가제를 통해 건강보험 급여 수가로 발생하는 손실과 높은 비급여 수가에서 발생하는 이익이 상쇄될 수 있다는 것인데요. 이는 의료계와의 합의가 필요한 사항일 것입니다.

우리는 1977년 사회의료보장제도를 시작했고, 그 이후 의약분업 및 직장, 지역 의료 보험의 통합 등을 통해 건보 제도의 확립을 기해왔습니다. 이제 비급여 진료를 국가가 보장하는 보장성 강화 정책이 어떻게 정착하느냐가 관건입니다. 정부의 노력과 함께 사회적 합의를 어떻게 만들어 내느냐가 그 성공 여부를 판가름 할 것입니다.

(2019.08.12.)

오히려 전화위복의 계기가 될 수 있어

　일본의 불시의 공격이었습니다. 한국 경제는 한 달여 만에 대처 방안을 마련하고, 안정을 찾아가는 모습입니다. 현장에서는 오히려 "전화위복의 계기로 삼을 수 있을 것 같다." 라는 이야기도 나오고 있습니다.

　그동안 대기업의 수주를 받지 못해 소재 부품 생산라인을 가동시키지 못했던 중소, 중견기업 측에서는 이번 기회에 국내 소재 부품 산업을 발전시킬 수 있는 계기가 됐다는 자평도 나오고 있습니다.

　실제 일본이 수출을 규제한 고 순도 불화수소와 포토레지스트, 폴리이미드 등 3개 품목에 대해서는 중장기적 해법을 찾은 것으로 전해지고 있습니다. 재고 확보와 수입처 다변화, 그리고 국산화가 발 빠르게 진행되고 있다는 것입니다. 실제 올 9월에서 10월에는 일본의 불화수소와 순도가 같은 제품이 국내에서 대량 생산된다는 경제계의 소식도 전해지고 있습니다.

　포토레지스트 역시, 당장 국산화가 어렵지만 필요 물량 확보에 청신호가 켜졌다고 합니다.

　카이스트 교수들 100여명이 소재 부품 국산화율을 높이기 위해 자문단을 구성하여 원천기술 돕기에 적극적으로 나섰습니다. 그래서인지 일본의 전문가들과 언론에서, 역풍을 우려하는 목소리가 나오고 있는 것이 사실입니다.

　내년 2월경이 되면 반도체 소재 3종에 대해 탈일본이 가능할 것이라는 예상이 조심스럽게 나오고 있습니다. 이런 상황이 지속된다면 그 손해는 일본 기업에게 갈 것이고, 일본은 국제 분업을 언제든지 깰 수 있는 신뢰하지 못하는 국가로 낙인찍힐 수 있습니다. 더욱이 무리하게 한국 수출규제 정책을 추진한 아베 총리의 정치적 위기가 올 수 있다는 경고음까지 나오고 있습니다.

공자님 말씀 중에 '이직보원'이라는 이야기가 있습니다. 원수에 대한 보복은 정직하게 원칙을 갖고 대응해야 한다는 뜻입니다. 일본 아베총리의 경제 도발에 우리 한국이 흔들리지 않고, 원칙적으로 대응한다면 반드시 승리 할 수 있는 것이죠.

우왕좌왕, 내부 분란을 피하고 민관정이 합심해서 대응을 해나간다면 아베의 도발은 의외로 싱거운 한판이 될 수도 있다는 것입니다.

(2019.08.09.)

지능정보사회로서의 4차 산업혁명

4차 산업혁명의 대비로서 가장 중요한 분야는 과연 어디일까요. 바로 교육입니다. 교육시스템에서 미래형 인간을 창출해내지 않으면 우리는 4차 산업혁명에 뒤처지는 국가가 될 수밖에 없습니다.

2016년 다보스 포럼의 키워드는 4차 산업혁명 이었습니다. 당시 슈밥 의장은 "4차 산업혁명이 단순히 새로운 기술만의 문제가 아니라, 중대한 사회변화를 가져올 수 있는 잠재력을 가진 문제라면서, 결국은 집단 지혜의 산물"이라고 강조했습니다.

4차 산업혁명은 집단 지혜의 산물로서 사회 체제의 변화입니다. 또한 4차 산업혁명이 추구하는 사회를 '지능 정보사회'라고 표현하기도 합니다. 결국 4차 산업 혁명에 대한 대비는 집단 지혜 창출과 함께, 지능 정보사회를 어떻게 만들어 나가느냐에 달려있다 할 것입니다.

새로운 사회 생태계가 요구됩니다. 그런데 그 새로운 생태계는 교육과 제도, 문화의 혁신을 통해서 만들어 질 수밖에 없습니다. 결국 인간의 지능과 능력을 개발시키는 교육계의 역할이 주목될 수밖에 없습니다. 역으로 교육 제도에서의 혁신 시스템이 자리 잡지 않으면 우리 사회가 도태될 수밖에 없다는 엄중한 현실이기도 합니다.

미래 교육을 체계적으로 준비하여, 새로운 시대가 요구하는 인간을 길러내야 하는 것입니다. 안타깝게도 한국은 4차 산업혁명 준비에 철저하지는 못합니다.

2017년 지표에 따르면 한국의 4차 산업혁명 준비는 세계 11위의 경제 규모와는 전혀 걸맞지 않게 139개국 중 25위였습니다. ICT 투자는 OECD 회원국 중 최하위권입니다.

2017년 7월 관계부처 진단에 따르면 지능화 기술의 산업적 활용을 보여주는 융합 접목 수준에서도 초기 단계로 나타났습니다.

2017년 한국경제연구원의 조사에 따르면 우리나라가 4차 산업혁명 관련 미래 사회변화 대응이 미흡한 이유는 과도한 규제와 인프라 부족이 22.3%였으며, 전문 인력부족이 18.6%를 차지했습니다. 전문 인력과 인재를 대학 교육에서 어떻게 길러내느냐가 관건입니다.

교육부가 6일 대학혁신 지원 안을 발표했습니다. 재정 지원 규모를 늘리고, 규제를 완화하며 산학 협력과 함께 융합전공, 연구를 강화한다는 것이 요지입니다.

독일은 4차 산업혁명의 출발부처가 교육 과학부였습니다. 2010년부터 시작된 독일의 '인더스트리 4.0'은 교육과 연구 분야를 포함한 사회 생태계 전체의 네트워킹 강화였습니다.

프랑스 역시 AI 중심의 교육 방안과 함께 인재 양성 추진 정책을 추진하고 있습니다.

결국 혁신과 변화에 대응하는 인재 육성입니다. 그렇다면 국내 어느 대학이 이러한 미래형 인재양성 준비에 만전을 기하고 있을까요. 과감한 재정 지원과 함께, 규제 완화 및 대학의 자율성, 그리고 독립성이 확보될 수 있는 환경이 우선시 돼야 할 것입니다.

(2019.08.08.)

일본이 '평화의 소녀상' 전시 중단시킨 이유는

일본이 '소녀상' 문제에 대해서 과민하게 반응하고 있다는 점이 다시 한 번 드러났습니다. 일본의 최대 국제 예술제죠. '아이치 트리엔날레 2019'에 '평화의 소녀상'이 출품된 지 3일 만에 사라졌습니다.

민주주의 국가가 기본 원칙으로 표방하고 있는 '표현의 자유'까지 훼손시키고 억압하면서, 일본은 '평화의 소녀상' 전시를 중단하고 있는 것입니다. '평화의 소녀상'은 피해 할머니들의 굴곡진 삶을 고스란히 담고 있습니다.

뜯겨진 단발머리는 부모와 고향을 떠나 강제로 끌려가야 했던 10대 소녀의 아픔을, 맨발의 뒤꿈치는 고향에 돌아와서도 편하게 정착하지 못하는 할머니들의 한을 형상화 했습니다.

일본은 '소녀상'이 설치될 때마다 강력히 반발해 왔습니다.

2011년 주한 일본 대사관 앞에 세워져 있는 "소녀상".

일본은 집요하게 소녀상의 이전을 요구했었습니다.

2017년 부산 영사관 앞에 소녀상이 설치되자, 항의의 뜻으로 주한 일본대사를 일시 귀국 시켰습니다. 2018년 3월 주미 일본대사 부임을 앞둔 스기야마 신스케는 "미국 전역을 돌아다니며 위안부 동상을 철거하도록 설득하고 미 정부와 대화를 강화하겠다."고 밝혔습니다.

지난 2일부터 개최된 독일 전시회에 대해서도 일본은 소녀상 전시를 방해하는 압박을 가했습니다.

일본의 위안부 제도는 1932년 혹은 1937년부터 1945년까지 10년 이상 지속됐고, 아시아의 광범위한 지역과 태평양 군도 등 일본군이 교전한 모든 곳에서 발견됩니다. 일본의 육해군이 자신들의 전시 점령지에서 만든 위안소에서는 한국, 중국, 필리핀, 인도네시아 여성들이 동원돼 군인들의 성노예를 강요당했습니다. 그 규모는 적게는 5만에서 30만 명 정도로 추정되고 있으며, 한국인이 최대피해 민족입니다.

1970년 빌리브란트 서독수상은 폴란드의 유대인 추모비 앞에서 무릎을 꿇고 사죄했습니다. 바르샤바 게토 봉기 희생자 위령탑은 나치에 맞서 봉기했다가 학살당한 유대인들을 기리는 추모비입니다. 그 이후부터 유럽인들은 독일의 진정성을 믿게 됐고, 이후 유럽연합 창립으로까지 이어집니다. 빌리브란트 수상의 진정 어린 사과가 유럽의 평화와 발전을 가져온 것입니다.

일본의 아베 총리는 어떤가요. 사과는커녕 식민 지배의 정당성 확보를 위해 갖은 억지와 도발을 감행하고 있습니다. 동아시아의 평화와 갈등, 대립을 유도하기 위해 갖은 무리수를 두고 있는 아베의 행동이 조만간 그 결판이 어떻게 날지 지켜보도록 하겠습니다.

(2019.08.06.)

일본, 결국 한국을 백색국가에서 제외

 일본이 결국 루비콘 강을 건넜습니다. 경제전쟁과 함께 역사전쟁이 한일 간에 벌어지게 되는 형국입니다. 아베 내각은 한국을 우방 협력국, 즉 백색국가에서 제외하는 수출무역관리령 개정안을 의결했습니다.
 이달 28일부터 시행되는 일본의 결정은 기존 반도체, 디스플레이와 함께 공작기계, 정밀화학, 자동차 배터리 등 거의 모든 산업으로 확대되는 결과를 낳게 됩니다. 결국 향후 한국의 대응과 대처가 주목거리가 될 수밖에 없습니다.
 국가비상대응체제가 가동돼야 할 것으로 보입니다. 우선적으로는 일본의 백색국가 명단 제외로 인해 피해를 입게 되는 한국의 기업과 경제 현황을 최소화하는 일이며, 일본과의 분업 체계로 수입되던 각종 부품·소재 구입에 대한 다변화와 함께 국내 생산 자립화 계획을 차질 없이 진행해 나가야 합니다.
 부품·소재 연관 산업은 우리 경제를 이끌어 가는 전기, 전자산업, 기계, 기기 산업과 화학, 금속산업 등 타 산업의 중간재로서 절대적 위치를 차지하고 있으며, 부품·소재 산업의 고도화 여부와 기술적 발전은 한국의 선진강국 진입에 있어서 필수적입니다. 핵심기술은 선진국의 70% 수준이며, 가격과 품질은 85% 정도에 그치고 있습니다. 더욱이 핵심 부품·소재를 일본에 의존하고 있는 것이죠.
 이참에 전 국가적으로 주력해서 부품소재 산업 육성에 만전을 기해야 합니다. 국내 부품·소재 산업의 발달과 자립화가 일본에 치명적 타격을 가할 수 있는 기본적 요건인 것입니다.

두 번째로 한일 간에 본격적으로 시작된 경제전쟁에서 이기기 위해서는 국론의 통합이 필수적입니다. 때맞춰 국회에서는 민관정 협력기구가 출범했습니다. 국민들은 자발적으로 일본산 불매운동과 일본여행 취소 등으로 실질적 피해를 일본에 가하고 있습니다. 정부는 컨트롤 타워를 구성하여 국민적 동의와 협력 속에서 국가적 역량을 결집해야 할 것입니다. 구한말 우리가 국론이 나뉘지고, 일본의 거짓된 선전 선동에 현혹됐던 과거를 다시 한 번 기억해야 할 것입니다.

세 번째로는 이번 경제 전쟁은 총성 없는 대결입니다. 그만큼 국제적 여론과 협력, 그리고 설득이 그 승패를 가름합니다. 정부와 민간 기업은 전 외교력을 경주해서 국제 경제 질서를 파괴하는 일본의 행태를 알리고, 결국은 이 피해가 연쇄적으로 전 세계로 확대될 수밖에 없음을 알려야 합니다. 특히 미국이 이 사태를 방관하면 미국의 아시아 회귀 정책이 근간에서부터 흔들릴 수밖에 없고, 중국 역시 일본의 패권화에 함께 제동을 걸어야 한다는 점을 설득해야 합니다.

일본정부의 일방적인 경제 전쟁 선포, 100년 전과 다르게 한국의 힘과 능력이 배가 됐음을 분명하게 일본에게 보여줘, 그들의 오판을 스스로 알게 하고 국제사회에 인지시켜서 다시는 일본이 한반도를 제물로 삼게 하는 역사적 오류를 범하지 못하게 해야 합니다.

(2019.08.05.)

국립현충원에 살아있는 토착왜구

'토착왜구'라는 말을 아실 겁니다. 1910년, 대한매일신보에서는 '토왜를 얼굴은 한국인이나 창자는 왜놈인 도깨비 같은 자, 나라를 좀먹고 백성을 병들게 하는 인종'으로 규정하고 있습니다. 한마디로 '친일부역자'를 뜻한다고 할 수 있습니다. 5G시대에 토착왜구라는 말이 나오고 있습니다. 우리는 1945년 광복을 맞았고, 1948년 대한민국 정부를 공식적으로 수립했습니다.

올해는 더욱이 3·1운동 100주년이 되는 해입니다. 아직도 친일의 잔재가 그윽이 남아있고, 나라와 민족을 팔아 부귀영화를 누렸던 친일 부역자들이 버젓이 존중받고 있다고 하니, 독립 운동가들이 이 사실을 알면 지하에서 통탄할 일입니다.

지난 6월 6일 국립대전 현충원 묘역에서는 난데없는 오물 투척소동이 있었습니다. 현충원에 묻혀 있는 친일 인사들의 묘역 이장을 요구하며 민족문제 연구소 회원들이 김창룡 등 친일인사의 묘 5기에 가축 분뇨를 뿌린 것입니다. 김창룡은 잘 알려져 있습니다만, 고 김구 선생의 암살 배후로 지목돼 있는 대표적인 친일 부역자입니다. 현재 밝혀진 현충원에 안장돼있는 친일 반민족 행위자들은 총 11명입니다.

간도 특설대 창설요원인 김백일은 제1묘역에, 학생동원 활동을 했던 일본군 군사교관 출신 신태영은 제2묘역에 묻혀 있습니다.

오죽하면 조경한 선생이 자신이 죽으면 친일파가 묻혀 있는 국립묘지가 아니라, 동지들이 묻혀 있는 효창공원에 묻어 달라고 했을까요. 독립운동가 조경한 선생은 임시정부 국무위원이자 마지막 비서실장이었던 인물입니다.

국회에는 지난해 9월 '친일 부역자들의 현충원 안장을 금지하고 이장을 강제하는' 내용의 관련 법안이 발의했지만 아직도 상임위에서 계류 중에 있습니다. 광복이 됐지만 친일 청산이 제대로 이뤄지지 않았기 때문에, 국립 현충원에 독립 운동가들을 탄압하고 살해했던 토착왜구들이 독립 운동가들과 나란히 묻혀 있는 것입니다.

일본과의 경제 전쟁이 이제 본격화 될 것으로 보입니다. 반도체 원료 수출 규제는 선전포고였고, 화이트 리스트 제외는 실제 전투상황에 들어가는 것인데요. 아직도 토착왜구들이 국립현충원에서 설치고 있다고 하니, 내부에 남아있는 친일잔재, 친일 적폐 청산부터 먼저 진행해야 일본과의 경제전쟁을 효과적으로 치루지 않을까 여겨집니다.

(2019.07.31.)

지소미아는 한미일 군사협력,
3국 군사동맹까지 염두에 둔 포석

　GSOMIA. 한일 군사정보 보호협정을 계속 유지할 것인지, 아니면 파기할지 결정할 수 있는 기한이 이제 한 달여 앞으로 다가왔습니다. 한일 간의 정보보호 협정이 맺어지기까지에는 우여곡절이 꽤 있었습니다.

　이명박 정부시절인 2012년 6월 29일 양국 정부는 공식 서명하기로 했었는데요, 서명 1시간여를 남기고 한국 요청으로 체결이 연기됐습니다. 그 이유는 한국 국회에서 협정체결 절차를 문제 삼았기 때문입니다. 당시 김관진 국방장관은 "국민적 관심이 큰 만큼 졸속 처리하지 않고 앞으로 국회차원의 논의를 거쳐 처리하겠다."고 밝혔습니다. GSOMIA는 약 4년간의 휴지 상태를 지나 박근혜 정권시절인 2016년 11월 23일 갑자기 체결됐습니다. 당시는 '박근혜-최순실 게이트'로 온 나라가 패닉 상태에 빠져 있었는데, 돌연 재개되고 처리됐던 것입니다. 한국은 미국과 영국 등 18개 국가와 정보 보호협정을 체결해 왔습니다. 즉 정보보호 협정은 양국 간의 군사상 비밀을 공유하고, 공동 대처를 통해 국제적 신뢰를 증진시키기 때문입니다. 하지만 양국 간의 군사정보를 공유하는 한일 정보보호 협정은 양국 간의 국민적 신뢰가 불투명하기 때문에 난항을 거듭해 왔던 것입니다.

　미국과 일본은 한일 정보보호 협정 체결을 맺기 위해 한국 측에게 상당한 종용을 해 왔습니다. 미국은 중국의 부상과 북한에 대한 핵 위협을 억제하기 위해서 한미일 군사협력이 필요하고, 미국의 아시아 회귀전략에서 한미일 공동 대처가 필수 불가결하다고 보았기 때문입니다. 일본 역시 한일정보 보호협정을 시작으로 ASCA, 양국 간의 군수지원 협정으로 나아갈 수 있고, 이는 한일 간의 밀접한 군사협력으로 진전되어, 향후 군사대국화 전략에 따라 한반도로 진출할 수 있는 주요한 군사적 시금석이자 기회가 될 수 있다는 판단이 깔려 있기 때문입니다. 중국의 군사적 역량이 아시아에서 급부상하고, 북한의 핵미사일 위협과 도발이 점증하던 시절인 2010년. 그해 7월 일본 자위대 장교들이 한미 군사훈련을 참관했고, 12월에는 한국군 장교들이 미일 군사훈련을 참관했으며, 당시 미국 태평양 사령부는 "한미일 3국간 믿을 수 있는 군사정보 매커니즘을 설립해야 한다."고 발언하기도 했습니다. GSOMIA는 한미일 군사협력, 군사동맹까지 염두에 둔 포석이라고 볼 수 있습니다. 2019년 한반도를 중심으로 한 상황은 급변하고 있습니다.

한일 정보보호 협정을 맺게 한 북한의 심각한 위협은 매우 약화됐고, 남북 간은 작년 9월 19일 쌍방 간의 무력충돌을 배제하는 남북군사 합의서에 서명했습니다.

일본은 한국을 상대로 무역보복조치를 감행했고, 조만간 한국을 백색국가 리스트에서 제외한다는 방침을 진행 중에 있습니다. 사실상의 우방국에서 제외한다는 행보입니다. 이러한 상황에서 우리가 일본과 휴민트 등, 2급 군사비밀을 공유해야 되는지 강력한 의문이 들 수밖에 없습니다. 더욱이 한일 간 경제 전쟁이 벌어지고 있는데, 미국이 한미일 군사협력을 강화, 추진하는 아시아 전략이 그 실효성이 있을지 더욱더 회의적일 수밖에 없는 것입니다.

(2019.07.26.)

한국의 힘이 강대해져야
동북아시아의 평화가 이루어져

독도 인근이 중국과 러시아 군용기들의 침범 루트가 돼버린 것 같습니다. 올해 들어서 중국은 25차례, 러시아는 13차례나 진입했다고 합니다. 마치 제집 드나들 듯이 대한민국 방공 식별구역을 침범한 중국과 러시아 공군기들은 한국 공군의 적절한 대응과 경고사격으로 일단 돌아갔습니다.

일본도 덩달아 출격하여 발언권을 높이고 있습니다. 방공 식별구역이 자칫 주변국의 화약고가 될 수 있다는 우려가 나오고 있습니다. 일본의 수출규제 조치가 매우 심각하게 나타나고 있는데, 러시아 군용기까지 독도 인근에 나타나 우리 영공을 침범한 일이 벌어지자, 국민들은 상당히 불안해 할 것 같습니다.

대한민국의 영토인 한반도는 지리적으로 대륙세력과 해양세력이 첨예하게 부딪히는 곳입니다. 우리는 대륙 세력과 해양 세력에 끼여서 어려움과 고통을 겪어야 했습니다.

특히 120여년 전 서구 제국주의 세력이 물밀듯이 아시아로 들어 올 때 한반도는 대륙, 해양세력의 각축장이 돼버렸습니다. 안타깝게도 구한말 우리는 군사적, 경제적 역량이 열등했습니다. 서구제국과 일본이 18세기부터 집중적으로 육성했던 군수 산업분야를 우리는 등한시해 버렸습니다.

반도 국가의 역량이 취약해지면 그 결과는 비참해 집니다. 타 민족의 복속과 지배를 받게 되는 것이죠. 국민의 거센 저항에도 불구하고 한반도는 전쟁터가 돼버렸으며 우리는 전리품 대열에 끼고 말았습니다.

러시아는 만주를, 영국은 인도를, 미국은 필리핀을, 일본은 조선을 각기 취했습니다. 무슨 깡패들이 남의 집에 침입하여 가구와 재산을 자기들 맘대로 나눠 갖는 일이 19세기 세계 곳곳에서 '밀약'이라는 형태로 벌어졌던 것입니다. 반도국가의 역량이 출중해지면 반도 주변은 평화와 공영의 시대를 맞게 됩니다. 반도국가가 독자적인 능력과 힘을 갖게 되면, 주변 외세는 반도 국가를 넘보지 않고 협조하게 됩니다. 우리 한반도가 외세와 함께 번영하는 천혜의 땅이 되는 것입니다.

우리 대한민국이 완충국이 될 정도로 국력이 신장한다면, 미국과 일본은 우리를 영구 동반자로 대접하게 됩니다. 자신들의 안보와 경제적 이익에 절대적으로 중요한 국제적 위상을 대한민국이 갖게 되기 때문이죠. 마찬가지로 중국과 러시아 역시 한국이 해양세력, 특히 일본의 북상을 막아준다면 긴밀한 우호 관계를 원하게 됩니다. 주요한 완충지역이 되는 것입니다.

한국이 1인당 국민소득 4만 달러를 달성하게 되면, 세계 8대 강국 대열에 끼게 되는데요, 문화적 저력인 한류의 영향력과 함께 반도 강국으로 나아갈 것입니다. 그렇게 되면 역내의 항구적 평화는 물론 대한민국 대 번영의 시대를 맞게 될 것입니다.

(2019.07.25.)

한일간의 분쟁에서 미국의 태도가 중요

존 볼턴 미 백안관 국가안보 보좌관이 오늘 한국을 공식 방문했습니다. 볼턴 보좌관은 방한하기에 앞서 일본을 방문하여 고노 외무상과 이와야 방위상을 만났습니다. 존 볼턴 보좌관은 한일관계의 급격한 악화에 우려를 표명한 것으로 알려져 있습니다. 아직까지 미국의 한일 분쟁에 관한 스탠스는 우려는 표명하되, 문제 해결은 양국이 해야 한다는 입장입니다.

트럼프 대통령의 "한일 양국의 요청이 있으면 돕겠다."라는 중립적인 발언에서 그 의도가 드러나고 있다고 할 것입니다.

현재 일본이 한국에 대해서 취하고 있는 수출규제 조치와 경제전쟁의 서곡은 사실 미국의 대 아시아 전략과 밀접한 관련을 갖고 있습니다. 미국의 암묵적 용인 속에서 벌어지고 있는 조치라는 것이죠.

동북아시아에서의 중국의 강력한 부상에 대한 미일 간의 이해가 맞았기 때문인데요. 미국은 중국의 부상을 막기 위해서는 일본의 군사적 증강과 함께 위상 강화가 필요하다는 생각인 것 같고, 일본은 동아시아에서의 독자적 패권을 회복하기 위해서 미국의 지원과 함께 강력한 미일 동맹을 유지해 나가야 한다는 의도를 품고 있는 것입니다.

2012년 총선에서 집권한 아베 정권은 보통국가화를 내세우기 시작했습니다. 이는 '전쟁 목적의 군사력 보유 금지와 무력행사 및 전쟁의 포기를 규정한 헌법'에서 벗어나겠다는 의미입니다. 이는 2015년부터 '적극적 평화주의'라는 외교적 레토릭으로 바뀌기 시작하는데요. 중국의 억지력을 방지하는 군사적 강화 정책으로 추진되고 있습니다. 이 점에서 미국의 대 아시아 전략과 이해관계가 일치하게 됩니다.

일본을 파트너로 삼아 중국의 부상을 막을 수 있다는 것, 미국 국방 예산의 절감이라는 현실적인 이해관계와도 일치하게 된 것이죠. 미국이 분명히 알아야 할 사실은 미일동맹 강화 틀 내에서 아베정권이 궁극적으로 도달하려는 것은 아시아 지역에서 미국과 보다 동등한 관계를 갖겠다는 것입니다.

아베는 미국의 대아시아 전략에 편승하여 미일동맹을 한시적으로 이용하려는 것이죠, 이 숨은 의도를 미국은 알고 있을 텐데요. 미국은 중국과의 지역경쟁에 동참할 파트너가 필요하다는 단기적 이해에 빠져, 일본의 패권적 야욕을 제어하지 못하고 일본을 중심으로 하는 먹이 사슬 구조에 빠져 버릴 수 있습니다. 일본이 동아시아에서 패권 국가로 올라서게 되면, 그 다음 타겟은 바로 미국이라는 것입니다.

일본의 보통국가화 추진의 시작은 대미 종속을 탈피하기 위한 의도에서 나온 정책이라는 점입니다. 강력한 미일 동맹 강화는 미국에 편승하는 무임승차가 아니라 그 뒤에는 일본 패권의 검은 의도가 깊숙이 담겨져 있다는 것입니다.

(2019.07.24.)

식민지배에 대한 보상과 사과가 없었던 한일청구권협정의 진실

고노다로 일본 외무상이 남관표 주일 한국대사를 초치했습니다. 한국 대법원이 내렸던 강제징용 배상 판결과 관련하여 '한국이 제3국 중재위 구성 제안에 응하지 않았다'는 취지입니다. 매우 일방적인 조치라고 하지 않을 수 없습니다.

한일 청구권 협정 3조의 발동은 양국 간의 합의에 의한 것이지. 어느 한쪽의 일방적인 요구에 의해 발동될 수 있는 강제성이 없기 때문입니다. 당사자 간 합의가 없는 중재가 과연 성립될 수 있는 것인가요. 매우 상식적인 판단인데요.

이러한 사실을 잘 알고 있는 일본이 중재위 회부를 갑자기 들고 나온 이유는 자신들의 대 보복 조치에 대한 명분 쌓기라고 밖에 볼 수 없는 것입니다.

1964년 한일청구권 협정이 맺어진 이후 상당히 많은 분쟁이 한일 간에 있었지만 단 한 차례도 양국 간 중재위가 열린 적이 없습니다.

자 그렇다면 왜 일본은 걸핏하면 1964년의 한일청구권 협정을 들고 나오는 걸까요. 일본은 1964년 박정희 정권과 맺은 한일 청구권 협정에서 개인의 청구권이 모두 소멸 됐고, 당시 모든 금액을 지불 했다는 것입니다.

당시 굴욕외교라고 국민이 거세게 반대하는 데도 불구하고 박정권은 일본과 국교정상화 및 청구권협정을 맺었는데요, 일본이 3억 달러의 무상자금과 2억 달러의 차관을 지원하고 한국은 대일청구권을 포기하는데 합의한 것입니다.

당시 한일어업 협정도 맺어졌는데요, 기존의 평화선은 무력화되고 공동 어로 구역이 재설정 됐습니다.

  독도 인근이 일본 측의 강력한 요구에 의해 공동 어로구역으로 설정됐습니다. 쿠데타로 집권한 박정희 정권은 자신들의 정통성 확보를 위한 경제개발추진 자금이 필요했고, 미국의 지원을 받기 위해서, 미국이 종용하는 한일 정상화를 받아들였던 것입니다. 중요한 것은 박 정권은 일본의 식민지 지배에 대한 사과와 배상은 한일협정에 단 한 줄도 삽입시키지 못한 것입니다. 결과적으로 한국 국민 입장에서는 일본의 부당한 식민지 지배와 이에 따른 배상과 보상을 청구할 권한이 남겨진 것이죠.

  1964년 한일 청구권 협정이 국가 간 맺어진 조약이지만, 일본의 경제적 지원과 협력이 명분이지, 36년간 식민지 지배에 대한 보상 성격은 전혀 아니기 때문입니다.

  2018년 10월 30일 한국 대법원 전원 합의체는 이춘식 등 일제 강제징용 피해자 4명이 일본 신일본 제철을 상대로 낸 손해배상 청구에 대해서 1억원씩 배상하라고 판시했습니다. 대법원은 "식민지배의 불법성을 근거로 한 강제동원 위자료 청구권이 - 1964년 한일청구권 협정의 적용대상에 포함되기 어렵다"고 설명했습니다.

 일제는 아직까지도 불법적이고 침략적인 식민지배에 대해 한국 국민들에게 상응한 배상과 보상을 해야 할 책임이 있는 것입니다. 극우 정권인 아베정권은 이를 인정하기 매우 싫을 것입니다. 자신들의 식민지배의 부당성을 인정하는 순간, 자신들이 다시 추구하려고 하는 과거 일본의 제국주의적 영예 달성에 대한 명분이 없어지기 때문입니다. 그 첫 번째 걸림돌이 한국이라서 매우 심기가 불편한 것 같습니다.

(2019.07.22.)

'공감의 정치'가 필요하다

 1년 4개월 만입니다. 문재인 대통령과 여야 5당 대표가 한자리에 모였습니다. 문 대통령이 취임 후 정당 대표를 초청한 것은 이번이 네 번째며, 5당 대표가 모이는 것은 2018년 3월 이후 두 번째입니다. 특히 최근 일본이 과거사에 대한 보복 조치로 수출경제 규제 등을 더욱 강화할 것으로 보이기 때문에, 이번 회동이 더욱더 주목을 받았습니다. 즉 국가적 사안에 대해 대통령과 제 정당이 어느 정도의 합의점을 만들어 낼지가 가장 관심거리였습니다. 물론 다른 정치 전반에 관한 쟁점과 갈등 요인에 대해서는 상호 의견을 교환하고 소통하는 자리였다는 점에 긍정적인 평가를 내릴 수 있을 것입니다.
 이제 이후가 문제겠죠. 앞으로도 대통령과 제정당이 함께 국정 운영에 관해 머리를 맞대기를 국민은 분명히 바라고 있을 것입니다.
 우리는 87년 민주화 이후의 정치과정에 대해 많은 논의를 해 왔습니다. 특히 2017년 촛불혁명 이후 한국사회가 진전시켜야 할 정치행태와 정치문화는 무엇인지, 어떠한 형태의 민주주의적 제도와 내용을 우리 정치 현실에 접목시켜야 할지에 대해 많은 관심과 토론을 해 왔던 것도 사실입니다.
 한국은 2018년 기준으로 세계 제12위의 경제 강국으로 성장했습니다. 1인당 국민소득 3만 달러를 돌파했으며, GDP는 1조 6천 194억 달러입니다. 또한 구매력 평가기준 한국의 1인당 GNI는 4만 450달러로서, 2025년이 되면 명목상 총 GDP에서 일본을 제치고 세계 3위의 경제대국이 될 수 있다는 전망도 나오고 있습니다. 이렇게 경제적 선진국 대열로 나아가는 데 정치는 과연 OECD 국가 중 어느 정도 순번에 위치하고 있는지 상당수의 국민들은 고개를 갸우뚱 할 것입니다.

정치학자 샤츠 슈나이더는 "정치의 핵심은 대중 갈등 간의 유동적인 관계를 관리하는 과정"이라고 규정한 바가 있습니다. 정치가 사회에 만연한 갈등과 대립을 조정하고 통합하는 과정이라면 어떠한 정치가 우리에게 필요한 것일까요. 미국의 오바마는 '미국정치의 심각한 양극화의 원인을 공감의 부족으로 규정한바'가 있습니다.

바론 코헨 역시 공감을 '정치적 교착 상태 및 해결해야 할 문제에 요청되는 보편적 용액'으로 보았습니다. 공감이 정치적 설득의 핵심이며, 자신의 도덕적 원칙보다 정치적 반대자의 도덕적 원칙과 생각을 이해하는 것에서부터 출발하는 것이 바로 공감이라고 보았습니다. 공감과정이 민주주의를 발전시키고 국민의 행복을 증진시키는데 필수적 요건이라는 것입니다. '공감의 정치' 공감적 민주주의로의 전환' 등의 진전된 방향이 필요하다는 것이죠.

세계 경제 강국으로 성장하고 있는 대한민국. 그러나 겹겹이 나타나고 있는 사회적 제 모순을 해결해 나가기 위해서는 보다 진전된 민주주의 틀과 내용이 필요합니다. 그것이 바로 상대방을 이해하고 설득해 나가는, 국민 행복정치로 나아갈 수 있는 '공감적 민주주의'가 아닌가 싶습니다.

(2019.07.19.)

'직장 내 갑질' 어떻게 하면 사라질까요?

이제 직장 내의 문화도 인격에 대한 존중을 바탕으로 일하는 건강하고 생산적인 풍토로 바뀔까요. 무시하고 윽박지르고, 따라오도록 강요하는 전 근대적인 직장문화가 사라지는 계기가 만들어 질 것으로 보입니다.

16일, 오늘부터 시행되는 '직장 내 괴롭힘 방지법'은 그동안 직장 내에 만연했던 갑질 문화를 근절시키기 위해 시행되는 관련법입니다.

직장 내 괴롭힘 방지법에서는 '직장 내 괴롭힘'을 '직장에서의 지위 또는 관계 등의 우위를 이용해, 업무상 적정한 범위를 넘어 다른 근로자에게 신체적, 정신적 고통을 주거나, 근무환경을 악화시키는 행위'로 규정하고 있습니다.

특히 신입사원이나, 말단 직원, 여성, 비정규직 등에게 가해졌던 상사 등의 갑질에 대해 경고등이 켜질 것은 분명합니다.

직장 갑질 119가 직장인 천 명을 대상으로 6월 27일부터 7월 1일까지 조사한 바에 따르면 '직장 갑질 감수성 지수'는 D등급으로 나타났습니다. 직장 갑질 감수성 상위 5위는 임금, 폭언, 모욕, 근로계약서, 연차라고 합니다.

"송년회 때 장기자랑을 강요받거나, 차별적으로 시말서나 반성문을 쓰게 하고, 너는 얼굴 생긴 게 임팩트가 없다"는 등의 폭언도 조사됐다고 하는데요. 최근 폭로된 대한항공의 땅콩 회항 사건과 물컵 갑질, 강동 성심병원 간호사들의 장기자랑, 양진호 전 한국미래 기술회장의 엽기적인 폭행 사건 등도 대표적인 직장 내 갑질 괴롭힘이라고 할 수 있습니다. 문제는 직장 내 갑질, 괴롭힘에 대해서 어디다 하소연하기도 힘들고, 개선될 가능성이 없다는 데 있습니다. 왜냐하면 직장 내 괴롭힘은 직장 내의 우월적 지위를 이용해 약자들에게 가해지기 때문입니다.

직장 갑질 119 조사에 따르면 "직장 내 괴롭힘이 달라지지 않거나, 불이익을 두려워해 참거나 모른 척했다"는 직장인들이 전체의 95.4%라고 합니다. 직장 내 괴롭힘은 피해자 개인의 정신적, 신체적 고통을 동반하는 명백한 인권침해입니다.

일부 간호사들의 악습인 '태움' 사건에서 보듯이 개인을 죽음에 이르기까지 하는 범법 행위인 것이죠.

이제 근로기준법 개정으로 직장 내의 부당한 괴롭힘은 범법행위로 간주 됩니다. 이 법이 우리 사회에 실질적으로 안착되기 위해서는 수많은 시행착오와 시간이 필요하겠지만, '시작이 반'이라는 말이 있듯이, 우리 사회에 그동안 만연했던 강자 우월적인 그릇된 관행과 악질적인 폐습이 제거되는 계기가 되길 바랍니다.

(2019.07.17.)

무한경쟁 '데이터 경제 시대'인데, 관련 법률은 후진성

21세기의 석유라고 불리는 '데이터'. 데이터에 대한 중요성과 미래 가치성은 이제 두말할 나위가 없죠. 데이터가 각종 서비스 자원으로 활용되면서 석유, 전기, 금융자본에 비견되는 필수 자본으로 성장하고 있습니다. 데이터가 모든 산업의 발전과, 새로운 가치 창출의 촉매 역할을 하는 글로벌 데이터 경제시대가 이미 시작된 것입니다. 데이터를 어떻게 수집하고, 가공, 분석하여, 새로운 가치를 만들어 내느냐가 개인과 기업의 경쟁력이 됐습니다.

그 능력은 국가와 개인을 평가하게 되고, 부의 가치도 결정하고 있습니다. 대표적인 사례로 세계적인 숙박대행 업체인 에어비앤비는 191개국의 420만개 이상의 숙박 정보와 데이터를 보유하고 있습니다. 데이터는 기하급수적으로 늘어나고 있습니다. 데이터의 교환, 거래량도 증가하고 있습니다.

IDC 2018년 보고서에 따르면 세계 데이터의 양은 2016년, 16 제타 바이트에서 2025년에는 163 제타 바이트인 10배가 될 것이라고 전망하고 있습니다. 데이터 관련 시장규모 역시 무섭게 성장하고 있습니다.

2011년에서 2018년 사이에 빅데이터 관련 글로벌 시장규모는 연평균 28퍼센트의 성장률을 기록했습니다. 약 46.2조원의 시장규모에 도달했다는 분석입니다. 국가 차원에서 혹은 기업, 개인차원에서 무한 데이터 시대를 어떻게 준비하고 대책을 마련해 나가느냐가 향후 운명이 걸려있을 정도의 사안이 돼버렸습니다.

미국, 중국, EU, 일본 등 세계 주요국에서는 일찍부터 범국가 차원에서 종합적인 대책을 마련해 추진 중입니다. 우리나라도 2018년 6월, 4차 산업혁명 위원회 의결 안건으로 '데이터 산업 활성화 전략'을 발표했습니다.

데이터 경제시대의 핵심키워드는 '데이터 활용'입니다. 얼마나 자유롭고 안전하게 '데이터 활용' 조건이 구비되느냐에 따라 그 성과가 좌우되기 때문입니다. 한국은 그 활용도가 개인정보보호법, 정보통신망법, 신용정보법으로 분산돼 있어 장애요소로 작용하고 있습니다. 이러한 법률적 후진성은 EU로부터 개인정보 보호 적절성 기준에 못 미친다는 판정을 받아, 유럽의 빅데이터를 공유할 수 없는 악조건에 내몰렸습니다.

반면에 일본은 EU로부터 합격점을 받아 자유롭게 유럽의 데이터를 분석할 수 있습니다.

정부는 작년 데이터 3법 개정안을 국회에 제출했지만, 제대로 논의조차 못하고 있는 실정입니다.

이외에도 고품질 데이터 부족, 폐쇄적인 유통구조 산업, 사회적 활용 저조, 전문 인력의 부족 등 무한 경쟁 '데이터 경제 시대'를 맞아 정비해야 할 제도와 인프라 구축이 시급하다고 할 것입니다.

(2019.07.11.)

세계로 뻗어가는 한국어 - 훈민정음의 역사

훈민정음 창제의 숨겨진 이야기가 최근 영화화 됐죠. 조금 있으면 공개될 '나랏말싸미'라는 영화인데요, 이 영화에서는 문자와 지식을 권력으로 독점했던 양반 사대부들의 반대를 무릅쓰고- 훈민정음 창제를 추진했던 세종대왕, 그리고 가장 천한 신분의 스님 신미가 만나, 백성을 위해 뜻을 모아 글자를 만들기 시작한 내용이 담겨져 있습니다.

세종대왕이 1446년 훈민정음을 반포했지만, 훈민정음이 나라의 글로 인정되기까지는 448년이나 기다려야 했습니다. 훈민정음은 세종시대 때의 공식 명칭이었지만, 이후 한글은 정음, 언문, 언서, 암클이라는 말로 불렸습니다.

고종31년 1894년 한글이 '국문' 나라의 글이라고 칙령 제1호로 반포되면서부터, 한글은 백성 누구나 자유롭게 또 국가의 공식문서 및 일반문서와 신문 등에 쓰이게 된 것입니다.

1894년은 일본이 경복궁을 무단으로 침략했던 시기이며, '척왜'기치를 들고 동학농민 혁명이 전국에서 들불처럼 일어났던 시기입니다. 이때 고종은 한글을 나랏글로 반포한 것입니다. 이후부터 한글은 국한문 혼용체로, 혹은 한글 그 자체로 널리 쓰이기 시작했으며, 일제강점기 시절에 오히려 더욱더 광범위하게 사용됐다고 합니다.

고종이 한글을 나랏글로 반포한 이유는 나라의 독립과 민족의 정신이 절실한 시대적 상황을 반영했을 것입니다.

한글의 '한'은 오래전부터 내려온 삼한과 국호인 대한, 대한제국, 대한민국에서 나타나 있는 독립과 자주민족의 정신을 표방하는 '한'에서 따 온 것입니다. 한글은 우리나라의 말로서 3·1운동 시 국민들이 외쳤던 '대한 독립 만세'와도 그 괘를 같이 하는 것입니다.

이와 같이 한글은 세종대왕의 창제 정신인 자주와 백성을 가르치는 애민정신, 그리고 나라의 독립이 위태로울 때 고종이 나랏글로 선포한 독립정신을 이어받아 1948년 대한민국 제헌국회에서 '한글전용에 관한 법률'을 제정하여 대한민국의 공용문서에서 한글로 쓰이게 된 것입니다.

오늘부터 한국어 교육자 대회가 열리고 있는데요. 2002년부터 문을 연 세종학당은 현재 60여 개국 180여개나 운영되고 있습니다. 전 세계인 6만 2천여 명이 한국어를 각국의 세종학당에서 배우고 있으며, 연간 15만 6천여 명이 한국어 능력 시험을 보고 있다고 하니, 대한의 독립과 자주, 민족의 얼이 담겨진 한글이 이제는 사해동포주의로 퍼져나가는 그 위대함을 보여주는 것 같습니다.

(2019.07.10.)

한국의 인공지능 SW 기술은
최고기술국과 대비해서 75% 수준

세계적인 IT 재벌로 부상한 손정의 일본 소프트 뱅크 그룹 회장이 청와대를 찾아, 문재인 대통령과 의견을 교환했습니다.

문대통령은 이 자리에서 동북아 경제 공동체 구상과 그 중요성을 역설했습니다. 손정의 회장은 AI는 인류역사상 최대 수준의 혁명을 불러올 것이라며 AI의 중요성에 대해서 거듭 강조했습니다. 인공지능 AI는 급속한 성능 향상을 보이며, 새로운 산업혁명을 이끌어갈 미래의 성장엔진입니다.

인공지능 기술은 금융, 의료, 제조업 등 경제 산업 분야는 물론, 사회문화적 측면에서도 광범위한 파급효과가 나타날 것으로 이미 예측된 분야입니다. IT 강국인 한국은 안타깝게도 인공지능 분야에서는 후진성을 면치 못하고 있는 것이 사실입니다.

한국의 인공지능 SW 기술은 최고기술국과 대비해서 75% 수준입니다. 국제특허 등 DB에 등록된 인공지능 관련 특허 건수 만 1,613건인데요, 이중 한국인이 보유한 특허는 306건으로 전체의 3% 수준에 불과합니다. 미국과는 20분의 1 수준, 일본과는 10분의 1 수준으로 현격한 차이를 보이고 있습니다. 더욱이 국내 인공지능 관련 기업 수는 100개미만으로 세계 인공지능 관련 스타트업 수와 비교할 때 한국은 2.5에서 6.7% 수준에 불과합니다. 매우 조악한 상황이라고 평가

할 수밖에 없습니다.

 우리 정부는 2013년부터 10년간 지식공유 및 지능 진화가 가능한 인공지능 소프트웨어 개발을 목표로 엑소브레인 프로젝트를 추진하고 있습니다만, 미국이 인공지능 연구개발에 향후 10년간 연간 30억 달러를 투입한다는 계획, 유럽연합의 2013년부터 10년 프로젝트로 시작된 10억 유로 규모의 휴먼브레인 프로젝트, 2016년부터 시작된 일본의 1000억엔 10년 프로젝트 계획과 비교할 때 상당히 뒤떨어져 있습니다.

 국내 기업의 인공지능 관련 투자 역시 글로벌 기업에 비해서 턱없이 낮은 수준입니다. 미래의 먹거리를 창출하고, 미래의 성장 동력인 인공지능 분야를 활성화시키기 위해서는 사회전체의 종합적이고 치밀한 준비, 그리고 사회적 합의가 필요합니다. 기술경제력 확보를 위한 인재양성과 연구개발에 대한 투자는 필수고요. 전면적인 산업기반 확충이 절실합니다.

 산업의 개방과 공유의 패러다임으로의 근본적인 정책 방향도 선행돼야 합니다. 공공데이터 개방 및 공공부문 인프라 구축을 위한 규제완화도 병행돼야 합니다.

 손정의 회장은 "지난 20년간 1인당 GDP가 일본이 1.2배, 미국이 1.8배 성장할 동안 한국이 3.7배 성장한 것은 초고속 인터넷에 대한 과감하고 시의적절한 투자 때문"이라고 밝혔습니다.

 인공지능 분야에 국가적 차원으로의 접근이 절실하다고 하겠습니다.

(2019.07.08.)

콘텐츠산업 강국과 문화강국

　역시 콘텐츠 산업은 우리경제를 이끌어가는 효자 분야인 것 같습니다. 문체부에서 발표한 '2018 콘텐츠산업 통계조사 결과'에 따르면 국내 콘텐츠산업의 매출액은 전년대비 6.7% 증가한 113조 2천 165억 원으로 집계됐습니다. 더욱이 수출에서도 호조를 보였는데요,
　2017년 국내 콘텐츠산업 수출액은 전년대비 무려 46.7% 증가한 88억 천 444만 달러입니다. 콘텐츠산업은 출판, 게임, 방송, 광고, 지식정보, 만화, 음악, 캐릭터, 영화, 애니메이션 등으로 분류되는데요, 콘텐츠산업 수출액은 연평균 15.7%의 높은 성장률을 보이고 있습니다. 이는 한류의 지속적인 인기 때문인 것으로 보입니다.
　한류의 1차 전성기는 한국드라마의 폭발적인 인기가 동남아시아를 넘어- 미주와 중동, 유럽까지 영향을 미쳤던 1997년 이후, 2000년대를 지칭합니다.
　2000년대부터 한국드라마는 동남아시아 시장에서 일본을 앞서기 시작합니다. 그 전만 해도 한국은 외국의 콘텐츠를 일방적으로 수입만 해오던 순 수입국이었습니다.
　2003년 400% 성장, 2004년에는 전년대비 500% 성장한 3천만 달러를 기록하며, 일본과의 격차가 현격하게 벌어지며, 한류의 절정기에 들어서게 됐습니다. 한류의 제2차 절정기는 'K-POP의 부흥'이라고 할 수 있습니다.
　2012년 유튜브 조회수 천만 건을 기록한 '강남스타일' 뮤직비디오는 빌보드

차트 K-pop분야에서 1위에 오르기도 했습니다. 강남스타일은 '한국의 부유층이 사는 강남을 풍자한 노래'로서, 거부할 수 없는 중독성 강한 비트와 후렴구로 그 인기와 열풍을 전 지구적으로 이끌어갔습니다.

현재 11주 연속 미국 빌보드 차트 상위권에 올라있는 방탄소년단 BTS의 전 세계적 인기는 새삼스럽게 강조할 필요도 없습니다. 방탄소년단 노래를 따라 부르기 위해 한글을 공부하는 외국인이 갈수록 늘어날 정도니까요. BTS가 발표한 마 시티의 가사 중 일부는 5·18 광주민주화 운동을 상징하는 내용이 있죠. 외국인들이 한국의 광주민주화 운동에 대해 알게 되는 계기가 됐다고 하니, 한류의 영향력을 다시금 느끼게 합니다.

백범 김구 선생은 일찍이 대한민국이 '문화국가'로 성장할 수 있다며, 우리 민족의 문화적 잠재력에 대해서 높게 평가했습니다. 70년 전 문화국가 성장가능성을 점친 백범의 예측력이 이제 와서 발현되는 것 같습니다. 그만큼 우리민족이 창의성과 자발적 능동성이 뛰어나다는 것인데요.

한국의 청년들이 그 잠재력을 발휘할 수 있는 환경과 여건, 그리고 과감한 지원만 이뤄진다면 문화 일류국가, 문화로 전 세계를 아우르는 나라로 성장할 수 있을 것임을 확신합니다.

(2019.07.05.)

식민지 지배에 대한 사과와
대북 포용정책의 존중

한일 관계가 악화 일로를 겪고 있습니다. 특히 아베 정부가 경제보복 조치인 수출규제까지 시행한다고 하니, 갈등과 대립이 매우 심각한 단계에 들어섰다고 할 수 있습니다.

문재인 정부는 대일관계를 투트랙으로 움직여 왔습니다. 과거사 문제에 관한 일본 정부의 진정성 있는 태도 변화와 사과, 그리고 미래 지향적 관계 구축을 위한 경제협력 강화 및 인적교류 증진 등입니다. 문재인 정부 1년 5개월 동안 한일 정상간 회담은 다섯 차례나 열렸으며, 양국 외교장관은 전화 회담과 직접회담을 23차례 가졌습니다.

전통적인 한일 간 갈등 요인이었던 역사와 영토문제는 문재인 정부와 아베정부와의 거리를 멀게 만들었습니다.

2018년 10월 일본의 강제징용에 대해 전범 기업의 손해배상 책임을 인정하고 피해자들에게 1억 원씩 배상하라는 한국 대법원 판결이 내려졌을 때, 사법부의 결정을 존중해야 한다고 한국 측은 주장했지만, 일본 측은 국제법 위반이라고 즉각 반발했습니다. 일본 측은 제주 국제 관함식에 과거 침략적 제국주의 상징인 전범기 게양을 고집하며, 불참 결정을 내렸습니다.

11월 문재인 정부는 화해 치유 재단 해산과 위안부 합의 파기를 선언했습니다.

박근혜 정부의 반역사적 결정을 따를 수는 없었던 것입니다.

12월 일본 초계기의 저공위협 비행과 레이더 갈등 사태 등은 한일 간의 군사적 대립까지 점쳐질 정도였습니다. 한일정부 간 갈등의 폭을 좁히기 힘든 근본적인 사안은 대북 정책에 대한 현격한 시각 차이였습니다. 일본은 2017년부터 북한의 핵실험과 미사일 발사, 그리고 중국의 군비증강에 대해 위협이라고 인식해 왔습니다. 일본인 납치 문제 해결 없이는 북한과의 수교는 불가하다는 입장을 고수해오고 있습니다. 특히 문재인 정부의 대북 평화 정책과 달리 일본 아베정부는 대북 억지력 확보와 봉쇄전략을 외교정책의 기본으로 삼고 있습니다. 한미일 군사동맹은 적극 찬성하고 있지만, 한미일 공동협력의 한반도 평화정책 추진에는 찬성하고 있지 않은 것입니다.

우리는 1998년 10월에 이뤄졌던 김대중-오부치 공동선언, 일명 21세기의 새로운 한일 간의 파트너십 선언을 한일 간의 주요한 질적 전환이라고 평가하고 있습니다. 당시 신뢰성 있는 파트너십이 형성되기 위해서는 두 가지의 입장이 상호 확인 됐습니다. 오부치 수상이 명확하게 과거 일본의 식민지 지배에 대해 사과 입장을 표명 했으며, 김대중 정부의 햇볕정책에 대해서도 지지한다는 입장을 견지한 것입니다.

2018년 한일 국민교류는 사상 처음으로 천만 시대를 넘었습니다. 대일 교역량은 수출액이 268.2억불, 수입액은 551.3억불 입니다. 한일 간 존중 돼야 할 두 가지 원칙. 식민지 지배에 대한 사과와 대북 포용정책의 존중이 상호 깊이 인식된다면 한일관계의 미래가는 밝아질 수 있을 것입니다.

(2019.07.04.)

건강보험 보장성 확대 방안은

　우리 국민 10명 중 8명은 지난 30년간 건강 보험 제도가 향상됐다고 생각하며, 건강보험 보장성 강화 정책에 대해 절반 이상인 53.9%가 긍정적 평가를 내렸습니다.
　국민건강 보험공단의 6월 초 여론조사 결과인데요, MRI와 CT, 초음파 건강보험 적용과 65세 임플란트, 치매 국가책임제 실시에 대해서 잘했다는 비율이 높았습니다. 정부가 보건 의료 지출과 노인 장기요양 보험의 혜택 범위도 늘려야 한다는 의견도 다수였습니다. 정부의 보장성 확대 정책이 국민의 지지를 받고 있는 것이죠. 한국은 짧은 기간에 전 국민이 건강보험에 가입하여 보험 급여의 비약적인 확대를 이룬 나라입니다. 의료 제공 체계 등도 양적으로 상당 부문 확장되어 왔습니다.
　정부는 그동안 암, 뇌혈관 등 중증질환에 대해 본인 부담률을 5%로 경감하는 정책을 추진하는 등, 건강보험 적용 확대를 통해 국민의 의료비용 지출을 경감시키는데 많은 노력을 해온 것이 사실입니다. 국민의 의료 혜택이 지속적으로 신장되어 왔고, 그 결과가 전향적으로 반영된 것이 이번 건강보험 공단의 여론조사라고 볼 수 있는 것이죠.
　의료혜택의 양적인 확대에도 불구하고 보장성 측면에서 한국은 OECD국가 중 크게 높은 점수를 받지 못하고 있는 것도 사실입니다.
　그 이유로는 첫 번째로 지출 의료비용 중 공공재원의 비율이 매우 낮다는 데 있습니다. 즉 본인 부담의 비율이 높다는 것이죠. 정부가 급여 확대를 지속적으로 추진했지만, 의료 기술의 발전으로 비급여 항목도 역시 확대되어 왔습니다. 건강보험 수가상의 통제를 받지 않는 새로운 의료서비스와 기술의 공급도 역시 빨랐다는 것입니다. 결국 환자 본인 부담으로 돌아갈 수밖에 없었고, 낮은 보장성으로 이어지게 됐습니다.

주치의 제도 및 동네병원의 비활성화에 따른 의료체계의 비효율성도 지적됩니다. 고령화 시대를 맞아 아프지 않고 건강하게 살 수 있는 건강수명의 연장을 위한 의료체계의 정립도 주요한 과제 중의 하나입니다. 2018년에 건강수명은 73년에 그쳐 있습니다.

건강보험제도의 운용목적은 질병으로 인한 비용을 줄이는데 있습니다. 따라서 보장성 확대는 건보제도의 핵심적인 사항인 것이죠. 정부가 보건 의료 부문에 투자를 높이려는 정치적 의지와 함께 국민이 건강보험료 인상을 수용하는 문제, 그리고 의료의 질을 높이고 의료체제의 효율성을 제고 시키는 일이 향후 우리에게 던져진 국민적 과제라고 할 수 있습니다.

(2019.07.03.)

해법은 '포괄적 합의와 단계적 조치'

1972년 2월 21일, 미국의 닉슨 대통령이 중국의 베이징 공항에 도착했습니다. 세상을 바꾼 일주일이 시작됐습니다. 20여 년 전 6·25 전쟁에서 적으로 만나 서로 죽고 죽이던 국가 미국과 중국이, 데탕트 선언을 하기 위해 만난 것입니다.

냉전이 치열하게 전개되고 있었던 1970년대. 반공 진영의 지도자인 닉슨 미 대통령이 공산혁명을 몸소 실천하고 있는 지도자인 저우언라이와 마오쩌둥을 만나기 위해 중국으로 건너갔습니다. 그리고 일주일 뒤인 27일, 미중 공동 성명인 상하이 코뮤니케가 발표됐습니다. 상하이 코뮤니케는 사실 구체적 내용은 별로 없었습니다. 양국의 평화 관계를 시작한다는 것이었습니다.

7년 뒤인 1979년 1월 1일 미중은 공식적인 외교관계를 형성했습니다. 양국은 현재 패권 경쟁을 벌일 정도의 세계 경제를 이끌어가는 상호 불가분의 관계로 발전했습니다.

트럼프 대통령이 금단의 땅인 북한영토에 미국 대통령으로는 처음으로 발을 내딛었습니다. 그것도 군사분계선을 직접 건너서 김정은 위원장과 만난 것입니다. 트럼프 대통령은 비록 잠시였지만, 경호원 없이 무방비 상태에서 혈혈단신으로 적의 영토를 다녀왔습니다. 북한에게 가장 강력한 메시지를 준 것입니다. 북한이 그렇게 원하던 체제 안전. 미국이 북한을 공격할 가능성이 사라질 수 있다는 기대를 준 것입니다. 그러니 비핵화의 길로 나아가도 괜찮다는 것이죠. 그동안 지지부진 하게 끌어왔던 실무협상, 상호간의 불신, 서로에게 먼저 요구했던 신뢰확인이 양 정상 간의 전격적인 판문점 회담으로 보다 급격하게 진행될 확률이 높아졌습니다. 남북미 정상이 판문점에서 한자리에 모였고, 서로 손을 잡았습니다.

비핵화문제는 결국 북미 간 직접 해결해야 하지만 우리 땅에서, 우리 민족의 운명을 좌우할 수밖에 없는 일입니다. 남측 진영인 자유의 집에서 미국과 북한의 정상이 1시간 정도의 단독 회담을 가졌습니다. 대한민국 대통령은 그들을 기다렸고, 회담이 끝난 후 함께 했습니다. 이제 큰 산을 넘었다는 발언도 나왔습니다. 트럼프 대통령은 김정은 위원장을 미국 백악관으로 초대했다고 합니다.

"포괄적 합의와 단계적 조치"

한국이 미국과 북한에게 제시했던 협상안입니다. 어떻게 보면 매우 상식적인 수준의 안이라고 여겨집니다. 믿지 못하면 한 치도 나아가지 못하는 안입니다. 이제 미국과 북한은 상호 이익적 관점에서 치열한 협상을 벌일 것입니다.

그러나 고비를 만날 것이고, 교착상태가 나타날 것입니다. 그때마다 신뢰 문제가 다시 제기될 수 있습니다. 결국 미북 간의 신뢰는 우리가 만들어 줘야하지 않을까요. 미국과는 굳건한 한미동맹으로, 북한과는 운명을 같이 할 민족으로 말입니다.

(2019.07.02.)

G20 정상회의, 과연 다자주의 회복할까?

 오사카에서 열리고 있는 G20 정상회의. G20 정상회의가 본래의 취지인 다자주의를 회복하고, 국제간 무역 불균형 및 보호무역주의를 시정할 수 있는 계기가 될지 주목되고 있습니다. 패권적 성격까지 강하게 나타내고 있는 미중 간 무역전쟁도 일시 휴전을 맺을지도 관심거리인데요. 일반적 관측은 결코 긍정적이지 않습니다.

 G20 정상회의가 시작된 해는 2008년입니다. G20 정상회의는 세계 경제를 이끌어 가는 새로운 패러다임의 필요성 때문에 구축된 주요국 정상회의입니다. 2008년 리먼 브라더스 파산 등 미국발 금융위기로 촉발된 글로벌 경제위기는 미국을 중심으로 한 자본주의와 신자유주의 틀의 한계를 보였고, 특히 미국, 영국, 프랑스 등 유럽국가 중심의 G7으로는 그 극복 가능성이 불가하다는 현실이 반영된 것입니다. 아시아와 아프리카, 라틴 아메리카 등 중견국과 신흥국으로 그 범위를 넓히게 된 것이죠.

 특히 G7의 경제력이 세계 경제의 절반에도 미치지 못하기 때문에 전 세계 총생산의 85%를 차지하는 G20국가로 확대된 것입니다. 그동안 G20 회의는 환율전쟁의 확산방지와 IMF의 개혁, 금융시장의 안정성 확대 등을 주요 의제로 다루면서 국제공조 시스템으로서의 합의적 다자외교의 성과를 올려왔습니다.

 외화유동성 공급 확대와 보호주의로의 회귀 방지 등과 같은 상호의존적인 협력을 통해 세계경제의 회복 및 지속 가능성에 일정 성과를 내 왔습니다. 더욱이

2010년에는 아시아 국가로는 처음으로 G20 회의가 대한민국에서 열렸습니다. 그러나 2017년 미국 트럼프 대통령이 당선되면서부터 다자주의적 균형성 외교는 빛을 바래기 시작했습니다. 트럼프 대통령의 일방주의와 미국 우선주의는 2018년 아르헨티나 G20 정상회의에서 반 보호무역주의 선언 채택을 불가능하게 했으며, 글로벌 협력적 경제 이슈 논의보다 미국 중심의 보호주의로 국제 경제 질서가 바뀌기 시작한 것입니다.

중국의 부상으로 미중 간의 무역 전쟁이 치열해지기 시작했으며, 이는 국제 무대에서의 양국 간의 패권 경쟁으로까지 치닫고 있는 상황입니다. 우리는 이번 G20회의 결과, 특히 미중 간의 회의 결과에 주목하지 않을 수가 없습니다.

특히 중국의 시진핑 주석이 일주일 전에 북한을 방문하여 한반도의 비핵화 사안을 미중 간의 무역전쟁 협상 카드에 올려놨기 때문에 더욱 예민할 수밖에 없습니다.

결국 이번 G20 회의가 소기의 성과를 올리기 위해서는 한국, 일본, 프랑스, 캐나다 등 제3국의 역할이 다시 조명 받고 있는데요.

다자간 국제조정 시스템으로서의 G20회의가 그 본래 취지와 목적에 맞도록 전향적인 결과가 나오기를 기대합니다.

(2019.07.01.)

공정경제란 무엇인가요

　공정경제 실현을 위한 상생협력 조정위원회가 출범했습니다. 대한민국 헌법 119조 1항에는 "대한민국의 경제 질서는 개인과 기업의 경제상의 자유와 창의를 존중함을 기본으로 한다."고 명시돼 있습니다. 사적 소유와 개인의 자유가 최대한 발휘될 수 있는 시장경제의 원칙을 국가가 최대한 존중해야 된다는 의미를 나타내고 있는 것입니다. 더불어 119조 2항에서는 시장에 대한 국가의 개입 조건을 명확하게 서술하고 있습니다.
　"국가는 균형 있는 국민경제의 성장 및 안정과 적정한 소득의 분배를 유지하고, 시장의 지배와 경쟁력의 남용을 방지하며, 경제주체 간의 조화를 통한 경제의 민주화를 위하여 경제에 관한 규제와 조정을 할 수 있다."고 규정하고 있는 것이죠.
　우리는 과거 권위주의 정권 시절, 개인과 기업의 자유 및 창의를 존중하지 않으면서 국가가 시장을 지배했던 폐해를 잘 알고 있습니다.
　독점적 지배를 통해 시장을 파괴하고, 국가-재벌, 국가-관료 체제를 인위적으로 형성해서 경제 질서를 왜곡시켰던 과거였습니다.
　당연히 개인의 자유와 창의가 존중되지 않는 왜곡된 시장은 중소기업의 자립성을 파괴했을 뿐만 아니라, 중소기업을 재벌의 하청기업으로 종속화 시켜, 한국경제 체제의 불균형성 및 부당한 갑을 관계를 조장했습니다. 독점과 과점을 방지하여 공정한 경쟁이 이뤄지도록 관리해야 하는 국가가, 오히려 독점과 과점을 몰아주어 공정 경제의 틀을 깨버리는 악폐를 저지른 것이죠.

국가는 시장경제가 원활하게 돌아가고, 생산과 소비가 자유롭게 이뤄질 수 있도록 보장하고, 촉진하는 역할을 해야 합니다. 물론 법률에 입각해서 시장에 개입합니다. 또한 시장에서의 경쟁이 공정하게 진행될 수 있도록 국가가 시장을 잘 감시해야 합니다.

국가가 불가피하게 시장에 개입하는 이유는 공정한 경쟁을 통해 시장경제가 활성화되고 개인의 자유와 창의가 시장에서 마음껏 발휘되어 생산이 확대되고, 증대되기 위함인 것입니다. '공정경제'라 함은 시장에서 각 경제 주체들이 동일한 출발선과, 과정의 균등성을 보장할 때 지켜지는 것을 말합니다.

대기업의 중소기업에 대한 만연한 횡포와 갑질은 경쟁의 공정성을 해쳐, 한국경제의 체질을 낙후시키고, 글로벌 경쟁력을 약화시켜, 한국경제의 성장을 막는 위해 요소입니다.

국가의 강제적 개입으로만 공정한 환경이 조성될 수는 없습니다. 대기업과 중소기업이 협력적 생산, 소비관계를 형성하여 국민경제의 주요 축으로 작용할 때, 공정경제는 건강한 성장과 적정한 분배로 이어지는 것입니다.

(2019.06.28.)

북방경제의 활로는 결국 남북관계의 순항

　오늘 제5차 북방경제협력위원회가 열렸습니다. 북방정책의 성과를 만들어내기 위함인데요, 1990년 노태우 정부에서부터 북방정책은 시작됐습니다. 1990년 소련과의 국교수립이 그 모멘텀이 됐던 것이죠.
　김대중 대통령은 햇볕정책과 함께 유라시아 대륙횡단 철도 구상을 밝힌 바가 있었습니다.
　이명박 정부 때는 남북러 가스관 사업이 함께 검토됐으며, 박근혜 정부 역시 남북러 물류사업 추진을 검토하기도 했습니다. 이렇게 북방정책은 정권의 진보성, 보수성과 상관없이 국가적 차원에서 검토되고 추진됐던 국가 발전 전략의 일환이었습니다. 그동안 북방정책은 일관성이 부족하고 단편적으로 추진됐다는 비판을 받아왔습니다. 그것은 아마도 대북 변수의 영향 때문이었을 것입니다.
　현재 대통령 직속 북방경제협력위원회가 출범해서 활동하고 있는데요 북방경제협력위원회는 오는 2022년까지 150억 달러 규모의 해외수주 달성 목표를 제시했습니다. 북방경제 협력은 동북아를 포함한 유라시아 지역의 교통, 물류, 에너지 등 인프라를 연결하여 우리 경제의 미래성장 동력을 창출하고 한반도 통일의 여건을 우호적으로 만들겠다는 국가적 목표를 갖고 있습니다.
　북방경제, 북방정책은 러시아와의 우호적 협력관계를 얼마나 끌어내느냐에 따라 그 성패가 달려 있습니다. 그러나 북한과의 결합이 그 기본 바탕입니다.

현재 러시아와의 북방정책 중 가장 역점을 두고 있는 사업은 9개 분야의 브릿지 사업입니다. 전력, 가스, 조선, 수산, 농업, 북극항로, 항만, 철도, 산업단지 등 9개 분야에 걸친 양국의 협력사업입니다.

북방경제의 시작은 한반도의 경제적 공간을 확장합니다. 수도권의 경제권은 북한의 노동력과 중국 동북 지역, 러시아 극동 지역을 잇는 비교우위에 입각한 분업체제를 추진할 수 있습니다. 낙후된 동해안 지역과 서해안 지역의 경제발전 계기가 될 수 있습니다. 한국경제 제2의 서막을 알릴 수 있다는 기대를 갖고 있는 것이죠. 북방경제 정책 중 가장 주목을 받는 사업은 대륙철도 연결일 것입니다. 또 러시아와 가스파이프 연결 사업도 대형 프로젝트 중의 하나입니다.

북방경제 활로의 주요핵심은 북한입니다. 북한이 열어줘야 북방경제의 대 프로젝트가 진행될 수 있기 때문입니다.

유라시아 대륙철도는 남북 간의 종단철도가 선행되어야 하고, 에너지 공급의 획기적 발전을 이룰 수 있는 러시아와의 가스관 연결 역시 북한지역을 관통해야 합니다.

한국경제의 새로운 활로를 제공해 줄 수 있다는 북방경제, 결국 북미간의 비핵화 협상이 전향적으로 풀려야 그 단초가 제공될 수 있을 텐데요. 머지않은 시기에 성장 동력 확충으로서의 북방경제가 만개하기를 기대합니다.

(2019.06.27.)

창조적 파괴와 혁신,
기업가 정신이 필요합니다

　매년 말 핀란드 수도 헬싱키에서는 세계 최대 스타트업 박람회인 슬러시가 열립니다. 지난해에는 130여 개국에서 2만여 명이 참가했었습니다. 슬러시의 궁극목표는 스타트업 간 윈윈을 통한 상생입니다. 슬러시는 대기업이 아닌 대학생들이 주도합니다. 행사 도우미 2천여 명 전원이 자원봉사 대학생입니다. 슬러시를 이끄는 안드레이스 사리 대표는 20대 청년입니다. 공무원 시험 준비와 스펙 쌓기에 여념 없는 한국의 대학생들과는 매우 비교되는 일입니다.
　첨단 신흥 산업을 국가적 차원에서 적극적으로 육성하고 있는 중국은 매년 600만개의 기업이 생겨난다고 합니다.
　우리 정부에서는 불필요한 규제를 대거 완화하는 일에 주력하고 있습니다. 투자 활성화를 위해 금융지원책도 강구하고 있습니다. 혁신성장 지원을 위한 금융투자 인가 체계도 개편할 계획입니다. 현재의 지체되어 있는 성장률을 견인할 수 있는 방안은 결국 혁신 성장업에 대한 과감한 투자라는 것이죠.
　최근에 20세기의 경제학자 인 슘페터의 주장이 다시 활발하게 논의 되고 있습니다. 슘페터는 창조적 파괴와 혁신, 그리고 기업가 정신을 강조한 인물입니다. 정부는 규제완화 등 신규 인프라를 제공하면 기업이 기업가 정신을 바탕으로 자체적으로 혁신을 할 수 있도록 유도하겠다는 입장입니다. 결국 향후 한국경제와 국민 먹거리의 미래는 제4차 산업혁명 대열에 우리나라가 어떻게 참여하고 그 성과를 만들어 내는가에 달려 있습니다. 만약 한국이 제4차 산업혁명 글로벌 경쟁력에서 뒤떨어진다면 우리의 미래는 매우 불투명해집니다. 그 대비와 준비는 범국가적이고 범사회적으로 이뤄져야합니다.

향후 글로벌 차원에서 무한경쟁력을 갖기 위해서는 우리사회의 전반적인 혁신이 불가피 하기 때문입니다. 좀 더 차분하고, 중장기적이고, 종합적인 대책이 필요한데요. 우리는 2000년대 초 벤처기업의 붐과 함께 정보화 시대를 이끌었던 소중한 경험을 갖고 있습니다.

한국의 경제와 사회, 문화 등에 혁신의 물결을 일으킬 동인과 추동력, 그리고 환경조성에 주력을 다해야 할 이유입니다.

(2019.06.26.)

International Civil War인 6·25전쟁이 남긴 것은

1000만의 이산가족과 500만의 전재민, 그리고 400만 명이 넘는 사상자를 발생시켰던 6·25 한국전쟁이 발발한 지 69년이나 지났습니다. 6·25 전쟁은 국제적인 내전이라고 불립니다. 자유민주주의 국가들과 사회주의 국가들이 동북아시아 한반도에서 자신들의 영향력 확대를 위해 전쟁이라는 물리적 수단을 통해 세력다툼 현상을 보였기 때문입니다. 6,25 전쟁에 직간접적으로 관여된 국가는 남북한과 미국, 중국, 소련, 일본 등 6개국입니다.

남북한과 미국, 중국은 직접 전쟁을 치뤘고, 소련은 무기를 제공했으며, 일본은 군수물자와 미군의 비행기가 이착륙 되는 공항을 제공했습니다. 전쟁은 민족을 하위-부차적인 개념으로 인지하는 공산주의자들에 의해 일어났습니다. 후르시초프 회고록에 따르면, 6·25 전쟁은 "김일성이 도발한 전쟁이며, 스탈린도 김일성이 전쟁을 벌이지 않도록 적극 말리지 않았다"고 밝히고 있습니다. 1949년 3월 북한의 김일성과 박헌영은 두 차례나 모스크바를 방문하여 '침략하면 미군이 개입하기 전 3일 안에 남한을 점령할 수 있으며, 남한 내에서 인민봉기가 일어날 수 있을 것이라'고 스탈린을 설득하고, 중국공산당으로부터 약 5만 명의 조선의용군을 지원받습니다.

전쟁의 결과는 참혹했습니다. 모험주의적 공산주의자들이 주장했던 사실과는 정반대의 현상이 나타난 것이죠. 북한 전역이 미군의 공습으로 완전히 초토화 됐으며, 평양에는 무려 43만발의 폭탄이 투하됐습니다. 북한의 8,700여개 공장이 완전히 파괴 됐고, 공업생산은 전쟁 전의 약64%로 줄어들었습니다. 남한의 경제 역시 약 42%가 파괴됐습니다.

피를 나눈 한 민족이 서로 총부리를 겨누고 치른 결과는 너무나 참혹했습니다. 보도연맹 사건과 국민방위군 사건, 거창 양민학살 사건 등은 전쟁과 이념이라는 이름하에 자행된 집단학살 사건입니다. 전쟁 후에 남과 북은 더 이상 갈 수 없는 나라가 돼버렸습니다. 전쟁으로 인한 야만과 증오가 남과 북의 적대감으로 나타났습니다. 남한은 반공이 국시이고, 통치 이데올로기인 반공국가로 고착화 됐습니다.

이승만 독재체재와 박정희 군사정권은 반공을 통치수단으로 삼아 권위주의 국가를 건설하고, 국민의 자유와 인권을 파괴했습니다. 북한 역시 피비린내 나는 숙청을 감행한 뒤 김일성주의가 국민과 국토를 지배하는 전제적 독재국가로 나아갔습니다. 이제 69년이나 지났습니다.

남한은 그동안 민주화 투쟁과 경제발전을 통해 세계 선진국가 대열에 들어섰지만, 북한 주민들은 아직도 국제적 고립 속에서 가난과 싸우고 있습니다.

대북포용 정책과 남북교류 확대 추진은 다시는 6·25 전쟁과 같은 참혹한 일이 한반도에서 발생하지 않도록 하기 위함입니다. 그 성과와 결실이 나타나길 기대합니다.

(2019.06.25.)

북·중 관계의 변화와 역사, 현재는…

국공내전 시기에 북한은 중국공산당의 후방기지 역할을 하면서 마오쩌둥을 적극 조력합니다. 1950년 6·25 전쟁 당시 중국 공산당도 국공내전에 참여했던 조선 의용군 부대 3개 사단을 급파했습니다. 전투 경험이 풍부했던 이들이 없었다면 김일성은 6·25 전쟁을 일으키기 어려웠을 것입니다. 더욱이 6·25 전쟁에서 마오쩌둥은 그의 아들을 미군 폭격으로 잃었습니다.

중국과 북한은 피로 맺어진 혈맹관계, 순망치한이라고 불립니다. 그러나 1972년 2월 21일 닉슨 미 대통령이 베이징에 도착하면서, 북한을 둘러싼 국제환경은 변하기 시작합니다.

미중 데탕트와 함께 미중간의 관계가 우호, 협력적으로 발전하자 미국과 중국은 한반도에서 분쟁이 발생하지 않도록 예방하는 관리적 입장을 취합니다. 1979년 1월 1일 미중간의 국교 정상화가 이뤄졌으며, 카터 행정부는 남북미중 동시 교차승인을 추진하기도 했었죠.

북한이 핵 개발을 본격 추진한 시기는 아마도 1991년 사회주의 종주국인 소비에트 연방이 붕괴되고, 과거 혈맹관계였던 중국이 한국과 국교 수립을 맺는 1992년경부터 아닌가 추정됩니다.

중국은 북한에게도 개혁 개방정책을 권했지만, 북한은 국제적으로 고립된 상황을 타개하기 위해서 핵 개발을 비밀리에, 또 적극적으로 추진합니다. 북한은 정권 안전이 위험하다고 판단을 한 것이죠.

장쩌민-김정일 시기부터는 북·중간은 혈맹적 동맹관계가 아닌 상호 국익을 우선시하면서 전략적, 지정학적으로 상호 활용하는 관계로 바뀌게 됩니다.

중국의 대한반도 외교 정책은 미국과 우호적 관계를 유지하면서, 한반도를 안정적으로 관리하여 중국의 군사적 영향력이 동북아시아에 확대되도록 하는 것이 골자입니다. 북한이 핵 개발을 강력 추진해서, 한반도를 긴장상태로 몰아넣는 것을 중국은 결코 원하지 않습니다. 북한의 핵 개발은 미국의 한반도 군사적 영향력을 증대시키기 때문이죠. 그것이 바로 2012년부터 등장한 시진핑과 북한의 관계가 매우 소원해 질 수밖에 없었던 이유입니다.

이번 시진핑의 14년만의 북한 방문이 한반도 비핵화 협상에 유리한 국면을 조성해 줄 수 있다는 기대를 주는 이유가 있습니다. 그것은 북한이 핵 개발을 추진했던 환경적 요인이 중국과 러시아로부터 상대적 고립 신세를 탈피하지 못했기 때문이라는 것인데요. 그래서 이제 늦게나마 중국이 안정적으로 북한의 배경이 되어준다면 비핵화 협상에 적극 나설 수 있는 기대치가 형성된다는 것입니다. 현재 치열하게 진행되고 있는 미중간의 무역 전쟁이 주요 변수입니다.

미·중간 우호적 관계가 형성돼야, 공히 북한을 잘 설득하여 북한이 핵을 포기하게 만들 수 있다는 것입니다. 만약 미중관계가 악화된다면, 비핵화 협상 역시 난항을 겪을 수밖에 없습니다. 중국의 변수 등장으로 인해 한반도를 둘러싼 국제환경이 더욱 변화무쌍해 질 것으로 보입니다.

(2019.06.23.)

튼튼한 안보가 대북 포용정책의 근간

오늘 전군 주요 지휘관 회의가 열렸습니다. 이 자리에서 정경두 국방부 장관은 이번 삼척항 북한어선 귀순 사건과 관련해, 엄정하게 책임을 묻겠다고 강조했습니다. 너무나 어이없는 일이 발생했죠. 북한 어선이 동해 북방한계선 NLL을 넘어 130km를 아무런 제재도 받지 않고 남하했습니다. 한국군의 경계 작전의 실패와 함께 안보의 큰 구멍이 뚫렸다고 볼 수밖에 없는 대형 사건입니다. 국민을 매우 불안하게 만든 일이 일어난 것입니다.

한반도의 평화를 가져오기 위한 대북 포용 정책에는 3가지의 주요 원칙이 있습니다. 남북교류와 화해 정책, 상호 흡수통일 배제, 그리고 튼튼한 안보입니다. 튼튼한 안보정책 이야말로 북한을 남측과 화해와 교류를 갖게 하는 밑받침이 되는 정책입니다.

남북은 지난 9월 평양 정상회담에서 9·19 군사 분야 이행 합의서를 채택했습니다. 이 합의서에서는 상대방에 대한 일체의 적대행위를 전면 중지하고 어떤 경우에도 무력을 사용하지 않기로 했습니다. 사실상의 군사평화 협정으로 가는 합의문이라는 평가였습니다.

지금은 비핵화 해법의 차이로 인해 북미 간의 교착상태가 진행되고 있으며, 남북 간 합의한 사항도 이행되지 않고 있습니다. 실제 합의했던 남북군사 공동위원회 가동은 이뤄지지 않고 있습니다. 아직도 한반도 평화의 길은 여러 차례의 고비를 넘겨야 할 판입니다.

우리는 북한의 김정은 위원장이 회담장으로 나오게 된 배경을 다시 한 번 인지할 필요가 있습니다. 남한과 미국의 강한 무력 압박과 함께, 유엔안보리의 경제제재가 주요한 축으로 작용했기 때문입니다. 대북포용 정책의 제일 중요한 원칙인 튼튼한 안보가 강화되고 지속되자 북한이 대화의 장에 나온 것입니다.

무력으로 자신들의 생존을 보장받는다는 것이 불가능하다고 판단되기 때문에 협상테이블에 나온 것이죠. 그렇다면 한미동맹이 와해되고 남측의 안보정책이 약화되면, 북한은 언제든지 과거의 대남정책으로 돌아갈 수 있다는 역설도 가능합니다. 비핵화협상을 원만하게 치루기 위해서는 더욱더 남측의 안보는 절대적입니다. 이번 동해 NLL 경계 실패를 거울삼아 튼튼한 안보 정책을 한 치의 흔들림도 없이 수행해야 할 것입니다.

(2019.06.20.)

지난해 노인학대 건수 5천 건,
OECD 노인자살률과 빈곤률 1위

우리는 아동학대 사건을 접한 적이 자주 있습니다. 하지만 노인학대에 대해서는 과연 어떨까요. 노인학대란 단어는 그 심각성에도 불구하고 사회적 대책이 확실치 않습니다.

지난해 노인학대 건수가 5천 건을 넘어섰습니다. 사상 최대입니다. 우리 사회가 매우 심각하게 받아들여야 할 수치인데요. 노인들이 위기에 내몰리고 있다는 반증입니다.

6월 14일, 오늘은 노인학대 예방의 날입니다. 노인학대 건수는 매년 증가 추세를 보이고 있습니다. 심지어 노인학대로 신고 된 후 또 다시 학대를 저지른 '재학대' 신고 건수가 488건으로 지난해보다 1.6% 늘었습니다. 노인학대의 중복성이 일상화되고 있으며 만연화 되고 있다는 것입니다. 노인학대 대부분은 가정에서 일어났습니다. 전체 학대 수치 중 89%가 가정 내에서 발생했습니다.

가정 내의 노인학대는 비난이나 모욕 외에도 신체적 학대가 38.7%나 차지했습니다. 노인학대가 가정 내에서 대부분 일어나기 때문에 은폐되고, 묵인되는 경우가 다반사입니다. 노인에 대한 사실상의 범죄가 저질러져도 신고가 이뤄지는 경우는 별로 없습니다.

우리는 누구나 나이가 들면 노인이 됩니다. 예외가 없죠. 생로병사입니다.

2025년이면 노인인구 1000만 시대에 돌입합니다. 우리 사회는 얼마나, 어느 정도 대비되어 있을까요. 노인은 병약하고 쇠약해지기 때문에 가정에서 천덕꾸러기 취급받거나, 귀찮은 존재입니다. 경제적으로도 전혀 도움이 안 되기 때문에 방치, 방임되기 쉽습니다. 그러다 보면 노인에 대한 가정폭력이 일상화 되는 것이죠.

국가가 제도적으로 노인문제에 대한 종합적인 대책을 세워, 늙어서도 편하고 행복하게 살 수 있는 환경을 만드는 것이 우선이겠죠. 여기에 따르는 재원과 국민적 합의가 빠르게 이뤄질 수는 없을 것입니다.

공자는 대동사회란 '인과 덕이 구현되는 사회로서 자기의 어버이만을 어버이로 섬기지 않고, 자기의 자식만을 자식으로 사랑하지 않으며, 노인이 자기 생을 편히 마칠 수 있고, 젊은이는 모두 일할 수 있으며, 홀아비와 과부, 고아와 자식 없는 사람들 누구나 부양 받을 수 있는 사회'라고 정의했습니다.

2026년이면 우리도 초고령사회로 진입합니다. 어느 정도 맞이할 준비가 돼 있는지 안타까울 뿐입니다. 우리나라 노인 자살률, 빈곤율이 OECE국가 중 1위라는 사실, 다시 한 번 강조할 뿐입니다.

(2019.06.17.)

1972년 동서독 접경위원회가 했던 일은

1972년 동독과 서독은 동서독 기본조약을 체결했습니다. 동독과 서독은 존재하는 경계선의 불가침을 강조했으며, 분쟁 문제 해결은 오로지 평화적 수단을 통해서 해결할 것이며, 무력에 의한 위협이나 무력의 사용을 포기한다고 선언했습니다.

양국은 경제, 과학, 기술, 교통 부문의 교류와 우편 및 전화, 보건, 문화, 스포츠 등의 공동협력을 촉진하기로 했습니다. 이후 동서독이 가장 역점을 두고 펼친 사업은 동서독 간 교류의 활성화였습니다.

그것은 독일 민족의 동질성을 회복하기 위한 염원이었습니다. 동서독 교류에서 가장 우선적인 대상은 분단으로 고통 받고 있는 이산가족간의 교류였습니다. 분단의 상징이었던 베를린의 경우에는 280만 명의 주민들이 동·서로 갈라지면서 함께 살았던 가족, 친지들과 떨어져 살아야 했고, 마음대로 만나지도 못했기 때문입니다.

이후 이산가족들의 만남을 위해 인적교류 정책이 추진됐습니다. 또한 전화 통화를 통해 가족 간의 소식을 전할 수 있도록 허용됐습니다.

문 대통령이 오슬로 기조연설에서 밝힌 남북 간의 접경위원회 설치 역시 교류와 협력을 강화하기 위한 조치 중의 하나로 볼 수 있습니다.

동독과 서독은 1972년부터 접경위원회를 설치하여 발생하는 분쟁과 사고 등을 공동으로 협력 처리해 나갔습니다. 결국 분단됐던 동서독 국민이 상호 이해하고 소통하는 주요한 창구역할을 한 것이죠.

우리는 대북포용정책을 남북 교류협력 정책이라는 의미로도 이해하고 있습니다. 남과 북이 서로 전쟁 억지력을 강화하고 긴장을 완화시켜 평화적인 환경을 조성하는 이유는 바로 남과 북의 상호교류를 위한 것이기 때문입니다. 우리는 5천년 동안 함께 살고 함께 피를 나눈 한민족입니다.

지난 70년 동안 분단이라는 물리적 강제력으로 보고 싶어도 보지 못하고, 가고 싶어도 가지 못하는 민족적 원통함을 안고 살아가고 있는 것이죠. 민족의 소망은 매우 소박합니다. 지금이라도 서로 교류하고 만나면서 평화롭게 살고, 서로 도와주고 보듬어주는 나라를 만들어 나가자는 것입니다.

(2019.06.14.)

이희호 여사의 소천 날에

"아내가 없었더라면 내가 오늘날 무엇이 되었을지 상상도 할 수 없습니다." 1983년 미국 망명 시절, 샌프란시스코에서 강연 도중 김대중 전대통령이 밝힌 소회입니다.

김대중의 정치적 동반자이자 여성운동가로서, 한국현대 정치사의 굴절과 영광, 그리고 오욕을 함께했던 이희호 여사가 소천했습니다.

이희호 여사는 김대중과 만나기 전에도 주목받았던 사회운동가였습니다. 미국에서 유학한 사회학 연구자였으며, 대한여자기독교청년회에서 여성 기독운동을 이끌어 나가기도 했습니다.

1962년 DJ가 정치적으로 가장 힘들었을 때 반려자 생활을 함께 시작한 고 이희호 여사는, 단순히 정치인 김대중의 아내만은 아니었습니다.

박정희, 전두환 시절 DJ에게 가해졌던 억압과 탄압을 함께 이겨냈고, 가장 가까운 거리에서 DJ를 지켜줬던 든든한 동지였습니다.

사실 DJ와 한평생을 같이 했기 때문에 DJ가 우리 사회에 남긴 민주주의 업적과 궤적이 고스란히 이희호 여사의 일생에도 녹아 있습니다. 이희호 여사는 1974년 김대중 납치사건 때도, 1980년 DJ가 사형선고를 받았을 때도, 1987년, 92년 대선에서 DJ가 실기했을 때도 항상 옆에서 그를 지켜주었죠. 역사상 최초의 평화적 정권교체였던 1997년 15대 대선에서도 함께 했었습니다.

2000년 최초의 남북정상회담이 열렸던 평양에 DJ와 함께 방문하여 김정일 위원장과 환담을 나누기도 했습니다.

   고 이희호 여사는 별세 직전 "우리 국민이 서로 사랑하고 화합해 행복한 삶을 사시기를 바란다."면서 "하늘나라에 가서 우리 국민을 위해, 민족의 평화통일을 위해 기도하겠다."라는 유언을 남겼습니다. 사실상 DJ의 생각과 마음도 함께 전한 것으로 볼 수가 있는데요. 정치권은 이희호 여사의 별세 소식을 듣고 오랜만에 하나로 움직이는 것 같습니다.

   여야 정치인들이 오전부터 빈소를 찾아 그 아픔과 안타까움을 함께 했고, 여야 5당 대표 모두가 장례위원회 고문으로 참여합니다.

   이희호 여사의 별세 소식은 북측에도 전달됐다고 하는데요. 북측이 어느 정도 수준의 조문단을 파견할지도 관심거리입니다. 과거 2009년 DJ서거 당시 북측은 고위급 인사들 중심으로 조문단을 파견해 남측의 고위 정치인들과 만나기도 했습니다.

   만약 북측이 조문단을 파견한다면 이를 계기로 정체돼있는 남북관계에 훈풍이 불길 기대하는 바램도 있습니다.

   이희호 여사의 유언같이 고 김대중 전 대통령의 가장 큰 업적이었던 남북관계의 진전이 이뤄져 민족의 평화통일이 조금이라도 이뤄지길 기대합니다.

(2019.06.12.)

6·10 민주항쟁 기념일에 부쳐

2007년 5월 국가기념일로 지정됐던 6.10 민주항쟁운동, 오늘 32주년을 맞아 남영동 대공분실 자리에서 제 32주년 기념식이 열렸습니다.

남영동 대공분실은 '탁치니 억 죽었다고' 치안본부가 밝혔던 고 박종철군 고문치사 사건이 발생한 곳 입니다. 남영동 대공분실은 당시 전두환 신군부정권이 선량한 학생들과 민주화 인사들에게 반인간적 고문 행위를 자행하던 악명 높은 곳입니다.

박종철군이 악질 경찰관들에 의해 목숨을 잃기 전에도 수많은 사람들이 치안본부 남영동에서 육체적 고문을 당했었습니다.

1987년 6월 항쟁은 근 25년 이상 자행되었던 군부 권위주의 정권을 국민의 힘으로 끝낸 역사적 좌표입니다.

4·19 민주혁명으로 수립된 민주주의 정권과 제도를 총과 칼로 뒤엎은 박정희 군부쿠데타 는 1961년에 일어났죠.

그때부터 1987년까지, 특히 1972년 유신정권 시절부터 1980년 신군부 통치기간 동안 국민들은 정치군인들에 의해 소중한 자유와 인권을 빼앗겨야 했습니다. 군부 권위주의 정권은 경제성장 제일주의를 명분으로 내걸고 개발독재를 자행했습니다.

연 8%의 고속 성장이 이뤄졌지만 창출된 부는 극소수의 특권층이 독점했으며, 정치군인들에 의해 인위적으로 분배됐던 부의 가치는 실제 생산 담당자였던 국민들을 소외시켰습니다. 정경유착과 재벌특혜로 한국경제는 비대칭적이고 과대한 구조적 파행이 고착됐습니다. 정치군인들은 입법, 행정, 사법부까지 장악하여 민주주의를 유린했으며 국민의 권익을 탈취했습니다. 그들은 부당하게 탈취한 특권과 기득권을 유지, 존속시키기 위해 물리적인 압박과 자원을 동원했습니다. 민주화운동 세력과 인사들을 감금, 투옥, 구금했으며, 고문을 일상화 했습니다. 1980년 5월 광주에서는 선량한 시민들을 학살했습니다.

1987년 6월 항쟁은 군사권위주의 정권에 대항하여 60년대부터 87년까지 끈질기고 줄기차게 싸워 결국에는 국민이 승리한 사건입니다. 긴 세월동안 수많은 사람들이 희생되고, 정치군인들을 몰아내어 민주주의의 제도화를 만들어낸 것이죠.

우리가 1987년 6월 항쟁을 해마다 기리는 이유는 대한민국 민주화운동의 정통성을 지속적으로 확립하여 우리사회의 건강성과 민주성을 지켜나가기 위함입니다. 다시는 이 사회에 정치군인들이 득세하는 불행한 일이 있어서는 안 되겠죠. 대한민국의 민주주의가 허투루 만들어 진 것이 아니라, 국민의 힘과 희생으로 굳건하게 터잡고 있음을 역사적으로 기억하고 되새기기 위함 인 것입니다.

(2019.06.11.)

중도세력이 역사의 진정한 진보

　국가 공동체의 이해 앞에 진보와 보수가 무슨 의미가 있겠습니까. 역사는 좌우 이념에 치우친 세력이 아닌 좌우를 통합 조정 할 수 있는 세력이 중심이 됐을 때 발전해 왔습니다. 우리는 중산층, 중간계층이라는 말에 주목합니다. 왜냐하면 그들이 역사의 발전과 진보를 이끌어 왔기 때문입니다.
　18-19세기의 고전적 자유주의는 신흥 부르주아지인 중산계급의 진취적 활동을 뒷받침해 준 사상입니다. 당시 신흥 중산계급은 사회의 중심 대중으로서 극좌세력의 자코뱅 공포정치와 공상적 급진변혁을 분쇄했을 뿐만 아니라, 봉건세력의 복고주의적 반혁명과 반동적 수공업자층의 기계파괴운동을 극복해서 시민혁명과 산업혁명을 완수합니다.
　20세기를 번영으로 이끈 세력 역시 좌우에 치우치지 않은, 통합적인 제3의 길을 모색한 사회민주주의, 사회자유주의 세력이었습니다.
　이들은 서구 유럽에서 사회민주당과 기독교 민주당으로 정당화된 세력으로 극우파시즘 세력의 반동적 복고변혁과 극좌 공산세력의 공상적 급진변혁을 물리치고 생산적 경쟁체제로 나라를 재편하여 정치, 평화, 안정 속에서 부강한 국가를 만들었습니다. 사회개혁과 복지국가를 만든 것이죠. 이들의 중심세력은 조직화된 숙련노동자층과 화이트칼라 계층으로서 사회민주 세력과 중도 보수 세력입니다.
　21세기를 주도하는 세력은 new middle class로 불리는 신 중산층입니다. IT,

BT, NT, CT, ET 혁명 과정에서 수적으로 증가하고 있으며 신기술 혁명을 이끌고 있습니다. 지식근로자와 전문직종의 서비스 근로자, 정보와 지식, 문화 생산을 담당하는 고급지식 근로자, 벤처, 중소기업인 들입니다.

새로운 시대를 준비하고, 새로운 시대를 연 세력은 좌우 이념, 편향에 치우친 세력이 결코 아니었습니다. 새로운 기술 혁명을 통해 경제와 산업을 발전시키고, 부를 증가시키며, 기회의 확대와 공정한 보장, 인권과 평등, 개인의 자유와 민주주의를 신장시킨 실용적이고 극단에 치우치지 않은 세력이었습니다.

제4차 산업혁명 시대를 맞아 우리나라도 좌우를 뛰어넘는 포용적 세력과 함께 경제를 선도하는 계층이 중심이 되길 바랍니다.

(2019. 06. 10.)

문화와 예술은 세계 정상급, 그런데 정치는?

오늘 새벽 잠 설치신 분들 많았을 것 같은데요. 한국의 젊은 태극 전사들이 일본의 사무라이들을 굴복시켰습니다. 20세 이하 월드컵에 출전한 우리 젊은 선수들의 기세가 대단합니다. 우승후보들을 격침시키면서 8강까지 진출했습니다. 한국 축구 미래 꿈나무들의 수준이 세계적임을 증명하고 있는 것입니다.

프리미어 리그에서 주간 베스트 11에 들 정도의 세계적 역량을 보여주고 있는 손흥민 선수, 미국 메이저리그에서 세계적인 타자들을 꼼짝 못하게 묶어 놓고 퍼펙트게임까지 연출하는 괴물 투수 류현진, 요즘 한국 국민들은 너무나 즐겁습니다.

영국의 웸블리 스타디움에서 12만 영국 관중들 앞에서 새 역사의 현장을 썼던 BTS 방탄소년단, BTS가 좋아 한글까지 배웠다는 외국인들이 적지 않습니다. 이뿐만이 아닙니다.

한류열풍은 아시아를 넘어 중동, 미주, 유럽까지 번진 지 이미 오래됐습니다. 세계적인 칸 영화제에서 감독상을 수상한 봉준호 감독도 빼 놓을 수 없습니다. 미국 LPGA 골프대회가 한국 여성 골프선수들의 잔치가 된 지도 역시 오래됐죠.

일본의 식민지 지배를 36년 동안이나 받고, 1950년에 전쟁까지 겪은 나라 대한민국, 그러나 폐허 속에서도 압축적인 기간에 경제성장을 달성해 이제는 1인당 국민소득 3만 달러 시대를 열었습니다. 군사 권위주의 정권을 국민의 힘으로 물리치고 탄탄한 민주주의 공고화를 달성한 국가입니다. 그래서 자랑스러운 대한민국이 아닐 수 없습니다.

 하지만 고개를 옆으로 돌려 현실정치를 바라보면 안타깝고 답답하기만 합니다. 국회는 한 달 이상 공전되고 있으며, 민생국회는 이제 안중에도 없는 것 같습니다. 대통령이 수차례 국회 정상화를 요청했고, 여야대표회담도 제안했지만 형식이 맞지 않는다고 거절당했습니다.

 문화와 스포츠, 예술 분야에서는 세계적인 국격을 자랑하는데, 정치는 왜 이렇게 국민을 힘들게 하는 것일까요, 그것은 아마도 정치제도와 선거제도, 정치문화 등이 아직도 후진성을 면치 못하기 때문일 것입니다.

 1987년 우리는 군사 권위주의 정권으로부터 직선제 개헌이라는 양보를 받아내 단시간 내에 개헌을 단행하고 우리 손으로 대통령을 뽑았지만, 7년 단임제를 5년 단임 직선제로 바꾸고, 국회를 정상화 시키는데 그칠 수밖에 없었습니다. 정치권력의 분산과 균형이라는 민주적 과제를 30년이 지난 아직도 실현시키지 못하고 있는 것이죠.

 중앙과 지방의 균형적 발전을 가져올 수 있는 지방분권도 마찬가지입니다. 선거제도의 개혁, 검찰 등 권력기관의 개혁, 스스로 3권을 부정했던 사법 개혁도 아직도 논의 중일 뿐입니다.

 대통령 권력과 국회 권력이 협력하고 합의해서 국정운영을 원만하게 이끌어주길 국민 누구나 바라고 있을 텐데요. 문화와 예술분야는 세계 최상급인데요. 정치는 그 번지수를 잘 모르겠습니다.

(2019.06.08.)

학교 스포츠 정상화는 언제쯤

학교스포츠의 교육 정상화는 과연 언제쯤 이뤄질까요. 이제 엘리트 스포츠의 관행적 육성 방안은 한계와 문제점을 노출해 버렸습니다. 엘리트 체육에 국가가 자원을 집중 배분하여 스포츠강국 소리를 듣는 일은 없어져야 하겠죠. 특히 강권과 압박으로 선수들을 기계처럼 훈련시켜 메달리스트를 만드는 일이야말로 적폐라고 할 수 있습니다.

체육계에서의 만연하고 고질적 병폐로 알려진 어린 학생들에 대한 폭력행위 역시 엘리트 체육이라는 이름하에 자행된 일입니다.

2008년 국가인권위원회의 실태 조사에 따르면 중고선수들 중 78.8%가 폭력을 경험했고, 63.7%가 성폭력을 경험한 것으로 드러났습니다. 시합이 있는 날은 하루 2시간 수업을, 없는 날도 4.4시간만 수업을 받았을 뿐입니다. 약 80% 이상이 운동으로 인해 수업을 못 받아도 보충수업은 없었다고 합니다. 중고 선수들의 석차배분율은 평균 78.6%로 100명중 79등, 하위권에 머물렀습니다.

학생선수들의 수업 결손은 학생들의 학습권을 침해하는 일입니다. 운동 성적 올리기에 급급하여 이뤄지는 강도 높은 훈련과 수업결손은 학생들의 행복추구권을 박탈하는 인권에 대한 심각한 침해 행위인 것입니다.

오늘 문화체육관광부 스포츠 혁신위원회가 2차 권고안을 발표했습니다. 혁신위는 학생선수의 학습권 보장을 위해 학기 중 주중대회 참가와 개최를 전면 금지하고, 최저학력제 도달 학생만 대회 참가를 허용하도록 촉구했습니다.

학교 스포츠가 청소년들의 신체발달과 건강을 위한 교육적 기능을 다하는 일은 사실 교육 현장에서 발견하기 쉽지 않습니다. 과도한 입시경쟁 때문인 것이죠. 반면에 몇몇 선수들만 양성하여 학교의 명성만을 드높일 뿐입니다.

정상적인 교육풍조 시스템이라면 광범위한 저변확대의 학교 스포츠, 지역생활체육 기반 하에서 경쟁을 통해 우수한 학생선수를 배출해야 하는 것이죠. 그 선수들이 전국적인 경쟁을 통해 해당 학교와 지역, 그리고 국가를 대표하는 일이 바로 순리에 맞는 일입니다.

우리 학교 스포츠는 권위주의 정권 시절부터 왜곡되어 그 모순점을 그대로 안고 어린 청소년들을 혹사시키고 희생시켜 왔습니다.

이번 혁신권고안을 토대로 학교 스포츠가 정상화 될 수 있는 첫걸음이 되길 바랍니다.

(2019.06.05.)

4차 산업혁명과 새로운 노사협력

　제조업을 기반으로 세계 경제를 주도했던 미국과 독일 등 국가들이 중국 등 신흥 시장으로 제조경쟁력이 옮겨가자 그 경쟁력을 되찾기 위한 갖은 노력을 다하고 있습니다. 요지는 제조업과 ICT 융합을 도모하는 것인데요. 미국은 2009년부터 '리메이킹 아메리카'라는 슬로건을 내걸고 제조업 부활정책을 강하게 추진하고 있습니다.

　기술개발과 인력 육성을 위한 교육, 연구기관의 확충이 핵심 사업입니다. 전통적으로 제조업이 강한 독일 역시 과거 기계공업 중심의 산업 패러다임을 바꾸기 위해 인더스트리 4.0을 강하게 추진 중에 있습니다.

　제4차 산업혁명 과정에 제조업을 결합시켜 중소 제조업을 시대 변화에 맞게 새롭게 혁신시킨다는 것입니다. 즉 인더스트리 4.0은 ICT와의 접목을 통해 제조업의 혁신을 이루겠다는 프로젝트입니다.

　현 우리 정부가 강한 의지를 표명한 스마트 팩토리도 같은 개념이라고 볼 수 있습니다. 그러나 제4차 산업혁명과 제조업의 혁신은 노동자들의 일자리가 대폭 감소할 수밖에 없는 상황이 만들어 질 수가 있습니다.

　사물·인터넷 등 자동화 시스템은 인간의 전통적인 노동이 필요없게 되는 것이죠. 그래서 독일은 인더스트리 4.0과 함께 노동 4.0 정책을 병행·추진하고 있습니다.

　독일의 노동 4.0은 자칫 전문직 고숙련직도 위협할지 모르는 시대에서 모두를 위한 일자리 마련은 어떻게 할 것인가에서 출발합니다. 또 인생 주기에 따른 노동형태는 어떻게 변화될 것인지, 사회안전망은 어떻게 구축해 나갈 것인지, 숙련노동의 미래와 훈련체계의 구성 요소는 무엇인지, 좋은 노동과 노동문화는 어떻게 조성할 것인지 등 입니다. 정부는 2022년까지 스마트 공장을 3만개 까지 구축한다는 목표를 세웠습니다. 최근 한국 산업이 직면한 제조업의 성장 한계와 일자리 문제를 스마트 공장 구축으로 해결하겠다는 것입니다. 스마트 제조 혁신으로 중소기업 제조 강국을 실현하겠다는 것입니다.

스마트 공장이 노동자들의 일터를 빼앗는 프로젝트가 된다면 사회적으로 큰 혼란이 발생할 수밖에 없을 것입니다. 그래서 정부는 지난달 31일 노동친화형 시범 스마트 공장 구축사업 기업 5개사를 선정한 바가 있습니다. 중소벤처기업부와 고용노동부, 그리고 경사노위는 사람 중심의 스마트 공장 확산을 위한 업무협약을 체결했습니다.

기업이 스마트 공장을 도입할 경우에는 위해업무의 개선책과 함께 협력적 노사관계 구축, 그리고 일터 혁신을 위한 협업체계를 구축한다는 것인데요. 제4차 산업혁명 시대에 맞는 새로운 노사협력 관계 모델을 만들어 보겠다는 것입니다. 노동자들 간의 근로시간 공유, 대기업과 중소기업 간의 협력적 관계, 노동자들에 대한 전문적 교육과 훈련 체계의 구축과 함께, 고용안전망과 직무전환 등의 장치가 발전적으로 만들어져야 할 것입니다. 결코 쉽게 이뤄질 과제는 아닌 것 같습니다. 사회적 대타협으로서의 설득과 양보, 협력 문화가 우선돼야 할 듯 합니다.

(2019.06.04.)

해외 패키지여행의 문제점이 결국

 구명조끼도 없이 갑판에 올라 야경을 구경하는 여행사 패키지가 결국 참사를 맞게 됐습니다. '구명조끼만 입었어도 안타까운 생명을 구할 수 있었을 것'이라는 탄식이 절로 나오고 있습니다. 국내 여행사들의 전 세계 관광여행 상품은 경쟁이 매우 치열합니다. 홈쇼핑에서도 매진 임박을 알리면서 쇼호스트들이 앞다투어 상품 판매에 열을 올릴 정도니까요.
 당일 오후에는 천둥 번개를 동반한 폭우가 쏟아져 다뉴브강 수위가 무척 높았고, 유속도 상당히 빨랐습니다. 그래서 과연 악천후를 뚫고, 그것도 밤중에 다뉴브강을 관람하는 일이 평생에 잊지 못할 관광코스였을까요. 여행사에서 제공하는 관광패키지 상품은 가격도 예상보다 높지 않고, 비행편,숙박, 음식도 신경 쓰지 않아도 되고, 관광가이드 안내에 따라 세계적인 명소를 둘러볼 수 있습니다. 이점이 많기 때문에 많은 사람들이 이용합니다. 짧은 시간동안 여러 나라의 명소를 방문하기 위해서는 일정자체가 빠듯할 수밖에 없습니다.
 8박9일 동안 유럽6개국을 방문한다는 것은 사실 단독여행에서는 엄두도 내기 힘든 일이죠. 대부분 아침 일찍부터 시작해 밤중까지, 가이드의 안내를 바쁘게 쫓아갈 수밖에 없습니다. 더욱이 명시된 코스는 반드시 동행해야 합니다. 아마도 여행사들의 현지 계약상황 때문일 수도 있구요. 그래서 패키지 여행은 날씨나 다른 요인이 발생해도 웬만하면 그 프로그램을 강행하는 것이 상례입니다.

이번 비극적인 사고의 원인은 관광객들의 안전을 전혀 고려치 않고 관광수입에만 열을 올린 헝가리 당국의 처사가 제일 먼저 도마 위에 오를 수밖에 없습니다. 대형 크루즈를 운항한 선장은 체포됐다고 하는데요. 대형 크루즈가 유람선을 가로질러, 마치 두 동강 난듯한 사고가 10초도 안 돼 발생했다고 합니다. 유람선에 타고 있었던 한국관광객들이 비명도 지르지 못했다고 하는데요. 유속이 워낙 빨라 시신이 10km 떨어진 곳에서 발견된 것으로 보아, 당시의 상황이 추측이 갑니다.

강경화 외교부장관도 현지에 가서 사고 수습에 대한 총지휘를 하고 있습니다. 외교부를 중심으로 신속대응 팀과 사고 수습반이 파견 됐구요. 지금은 모든 가동 자원을 동원하여 한 사람의 목숨이라도 구하는 일이 시급하다고 할 수 있습니다. 사고 수습 또한 매우 중요하구요.

경황을 좀 차린 뒤에는 관광패키지 상품에 대한 보다 면밀한 점검이 필요하지 않을까합니다.

관광사들 스스로 자신들이 열을 올려 판매한 패키지 상품에 대해 고객 안전도는 얼마나 점검했고, 보장해 줄 수 있는지 반드시 되돌아보기를 바랍니다.

(2019.06.03.)

북유럽 복지국가의 비결 – 중도개혁정치

핀란드와 노르웨이, 스웨덴 등 북유럽 국가들은 일반적으로 살기 좋은 복지국가로 알려져 있습니다. 북유럽 국가들의 특징은 사회보장제도 등 복지 시스템이 잘 완비돼있다는 것과 함께 높은 국민소득을 자랑합니다. 1인당 국민소득이 4만 달러가 넘어선지 이미 오래됐죠. 부패 청렴도 역시 탑 클라스입니다. 사회청렴도와 관련된 통계에서 항상 세계 최상위권입니다.

스웨덴은 19세기 중반만 해도 유럽에서 가장 가난한 나라였습니다. 미국처럼 자원이 풍부하지도 않았고, 홍콩이나 싱가포르처럼 지리적 위치가 좋지도 않습니다. 국제경쟁력 1,2위를 다투고 있으며 세계 최상위 수준의 부를 유지하고 있습니다.

핀란드 역시 전 세계 국가 중 행복지수 1위의 국가이며, 뛰어난 교육 수준과 깨끗한 환경, 그리고 세계 최초로 국가차원의 혁신시스템인 NIS를 구축한 나라입니다. 그 비결은 과연 무엇일까요.

이유는 바로 안정된 정치입니다. 북유럽 국가들은 지리적으로 유럽의 중심부에서 떨어져 있는 혜택을 보았습니다. 덕분에 19세기와 20세기 유럽을 몰아쳤던 극좌와 극우의 거센 풍랑에서 비켜갈 수 있었습니다. 제2차 세계 대전의 격전지로부터도 피해 있었습니다. 파시즘과 같은 극우적 정치와 공산주의와 같은 극좌적 성향의 정치세력이 집권하지 않았습니다. 중도개혁적 이념을 지향한 사회민주당이 비교적 오랫동안 집권할 수 있었습니다. 그래서 불필요하고 비생산적인 정쟁에서 비껴날 수 있었고, 상대 정치세력과의 치열한 경쟁을 통한 승자독식의 정치문화도 형성되지 않았습니다. 계급타협적인, 노사정 협력문화가 형성될 수 있었으며, 경제가 어렵고 힘들 때는 노사정 대타협을 통해 국난을 극복해 나갔습니다.

스웨덴의 1938년 살트세바덴 협약과 핀란드의 1968년 소득협약은 사회적 대타협으로 유명한 사례입니다. 노동자들이 임금동결이나 구조조정 등을 받아들이는 대안으로 국가는 사회보장 제도의 확실한 실행으로 사회적 약자들에 대한 적극적 보호책을 만들어 나갔습니다. 스웨덴은 무상보육과 무상 교육, 무상의료, 생계보장 수준의 기초연금과 실업급여 보장책이 잘 마련되어 있습니다. 또한, 재활 프로그램으로서의 교육과 기술 지원책도 우리와 비교할 수 없을 정도의 수준입니다.

스웨덴, 핀란드, 노르웨이 3개국의 특징은 복지국가 실현을 통해 사회를 안정화 시키고, 안정된 사회 시스템을 통해 국가경쟁력 등 생산력을 끌어 올려 국민경제를 세계 최고의 수준으로 만들어 냈다는 것입니다. 중도정치를 통한 정치와 사회의 안정화가 그 비결이었음을 다시 한 번 강조하고 싶습니다.

(2019.05.30.)

죽음을 두려워하지 않는다.
죽으면서도 나는 기쁘다

"네가 만약 늙은 어미보다 먼저 죽은 것을 불효라고 생각한다면 이 어미는 웃음거리가 될 것이다. 옳은 일을 하고 받은 형이니 비겁하게 삶을 구하지 말고 대의에 죽는 것이 어미에 대한 효도이다."

1910년 사형을 앞둔 안중근 의사에게 어머니인 조마리아 여사가 보낸 마지막 편지 구절입니다. 대한제국의 비밀 의병 부대인 대한의군 참모중장 자격으로 일본의 이등박문을 사살한 안중근 의사는 항소이유서도 포기하고 자신의 생을 나라에 바쳤습니다.

그는 마지막으로 국가를 위해 헌신하는 일은 군인의 본분이라는 말을 남겼죠. 일본은 안중근을 사형시킨 후 정확한 매장지를 알려주지 않았는데요. 러시아 신문의 보도에 따르면 안 의사는 사형 직후 교도소의 예배당에 옮겨졌다가 지역의 기독교 묘지에 매장된 것으로 밝혀졌습니다.

국가기록원은 28일 러시아 블라디보스토크, 하바로프스키 등 지역신문이 보도한 안중근 의사 관련 기사 24건을 공개했습니다.

안 의사는 일본군에게 체포된 뒤에도 시종일관 의연한 모습을 보였다고 하는데요. 이번에 공개된 러시아 신문에 따르면 '죽음을 두려워하지 않는다. 죽으면서도 나는 기쁘다. 조국해방을 위해 첫 번째 선구자가 될 것이다.'라는 말을 남겼다고 합니다.

안중근 의사는 1909년 10월 26일 러시아의 하얼빈 역에 잠입하여, 러시아군의 군례를 받는 이토 히로부미를 브라우닝 반자동 권총으로 사살했죠. 이토 히로부미는 이날 러시아의 재무대신과 회담을 마치고 나오던 중이었습니다.

1905년 러일전쟁에서 패배한 러시아는 만주에서의 독점적 권한을 보장받는 대신, 대한제국에 대한 지배권을 넘겨주려는 협상을 하려고 했죠.

러시아 영내에서 벌어진 이토 히로부미 살해 사건은 두 나라의 밀약적 협상을 뒤로 미루는 결과를 낳게 했습니다.

대한의군의 외교전에 입각한 작전이 나름대로 성공한 셈인 것입니다. 안 의사는 일본군에게 포로 대우를 당당히 요구 했다고 하는데요. 일본이 안 의사의 매장 장소를 밝히지 않은 이유는 아마도 안중근 의사의 당당한 업적이 알려지는 것을 꺼렸기 때문일 것입니다.

남북은 안중근 의사의 유해발굴을 공동으로 추진하는 데 합의한 것으로 알려져 있는데요. 대한의군 참모중장 안중근 의사의 유해가 하루라도 빨리 고국으로 돌아오길 바랍니다.

(2019. 05. 29.)

1991년 개구리소년 실종사건을 기억하십니까
'세계 실종아동의 날'을 맞아

우리는 아직도 1991년 3월 대구에서 발생했던 개구리 소년 실종사건을 기억하고 있습니다. 다섯 명의 초등학생 아이들이 도롱뇽 알을 주우러 간다며 집을 나선 뒤 완전히 소식이 끊겼습니다. 사건 발생 11년만인 2002년, 이들의 유골이 발견됐지만 영구 미제 사건으로 남게 됐습니다.

매년 경찰에 접수되는 실종 사건은 실종아동 사건을 포함하여 5만-6만 명에 이른다고 합니다. 특히 야외활동이 많은 5월은 아동·실종사건이 가장 많은 달입니다.

8세 미만의 경우, 2016년에 실종신고가 1925건 접수됐는데, 이중 5월에만 242건이 발생했습니다. 아동에게 있어 부모와 떨어져 격리되는 경험은 극도의 불안감과 스트레스, 분노 등을 야기할 수 있습니다. 뿐만 아니라 평생토록 지워지지 않는 심리적 충격으로 남게 될 수 있고, 심한 경우에는 외상 후 스트레스 장애를 유발하게 됩니다. 마찬가지로 부모 역시 자식이 실종되면 모든 일상생활을 포기하고 자식 찾는 일에만 전념하게 됩니다. 그러한 상황이 장기화 될수록 부모는 죄책감과 우울증 증세로 인해 더욱더 부정적인 감정으로 발전하게 됩니다.

실종아동 문제를 해결하기 위해서는 두 가지 접근이 필요합니다. 아동 실종이 발생하지 않도록 미연에 예방하는 일이 무엇보다 우선적입니다. 그 다음은 아이를 잃어버렸을 경우, 단기간 내에 발견할 수 있도록 조치를 취하는 것입니다. 실종 아동이 발생하지 않도록 하는 일은 부모의 책임이 1차적이라고 할 수 있습니다.

아동을 잃어버렸을 때는 국가와 사회의 제도적 도움이 필요합니다. 실종아동에 대한 범죄가 발생했다면 국가기관의 도움은 절대적이라고 할 수 있죠.

2012년부터 정부는 실종아동의 조기 발견을 위하여 지문 및 얼굴 등을 경찰관서를 통해 사전에 등록하는 시스템을 도입했습니다. 사전에 등록된 정보를 통해 조속히 보호자에게 연락하여 찾아줄 수 있는 제도인 것입니다.

2011년부터 경찰은 실종아동의 조속한 발견과 복귀를 위해 공개 수색 수사 체계를 구축해 운영하도록 하고 있습니다. 보건 복지부에서도 기관간의 상호 정보연계 시스템인 '엠버경고 시스템'을 도입해서 운영하고 있습니다.

실종아동 빅데이터 구축은 아직까지도 과제로 남아있습니다. 빅데이터는 실종 예방 기능과 함께, 문제해결에 대한 정책적 기능을 항시적으로 수행할 수 있습니다.

5월 25일은 세계 실종아동의 날입니다. 절대적 약자인 아동을 보호하고 키우는 일은 아무리 강조해도 지나치지 않을 것입니다. 또 공동체가 함께 책임져야 할 일이기도 하죠. 아이들은 우리의 미래이기 때문입니다.

(2019.05.27.)

새로운 성장 동력인 바이오헬스 산업

바이오헬스 산업은 성장 가능성이 가장 높은 산업으로 평가되고 있습니다. 새로운 성장 동력으로 주목받고 있는 것이죠. 세계경제포럼 보고서 'The Future of Job'에서는 미래사회를 변화시킬 4차 산업혁명 기술 중 하나로 바이오 기술을 제안하고 있습니다.

최근 OECD 보고서 역시 바이오 기술을 에너지, 환경 및 첨단소재 기술과 함께 미래를 변화시킬 핵심 분야로 선정했습니다.

바이오 분야의 혁신은 매우 놀랍습니다. 신약을 개발하는 제약 분야뿐만 아니라, 의료서비스 분야에서도 엄청난 변화가 일어나고 있기 때문입니다.

환자에 맞는 처방과 치료를 할 수 있는 정밀 맞춤 의료가 가능해 지고, 많은 사람들의 질환과 건강에 대한 생체정보들이 축적된 건강 빅데이터를 기반으로 하는 '디지털 헬스 케어'라는 새로운 의료 패러다임까지 등장하고 있습니다.

미국의 한 기업은 2030년이 되면 자신의 줄기세포를 이용해 노후화된 장기를 대체한다는 야심찬 목표까지 세우고 있다고 합니다.

세계 헬스케어 시장규모는 고령화와 질환의 증가로 2020년에는 11조 달러가 예상되고 있습니다.

정부는 바이오 헬스 산업을 2030년까지 5대 수출산업으로 육성하겠다고 밝혔습니다. 바이오헬스와 시스템 반도체 그리고 미래형 자동차 산업을 차세대 주력 산업으로 육성할 것이라고 강조했습니다.

100세 시대를 맞아서, 이제 세계는 단순히 오래 사는 것보다 건강하게, 행복하게 오래 사느냐가 가장 중요한 관심거리입니다. 바이오 헬스산업은 인간생명과 직접적인 관련이 있는 산업입니다. 바이오산업 기술개발에는 내재적인 윤리이슈가 상존합니다. 그래서 규제 장벽이 항상 문제가 되어왔습니다. 바이오 헬스 산업의 발전은 과감한 투자, 연구개발 확충과 함께 규제 장벽을 어떻게 해소시키느냐가 관건이라고 할수 있습니다.

각종 인허가 제도와 의료보험 제도는 바이오 헬스 산업에 지대한 영향을 미칩니다. 한국은 바이오 경쟁력 평가에서 기술혁신 정도는 중위권이나, 법과 규제 등 제도적 장벽에서는 매우 낮은 점수를 받고 있는 것이 사실인데요.

바이오산업의 성공을 위해서는 법제도 정비가 필수적이라고 할 수 있습니다. 미국의 경우, 2012년 백악관을 중심으로 '국가 바이오 경제 청사진' 보고서 발간을 시작으로 2015년에는 정밀의료 이니셔티브, 2016년에는 암정복 이니셔티브 등을 통해 2016년 기준 약 천4백 52억 달러의 연구개발비를 투자한 바 있습니다. 이번 바이오헬스 국가 비전 선포식을 계기로 과감하고 선도적인 국가 추동력이 나타나기를 바랍니다.

(2019.05.23.)

고 장자영사건의 실체는 무엇인지, 그 가해자의 정체는

검찰과거사 위원회가 고 장자연씨 사건에 대한 조사결과를 발표했습니다. 수사미진과 모 언론의 외압의혹 등은 사실로 인정할 수 있으나 핵심의혹에 대한 수사권고는 어렵다고 판단했습니다. 또한 장자연 리스트의 존재여부는 진상규명이 불가능하다고 밝혔습니다. 총체적인 부실수사였지만 공소시효를 넘겨 재수사를 권고하기가 쉽지 않다는 예상과 일치했습니다.

고 장자연씨 사건은 속칭 사회지도층 이라는 사람들이 섣부른 권력을 이용해 어떻게 자신들의 향락과 야욕을 채워왔는지, 자신들의 안위를 위해 나이 어린 연예인 지망생들을 무참하게 짓밟았는지, 사건 무마를 위해 권력 기관들과 결탁해 숱한 의문과 의혹을 뿌려왔는지 폭로된 사건입니다. 장자연 씨 사건은 한마디로 사실상 최고 권력을 누려왔던 일부 언론의 사주일가들의 비행과, 반도덕성 관련 의혹이 적나라하게 드러난 사건이라고 할 수 있습니다.

장자연씨 사건은 2009년 3월 13일. 고인이 죽기 전 남긴 내용이 KBS에 보도 공개되면서 폭발됐습니다. 공개된 문건에 따르면 "2008년 9월 모 언론사 사장이라는 사람이 룸싸롱 접대와 잠자리 요구를 하게 만들었으며, 장씨 소속사 회사의 사장은 폭력과 폭언을 일삼았다"라는 것입니다. 이러한 고통으로 신인배우 장자연씨는 정신과 치료까지 받았으며, 고통에서 벗어나고 싶다고 호소하는 내용이었습니다.

검찰은 술 접대 강요 등의 혐의를 받은 피의자들을 증거 불충분 등의 이유로 모두 무혐의 처리하고 장자연씨 소속사 대표와 관계자들만 기소해서, 그들만 실형을 선고받은 사건입니다. 당시 관련 당사자였던 언론사 사주들이 쏙 빠져 검찰의 봐주기, 부실수사 외압 의혹이 높았던 사건입니다.

검찰 진상조사단은 13개월에 걸쳐 조사한 결과, 고 장자연씨가 남긴 문건이 사실일 가능성이 높다고 결론 내렸습니다. 그리고 장씨의 사망 전 1년치 통화내역이 검찰청에서 보관하고 있던 수사기록에서 사라진 것이 확인됐습니다.

이 자료는 장씨가 누구에게 술 접대 및 성 접대를 했는지 밝혀줄 결정적인 단서였습니다. 유실이 아니라 누군가 고의로 빼낸 의혹이 매우 짙다는 것이죠. 소속사 사장으로부터 폭행과 술자리 접대 강요를 받은 사실이 인정된다는 점과, 장자연 리스트의 존재 가능성이 높다는 점, 남성 10여명의 명단을 특정했지만 문건 확인과 접대여부를 확인하지 못했다는 점, 관련 가해자로 의심받는 모 언론사 사주에 대해 단 한차례의 검찰 수사도 이뤄지지 못했다는 점 등이 논란거리였죠.

고 장자연씨 사건은 10여 년 전부터 그 진실과 의혹이 끊임없이 제기되어서 진상조사가 이뤄졌지만 결국은 재수사는 없는 것으로 결론 나버렸습니다.

특히 관련리스트의 존재는 인정되나 그 리스트의 주인공들은 누구인지, 나이어린 신인 여배우들을 농락하던 실력자들의 명단은 미궁에 빠져버리게 된 것이죠. 결국 관련 증거와 증언에 대한 검찰수사의 외압과 부실이 다시 한 번 도마 위에 오를 수밖에 없을 것 같은데요. 고 장자연씨 사건에 대한 법적인 응징은 영원히 사라져 버리는 것으로 봐야하는지 의문입니다.

(2019.05.21.)

5·18 광주,
39년 전 민주주의의 함성

1980년 5·18 광주민주화 운동을 우리는 한국민주화 운동의 원천이라고 평가합니다. 그 이유는 광주시민들이 자유와 민주주의를 위해 폭력적인 군부독재 세력과 당당히 맞서 싸웠기 때문입니다. 또한 지금까지도 한국의 민주주의를 지키는 근간적 역할을 하고 있습니다.

1961년 5월 16일 박정희 소장을 필두로 한 정치군인들은 탱크와 장갑차를 몰고 한강을 건너 청와대에 입성했습니다. 4·19 시민혁명에 의해 탄생한 제2공화국을 총과 칼로 뒤집은 것이죠. 이후 한국사회는 정치군인들이 권력을 장악하는 시대가 열리게 됐습니다. 1972년 유신헌법과 국민과 전 사회를 지배하려고 발호된 초 헌법적인 긴급조치는 군부권위주의 정권의 절정이었습니다. 1979년 10월 궁정동에서 자신의 친구이자 심복이었던 김재규 중앙정부 부장에 의해 박정희 전 대통령은 살해됐습니다.

박정희가 육성했던 전두환, 노태우, 김복동, 정호영 등 하나회 멤버들은 전방에서 북한과 대치하고 있었던 사단병력을 빼돌려 12·12 친위 쿠데타를 일으킵니다. 결국 80년 민주화의 봄은 신군부 세력에 의해 또다시 좌절될 위기에 처해 있었던 것입니다.

5월 17일 밤 9시 40분. 기습적인 계엄확대 조치에 가장 거세게 반발한 곳은 광주였습니다. 계엄군들이 광주 시내를 장악했음에도 불구하고 전남대생 중심으로 벌어진 시위는 시민들의 참여로 확산됐고, 신군부 집단은 공수부대를 투입하여 무차별 진압에 나서게 됩니다. 그러나 광주시민들의 분노와 저항이 더욱 거세지자, 결국 신군부세력은 시민들을 향해 발포를 감행한 것입니다. 국민을 보호해야 할 책임이 있는 군인이 오히려 국민을 향해 총을 쏜 것입니다. 전두환 신군부집단은 광주에서의 학살로 정권장악과 유지에는 성공했지만, 그 정통성을 상실해 버렸습니다. 1980년대 민주화운동은 국민을 학살하고 정권 찬탈에 성공한 5공 신군부정권과의 일대 대결이었습니다.

87년 6월 항쟁까지 광주는 민주화 운동의 원천이었고, 민주화 운동을 지켜주는 디딤돌이었습니다. 87년 호헌을 고집하던 전두환 5공 정권이 국민들의 거센 저항에 직면하자, 한때 계엄령을 검토했었다고 합니다.

미국과 군 내부의 반발에 부딪혀 결국은 직선제 개헌을 수용하게 됩니다. 그 결정적 이유는 바로 80년 광주의 유혈항쟁이 다시 발생할 것을 두려워했기 때문이라는 것입니다. 결국 5·18 광주는 우리사회에 다시는 군부세력이 부당한 권력을 잡지 못하게 하는 결정적인 쐐기를 박은 역사적인 사건인 것입니다.

광주민주화 운동을 단순히 지역문제로 치환하거나, 폄훼하는 행위는 한국의 민주화운동을 부정하는 것이자, 현재의 민주주의를 인정하지 않는 사고입니다. 또한 광주는 더 이상의 논쟁거리도 아닙니다. 40여 년 전 무자비한 신군부 세력에 의해 희생당한 그들을 위로하고, 그들을 통해 우리가 지금의 민주주의를 향유하고 있음을 감사해야 하는 것이죠. 이번 광주 민주화운동 39주년을 맞아 이제 다시는 불필요한 논란이 없기를 바랍니다.

(2019. 05. 20.)

백성이 나를 욕하는 것은 정당한 일이다

"백성이 나를 욕하는 건 정당한 일이고, 정당하지 않더라도 그런 상황을 야기한 건 임금 탓이다" 세종대왕 어록에 나오는 말입니다.

오늘은 세종대왕 탄신일 622돌입니다. 여주 세종대왕 영릉에서는 숭모제전이 봉행됐습니다. 세종대왕 시대는 우리 민족의 역사에서 정치적으로 안정을 이룬 시기로 꼽힙니다.

조선의 정치와 경제, 그리고 사회 문화 등 전반적인 기틀을 잡은 시기이기도 하죠. 태평시대라고 불릴 만큼 공맹사상에 기반한 유교정치가 발현된 시기이기도 합니다. 집현전 등 인재가 양성됐으며, 백성의 글인 훈민정음이 창제됐고, 농업과 과학기술의 발전, 의약기술과 법제의 정리, 국토의 확장도 이뤄졌습니다.

세종대왕의 은덕을 본격적으로 기린 시기는 김영삼 문민정부 때부터였습니다. 물론 박정희 정권 시절이었던 1975년 12월 세종대왕 능역 정화 사업이 추진됐고, 1978년 광화문에 세종문화회관이 건립됐지만, 세종대왕이 국가기념에서 중심적인 위치를 차지하게 된 시기는 문민정부 시대였습니다. 그 이유는 김영삼 정부가 표방한 문민성, 즉 이전 군사정부와의 단절성 등은 세종의 업적과 매우 유사했기 때문입니다.

문민정부의 개혁 작업 과정에서 세종은 문치의 상징이자 개혁정치의 표상으로 내세워진 것입니다. 김영삼 대통령은 1993년 5월 15일 역대 대통령으로서는 처음으로 세종대왕탄신 숭모제전에 참석하여 세종대왕을 '무엇보다 개혁자'

로 규정하고 강력한 개혁의지를 표방했습니다.

1997년 세종대왕 탄신 600돌 행사가 3부요인이 참석한 가운데 경복궁 근정전에서 열렸고, 세종대왕의 업적과 유산에 대한 적극적인 연구 및 홍보 등이 이뤄지게 됩니다. 세종의 애민정신과 인간 존엄성, 과학성과 실용성 및 인재 육성, 과학기술의 지원 등의 주요 업적이 문민정부의 주요 정책 철학으로 결합하게 됩니다. 이후 국민의 정부와 참여정부를 통해 세종대왕은 민주주의와 인권의 상징으로 현시하게 되는 것입니다.

세종의 가장 큰 업적은 백성이 자유롭게 사용할 수 있는 훈민정음의 창제라고 볼 수 있는데요. 세종대왕의 명칭은 국가기획 프로젝트에도 많이 애용되기도 했죠. 한국최초의 이지스급 구축함인 세종대왕함, 새롭게 건설한 행정도시인 세종특별시가 그 사례이기도 합니다.

2009년 왕의 귀환 프로젝트라고 불렸던 세종로 세종대왕 동상 건립은 세종대왕이 대한민국 국민들의 중심에 자리 잡게 됐음을 의미하는 일이기도 합니다.

세종대왕 탄신일 622돌을 맞아 국민이 편하고 행복해지는 태평시대가 활짝 열리길 바랍니다.

(2019. 05. 16.)

최저임금 인상과 균형경제

2018년부터 연거푸 두 차례 최저임금이 두 자리 숫자로 인상됐기 때문에 올해 최저임금 심의위원회의 결정이 매우 주목받는다 할 것입니다.

최근 문재인 대통령은 최저임금 1만원 인상의 공약사항에 대해 속도 조절을 시사하는 발언을 하기도 했습니다. 임금은 본래 시장에서 자율적으로 결정되는 것이 상례입니다. 경제상황과 물가, 고용여건 및 기업의 상태, 노동의 질과 양 등이 복합적으로 영향을 미쳐 시장에서 결정되는 것이죠.

그러나 사회적 약자인 저임금 노동자들은 국가가 보호하지 않으면 적절한 임금을 받기가 어렵습니다. 그래서 국가가 개입하여 임금 통제 정책을 펴는 것입니다. 최저임금제도는 국가가 임금 결정 과정에 개입하여 임금의 최저 수준을 정하고 이를 법으로 강제하는 제도입니다.

우리나라는 1986년 12월에 최저임금법을 제정 공포하고 2000년 11월부터는 전 사업장에 확대 적용해 왔습니다.

최저임금액보다 적은 금액을 지급한 사업주는 3년 이하의 징역이나 2000만 원 이하의 벌금이 부과됩니다. 최저임금은 사용자와 노동자 대표 합의에 의해 결정하기 때문에 매우 소폭으로 인상되어왔습니다

2000년에는 2.75%, 2011년부터 2017년까지 5-8% 정도 올랐습니다. 그러나 2018년에는 16.4%, 19년에는 10.9% 인상됐습니다. 2019년 현재 주 40시간, 월 209시간 기준으로 볼 때 174만 5천150원을 노동자들은 받습니다.

그동안 최저임금이 워낙 열악했기 때문에 두 자리 수 인상으로 저임금 노동자들에게 상대적 혜택이 갔던 것은 사실입니다. 이들의 소비 진작도 어느 정도 경제적 효과를 보았을 것으로 여겨집니다.

그러나 두 자리 수 인상으로 피해를 받은 층의 불만도 적지 않습니다. 자영업자들과 소상공인, 중소기업가들은 경제성장률도 저조한데, 최저임금마저 인상돼 비용의 증가를 하소연 했습니다. 전체 37.4%를 차지하는 소상공인들은 정부에게 최저임금 인상에 따른 대책을 강하게 요구해왔었죠. 이에 따라 정부는 카드수수료 인하 등 소상공인 보호 대책을 밝힌 바도 있습니다.

두 자리수자로 연이은 인상의 여파로 이들은 내년에도 최저임금이 인상된다면 사업자체를 운영하기 힘들다고 밝혔습니다.

한국경제는 다양한 주체들로 구성되어 있습니다. 임금 노동자들 외에 자영업자, 소상공인, 중소기업가, 대기업가, 전문직 종사자들이 한국 경제를 움직이고 있는 것입니다.

이번 최저임금 심의는 균형 있는 정책 하에서 결정되기를 바랍니다.

(2019.05.14.)

대북 식량지원이
끊기지 말아야 하는 이유는

　북한에 대한 식량지원 계획이 구체화 될 것으로 보입니다. 도널드 트럼프 미 대통령이 어제, 인도적 차원에서 대북 식량지원은 매우 시의적절하다는 입장을 표명했으며, 이를 계기로 북한과의 대화국면으로 나아가려는 의지를 보였기 때문입니다.
　최근 북한의 식량사정은 10년간 최악인 것으로 파악됐습니다. 유엔 식량농업기구와 세계식량계획이 공동조사해서 발표한 북한의 식량 안보 평가 보고서에 따르면 올해 북한 인구의 40%인 약 1천 10만 명이 식량이 부족한 상태며, 북한이 식량 수요를 충족하는데 필요한 곡물 수입량은 136만 톤입니다.
　북한 주민 1천 800만여 명이 다양한 음식을 충분히 섭취하지 못하고 있으며, 5세미만의 어린이 28%가 만성영양실조에, 4%가 급성영양실조를 겪고 있는 것으로 조사됐습니다. 한국은 2017년 9월 유니세프와 세계식량계획의 대북지원 사업에 800만 달러를 제공하기로 결정했지만 미국의 대북압박 정책이 워낙 강경함에 따라 실제 집행을 미뤄왔습니다.
　세계식량계획 WFP가 2018년 북한에 지원한 식량은 총 2만1천 777톤으로 1996년 이후 가장 적은 규모였습니다.
　세계식량계획은 자금 부족으로 북한 어린이들에게 공급하던 영양 강화식품도 일부 중단하기도 했습니다.

2017년부터 북미간의 대립이 격화되면서 국제 사회의 인도적 자금 모금도 영향을 받은 것으로 여겨집니다.

우리가 북한에 식량 지원을 하게 된 시기는 김영삼 정부 때부터였습니다. 1995년 대홍수로 북한이 식량난에 직면하자, 김영삼 정부는 쌀 15만 톤을 직접 지원했습니다. 그때부터 2017년까지 총 3조 2천871억의 인도적 지원이 실시됐습니다.

그러나 정권교체 등에 따른 대북 정책의 변화로 인해, 대북지원의 양과 질에 있어서 상당한 부침이 있었던 것이 사실입니다. 북한 핵개발 지속에 따른 남북관계 경색국면에서는 5세 미만의 영유아 아동에 대한 지원마저 중단되기도 했습니다. 북미관계가 경색되고, 남북관계마저도 악화됐을 때, 대북 식량지원계획이 중단됐다는 것은 비판받을 소지가 상당히 있다고 보여 집니다.

전쟁 중이더라도 인도주의적 차원에서의 지원은 상존해 온 국제적 관례이기 때문입니다. 우리는 같은 민족 동포들이 기아와 영양실조에 허덕이고 있다는 점에서 볼 때 대북 식량 지원은 중단되지 말고 상시적으로 이뤄졌어야하는 문제입니다.

특히 남북관계가 악화됐을 때 더욱더 식량 지원이 이뤄진다면 남북 상호간의 인도적, 민족적 연결고리로 작용할 수 있는 것입니다. 인도주의적 지원은 해당 정권의 포악성에도 불구하고 해당 국민들을 보호하기 위한 명분과 필요불가결한 조치로 인식될 수 있습니다.

이번 한미 상호협조 하에 이뤄질 대북 식량 지원 계획이 국제 사회로 펴져나가고, 꽉 막힌 북미 간 대화국면의 숨통을 틀 수 있는 계기로 작용하길 바랍니다.

(2019. 05. 09.)

정말 무지막지하게 심각한 청년문제

우리는 여성정책, 노인정책이라는 단어는 많이 들어보았지만, 청년정책이라는 말은 그렇게 익숙하지 않은 것이 사실입니다. 과연 중장기적인 청년정책은 실현되고 있는 것일까요.

청년문제가 우리사회의 중요한 화두로 등장한 이후 다양한 종합대책들이 발표됐지만. 청년과 관련된 지표들은 결코 좋아지지 않았습니다. 오히려 악화됐을 뿐입니다. 특히 핵심 쟁점인 청년고용 문제는 쉽게 진전을 이루지 못하고 있습니다. 다수의 청년들은 사회경제적 불안과 이들의 삶을 옥죄어오는 과도한 경쟁으로 인해 스트레스와 불안 속에 살고 있는 것이 사실입니다. 낭만과 설렘의 대학캠퍼스가 취업과 스펙 쌓기로 전락한지는 이미 오래됐습니다.

청년들이 겪고 있는 어려움 중 가장 두드러진 현상은 취업난입니다. 지난 10년 동안 청년들의 고용률은 큰 변화 없이 낮은 수준을 유지하고 있습니다. 반면에 실업률은 2016년 최고치를 기록한 이후 잘 떨어지지 않고 있습니다.

2017년도 청년실업률은 9.4%였는데요. 올 2019년 3월 청년실업률은 10.8%이고, 청년실업자는 47만 3천명입니다. 청년들의 취업난과 더불어 경제 여건 역시 매우 심각합니다. 29세 이하 청년가구주의 월평균 소득은 2014년 323만 원에서, 2016년 317만 원으로 계속 떨어지고 있습니다.

물가상승의 자연 분을 고려할 때 소득이 하락세 라는 것은 경제적 여건이 계속 악화되고 있다는 반증입니다. 청년들이 정치, 경제, 사회영역 전반에 걸쳐 참여가 줄어들고 있는 점도 매우 중요한 사회적 문제점 중의 하나입니다.

역대 국회의원 연령별 분포를 보면 20대와 30대 국회의원은 1963년 제5대 국회에서 전체 국회의원 중 24.5%를 차지했습니다. 지속적으로 감소해, 2016년 20대 국회에서는 불과 1.0%인 3명으로 줄었습니다. 2012년 기준으로 전 세계 88개 국가에서 20-30세 국회의원이 13.6%를 차지하고 있는 점과 비교해 볼 때, 한국의 청년 정치 참여율이 얼마나 열악한가를 보여주는 대목입니다.

기업종사자 연령 역시 높아졌는데요. 1980년 28.8세에서 2015년 41.4세로 대폭 상향됐습니다. 이제 연애, 결혼, 출산을 포기한다는 삼포시대는 옛말입니다. 그 이상의 것들마저 다 포기한다는 N포세대라는 신조어까지 등장했죠.

우리 한국사회의 미래를 책임져야 하는 청년들이 자조 섞인 말에 시달리고 있다는 사실은 현재의 국면이 매우 엄중하다는 반증입니다. 뒤늦게나마 청와대와 정부, 여당이 청년들을 위한 대책마련에 본격적으로 나섰습니다.

청년개인의 삶에 대한 희망이 대한민국의 미래와 결합될 수 있는, 진정성 있고 장기적인 대책이 나오길 기대합니다.

(2019.05.07.)

무소불위의 검찰 권력과 검경수사권 조정

한국의 검찰 권력이 무소불위라는 것은 이미 잘 알려진 사실입니다. 우리나라 검찰은 직접 수사를 할 수 있습니다. 또 사법경찰에 대해서 수사지휘를 할 수 있습니다. 그뿐만이 아닙니다. 기소를 검사만이 할 수 있는 기소독점주의와 편의주의를 갖고 있습니다.

영장 역시 검사만이 청구할 수 있습니다. 이는 헌법으로 보장된 '독점적 영장청구권' 입니다. 또 검찰은 시의 적절하게 권력 줄에 편승해 정치 검찰로서의 역할도 다해왔습니다.

얼마 전 검경수사권 조정 관련 법률안이 국회 패스트트랙으로 지정됐습니다. 검찰은 기소 역할에 충실하고 수사는 경찰이 담당한다는 법률안입니다. 검경수사권 조정안은 정치적으로 커다란 쟁점이 없기 때문에, 빠르면 올해 안에 국회를 통과할 수 있습니다. 검찰 권력이 너무 막대하고 비대하다보니 그 피해는 고스란히 국민들이 받아 왔습니다.

기소와 수사의 독점은 자칫 수사에 대한 객관성을 잃어버릴 수 있습니다. 검사재량이면 다 통하기 때문에, 부실 수사 혹은 과잉 수사 오류를 낳을 수 있고 인권침해 가능성은 상존합니다. 검찰이라는 기관의 집단적 권위주의는 부패와 비리로 흐르기가 쉽고 권력지향주의적 검찰 문화를 양산하게 됩니다.

미국, 일본, 영국, 캐나다 등과 비교하면 이렇게 막강한 검찰 제도를 갖고 있는 나라는 없습니다. 검찰 측에서는 수사권이 경찰에게 넘어가면, 정보권을 갖고 있는 경찰이 비대해지고 권력화 된다고 우려합니다. 다른 제어장치를 경찰에 두면 됩니다.

경찰위원회의 실질적 심사 통제기능으로서의 격상과, 전문성에 입각한 수사기관의 다양성, 그리고 자치경찰과 일반경찰의 업무분화 등 경찰 수사의 객관성과 공정성을 확보하기 위한 제도적 장치가 준비되면 가능합니다.

거의 70여 년간 누려왔던 검찰의 권력이 정상화 될 수 있는 가능성이 최근 보이고 있습니다. 검찰 집단주의적 이해타산이 아닌 국민의 검찰로 거듭나는 계기가 되길 바랍니다.

(2019.05.03.)

미 헤이마켓 사건과 5월 1일 메이데이, 한국의 노동절은

5월 1일은 근로자의 날이죠. 노동절, 메이데이라고 불립니다. 메이데이는 1886년 미국 노동자들이 8시간 노동제 쟁취를 위해 투쟁한 것을 기념하기 위한 날입니다. 당시 미국 노동자들은 하루 12시간에서 16시간의 장시간 노동과, 일주일에 7~8달러를 받는 저임금에 시달리는 노예와 같은 생활을 하고 있었습니다.

마침내 5월 1일. 하루 8시간 노동을 위한 총파업에 돌입했고, 미국 경찰은 노동자들을 향해 총기를 발포했습니다. 또한 어린 소녀를 포함한 노동자들 6명이 살해됐습니다. 분노한 미국의 노동자들 30만 명은 헤이마켓 광장에 모여 집회를 열었으며, 당국은 폭력적인 진압을 하게 됐습니다.

헤이마켓 사건은 전 세계에 알려지게 됐고, 1889년 세계의 노동운동 지도자들이 모인 제2 인터내셔널에서 5월 1일을 세계 노동절로 정하게 됐습니다. 이듬해 1890년에는 '만국의 노동자, 단결하라'고 외치며 메이데이 대회가 치러지게 됐습니다.

우리나라에서는 1923년 5월 1일 일제치하에서 메이데이 행사가 치러지게 됩니다. 조선노동총연맹 2천여 명이 모여 노동시간 단축과 임금인상 등의 요구를 한 것입니다. 해방 후 좌우익의 대립으로 인해 노동절은 기념일로 지정되지 못하고, 1948년부터 한국노총창립일인 3월 10일을 노동절로 정해 행사를 치르다가, 1963년 3월 10일을 근로자의 날로 명칭을 바꿨습니다.

노동계에서는 5월 1일 기념일을 지속적으로 요구했고, 마침내 문민정부가 들어선 1994년부터 3월 10일이 아닌, 전 세계 노동자들의 날인 5월 1일을 근로자의 날로 정해 지금에 이르게 됐습니다.

1969년 박정희 정권시절, "근로기준법을 준수하라, 우리는 기계가 아니다. 일요일은 쉬게 하라, 노동자를 혹사하지 말라"라고 외치며 산화했던 아름다운 청년 전태일 기념관 개관식이 어제 열렸습니다. 산업화라는 미명하에 반인간적인 생활을 강요당했던 1970년대 노동자들의 삶이 드러났던 역사의 현장이었죠. 1970년대와 80년대 노동운동은 그야말로 생존권적 투쟁이 강한 성격을 갖고 있었습니다. 폭압적인 군사정권하에서 노동조합을 결성할 권리조차 없었던 노동자들은 저임금과 장시간 노동에 시달려야 했던 것이죠.

노동운동은 민주화운동과 결합해서 그 목소리를 낼 수밖에 없었습니다. 파업현장에 똥물세례를 받았던 동일방직사건, 1979년 신민당사에서 농성하다 쫓겨났던 YH노조사건, 또 1980년 사북탄광 노동자들의 투쟁 등은 당시의 극한적인 노동환경을 보여준 사건입니다.

1987년 민주화 이후 확산된 7, 8월 노동자대투쟁은 민주노조 조직화운동으로 이어져, 노동자들의 기본권 등 노동3권이 보장되는 시대로 접어들게 됐던 것입니다.

오늘 세계 노동절이며, 근로자의 날을 맞아 사회적 약자로서 경제발전의 희생을 강요당했던 한국의 노동자들이 이제는 어엿한 사회와 역사의 주인으로 자리매김하고 있다는 사실을 다시 한 번 확인하고자 합니다.

(2019.05.02.)

이제야 투자 분야가 된 '시스템 반도체' 산업

　삼성전자의 2019년 영업이익이 전년 동기대비 60.15% 감소한 결과가 나왔습니다. 주력품목인 반도체 부문의 부진 때문이라고 하는데요. 삼성전자와 SK하이닉스는 메모리 반도체 전 세계 시장을 지배하는 기업이라고 해도 과언이 아닙니다. 정보와 데이타를 저장하는 기능을 갖고 있는 메모리 반도체와 다른, 비메모리 반도체 즉 데이터를 해석·계산 처리기능을 갖는 시스템반도체 시장 점유율은 한 자리 수에 불과합니다.
　세계 반도체 시장의 80%를 점하고 있는 시스템 반도체는 메모리 반도체 시장의 4배 규모를 지니고 있으며, 약 2600억 달러 규모로 추정되고 있습니다. 스마트폰과 자동차, 에너지 등 IT 융합산업의 후방 사업과의 연계성이 높은 분야로서 앞으로도 매우 유망한 시장 매력도를 갖고 있습니다.
　메모리 반도체 시장에서 1위를 차지하고 있는 한국은 그동안 시스템반도체 시장의 동인에 대해서 다른 나라에 비해 등한시 했던 것이 사실입니다.
　현재 제2의 시스템반도체 강국으로 부상하고 있는 대만은 정부 차원에서 연간 1,880억을 투자해 국가의 과학기술 발전과 고급 인력양성에 주력해 왔습니다.
　중국 역시 2020년까지 55조원의 파격적인 지원 투자를 한다는 계획아래- 연간 4~5조 단위규모의 예산을 집행해 왔습니다.
　우리나라는 2011년부터 5년 간 1,154억만 지원투자 했을 뿐입니다. 미국과 유럽·일본 등이 수조원 규모의 장기적이고 체계적인 지원과 정책을 펼쳐왔던 점과 비교하면 매우 뒤떨어졌다고 할 수 있습니다. 시스템반도체 분야는 높은 초기 투자 비용과 수준 높은 기술력, 고급 인력이 필요하기 때문에 정부의 적극적인 지원이 필수입니다.

 정부는 시스템반도체 산업을 3대 중점사업으로 선정하고 사업발전 비전과 지원책 등을 발표했죠. 삼성전자도 133조원의 투자계획을 밝혔는데요. 이번 계획이 신성장동력의 밑거름이 되길 바랍니다.

(2019.05.01.)

하나의 고성이 북 고성군과
남 고성군으로 갈라지게 된 이유는

　4.27 판문점 선언 1주년을 맞아 강원도 고성지역의 DMZ 평화의 길이 처음으로 공개-개방 됐습니다. 1953년 7월 이후 금단의 땅이었던 곳이 66년 만에 열린 것입니다. 강원도 고성군은 살아있는 남북 분단의 역사입니다. 1945년 해방 후 38선이 그어지면서, 고성군 전 지역은 북한으로 넘어가게 됩니다.
　태평양전쟁이 막바지에 이르게 되면서, 미국은 당시 연합군으로 전쟁에 참여했던 소련에게 대일진 침여를 종용하게 됩니다.
　중국의 대한반도 영향력을 약화시키려는 생각 때문에 취한 미국의 외교정책이었습니다.
　유럽 서부전선에만 주력하던 소련은 1945년 8월 8일 일본에게 전쟁을 선포하고 한반도로 진격하게 되는데, 패망기로에 서있던 일본군의 저항이 없자 파죽지세로 한반도로 진입하게 됐고, 한반도는 미국이 소련에게 던져준 공짜 전승물이나 마찬가지가 되어버린 것입니다. 미국이 중국이라는 호랑이를 잡으려다 다른 호랑이를 불러들인 결과가 되어버린 것이죠. 상
　그런데 상황은 역전됐습니다. 소련군의 남하 속도가 예상보다 빠르자 미국은 서둘러서 38선을 선포하게 됩니다. 그제서야 공산주의 종주국 소련의 남하 의도를 조금 눈치 챈 것이었을까요.

해방이 되자마자 고성군 주민들은 졸지에 공산주의국가 치하로 넘어가게 된 것입니다. 소련군은 본대가 평양에 진주하기도 전에 38선 일대로 군대를 파견하여 우리 민족의 3.8선 왕래를 차단하고 검문하는 조치부터 취하게 됩니다. 미군과 소련군이 각기 38선을 경계로 진주하게 됐고, 1948년 분단된 상태에서 단독정부들이 들어서게 됩니다.

  이후 제2차 세계대전 당시 동맹국이었던 미국과 소련은 한반도에서의 대립으로 냉전체제의 주요 당사국으로 바뀌게 되고, 한반도는 미소 냉전하의 국제적 내전의 장으로 치닫게 됩니다. 그것이 바로 동족간의 전쟁이었던 1950년 6·25전쟁입니다.

  고성군은 1953년 7월 27일 휴전협정이 체결되자 남북으로 갈라지게 됩니다. 정전협정 당시 밀고 당기는 치열한 전투에서 남측이 올라가게 되어 분단선이 그어버리게 된 것이죠. 북 고성군과 남 고성군이 된 것입니다. 고성군 주민 앞에는 일명 DMZ 비무장 지대가 가로막게 된 것입니다.

  이제 남측의 비무장 지대 평화의 길 일부가 개방됐습니다. DMZ 평화의 길을 다녀간 관광객들은 이구동성으로 세계 평화공원으로 조성하면 너무나 좋을 것이라고 밝혔다는데요, 실제 이전에 DMZ 세계 평화공원 안이 발표되기도 했죠.

  DMZ 천혜의 자연경관을 활용하여 세계적인 평화공원으로 조성된다면, 남북협력의 장으로 나아감은 물론이고 전 세계가 주목하는 평화의 상징이 될 것을 의심치 않습니다.

(2019.04.30.)

판문점 선언 1주년이 되었지만,
빛 바랜 현실

1년 전 4월 27일, 남북 간의 역사적인 판문점 선언이 있었죠. 4.27 남북 정상회담은 전쟁의 위협이 상존 했던 한반도에 평화와 교류의 기대를 갖게 했던 역사적인 사건이었습니다. 특히 4.27 선언에서 양 정상이 공식적으로 표방한 한반도의 완전한 비핵화는 이후 북미간의 협상과 정상회담으로 이어졌습니다. 사실 1년 전과 비교하면 한반도의 국민은 전쟁의 위협 속에서 벗어나 평화에 대한 기대를 품고 살아가고 있습니다.

역사적인 판문점 선언 1주년 행사가 북측의 일방적인 불참으로 반쪽 행사로 열리게 됐습니다. 매우 안타까운 일이죠. 북미간의 핵협상이 진전이 없고 교착상태에 빠지자, 북측이 남북관계의 진전을 외면하고 있는 것은 아닌지 우려스러울 뿐입니다.

1년 전 양 정상은 판문점 선언에서 "민족적 화해와 평화 번영의 새로운 시대를 과감하게 일어나가며 남북관계를 적극적으로 개선하고 발전시켜 나가야 한다." 면서 "우리 민족의 운명은 우리 스스로 결정한다는 민족자주의 원칙을 확인했다"고 밝혔습니다.

남북 국민들이 간절히 원하고 있는 '이산가족 상봉'은 잊을만하면 이루어지고 있습니다. 한국 측이 유엔제재 해제까지 받아내어 바로 실현시키려했던 화상상봉 역시 북측의 비협조로 진전이 없습니다. 남북 공동유해 발굴 사업은 우리 남측만 단독으로 진행하고 있습니다. 개성공동 연락사무소 소장회의는 9주째 열리지 않고 있습니다. 남북 GP전면철수와 JSA 자유왕래 등은 큰 진전에도 불구하고 후속 논의가 이어지지 않고 있습니다.

북미간의 대화와 협상분위기가 무르익었던 작년에 남북 간의 교류는 매우 활발했습니다. 북미 간 협상이 교착 상태에 빠지자 북측의 적극적인 움직임은 사라져버린 것입니다. 북측 매체들은 판문점 선언 1주년을 맞아 4.27 판문점 선언이 민족자주, 민족단합의 선언이라면서 남북관계의 자주적 해결을 촉구했습니다. 현실은 남북 민족자주의 원칙이 북미 간 협상의 하위개념으로 전락해 버린 것을 부정할 수 없습니다.

남북관계를 북미 관계의 지렛대로 삼아왔던 전통적인 대남 정책이 아직도 북측에 남아있는 것은 아닌지 우려스러울 뿐입니다.

김정은 위원장은 지난 9월 19일 평양 능라도 경기장에 모인 15만 평양주민들 앞에서 대한민국의 문재인 대통령이 마음껏 연설할 수 있는 기회를 주었습니다. 남북관계의 개선과 비핵화 협상의 노력이 바로 70여 년 동안 갈라진 민족의 문제를 해결하고자 함 이라는 인상을 받았습니다.

북미간의 협상이 교착상태에 빠지고 대립적인 환경에 처하더라도, 남북 간의 교류는 지속되고 발전되어야 합니다. 그것이 북측이 그렇게 강조하고 있는 '민족자주의 원칙'입니다.

한반도 민족문제의 해결이 비핵화 문제와 직접적으로 연결되어 있으며, 추동력을 받을 수 있다는 점 다시 한 번 강조하고자 합니다.

(2019.04.29.)

러시아가 한반도 비핵화에 갖는 이해관계는

　북한의 김정은 위원장과 러시아 푸틴 대통령이 약 4시간 동안 정상회담을 가졌습니다. 북미간 비핵화 문제 등의 해결책이 어떠한 균형추로 옮겨 갈 것인지 관심을 받고 있는 시기이기 때문에, 이번 북러 정상회담이 더욱더 주목을 끌고 있는 것입니다.
　러시아가 한반도 비핵화 해법에 대해 어떤 입장을 견지하는가도 상당히 중요한 대목이라고 할 수 있습니다. 북한의 전통적인 대러시아 외교는 균형외교라는 틀 속에서 이루어져 왔습니다. 북한은 구소련 등 사회주의권 멸망 이후 중국과 러시아 사이의 틈새를 공략하여 실리적 이득을 취해왔습니다.
　중국 의존도의 과도성을 피하기 위해 러시아와 협력적 관계를 유지해 왔으며 북핵문제 해결에 있어서는 러시아의 배경적 지원을 받아왔습니다.
　6자회담 개최 시에 러시아는 중국과 달리 북한에 우호적인 태도를 견지했으며, 미국의 과도한 압력을 제어하는 역할을 담당하기도 했습니다. 러시아 역시 극동지역에서 미국의 패권주의와 일방주의를 견제하고, 자국의 영향력을 한반도에서 확대해 나가기 위해서는 북한의 협력이 필요했습니다.
　북한을 통해 미국뿐만 아니라 중국의 영향력도 견제하는 외교정책을 펴왔습니다. 푸틴 대통령 집권 이후 러시아는 극동지역에서 적극적인 외교정책으로 선회하여, 북한과의 협력적 관계를 강화해 왔습니다.
　2011년 10월 러시아는 북한에게 식량 5만톤을 지원한 바가 있으며, 2012년 9

월에는 북한이 러시아에 진 빚 110억 달러 중 90%를 탕감해주고 나머지 10%는 에너지 사업과 의료사업에 사용하도록 배려해주기도 했습니다.

　러시아가 북한과 극동지역의 이해에 주목하는 이유는 시베리아와 극동지역을 관통하는 가스라인과 전기라인을 설치하는 일과, 대륙횡단철도 및 한반도 종단철도 연결 때문입니다. 상당한 경제적 가치를 러시아에 가져다 줄 수 있는 사업이기 때문이죠.

　이는 결국 남북러 3자가 함께 협력적으로 실현시켜야 하는 사업입니다. 그래서 러시아 입장에서는 남북관계가 평화적으로 발전하고, 한반도에서의 비핵화가 실현될 수 있도록 종용과 압력을 북한과 미국에 넣고 있는 것이죠. 더불어 한국과의 관계도 지속적으로 증진시켜 나가야 하는 관계에 놓여 있습니다.

　북한이 러시아와의 경제 협력을 발전시키기 위해서는 남북관계 증진은 물론, 한반도에서의 평화가 선결돼야 합니다. 미국과 유엔의 제재가 완화되어야 함은 두말할 나위가 없는 것이구요. 북러 관계의 진전은 북미간의 비핵화 협상과 매우 밀접한 함수 관계에 놓여있기 때문에 북한이 미국과의 핵 협상을 어떻게 푸느냐가 매우 중요한 열쇠가 되는 것입니다.

(2019.04.26.)

CTR 카자흐스탄 비핵화 모델이
한반도에도 적용될 수 있는지

　구 소련연방에서 독립했던 카자흐스탄은 자국 내에 배치돼있던 핵무기 1400기에 대해 놀라움을 감추지 못했습니다. 거대 핵보유국이었던 구소련이 카자흐스탄에 핵개발과 핵실험 등을 위해 배치했던 대량 살상 무기였습니다.
　우크라이나와 벨라루스도 마찬가지였습니다. 소련연방에서 독립했지만 구소련으로부터 물려받은 거대한 핵무기를 어떻게 처리해야할 지가 난제였습니다. 이들 3국은 막대한 핵무기를 운영하여 국제적 고립과 견제를 받을 생각이 없었습니다. 또한 핵무기를 운영할 재정적, 군사적 능력도 보유하지 않고 있었습니다. 미국 및 국제사회와 협의한 결과, 핵무기 해체 등에 필요한 재정을 미국 등이 부담하고, 비핵화에 대한 경제적 지원과 보상을 서방세계로부터 받아내는 안에 합의했습니다.
　비핵화를 통해 자국의 경제발전을 도모한다는 프로젝트를 가동시킨 셈이죠. 카자흐스탄을 방문한 문재인 대통령은 자발적 비핵화로 미국의 안보 보장과 경제지원을 얻은 카자흐스탄 모델을 강조했습니다.
　카자흐스탄은 비핵화를 통해 성공적인 경제발전을 이룩한 모범사례라는 것입니다.
　문대통령은 "김정은 국무위원장도 핵을 내려놓고 경제를 선택하는 것이 국민을 위한 것"이라고 밝혔습니다.

    카자흐스탄과 우크라이나, 벨라루스 등 구 소련연방 3국에 적용돼, 성공적인 결과를 가져온 CTR은 협력적 위험 감축 프로그램입니다. 미국 넌-루거 상원의원이 발의하여 미국의 재정적 지원이 함께 이루어진 CTR은 구소련에서 독립한 국가들이 핵무기를 제거하기 위해, 미국 및 유럽국가 들로부터 다양한 경제지원을 받고, 핵무기와 핵물질이 성공적으로 제거된 프로그램입니다.

CTR은 핵시설 및 핵무기를 폐기하는 대신 폐기 비용과 함께 교육·과학 기술 지원을 제공하고 핵 관련 과학자 및 기술자의 재교육 및 정착지원 등을 제공한 포괄적 프로그램입니다. CTR에는 미국 뿐만 아니라 인근 유럽 국가들도 광범위하게 참여하여 경제적·인적 지원은 물론 핵 폐기에 따른 검증 및 절차에 관여했습니다.

CTR프로그램이 북한에 적용되려면, 먼저 북한의 비핵화 의지가 확실해야 하며, 북미간의 제도적 보장책으로서의 합의가 완성돼야 합니다. 인위적 적용은 좀 무리가 있는 것은 사실입니다. 북미간 비핵화 협상과정의 주요 안으로 제시될 수 있는 유효성을 갖고 있습니다. 북미간의 협력적 프로그램으로 상호간 윈윈할 수 있다는 검증된 프로그램이기 때문입니다.

    한국 측이 지난번 한미 정상회담에서 제시했던 포괄적 핵 합의안에 이어, 핵 폐기 과정에서의 모델도 밝혔다는 주요한 의미를 갖습니다.

    CTR방식과 유사한 안이 북한에도 적용된다면, 북한과 특수 관계인 남한이 중심이 되어 동북아 국가들의 참가를 이끌어내야 하는 주도적 역할이 부여되기 때문입니다.

(2019. 04. 24.)

연해주의 항일운동과, 스탈린의 강제이주
이제야 독립유공자 유해가 돌아옵니다

　일본으로부터 병탄 당한 아픔에 더해 스탈린의 강제이주 정책으로 반인간적 설움 속에 살아야 했던 중앙아시아의 고려인들, 그곳에 우리 대한민국 대통령이 국빈 자격으로 방문했습니다. 연해주를 근거지로 독립운동을 하다가 졸지에 소비에트 열차에 실려 카자흐스탄으로 쫓겨나야 했던 우리의 독립 운동가들의 유해가 고국의 품으로 돌아왔습니다. 80여년 만에 꿈에 그리던 조국으로 돌아 온 것입니다.

　대한민국 대통령이 직접 두 분의 유해를 카자흐스탄 정부로터 인도 받고, 그곳에서 봉환식을 주관했습니다. 대통령 전용기가 계봉우, 황운정 독립운동 열사들을 모시고 고국으로 귀항했습니다.

　연해주로의 조선인들의 이주는 1869년부터 시작됐죠. 한인들은 연해주에서 땅을 일구고 삶의 터전을 닦아 왔습니다. 1905년 이후부터는 일반인들뿐만 아니라 일제의 탄압을 피해 이곳으로 이주해 온 항일인사들이 가세해 그 수는 점점 늘어나게 됐습니다. 1900년대 초부터 연해주는 항일독립운동의 근거지였습니다.

　이범윤의 13도 의군과 창의소, 대한국민 의회 등이 활동하는 곳이었고, 고종 황제가 망명정부를 검토했던 곳이기도 했습니다. 1920년대 독립군들의 무장투쟁은 연해주 지역에서의 거점투쟁으로 시작됐습니다.

1937년 스탈린 정권이 한인들만을 타겟으로 하여 제일 먼저 중앙아시아로 강제 이주시킨 이유는 명확합니다.

첫 번째로는 극동에서까지 일본과의 군사 전쟁을 원하지 않았기 때문입니다. 즉 극동지역에서 항일운동의 근거지였던 연해주의 한인들을 강제이주 시킴에 따라 일본을 안심시키려 했던 것입니다.

스탈린 소비에트 정권은 항일 빨치산 및 독립 운동가들과 한인 지도자들 대다수를 사전에 일제의 간첩행위라는 죄목으로 처형시킵니다. 약 20만의 한인들을 중앙아시아로 강제이주 시킵니다.

두 번째로는 민족주의적 볼세비즘이라고 불렸던 소비에트 사회주의국가의 민족적 배타주의 정책이었습니다. 소수민족 배외정책을 통해 자국의 국가주의를 강화시키기 위한 정책이었죠. 그 첫 번째 희생자가 나라를 잃었던 한인들이었던 것입니다.

봉오동 전투·청산리 전투의 대장이었던 홍범도 장군 역시 스탈린 강제이주 정책의 희생자였습니다. 일본군이 가장 두려워했고, 일본군과의 전투에서 혁혁한 공로를 세웠던 독립군 지도자 홍범도 장군이 카자흐스탄에서 쓸쓸하게 최후를 맞았다는 사실은 나라 잃은 설움을 다시 한 번 느끼게 합니다.

정부는 홍범도 장군 등 다른 세 분의 유해 송환도 추진한다고 하는데요 하루라도 빨리 그들의 설움을 달래주는 일이 대한민국 후손들이 해야 할 과제입니다.

(2019.04.23.)

4·19 혁명과 한국의 민주주의

지금으로부터 59년 전이었던 1960년 4월, 우리 한국사회는 민주주의 혁명의 물결에 휩싸였습니다. 해방 후 처음 맞는 민주화 혁명이었습니다.

4·19 혁명의 도화선은 고등학생들로부터 시작됐습니다. 2월 28일 '학원의 자유를 달라, 학원을 정치도구화 하지 말라'고 외쳤던 대구 경북고 학생들은 정치유세장에 나가지 못하도록 공휴일에도 수업을 강행한 정권 측의 부당함에 항의했습니다. 대전고와 청주고, 포항고, 인천 송도고 학생들에게 시위는 번져 나갔습니다.

국민의 투표권을 부정하고 자신들 입맛에 맞게 투표과정과 결과를 조작한 3·15 부정선거는 전국적인 저항을 불러 일으켰습니다. 특히 마산지역의 시위가 매우 거셌는데요. 4월11일 마산 중앙부두 앞에 떠오른 마산상고 김주열 군의 시신은 국민들을 격분시키기에 충분했습니다. '이승만 물러가라, 독재정권 물러가라'는 구호가 나오기 시작했고, 4월19일 경무대 앞으로 몰려간 대학생들과 시위대들에게 독재정권의 경찰은 발포를 감행했습니다. 그 자리에서 21명의 청년들이 목숨을 잃게 됐습니다.

정권이 자위적으로 선포한 계엄령은 무용지물이 됐고, '학생들의 피에 보답하라'라는 플랜카드를 들고 나온 대학교수들의 시위와 전국적인 확산은 4·19 민주혁명의 역사적인 행보를 내딛게 했습니다.

우리가 4·19 혁명을 기리면서 민주주의의 소중함을 다시금 되새기는 이유는 무엇일까요. 4·19 혁명과정에서 자신의 목숨을 내놓으면서 사라져간 의사들 앞에서 고개를 숙이는 이유는 과연 무엇일까요. 민주 정부와 자유민주주의의 확립은 우리에게 무엇을 가져다 준 것일까요. 부당한 독점과 부패한 권력을 단죄하고 응징한 가운데서 탄생한 민주정부는 국민들에게 균등하고 평등한 기회를 제공해 줍니다.

    4·19 혁명과정에서도 부정부패를 통해 득세했던 이기붕 일당 등 독재 권력 핵심 세력들은 응징됐습니다. 새롭게 출범한 제2공화국은 민주적 기회를 국민들에게 제공하고 경제적 균등성을 추구했습니다. 국민에게 정치적 자유뿐만 아니라 경제적 자유를 보장하고 평등하고 균형적인 국가 운영을 약속했던 것입니다.

    그러나 4·19 혁명은 이듬해 일어난 5.16 군사쿠데타로 굴절과 왜곡의 역사를 다시 시작해야 했습니다만, 민주와 자유를 위해서 희생한 민주열사들의 넋은 한국현대 정치사에 주요한 이정표를 남긴 것입니다.

(2019. 04. 19.)

한국 바이오산업의 현황은,
OECD 국가 중 4위

당뇨병 특효약으로 알려져 있는 인슐린과, 암치료에 이용되는 인테페론 양산 등은 바이오산업의 대표적인 결과입니다. 인슐린은 유전자 재조합 기술에 의해서 실용화됐죠. 일명 바이오리엑터는 세포융합기술과 대량배양기술, 그리고 유전자 재조합 기술을 말합니다. 자연 상태에서 극히 미량으로 존재하는 물질을 대량으로 생산하거나, 유용한 생물로 만들어 내는 분야를 '바이오산업'이라고 하죠.

OECD에서는 과학기술을 적용하여 살아있거나, 또 살아있지 않은 물질을 변형하는 것을 '바이오 기술'이라고 정의하고 있습니다. 바이오산업은 미국이 가장 선진적인 국가로 알려져 있습니다만, 우리나라 바이오산업도 OECD국가 중 상위에 위치해 있습니다. 그동안 국가에서 연구개발비 등을 지속적으로 투자해 온 결과라고 할 수 있습니다.

2014년 OECD 자료에 따르면 한국의 바이오 기업 수는 940개로, OECD국가 중 4위입니다. 미국이 11,600여개로 가장 많고, 스페인과 프랑스가 각각 2위와 3위를 차지하고 있습니다. 한국은 바이오 R&D 지출에 있어서도 14억 달러로 4위에 올라가 있습니다.

오늘부터 열리고 있는 바이오코리아 2019는 50개국에서 700여개 기업 그리고 약 2만 5천여 명의 보건 산업 관계자들이 참여하고 있습니다. 이번 행사에서는 면역항암제 개발 동향과, 면역항암제 개발 기술 중 가장 주목을 받고 있는 글로벌 세포 치료제, 그리고 항체 의약품 분야 등이 소개됩니다.

국내 바이오산업의 생산은 증가세를 보이고 있습니다. 생산액은 2011년 6조 4천억 원에서 2015년 8조 5천억 원으로, 5년 동안 32.3% 성장했습니다. 바이오산업분야를 이끌고 있는 업종은 바이오의약과 바이오식품이라고 할 수 있는데요. 두 업종이 2015년 기준으로 약 78.5%를 차지하고 있습니다.

수출 분야도 매우 관심거리인데요. 바이오 기업의 수출액은 2011년 2조 7천억 원에서 2015년 4조 3천억으로 5년 동안 54.6% 성장, 발전했습니다. 물론 수출 분야에서도 바이오 의약과 바이오 식품이 89.9%를 차지하고 있습니다.

우리나라가 바이오산업에 관심을 가진 시기는 약 20여년 되었다고 하죠. 하지만 의약과 식품분야에만 집중적으로 투자됐지 바이오 화학과 에너지, 환경 분야에는 소홀했다는 지적입니다. 정부의 직접적 투자가 주종을 이룬 반면에 기업의 투자는 상대적으로 약세를 면치 못하고 있다. 바이오산업은 제4차 산업혁명의 핵심 산업으로 간주되고 있습니다. 그만큼 높은 과학기술이 뒷받침될 때 그 성과가 나타나는 산업이다. 결국 중장기적 혜안을 갖고, 과감한 투자가 선행돼야 한다는 것입니다.

(2019. 04. 18.)

백범 김구를 다시 본다

　오늘은 대한민국 임시정부 임시의정원이 발족한 날이며, 내일 4월 11일은 대한민국 임시정부가 수립된 날입니다. 대한민국 임시정부하면, 백범 김구를 빼놓을 수 없습니다. 임시정부의 문지기를 자처했던 김구 선생의 파란만장했던 일생은 바로 우리 대한민국이 자유와 독립을 얻어내기까지의 한국현대 정치사를 그대로 보여준다 할 것입니다.

　백범 김구 선생은 20대의 젊은 나이에 황해도 해주의 동학 접주가 되어 동학농민혁명에 참여했던 인물입니다. 1896년 치하포에서 국모 명성황후의 원수를 갚는다는 신념으로, 변장한 일본장교 스치다를 맨손으로 때려잡아 죽이기도 했죠. 나라가 일제의 식민지로 전락하자 고향에서 교육사업에 전념하던 김구는 1911년 105인 사건으로 체포되어 4년여 동안 감옥생활을 했습니다. 이후 상해로 망명하여 임시정부 활동을 했던 김구 선생은 임시정부 경무국장, 내무총장, 주석을 역임했었습니다.

　임시정부가 좌파의 분열행동으로 혼란과 무기력에 빠졌을 때, 김구 선생은 임시정부 내 한인애국단을 창설하여 이봉창, 윤봉길 의사의 의거를 진두지휘했었습니다. 목숨을 내놓고 수없이 감행됐던 한인애국단의 작탄 의거는 침체에 빠져있던 임시정부를 살려내고 대한민국 독립운동의 이정표를 세웠음은 잘 알려진 사실입니다.

　1941년부터 미국과 일본의 전쟁이 시작되면서 한반도를 중심으로 한 국제정세는 급박하게 돌아가게 되죠. 일본의 패전도 예상됐습니다.

　미국의 루즈벨트 대통령은 전후 처리 사안으로 한국을 40년 신탁통치 한다는 계획을 관철시키려 했습니다. 김구 선생과 임시정부 요원들은 중국 국민당 장개석 총통과 손을 잡고 외교활동을 펼쳐 1943년 11월 27일 한국의 자유와 독립을 적절한 시점에 보장한다는 카이로선언을 얻어냅니다. 식민지 국가 중 미영중 3국 정상들이 독립을 보장한다고 약속한 나라는 대한민국이 유일했습니다. 그러나 1945년 12월 미국과 소련은 얄타회담에서 4년 신탁통치 안을 다시 합의하죠. 이에 김구 선생은 비상 국민회의를 조직하여 전 국민적 반탁운동을 벌여 강대국들의 신탁통치 안은 좌절되고, 1948년 합법적인 대한민국정부가 탄생된 것입니다.

　김구 선생은 1949년 6월 26일 총탄에 흉거하시기 전까지 남북 통일운동에 전념하셨습니다. 생전에 김구 선생은 남북이 갈라지면 남북간 전쟁이 일어날 수 있다고 예언하기도 했습니다.

　70여 년 전 백범 김구 선생이 주창했던 통일은 아직도 갈 길이 멀고 험합니다만, 김구 선생의 중도개혁적 정치사상은 지금도 우리에게 이어져 내려오고 있다 할 것입니다.

(2019.04.11.)

백성의 나라 '대한민국'
국호가 의미하는 것은

　오늘 외국에서 독립운동을 했던 이재수, 김태연, 강영각 지사에 대한 유해봉영식이 열렸습니다. 김태연 지사는 대한민국 임시정부 임시의정원에서, 강영각 지사는 미 하와이 호노룰루 임시정부 후원회 활동을 했던 분들입니다.
　이번 봉영식은 임시정부 100주년이 되는 4월 11일에 맞춰 이뤄진 것입니다. 우리는 헌법 전문에 3·1 운동과 대한민국 임시정부의 법통을 계승한다고 명시하고 있습니다. 1948년 8월 15일 수립된 대한민국 정부 역시 1919년 4월 11일 선포된 임시정부를 계승한다고 천명했습니다. 1919년 4월 11일 대한민국 임시 의정원에서는 국호를 대한민국으로, 또 민주공화제를 표방한 대한민국 임시헌장을 통과시키고 공표했습니다.
대한은 1897년 고종황제의 대한제국 창립 시 표방한 국호입니다.
　마한, 진한, 변한.
　삼한을 아우르는 말로 한반도 전체를 일컫습니다.
　3·1 운동 시 온 국민이 조선독립 만세가 아닌 대한독립만세를 외쳤다는 것은 고종의 대한을 만천하에 다시 한 번 알린 것입니다.
　임시정부 헌장에서도 구 황제 우대 조항을 넣은 것을 보면 지금 우리가 쓰고 있는 대한이라는 국호는 1897년 대한제국의 대한에서 유래했음을 알 수 있는 것입니다.

민국이라는 국호는 말 그대로 '백성의 나라'라는 것입니다.

18세기부터 세간에서 널리 회자되고 영·정조 시대 때부터 공공연하게 쓰였던 백성의 나라 민국은 노비제 등 신분제가 공식적으로 폐지되는 대한제국 시대에 각종 신문과 출판물에서 쉽게 발견할 수 있습니다.

양반 사대부들의 학정에 맞서 일어난 조선후기의 민란과 동학혁명이 실현해 낸 용어, 우리의 국호 민국인 것이죠.

대한민국은 1919년 임시정부부터 국호로 쓰이기 시작해, 지금까지 너무나 익숙하고 편안하게 사용하고 있습니다.

대한민국이라는 국호를 자유롭게 쓰기까지에는 우리의 수많은 민초들과 독립투사들의 희생과 투쟁이 있었음을 정확히 알아야 하겠죠. 그것이 4월 11일 대한민국 임시정부 선포일에도 담겨있는 역사적인 뜻이기도 할 것입니다.

(2019.04.10.)

한국의 중재안 '굿 이너프 딜'

트럼프 대통령은 지난 하노이 회담 결렬 후 귀국 길에서, 문재인 대통령에게 전화를 걸어, 워싱턴에서 열리는 한미 정상회담에 초청했습니다. 양 정상간의 7번째 한미정상 회담입니다. 미국 측에서는 은근히 한국의 역할을 기대하고 있는 분위기입니다. 한반도 비핵화 협상의 기로를 좌우할 중대한 국면으로 점쳐지고 있습니다.

11일 열리는 한미 정상회담에서 트럼프 대통령은 어떠한 메시지를 내놓을지, 김정은 위원장 역시 11일 열리는 최고인민회의에서 어떠한 입장을 밝힐지 주목된다 할 것입니다.

지난 하노이 회담에서 미국과 북한의 비핵화 해법이 상당한 간극이 있음이 확인됐습니다.

미국 측은 빅딜 일괄타결 방식을, 북측은 영변 핵 폐기와 이에 상응하는 조치 등이 이루어지는 단계적 비핵화 방식을 고집하고 있습니다.

문재인 대통령이 미국 트럼프 대통령에 가지고 가는 안은 과연 무엇일까요. 최근 전해지는 바에 따르면 '굿 이너프 딜'이라고 불리는 북미 양측이 수긍할 수 있는 안이라고 하는데요. 북미간 비핵화에 대한 포괄적 합의안을 이끌어 내고, 북미가 상호 신뢰 속에서 단계적 조치를 취하도록 하는 것입니다. 또한 set back 이라는 옵션으로 만약 북미간 단계적 합의안이 이행되지 않을 때는 미국은 다시 제재조치를 강화, 복귀한다는 것입니다.

비핵화에 대한 포괄적 합의는 결국 비핵화의 최종종착지 즉 앤드 스테이트먼트인데요. 이점은 최근 한미 외교라인에서 일치를 보았다고 합니다. 현실적으로 가능한 비핵화의 최종적 정도일 것입니다.

문 대통령이 이번에 트럼프 대통령을 만나 구체적으로 비핵화 최종합의안을 조정해내고 향후 북측의 김정은 위원장을 설득하는 일이 남은 것이죠. 다음으로는 포괄적 로드맵에 대한 합의가 이루어졌다고 가정했을 때, 비핵화에 대한 속도입니다. 이는 결국 북측이 그렇게 요구하고 있는 단계적 비핵화라고도 할 수가 있는데요.

사실 북미간의 굳건한 신뢰 없이는 합의될 수 없는 안입니다. 북미간의 신뢰 정도는 매우 약하다는 것이 입증됐죠. 한국 역할론이 여기서 나올 수밖에 없습니다. 비핵화의 속도에 대해서 사실상 한국 측이 보증하고 관리하게 된다는 것이죠. 이 사안은 한국 측이 미국과의 동맹적 수준에서의 신뢰가 확보되고, 북한 측과는 민족적 수준에서의 상호 신뢰를 가져올 때 가능하게 될 것입니다.

북미간의 신뢰가 단기적으로 형성되기 어려운 상황 하에서, 북미 양측이 핵문제를 해결하기를 원할 때는 결국 우리 한국 측의 적극적이고 능동적인 역할에 기댈 수밖에 없다는 것입니다. 하여튼 4월 이번 주가 한반도 평화의 분수령이 되어 핵협상의 물꼬가 터지기를 기대합니다.

(2019.04.09.)

재난 대응체계,
상시적인 시스템으로 되어 있는지

　오늘 오전 9시 정부는 강원 산불피해가 점점 커지자 국가재난사태를 선포했습니다. 국가재난 사태는 사람의 신체나 생명, 재산에 미치는 중대한 영향이나 피해를 줄이기 위해 긴급조치가 필요할 때 선포되는 것이죠.
　지난 2005년 양양산불과 2007년 허베이 스피리트 유류 유출 사고 때도 국가재난사태가 선포된 적이 있습니다.
　2003년 대구지하철 참사 이후 정부는 소방방재청을 출범시켰고, 재난 및 안전관리 기본법을 제정하면서 재난관리의 체계화를 이끌었습니다. 이후 행정자치부는 안전을 강조하는 행정안전부로 개칭됐습니다. '안전' 문제는 가장 중요한 가치입니다. 특히 세월호 참사 이후 국민의 생명과 안전을 지키는 일은 국가의 최우선적인 과제가 된 것입니다. 국가적 재난이 발생했을 때, 그 재난에 대해 골든타임을 놓치지 않고, 신속하게 대처하려면 현장 책임에 근거한 전문적인 행정시스템이 즉각적으로 가동돼야합니다.
　4일 저녁부터 강원도 산불이 걷잡을 수 없이 번져나가자 소방청장이 현장으로 달려갔으며, 청와대 국가안보실이 비상 가동되고, 5일 아침에는 이낙연 총리 주재로 관계 장관회의가 열렸습니다.
　5일 오전에 그나마 주불이 잡힌 것은 전국의 소방차와 소방인력이 밤사이에 급파되고, 바람이 소강상태에 멈춘 틈을 타서 소방헬기가 모두 동원됐기 때문인 것으로 보입니다. 이번 산불은 고성, 속초시 차원에서 혹은 강원도 차원에서만 감당하기에는 어려웠을 것입니다. 즉각 중앙정부의 인력과 물리력이 가동된 점은 매우 다행스러웠던 일입니다.

연방국가인 미국의 경우 역시, 국가재난에 준하는 사태가 발생하면 주정부 단위의 대응이 아니라, 연방정부 차원의 종합적이고 체계적인 지원과 함께 강구책이 발동됩니다. NRF 국가재난대응체계는 2008년 1월 미국에서 시작된 체계입니다.

911사태와 허리케인 사태를 경험한 미국은 국토 안보 대통령훈령에 따라서 연방 부서를 중심으로 전국적으로 재난 대응을 위한 체제를 구축하기 시작했죠.

미국 국가재난 대응체계의 특징은 임시적인 조직구도가 아니라, 항시 가동돼는 상시적인 조직으로 짜여져 있습니다. 재난 대응에 필요한 역할과 책임을 확실히 부여해서 특정사고 뿐만 아니라 모든 종류의 사고 발생 시 신축적이고 체계적으로 업무를 수행할 수 있도록 법령이 정비돼 있습니다.

일본의 방재기본계획도 재해발생 시 상황보고와 긴급지원체계를 그 특징으로 하고 있습니다.

우리나라도 이제 재난에 따른 각종 매뉴얼과 법령, 그리고 정부 각 부처의 유기적인 협조 및 중앙통제기능의 활성화 등이 이전보다 매우 진전되고 있는 것으로 평가되고 있습니다.

아무쪼록 이번 강원도 산불사태가 더 이상의 피해를 막고, 이재민들의 보상 및 지원에 주력할 수 있는 국가재난 시스템이 빈틈없이 가동되기를 바랍니다.

(2019.04.08.)

5G 상용화 시대를 맞는 대한민국의 과제

　스티븐 스필버그 감독의 '레디 플레이원'에는 수많은 사람들이 가상현실 오아시스에 접속해 실제와 다름없는 일상과 여가를 즐기는 풍경이 그려지고 있습니다. 5G 상용화시대의 본격적인 개막이 시작됐습니다.
　지난 3일 밤부터 5G 서비스가 시작되자, 이동통신사들의 데이터 제공의 가격 경쟁이 시작된 것입니다. 5G 이동통신 기술은 사람과 사물, 사물과 사물을 연결하는 제4차 산업혁명의 핵심기술입니다. 이 핵심 네트워크 인프라로 초당데이터 속도가 20Gbps로 급상승하고 지연속도도 0.1초 이하로 뚝 떨어집니다. 지연속도 저하 기능은 자율주행 자동차에서 브레이크 기능으로도 사용됩니다. 5G 이동통신은 초고속, 초저지연성, 초연결성이 특징입니다. 5G 네트워크의 최고 데이터 속도는 4G에 비해 무려 40배나 빠릅니다.
　이에 따라 5G는 실시간으로 커뮤니케이션이 가능하게 되고, 높은 수준의 서비스품질과 보안 등은 물론 제조, 의료, 에너지 등의 다양한 요구사항을 단일화시킬 수 있어 전 산업의 디지털 전환이 가능하게 됩니다.
　사물인터넷과 5G 네트워크를 통해 모든 사물이 연결되고, 인공지능과 블록체인 활용을 통해 초스마트 사회로 나아가는 4차 산업혁명 시대가 우리의 전 생활을 급격히 변화시키고, 사회의 문화와 양식까지도 바꾸고 있는 것이죠.
　영상, 게임 산업은 3차원으로 넘어가게 됩니다. 가상세계를 현실처럼 만들어주는 VR과, 새로운 세계를 구현하는 AR증강 현실을 기계적으로 구현하게 됩니다. 스마트 시티도 사물 인터넷이 구현되는 새로운 세계입니다. 스마트폰과 가전제품, CCTV, 가로등 등 거의 모든 사물이 사물인터넷으로 데이터를 주고받습니다.

제4차 산업혁명은 경제성장률을 올려줄 것으로 기대되고 있습니다. 인공지능 기술을 이용할 경우 2035년까지 주요국의 경제성장률은 약 2배 정도 높여주고, 5G 상용화는 2035년에 전 세계에 3조 5천억 달러의 가치 창출이 예상됩니다. 하지만 4차 산업혁명은 일자리 감소를 통한 사회적 양극화 심화와 누적된 불평등이 더욱 깊어질 것이라는 우려도 함께 갖고 있습니다.

혁명적인 기술을 통한 성장만을 강조할 경우, 소득 불평등 확대와, 고령화 사회 속에서 어떻게 형평성 있는 분배도 관철시킬 수 있느냐 하는 것입니다.

2014년 OECD에서는 균형성 있는 분배와 함께 경제성장을 추구하는 포용적 성장을 제시했는데요.

지속적 성장과 함께, 그 성과에 대한 공정한 분배와 성장 참여 기회 제공도 4차 산업혁명 시대가 함께 해결해 나가야 할 과제라는 것입니다.

(2019.04.08.)

71년 만에 제주 4·3사건에
유감 표명한 국방부

　국방부는 오늘 제주 4·3사건에 대해 유감을 표명했습니다. 대통령이 유감을 표명한 적은 몇 차례 있었지만, 70여 년 전 제주 4·3사건의 직접적 진압 관련 부처인 국방부가 제주도민들이 희생된 것에 대해 유감과 애도를 표명한 일은 처음입니다.
　제주 4·3사건은 1947년 3·1절 기념식 발포사건 때부터 1954년 9월 21일 한라산 통행금지령이 해제될 때까지 약 7년 7개월 동안 제주도민 3만여 명이 희생된 사건입니다. 1947년부터 1954년까지 7년간은 한반도의 정치권력이 결정됐던 시기입니다. 미군정과 남북 단독정부수립, 그리고 남북 간의 동족학살 전쟁이었던 6·25전쟁이 있었던 시기입니다.
　이 7년 동안 정치권력의 무자비한 무장투쟁 속에서 제주도민들이 희생당하고 50여 년 이상 긴 세월 동안 침묵의 바다에서 살아야 했던 사건이 바로 제주 4·3사건입니다.
　제주도는 특히 일본군이 태평양 전쟁의 최전선 방어진지로 삼았기 때문에, 제주도민들에 대한 억압과 착취는 상상을 불허했던 곳입니다.
　1945년 해방을 맞아 그 기쁨을 만끽한 시기는 제주도민들에게는 잠깐이었습니다. 1947년부터 시작된 남로당과 서북청년단 등 극좌 및 극우 무장 세력들의 무장봉기와 무차별 쟁투에 휩싸인 제주도민들은 자신들의 생명과 재산을 스스로 보호해야 하는 비극적 상황에 처해버린 것이죠.

가장 주요했던 문제는 좌우익의 권력 쟁투 중간에 끼어있었던 제주도 양민들을, 국가권력이 보호하기는커녕 공산주의 세력으로 몰아 진압의 대상으로 삼았다는 것입니다. 우리는 미군정과 국가권력에 의해 이루어졌던 제주도민들의 진압 아닌 진압, 학살 아닌 학살에 주목하지 않을 수 없는 것입니다.

1954년 이후 50년 이상 제주도는 침묵의 섬, 슬픔의 섬 이었습니다. 한집 건너 이웃에 살고 있던 주민이, 친척과 형제가 언제, 어디서, 어떻게, 사라졌는지 아무도 이야기하지 못하는 금기의 과거를 간직해야 했습니다.

일명 제주4·3사건 관련자들이라고 불리는 사람들은 권위주의 정권이 끝난 시점까지도 국가권력의 감시 대상이었습니다. 사실상 이들이 희생자이며 국가권력이 보상하고 사과해야 하는 선량한 국민이었다는 사실은 힘들고 긴 진상규명 활동이 끝나서야 밝혀졌습니다.

김영삼 정부와 김대중 정부가 들어서자 진상규명이 시작됐고, 그 학살과 진압, 그리고 피해의 현장이 공개됐습니다. 1997년 김대중 대통령은 후보시절 4·3사건의 진상규명과 명예회복을 공약으로 내걸기도 했습니다. 1999년에 가서야, 제주4·3사건에 관한 진상규명과 명예회복 특별법이 국회를 통과하게 됐고, 2000년대 들어서는 공산폭동이라는 단어가 사문화됐습니다. 2005년 노무현 대통령이 국가 차원에서 공식적인 사과가 있었고, 2018년 문재인 대통령이 70주년 4·3 희생자 추념식에 참석했습니다.

한국현대 정치사의 집단적 희생자였던 제주도민들이, 직접적 관련 부처였던 국방부의 공식유감 표명을 받아내는 데는 무려 71년이나 걸린 것입니다.

(2019.04.04.)

NLL과 서해 5도 어장확대

　남북관계 개선의 실질적 효과가 조금씩 나타나고 있습니다. 남북관계가 발전해야 한다는 당위적 담론이나 추상적 명분이 아닌, 국민들에게 실질적 이익이 가게 된다는 사실이 입증되어야 문재인 정부의 남북 교류 협력 정책도 탄력을 더욱 받을 수 있는 것이죠.

　4월 1일부터 서해 5도의 조업 범위가 대폭 넓어지고, 55년 동안 금지됐던 야간조업 시간도 늘어나게 됐습니다. 북방한계선인 NLL 일대를 평화수역으로 만들기로 합의한 지난 남북정상회담의 영향으로 4월부터 북방한계선 근처까지 조업이 허용되었죠. 서해 5도 주민들의 입가에 웃음꽃이 피게 된 것입니다.

　여의도 면적의 4배까지 달하는 245제곱킬로미터 기존어장의 15%가 늘어남에 따라 어획량은 전체적으로 10% 정도 증가할 것으로 보입니다. 연평어장의 경우에는 꽃게 수확량이 지난해보다 약 30% 증가할 것으로 국립수산과학원에서는 예측하고 있습니다.

　NLL 북방한계선은 6·25 전쟁이 휴전되는 1953년 8월 30일 유엔군 마크 클라크 사령관이 남북의 무력 충돌을 방지하기 위해 획정한 선입니다. 당시 서해는 미군 및 유엔군이 완전히 장악하고 있었기 때문에, 북한에서는 아무런 반응이 없었습니다.

사실상 암묵적으로 받아들인 것이라고 해석할 수 있는 것이죠. 그러나 북한의 해군력이 신장되면서 북한은 NLL에 대해서 문제 제기를 시작합니다.

1973년 10월부터 서해5도 주변이 북한의 수역이라고, 그리고 1977년 7월 1일에는 일방적으로 자신들이 획정한 200해리 수역을 발표하고, 1999년 6월에 연평해전을 일으킵니다. 그 이후부터 북한은 NLL을 인정하지 않는 무력 충돌을 자주 감행했었죠. 서해5도 지역이 남북간 분쟁과 충돌의 거점지역이 됐던 것입니다.

지난 9월 남북정상회담에서는 NLL 일대의 전쟁위험을 제거하기로 하고, 남북공동어로수역을 정하기로 했습니다. 이때 처음으로 북한은 NLL이라는 용어를 인정하게 됩니다. 최근 북미간 협상의 교착으로 인해 남북관계 진전도 영향을 받고 있습니다. 그 교착점을 풀어내는 동력은 한반도에서 시작할 수밖에 없는데요.

한반도 국민들에게 실질적 도움을 주게 되는 서해5도 조업확대 같은 조치가 그 동력의 견인차 역할을 하게 될 것입니다.

(2019. 04. 03.)

대한민국 광복군의 자랑스러운 역사

중국 충칭에 있는 대한민국 임시정부의 광복군 총사령부 건물이 복원됐습니다. 대한민국 국군은 광복군의 정통성을 계승하고 있습니다. 육군사관학교는 대한제국 육군무관학교와 신흥무관학교로 이어지는 항일독립운동의 정신을 이어받고 있구요.

한국광복군은 1940년 9월 15일 광복군 사령부 선언문을 발표하고, 9월 17일 지청천을 총사령관으로 하는 한국광복군을 창설했습니다.

대한민국 임시정부 산하 광복군이 창설되는 데는 윤봉길 의사의 상해 홍구 공원 '작탄의거'의 공이 컸습니다. 대한민국 임시정부 한인 애국단 소속이었던 윤봉길 의사는 한인애국단 단장이었던 김구 선생의 조력과 지시를 받아 1932년 4월 29일 역사적인 쾌거를 일으킵니다. 그날 상해 파견사령관 사라카와 대장은 윤봉길 의사의 폭탄을 맞고 그 자리에서 사망했으며, 식장에 참석한 왜인 문무대관들과 전승 축하객 왜인 수십 명이 살상을 당하거나 중경상을 입었습니다.

4월 29일 전승절 행사는 일본이 상해를 군사적으로 점령한 것을 축하하기 위한 행사였습니다. 홍구공원에서 젊은 조선의 청년이 홀홀단신으로 상해를 침략한 일본군 지도자들을 처단하자, 가장 놀라고 반가워한 사람들은 4억 인구의 중국인들이었습니다. 이후부터 임시정부는 중국국민당 정부로부터 자금과 물적 지원을 받게 되었고, 장개석 총통은 김구 선생을 만나 광복군 창설 지원을 약속하게 된 것입니다. 사실상의 한중군사동맹이 맺어진 것이며, 중국정부가 임시정부를 국제적으로 승인하게 되는 결과를 낳게 된 것이죠.

한국광복군은 처음에는 장개석 총통의 특허 때문에 중국군의 일부로 창설됩니다. 1944년 김구 주석과 임정요인들의 지속적인 노력으로 임정 직속 한국광복군으로 전환됩니다. 당시 지청천 장군은 대한제국 군대가 일본에 의해 강제 해산당해 서울시가전을 벌였던 8월 1일이 광복군 창설일이라고 밝히기도 했습니다.

1942년 광복군과 기타 한국인 항일유격대는 10만 명에 달했고, 1944년 일본의 공식통계에 따르면 한반도북서 산악지대에서 활동하던 한인유격대는 1만 6천 명이었습니다. 광복군의 공식 인원은 약 3천명이었습니다. 광복군 제2대장이었던 이범석 장군은 미국 OSS와 함께 한국침투 특수부대 훈련도 실시했었죠.

대한민국 임시정부청사와 광복군사령부가 있었던 중국 충칭. 제2차 세계대전 당시 식민지로 전락했던 30여개 국가 중 임시정부와 군대를 소유했던 나라는 우리나라가 유일했다는 사실도 함께 강조되기를 바랍니다.

(2019.03.30.)

5·18 항쟁지
옛 전남도청을 복원한다는 것은

옛 전남도청이 1980년 5·18 당시의 모습으로 복원됩니다. 2022년 건물 복원작업이 마무리 된다고 하는데요. 전남도청은 광주 5·18 민주화운동의 상징이자 최후 항전지였습니다. 복원계획에는 5·18 당시 시민군의 항전 모습도 함께 재현하는 계획도 있다고 합니다.

전남도청의 역사성과 상징성은 5·18 민주화운동 그 자체가 투영되어 있다 해도 과언이 아닐 것입니다. 광주민주화 운동은 10일에 걸쳐 사망자 166명, 행방불명자 54명, 상이후유증으로 인해 사망한 사람 376명, 부상자 3천 139명의 인명피해가 일어난 한국 현대사의 비극적인 사건이었습니다. 다시는 이러한 일이 일어나선 안 되겠죠.

1980년 5월 18일 광주시내에 투입된 공수부대원들이 대학생들뿐만 아니라, 시위에 참가하지 않은 무고한 시민들까지 닥치는 대로 살상하고 폭행하는 것을 목격한 광주시민들의 전면적 저항이 일어났죠.

21일 계엄군의 집단 무차별 발포가 자행되고 시민들은 자위적 무장에 들어가 그날 저녁 전남도청을 장악했습니다. 이후 계엄군은 광주시 외곽으로 철수하고 광주시를 완전 포위하는 고립작전을 펼쳤습니다.

계엄군이 물러난 광주는 시민들의 해방도시가 되었으며, 전남도청에 수습위원회를 구성, 설치했습니다.

　22일부터 시민군 스스로 광주의 치안과 방위를 담당하였으며, 시민들은 무기를 자체 회수, 반납하고 자치질서를 찾아갔습니다. 시민자치 기간에 광주의 상점가, 금융기관, 백화점에서 단 한 건의 약탈사건도 없었습니다. 광주 시민의 협력으로 행정기관의 역할이 상당 부분 유지됐으며, 부지사를 비롯한 공무원도 전남도청에 정상 출근 했다는 것입니다. 5월 27일 새벽 군인 2만 5천명이 투입된 일명 상무충정 작전, 전남도청 탈환작전이 시작됐습니다.

　약 1만 여발의 총성이 빗발치는 가운데, 마지막까지 전남도청을 끝까지 지키던 시민군들이 군화 발에 의해서 무참히 쓰러진 것이죠. 이때 바로 '님을 위한 행진곡' 영혼 결혼식 추모곡의 주인공인 전남대생 야학교사 윤상원 열사가 도청을 사수하다가 사망하게 되는 것입니다.

　전남도청은 계엄군이 물러난 뒤, 광주시민 스스로 자치행정을 벌였던 장소이며, 수습위원회와 시민군 지도부가 위치했던 곳이기도 합니다. 계엄군에 의해 무참히 살상당할 것을 알고서도 목숨을 걸고 끝까지 지키려했던 시민군들의 넋과 영혼이 살아있는 곳이기도 하죠.

　80년 5월 신군부정권에 저항했던 광주민주화 운동의 희생이 없었다면, 우리 사회의 민주화는 더디고, 또 다른 희생을 요구했을지도 모릅니다. 광주민주화 운동의 현재성과 정체성을 우리가 혜택을 보면서 지금 살아가고 있는 것이죠.

　80년 5월 광주의 정신이 재현될 수 있는 전남도청 복원이 이루어지길 기대합니다.

(2019. 03. 29.)

스튜어드십 코드의 힘은 어느 정도일까

한국 주식시장에서도 무소불위의 대기업 집단 총수가 주주총회에서 경영권을 잃는 첫 사례가 나왔습니다.

오늘 열린 대한항공 주주총회에서 조양호 회장의 사내 이사 연임 안이 2.5% 차이로 부결됐습니다. 연임에 필요한 주주의 2/3 동의를 받지 못했기 때문입니다. 조양호 회장은 1999년 부친인 고 조중훈 회장의 뒤를 이어 대한항공 최고경영자 자리에 오른지 20년 만에 처음으로 경영권을 상실하게 됐습니다.

대한항공의 한진 조씨 일가는 그동안 땅콩회항 사건과 물컵 갑질 등으로 사회적 공분을 받은 바가 있습니다. 더욱이 직원들이 카카오톡 대화방에서 오너 일가의 비행일체를 고발하면서, 270억의 횡령배임혐의로 조회장은 재판 중에 있으며 부인 이명희 씨와 두 딸 등을 포함해 검찰과 세관, 공정거래위, 국토교통부 등 국가기관의 수사를 받았습니다.

이번 조회장의 연임 건 부결에서 가장 주요한 역할을 행사한 곳은 국민연금이었습니다.

대한항공 2대 주주인 국민연금은 조 회장에 대해 "기업가치 훼손 및 주주권 침해의 이력이 있다"고 판단했다는 것이죠. 기관 투자자 역할을 단순히 주식을 보유하는 소극적 견지에서 벗어나, 기업의 의사결정에 적극적으로 참여하는 스튜어드십 코드 도입 이행의 첫 사례라고 할 수 있습니다. 대기업 집단의 전횡 등에 대해 국민연금이 스튜어드십 제도를 통한 견제구를 날렸다고 할 수 있는 것입니다. 이번 조회장 연임 부결 건에 대해 국민연금만이 반대해서 성사된 것은 아닙니다. 국민연금 주식비율은 11.56%일 뿐, 연기금과 자산운용사 등 현실적 이해가 깊은 기관투자자들이 함께 반대했기 때문에 35.9%의 반대비율이 된 것인데요. 이들은 대한항공 미래와 기업 가치를 상승시키는 적절한 판단을 했다는 것입니다.

실제로 조회장 연임 부결권이 통과되자 대한항공의 주식은 오전부터 상승흐름을 보였습니다. 일각에서는 국민연금 스튜어드십 시행에 대해 연금 사회주의라는 비판도 하고 있습니다. 자율적인 주식시장에 국가가 과도하게 개입하면 안 된다는 것이죠. 물론 정치적 혹은 정권적 차원에서 과도한 개입은 문제가 되겠지만, 이번 사례처럼 한진 일가의 전횡과 과독점이 사회적으로 해악을 심대하게 끼치고 있고, 국가경제 발전에 저해 요소로 작용하고 있다면 주식시장 내의 견제장치가 반드시 필요합니다.

시장 질서를 오히려 건강하게 만들고, 자본주의 제도의 모순점을 개선해 나갈 수 있는 주식회사 제도의 장점을 살릴 수 있다면 스튜어드십 이행의 전향적인 결과도 기대할 수 있다는 것입니다.

(2019. 03. 28.)

선거연령을 18세로, 국민의 생각은?

선거연령을 현재 19세에서 18세로 낮추는 문제에 대해서 어떻게 생각하십니까. 지난 22일 리얼미터가 조사한 바에 따르면, 만 18세로 낮추는 안에 대해 찬성은 51.4%, 반대는 46.2%로 나타났습니다. 찬성이 약간 우세한 것 같은데요. 이는 19대 대선이 벌어졌던 2017년 보다는 상당히 역전된 수치입니다. 2017년 여론조사에서는 반대가 훨씬 높았는데요. 반대가 54.89%, 찬성은 45.3%였습니다.

선거권 연령 하한에 대해서 국민의 의식변화가 보이는 것 같습니다. 처음으로 제헌의회 선거가 있었던 1948년 선거권은 21세였습니다. 이후 1960년 4·19혁명 후에 20세로 낮추어졌지만, 만 19세로 하향 조정 되는 데는 무려 45년이나 걸렸습니다. 2005년 제17대 국회에서야 만 19세로 통과됐으니까요.

우리나라는 OECD국가 중 유일하게 선거연령 만 19세 국가입니다. 만 16세에 선거권을 부여하고 있는 오스트리아와는 매우 대비되는 측면인데요. 전 세계에서 16세 선거권을 인정하는 나라는 8개 국가가 됩니다. 대부분 약 200여개 국가에서 만 18세면 선거에 참여할 수 있습니다.

만 18세로 선거권을 하향 조정하는 안에 대해 반대하는 측의 논리는 입시와 학업에 몰두해야 하는 고등학생에게 정치참여에 시간을 쓰게 하는 일은 적절치 못하다는 것입니다. 18세 나이는 정치적 판단을 할 만큼 성숙도가 미흡하다는 것입니다. 아직은 신체적, 정신적 자율성이 부족하다는 것이죠.

1919년 나라의 자유와 독립을 위해 분기했던 3·1운동의 실무적 조직책들이

고등학생이었다는 사실, 1928년 광주학생의거로 시작되어 전국으로 확산된 학생들의 대일본 투쟁의 역사. 더욱이 1960년 4·19혁명은 대구의 고등학교에서 자유당 정권이 강제한 고등학생 정치 집회참여 거부운동으로부터 시작해 전국으로 확산됐다는 것과 당시 대학생들이 중·고등학생들의 희생어린 민주주의 투쟁에 감화 받아 거리로 뛰쳐나왔다는 사실을 어떻게 설명할 수 있을까요.

최근 2017년 촛불 국민혁명에서도 중·고등학생들의 참여는 눈에 띄었죠. 이러한 역사적 사실에 근거해서 보면, 오히려 19세로 선거권을 묶어 두려는 이유는 혹시 청소년들을 정치적 미성숙 내지는 무관심의 상태로 묶어 두려하는 강제된 인식 발로가 아닌가 우려됩니다.

국가인권위는 2013년에, 중앙선관위는 2016년에 만18세 권고안을 국회에 제출했습니다. 선거권 확대의 역사는 민주주의 진전의 역사와 그 궤를 같이합니다. 재산의 유무, 또 남녀 성별, 인종차별, 연령차별을 극복하면서 선거권은 확대되어 왔습니다. 우리나라 전체 국민의 약 21%가 18세 미만 청소년이라는 사실과 이들의 정치적 이해를 대표하고, 참여를 보장하는 일은 오히려 매우 늦은 감이 들 뿐입니다.

(2019.03.26.)

이산가족 화상상봉은 언제나

 꿈에도 잊지 못하는 이산가족 상봉. 정말 남북 이산가족들이 다시 화상으로 만날 수 있게 되는 걸까요. 통일부는 남북 이산가족 화상상봉과 영상편지 교환 사업에 관해서 남북이 서로 협의하고 있다고 밝혔습니다. 화상상봉 물자의 북측으로의 반출에 대해서 유엔 안보리의 제재 면제가 마무리 됐기 때문에 가능해진 것인데요. 이산가족 상봉 행사는 인도주의적 차원에서 진행되는 것이기 때문에 미국과 유엔이 제재를 면제하지 않았다면 그 모양새만 이상했을 것입니다.
 화상상봉은 2007년 11월 이후 중단됐었죠. 이번에 이루어지게 된다면 12년만이고 8번째 행사가 됩니다.
 화상상봉이 의미가 있는 이유는 고령의 이산가족들의 만남을 하루라도 빨리, 그리고 좀 더 많은 인원이 만나게 해줄 수 있는 방안이기 때문입니다. 한반도에서 지금까지 벌어지고 있는 이산가족문제는 국가가 책임져야 할 매우 중요한 사항 중에 하나입니다. 왜냐하면 우리나라의 이산가족은 남과 북의 전쟁으로 멀쩡했던 가족이 파괴되었기 때문입니다.
 인류의 문명속도가 엄청나게 발전하여 인간간의 교류수단이 이제는 상상을 초월하는 속도로 진전되고 있음에도 불구하고 생사확인도 못하는 비참하고 애통한 일이 한반도에서 벌어지고 있는 이유는 딱 한가지입니다.
 6·25전쟁으로 벌어진 갈등이 아직도 해결되지 못하고 민간인들이 상호 교류

할 수 없도록 하는 물리적 경계가 바로 우리 민족 앞에 놓여 있기 때문입니다. 헤어진 가족이 서로 만나고 싶어도 남북이 세워놓은 철책 때문에 만날 수 없습니다. 이산가족 상봉 행사는 남북 간의 정치적, 정권적 이해 및 환경 등에 따라 어렵게, 어렵게 우여곡절을 거쳐야 이루어졌습니다.

  작년 9월 남북 양정상이 합의한 이산가족 화상상봉과 영상편지 우선 해결 사안을 떠나서도, 이산가족 문제가 아직도 잔존하고 있고, 가족들의 상봉이 꿈같은 일로 여겨지는 일에 대해서, 우리는 엄중한 사고가 다시 필요합니다.

  북한 측의 좀 더 전향적이고 적극적인 태도 변환이 요구된다 할 것인데요, 남북 간의 인도주의 차원과 민족차원의 문제 해결이 바로 교착상태에 빠져있는 북미 간의 비핵화 협상의 열쇠로도 작용할 수 있다는 사실을 직시하길 바랍니다.

(2019.03.21.)

장자연씨 사건과 불편한 진실

그동안 얼마나 많은 사건들이 증거가 불충분하다고, 공소시효가 지났다고 묻혀 버렸을까요. 혹시 검·경 등 권력기관과 유착되어 마치 아무 일도 없었던 것처럼 잊혀진 사건은 얼마나 될까요. 여성, 청소년, 장애인, 노인, 차상위계층 등과 같은 사회적 약자가 피해자이고, 소위 특권층이라고 하는 사람들이 가해자였던 사건들 중에, 미제·미궁으로 빠졌던 사건이 유독 많지는 않았는지요.

최근 다시 논란이 되고 있는 고 장자연 씨 사건은 가해자로 알려진 인물에 경찰의 수사가 매우 부실했다는 것입니다. 장자연 문건과 리스트에 나오는 인물들이 사회 권력층들이기 때문에 수사가 제대로 이루어지지 않았다는 것입니다. 꽃다운 나이에 자살할 수밖에 없었던 무명 여배우의 진실이 부당하고 부패한 권력에 의해서 은폐되었다는 것입니다.

김학의 전 법무부차관과 관련된 성접대 동영상 사건 역시 핵심적 증거인 동영상을 경찰이 검찰에 제출했는데 사라졌다는 것이죠. 당시 검찰은 김학의 전 차관에 대해 두 번이나 무혐의 처리했습니다. 동영상에 나오는 인물들이 대부분 잘 알려진 사회 권력층 인사들인데, 사건이 정확하게 규명되지 않았다는 것입니다.

두 사건 모두 가해자들 입장에서는 불편한 진실로 다시 나타나고 있는 것입니다.

정의는 어떻게 사회에서 구현될 수 있을까요. 우선 첫 번째로 차별이 있어서는 안 되겠죠. 평등한 법 집행이 이루어져야 합니다. 평등성이 결여된 정의는 힘과 오만을 앞세운 정의가 됩니다. 결국 국민은 그 사회와 정치를 불신하게 되는 것입니다. 불편한 진실은 시간이 얼마나 지나가든지 폭로되고 밝혀져서 정의로서 바로 잡아야 되는 것입니다.

(2019. 03. 20.)

'버닝썬 사건'으로 본 성매매 실태

"버닝썬 게이트, 승리 게이트가 아니라 한국 사회에 만연한 성산업 카르텔 현실의 민낯이다." 성매매 문제 해결을 위한 전국연대의 지난 12일 성명내용입니다.

외국인 투자자들에게 성 접대를 했다는, 그것도 원정 성 접대까지 했다는 내용은 너무나 충격적이었습니다. 승리는 성매매 알선 혐의로 입건됐습니다만, 사실 슈퍼 갑에 대한 성 접대는 공공연한 지하 비즈니스로 여겨져 왔을 정도였습니다. 다시 문제가 되고 있는 김학의 전 차관 동영상 논란도 사회 권력층에 대한 건설업자의 성 접대 사안입니다. 사실, 우리의 전통적 역사에서는 성매매, 성 접대 등 여성을 성적인 상품으로 도구화시켜 공공연한 돈벌이를 시킨 사례는 결코 나타나지 않습니다. 오히려 동학 등의 사상에서는 여성에 대한 사회적 권리가 매우 강하게 주장되고 있습니다.

유교 철학에서도 성의 상품화란 용어는 근처에도 없습니다. 여성의 성적 상품화를 대중화시켜 성매매 등을 통용시킨 집단은 역시 일본이었습니다. 1876년 일본과의 강화도 조약 체결이후 일본인이 늘어나면서 성매매 집결지인 '유곽'이 들어오기 시작하고, 유곽은 1900년대부터 도심으로 파고들기 시작합니다.

당시 미국의 일간지 시카고 트리뷴지 "일본이 조선에 악의 시스템을 전달했다"고 보도할 정도였습니다. 해방 후 미군들을 상대로 한 기지촌과 박정희 정권 때의 기생관광 등은 대한민국의 너무나 치욕스러운 과거였습니다. 국가가 외화벌이를 위해 한국의 가난한 젊은 여성들에게 성접대·성매매 행위를 적극 조장했다는 사실은 어떻게 해석돼야할까요.

박정희 군사정권은 일본과의 수교 이후, 60-70년대에 일본 관광객들을 상대로 한 관광기생 정책을 관리, 추진했습니다. 등록증을 발급하고 정식교육까지 공식적으로 시킬 정도였으니까요. 젊은 여성들을 팔아 엔화벌이를 한 굴욕적이고 반인권적인 정책, 국가 성 접대의 효시가 군사정권 시절에 시작되었던 것입니다.

1980년대 신군부정권 시절의 3S 정책도 현재의 만연화된 성매매 문화와 직접적인 연관이 깊습니다. 1982년 야간통행 금지가 풀리면서 성매매 업소도 24시간 영업이 가능해 불야성을 이루었던 일 기억할 것입니다.

여성가족부가 2016년 발표한 성매매 실태조사를 보면 아직도 성매매 집결지가 전국 42곳에 달하고, 여성 4402명이 일하고 있는 것으로 집계되었습니다. 성매매·성접대 등의 문화와 관행은 일차적으로 여성에 대한 성적 폭력과 피해를 관행화시킬 뿐만 아니라 사회적 약자인 여성을 돈의 노예로 전락시키고, 인간적인 모멸감으로 피폐화시킨다는 문제점들을 노출시킵니다.

우리나라가 성매매 등에 관해서 법률적으로 강제한 시기는 크게 오래되지 않습니다. 2000년과 2002년 군산 성매매 집결지에서 화재가 잇따라 나면서, 성매매 여성들에 대한 인권 문제가 사회화 되고 성매매 특별법에 대한 논의가 본격적으로 시작되었습니다.

2004년에 성매매 알선 금지, 성매매 방지와 피해자 보호 등에 관한 법률인 성매매 특별법이 제정되었습니다. 이제 15년 정도가 지난 것이죠. 우리 현대사의 질곡 속에서, 잉태되고 왜곡되어 지속된 악물이, 연예권 권력인 버닝썬 게이트 한국판 마피아로 현시된 것 같습니다.

(2019.03.19.)

의혹만 증폭되는 '버닝썬 게이트'

몇몇 연예인들과 연예계의 일탈, 도덕적 오염 등으로 인지되었던 버닝썬 사건이 버닝썬 게이트로 확대되고 있습니다. 그 연루자와 커넥션이 어디까지 될 것인지 지금은 가늠하기 힘들 정도입니다. 정준영 몰카 파동과 승리의 성 접대 사실이 알려지자, 처음 가장 충격을 받은 층들은 우리 자라나는 청소년들이었습니다. 대중의 스타로 각광받던 이들의 도덕적 타락과 추태, 그리고 성범죄. 이러한 추악한 행위 등은 그들을 우상으로 여기던 청소년들에게 엄청난 실망감과 함께 가치관의 혼란을 주었을 것입니다.

돈벌이 수단으로 한류를 전락시키고, 대중을 현혹시킬 뿐만 아니라, 아이돌 등 대중스타들을 마치 상품제조 하듯이 만들어 내고 버리는 일부 연예 기획사들의 본 모습도 이번에 처참하게 드러났습니다.

시청률에만 급급해 연예인의 우상과 허상을 만들어낸 일부 방송사들도 이번에 자숙과 반성의 시간을 가져야 할 것입니다. 더욱더 국민을 경악시키고 있는 점은 이들의 사회악적인 범죄행위가 매우 조직적이며, 광범위하고, 또 오랫동안 지속적으로 이루어졌다는 사실입니다.

버닝썬이라는 클럽을 중심으로 이루어졌던 마약과 탈세, 성 접대, 몰카 등이 경찰 등 권력기관과의 비호와 결탁에서 함께 이루어졌다는 의혹과 사실이 폭로되자, 우리사회 부패의 민낯과 그 사슬고리가 다시금 도마 위에 오르고 있습니다. 카톡방에서 거론된 경찰총장이라는 사람은 과연 누구인지, 어느 정도의 고

위급 인사인지가 국민의 관심거리로 떠오르고 있는 것입니다. 결국 이번 사건에 관련된 연루자들과 그 범행가담 정도 등이 얼마나 밝혀질 것인지가 가장 주요한 대목으로 부상되고 있습니다. '오죽하면 경찰에 제보, 신고하지 않고 국민권익위에 이 사실을 알렸겠냐.'라는 자조 섞인 비난이 나오는 것도 우리는 직시해야 할 것입니다.

버닝썬 사건에 대한 수사를 맡고 있는 경찰에 대해, 경찰의 명운을 걸고 임해야 된다는 말은 국민의 시선을 정확히 대변하는 여론이라고 할 수 있습니다. 경찰은 버닝썬 게이트를 끝까지 파헤쳐 한 점의 의혹의 시선도 남겨서는 안 될 것입니다. 제 식구의 유착이 사실로 드러나면 지위고하를 막론하고 읍참마속의 심정으로 국민 앞에 보고해야 할 것입니다.

일부에서는 검경수사권 조정의 수위가 이번 사건의 결과로 재조정 될 수밖에 없다는 소리도 나오고 있습니다.

앞으로 다시는 일부 연예인들을 우상화, 상품화시켜 그들의 치부와 명예욕을 위한 들러리로 대중을 현혹·전락시키는 일은 없애야 할 것입니다.

인간의 시대적 정서와 감정을 표현해 공감을 끌어내고 공동체의 행복을 지향한다는 문화의 본래 기능과 그 공공성을 회복해나가는 계기로 삼길 바랍니다.

(2019. 03. 18.)

자율주행차가 달려오고 있습니다

자율주행 자동차란 운전자 또는 승객의 조작 없이 자동차 스스로 운행이 가능한 자동차를 말합니다. 이제 자율주행 자동차 시대가 얼마 남지 않은 것이 분명합니다. 기술적으로는 1-2년 내 상용화가 가능하다고 합니다. 자율주행 자동차는 운전자의 편의성을 증대시키죠. 편하게 목적지까지 안전하게 갈 수 있습니다. 교통 혼잡과 교통사고 감소도 기대됩니다. 왜냐하면 자율주행 자동차는 일정한 차간간격과 시간 등을 유지하기 때문에, 급작스러운 차로변경과 미숙한 운전 실력에 따른 교통사고와 교통 혼잡을 근본적으로 피할 수 있는 것입니다. 특히 안전운전을 통해 교통사고율을 현저하게 줄일 수가 있습니다.

지난 11일 LG유플러스와 한양대는 일반 차량들이 주행 중인 서울 강변북로와 올림픽대로 등에서 5G자율 주행차를 공개 시연했습니다. 전 세계에서 최초라고 밝히고 있습니다. 말로만 듣던 인공지능 AI 기반 주행 환경 인식능력이 효능을 발휘했습니다.

자율주행 자동차는 3가지 주요센서가 차량에 부착되어 있습니다. 차량주변 환경을 모니터하는 라이다, 차량주변 환경 및 교통신호를 판독하는 비디오 카메라, 그리고 차량주위를 파악하는 레이더 등은 주변상황을 살피고 향후 상황도 예측해서 주행 위험도도 판단합니다.

한국의 자율주행 알고리즘은 세계적 수준인데 이후 경험적으로 발전시켜 나갈 데이터 축적량은 매우 후진적이라는 지적이 나왔습니다. 다른 나라에 비해 실제적인 자율차 주행이 매우 소극적이라는 것입니다. 자율자동차가 거리에서 운행되기 위해서는 관련 교통법규와 제도가 당연히 필요하겠죠.

성능과 기기에 대한 검사가 완료된 차. 그리고 안전운행이 가능토록 하는 기본적인 장치가 필요할 것입니다. 자율차의 경우에는 시험운행에 대한 법률적 검토가 중요합니다. 아직 완성차 단계가 아니기 때문에 자율차 발전을 도모하고 지원하는데 초점을 맞춘 관련 법규가 중요할 것입니다.

미국은 2016년부터 자율주행차 상용화를 위한 지원 및 기술개발을 서둘러 시행했죠. 이에 따른 법제화도 뒤이었구요. 당연히 관련 유관 사업이 발전해왔습니다. 미국의 에리조나 피닉스에서는 이미 자율 주행택시 서비스가 시작되었다고 합니다.

2억에 달하는 차량비를 감안, 일반고객 판매보다 택시를 통한 기업서비스가 적절하다고 본 것입니다.

(2019.03.13.)

광주 법정에 다시 서게 된 전두환

그동안 4차례나 재판에 불출석했던 전두환씨가 법원에서 구인장을 발부하자 오늘 결국 출석하여 재판을 받았습니다. 1996년 내란수괴, 내란, 내란 목적 살인 등 13개 혐의로 1심에서 사형을 선고 받았던 전두환씨가 오늘 사자명예훼손 혐의로 광주법정에 다시 서게 된 것입니다.

역사적인 재판이 광주민주화 항쟁이 일어난 지 39년 만에 진행되고 있습니다. 우리는 신군부 세력의 최고 우두머리 전두환씨에 대한 재판이 다시 열리게 된 사실에 대해 어떠한 의미를 두어야 할까요.

첫 번째로 광주민주화 운동에 대한 명확한 진상이 아직도 규명되지 못하고 있다는 것입니다. 너무나 안타까운 일로서 발포의 최종 책임자가 누구였는지, 헬기에서의 무단 사격이 실제 이루어졌는지 등이 밝혀지지 않았다는 것입니다.

두 번째로는 다시 생각해보게 하는 대한민국의 민주주의 정도입니다. 신군부세력, 군부쿠데타 등은 우리 한국의 민주주의 과정에서 있었던 가장 강력한 장애요소였으며, 훼손 세력이었습니다. 우리는 광주민주화 운동 등 국민적 항쟁과 희생을 통해서 '성공한 쿠데타도 처벌할 수 있다'라는 주요한 역사적 이정표를 만들어 냈습니다.

우리는 유교국가로서 '문민통제'라는 역사적 전통을 갖고 있습니다. 또 백성이 국가의 근본이라고 하는 민유방본론 '백성이 제일 귀하고 군주는 가볍다.'라고 하는 '민귀군경론' 등 민본사상과 역사적 실천 경험을 갖고 있습니다. 그것이 바로 1919년 임시정부에서 구현된 백성의 나라라고 하는 대한민국은 1948년 수립된 대한민국 정부인 것입니다.

1961년 탱크와 총칼을 들고 감행된 군사정변과 연속되어진 신군부세력의 권위주의 정권은 우리의 소중한 민주주의 역사와 정통성을 파괴했습니다. 체육관 선거가 이루어졌던 1972년 유신 쿠데타부터 87년 개헌까지 약 15년간은 국민의 자유와 인권이 군부세력에 의해 철저히 유린되었던 기간이었습니다. 군인들에 의해 국민 기본권이 지배되었던 암흑 같은 기간이었다고 할 수 있죠. 그러나 우리는 장기적인 전 국민적 항쟁을 통해 군부세력을 몰아냈고 의사적 민주주의를 되찾았습니다.

세계사에 빛나는 민주주의 역사를 국민 스스로가 쓴 것이죠. 일부 군부세력은 과거의 권력탐욕을 아직도 버리지 못하고 있는지도 모릅니다.

지난 2016년 촛불 국민혁명에 대항코자 검토·모의되었던 기무사의 계엄문건은 충분히 그들의 저의를 의심할 수밖에 없었던 사건입니다.

신군부세력의 정점에 있었던 전두환씨의 재판을 바라보는 국민의 시선은 다시는 군부의 부당한 집권과 도발은 없어야 한다는 것이고, 싹이 아직도 남아있다면 과감하게 잘라버려야 한다는 것이 아닐까합니다.

(2019.03.12.)

이제는 공유경제의 시대인데,
지금 우리는…

카풀이 평일 출퇴근 시간대에 한해서만 허용됐습니다. 지난해부터 분신자살과 고소, 고발전으로 극한 대립을 이어오던 택시업계와 카풀업계가 7일 전격적으로 사회적 대타협을 이루어 낸 것이죠.

택시업계의 생존권과 공유경제 추진 흐름이 과도적인 단계에 합의한 것으로 보이는데요, 고무적인 대목은 규제 혁신형 플랫폼 택시를 올해 상반기 중 출시하는데 상호협력하기로 한 것입니다.

급변하는 공유교통체계 흐름에 택시업계도 카카오 모빌리티와 함께 자기혁신과 자기변신을 꾀할 수 있는 기회를 창출할 수 있기 때문입니다. 공유경제는 4차 산업혁명과 상호상승적인 밀접한 관계를 가지며, 전 세계에서 급속하게 발전, 확대되고 있습니다.

인터넷 온라인 플랫폼을 통해 손쉽고, 편리하게 확산되고 있는 것입니다. 공유경제의 의미는 한마디로 독점적 배타적 소유대신 서로 나눠 쓰고 빌려주면서 공유가치를 창출하는 것입니다.

생산역량 중심에서 소비자 중심의 후생적 가치 중심으로 경제 패턴이 움직이는 것을 뜻합니다.

공유경제는 차량공유, 숙박공유를 넘어 최근에는 사무실 등 공간공유 현상까지 나타나고 있으며, 이제는 고급 옷과 명품가방, 보석 등을 함께 빌려주며 공유하는 일까지, 금융공유, 교육공유, 에너지 공유 등 산업 전분야로 확장되고 있습니다.

대표적인 교통공유 기업인 우버는 전 세계 60여개 국가, 300개 이상의 도시에 서비스를 하고 있습니다. 회사가치는 500억 달러로 세계적인 자동차 기업인 GM 등을 추월했습니다.

이번 평창올림픽에서 그 진가를 발휘했던 숙박공유 업체인 에어비엔비도 192개 국가 4만여 도시에서 200만개 이상의 객실을 공유하고 있습니다. 공유경제 영역에서 가장 놀랄만한 발전을 일고 있는 분야는 공유기반 교통서비스 연계 시스템입니다.

유럽의 경우에는 교통공유 시스템으로 열차, 택시, 자가용 등을 편의와 저비용으로 연계해서 이용하는 상품이 이미 대중화 됐습니다. 다보스 포럼에서는 2025년이 되면 전체경제의 60%를 공유경제가 장악해, 공유경제 시대가 열릴 것이라고 예고하고 있습니다. 상상하지 못하는 엄청난 변화가 우리 앞에 다가오고 있는 것이죠. 이번 택시 사태에서 보듯이, 공유경제의 물결은 공유기업을 번창하게 해주면서, 기존 노동자들에게는 생존권을 위협하는 요소로 다가옵니다. 온라인 플랫폼의 급속한 발전과 함께 소비자들의 편의성을 중대해주기 때문에 공유경제의 흐름은 막을 수가 없습니다. 아니 우리 한국경제가 공유경제적 측면에서는 후진성을 면치 못한다고 해야겠죠.

택시 사태를 통해서 우리가 경험하고 조율해 나가고 있는 현상에 대해 매우 심각하게 받아들여야 할 이유입니다.

(2019.03.11.)

중국발 미세먼지에 대한 대책은?

초미세먼지의 원인은 국내적 요인과 중국발 요인 크게 두 가지로 나눌 수 있습니다. 국내 대기오염 물질에 대해서는 배출원에 대한 오염물질 배출 제한 및 관리 정책이 중요합니다. 국회에서 이번에 미세먼지 관련법도 13일 통과시킨다고 하구요. 국민생명과 관련되어 있다는 위기감을 갖고 법제의 정비와 환경행정 계획 등을 좀 더 추진력 있게 밀고 나가면 어느 정도 가시적 성과를 기대할 수도 있습니다.

문제는 중국입니다. 중국발 미세먼지에 대해서는 사실 현재는 대책이 수립되어 있지 않습니다. 겨울철부터 늦봄까지 한반도로 몰려드는 중국발 초미세먼지는 갈수록 기승을 부리고 있습니다. 실제 국내 미세먼지에 대한 중국의 기여율은 39.77%~53·19%로 조사되어 있습니다. 특히 최근 산동 반도의 공기가 정체성 고기압에 의해 순환하며 서울로 유입된다는 것도 확인되었습니다. 미세먼지 대책에 임하는 중국의 외교정책은 매우 이중적입니다. 국제적인 여론이 빗발치자, 대기오염 국가라는 오명을 벗기 위해 중국은 생태문명 국가건설을 목표로 삼고, 2017년부터 대기오염 종합관리 방안, 푸른 하늘 지키기 완승 3년 행동계획을 실시하고 있습니다.

중국은 아직도 자국 내의 대기오염과 관련한 배출원 및 배출현황 자료를 공개하고 있지 않습니다. 또 정부 측 관계자는 중국의 대기오염이 이웃국가에 영향을 주는지 명확히 알려면 과학적인 연구와 분석이 필요하다고 다른 소리도

하고 있습니다. 결국 가장 답답한 나라는 편서풍대에 속해있는 우리 대한민국입니다. 최근 미세먼지로 여론이 들끓자 국회에서는 방중단까지 구성하겠다고 하지만, 그동안 한중간은 미세먼지 문제로 꾸준히 협의와 논의를 전개시켜 왔습니다.

1999년부터 매년 한중간에는 환경장관 회의를 개최하고 있습니다. 2014년 7월 한중 정상회의에서는 환경협력 양해각서도 체결했습니다. 2015년도에는 한중일 3국이 환경협력 공동실행 계획도 공동 채택한 바 있습니다.

2017년에는 제19차 한중일 환경장관회의도 수원에서 개최했구요. 그러나 국제적인 공동협력이라는 말은 레토릭에 불과하다는 점이 나타나고 있습니다. 규범성과 강제력이 없기 때문에 자국의 경제발전이라는 이익과 이해관계에 부딪히면 협력이라는 단어는 회의에서만 촉구하는 외교용어로 전락하는 것입니다. EU가 비교되는데요, 경제공동체이며 자체 사법권도 갖고 있는 EU는 2008년 대기오염을 규제하기 위하여 EU 대기질 지침을 채택하고, 목표치를 설정해서 회원국들에게 감축계획 보고를 의무화 시켰습니다. 실효성이 나타나도록 규범화 시킨 것이죠.

결국 국경을 넘나드는 월경성 미세먼지를 보고만 있을 수는 없다는 데 문제가 있습니다. 우리 국민들의 건강권과 직결된 사안이기 때문입니다. 그래서 한중일 환경장관 회의를 발전시켜 동북아시아 국제환경 협력 규범이라도 빠른 시일 내에 제정해야 한다는 목소리가 높습니다. 환경피해가 발생하지 않도록 하는 조치 의무 조항이라도 넣어야 한다는 것입니다.

(2019.03.08.)

유아교육의 공공성 확보가 필요하다

다행히 한유총의 개학연기 등 집단 휴폐업 방침이 철회되어, 우리 어린이들이 유아교육을 받지 못하는 일은 없게 되었습니다. 기세등등하던 한유총이 결국 백기 투항한 것입니다. 아이들을 볼모로 잡고 자신들의 이익을 관철시키려했던 행태가 국민들의 비난을 받게 된 결과입니다. 이번 한유총 사태로 국민들은 유아교육이 사적영역에 머물러서는 안 되고, 공적영역으로 간주돼야 한다고 강하게 생각했을 것입니다. 즉 유아교육의 공공성을 다시 실감하게 된 것이죠.

이제 유아교육의 공공성을 어떻게 마련하고 정립해 나갈 것인지가 주요한 과제가 되었습니다. 사실 이번 한유총 사태는 국감에서의 폭로로 시작되었으며, 그동안 유아교육의 부실성과 누적된 문제점이 한꺼번에 드러났습니다. 유아교육의 공공성 확보를 위해서 회계 관리의 투명성 하나라도 정립하기가 얼마나 어려운지를 보여준 사례이기도 합니다.

현재 우리 유아교육의 실태를 적나라하게 보여 준 것이죠. 유아교육의 공공성이 최근에 와서 강조되고 있지만, 그 준비 정도는 매우 취약한 것이 사실입니다. 교육에서 공공성이라고 하면 첫 번째로 국가와 결부된 공적 성격입니다. 즉 공공성의 구성요소로서 제도적, 법률적 장치가 기반화 되어 있어야 하는 것이죠. 사립학교법, 유아교육법 등에서는 아직도 유치원 등의 공공적 성격이 규정되어있지 않습니다. 이제 와서 국회가 조금 서두르는 것 같은데요. 국공립 유치원 비율이 아직도 턱없이 낮습니다. 2018년 기준으로 현재 전국 유치원 원아 학생들은 69만 2천 139명인데, 이중 51만 7천 306명이 사립유치원 원아수입니다. 즉 현재 유아교육의 실질적 담당자는 사립유치원임을 부정할 수 없습니다. 따라서 향후 과제는 현존하는 사립유치원의 공공성을 어떻게 확보해나갈 것인가 입니다.

법인화 유도, 국공립 유치원의 증설, 공영형 사립유치원 등을 추진하겠지만 시간이 걸릴 수밖에 없습니다. 예산도 확충돼야 하구요. 공공성에서 가장 중요한 문제는 교육기회의 평등성입니다. 장애·지역·부모의 재산상의 격차로 인해 어린아이들이 교육의 차별을 받아서는 안 될 것입니다.

유아교육의 질 향상도 문제입니다. 교육내용과 프로그램에 대한 전반적인 제고와 함께 교사 질을 끌어 올려야 합니다. 돈과 직결된 문제이기도 합니다. 교육철학자 프뢰벨은 유아학교를 Kindergarten이라고 명명했는데요, 이는 유아 Kinder+정원 garten의 합성어죠. 그는 인간은 정원에 뿌려진 씨앗처럼 자연성을 갖고 있기 때문에, 교육의 임무는 인간내면에 담겨 있는 심성을 자유롭게 표출할 수 있도록 도와주는 것이라고 밝혔습니다.

한국의 유아 교육이 이제부터라도 진정한 공공성 확보를 통해 아이들의 창의성과 능동성이 함양되는 시스템이 마련되기를 바랍니다.

(2019. 03. 07.)

종전선언 과연 이루어질 까요

　제2차 하노이 정상회담에서 과연 미국과 북한 양 정상의 종전선언이 발표될까요. 청와대에서는 종전선언이 이루어질 가능성에 대한 기대를 표명했습니다. 마찬가지로 일부 외신에서는 북미가 종전선언에 사실상 합의했다고 전하고 있습니다.

　1953년 중공군과 북한인민군, 그리고 유엔군이 정전 협정한지 66년 만에 6·25전쟁 당사자인 북한과 미국이 전쟁을 종식한다는 종전선언에 합의할 것으로 예상되고 있습니다. 동북아시아와 한반도의 일대 정치지형의 변화가 일어날 사건임에 틀림없습니다.

　일각에서는 종전선언이 협약도 아니어서 그 의미가 별 크지 않고, 또 한국은 빠진 채 북한과 미국만 선언에 참여하는 것은 우리나라가 완전히 무시당하는 것이라는 비판을 하고 있습니다. 매우 안타까운 생각이라고 할 수밖에 없는데요. 먼저 종전선언은 협약문으로 가시화 되지 않아도 그 파괴력은 대단합니다. 왜냐하면 세계의 이목이 집중되는 가운데, 북미 양정상이 발표하고 합의문에 서명을 하게 되기 때문입니다. 즉 종전선언 이후 북한과 미국 양국이 상호 전쟁 행위를 하거나, 이에 준하는 침략적 행동을 하는 것은 매우 어렵습니다.

　해당 국가는 국제적 신뢰와 명분을 잃게 되고 자칫 고립될 우려가 있기 때문입니다. 우리 한국이 종전선언에서 제외된다는 문제 역시 마찬가지입니다. 이미 북한과 우리는 1991년 12월 남북기본 합의서인 '남북 사이의 화해와 불가침 및 교류·협력에 관한 합의서를 맺었습니다. 사실상의 상호불가침 협정이라고 할 수 있죠. 또 2000년 제1차 남북 정상회담 이후 지금까지 5차례의 남북정상회담을 가졌습니다.

지난 9·19 평양공동 선언문에서 남북은 군사적 긴장과 전쟁위험 종식에 대해 양정상이 합의했으며, 상호간 적대행위를 전면 중지하고 단계적 군축실현도 약속하고 휴전선 GP철수 및 6·25 전쟁 유해공동 발굴 사업까지 진행하고 있습니다.

개성공단에 남북 공동연락 사무소까지 설치했으며, 올림픽 및 각종 국제대회에 남북 공동 단일팀이 출전하고 있습니다. 남북 간의 장애 요소는 이제 북미 간에 해결해야 할 비핵화 사안입니다. 북미 간 비핵화 문제만 합의된다면 남북 간의 교류는 폭발력 있게 진행될 것이 분명합니다.

미국과 중국은 이미 1972년에 국교를 수립했으며, 한중간 역시 1992년 국교를 수립해 지금까지 교류와 협력이 활발하게 이루어지고 있습니다. 미. 중. 한국간에는 종전선언이 무력화 된지 이미 몇 십 년이 지난 것이죠. 문제는 핵을 가운데 놓고 적대적 관계로 지내오고 있는 북미간입니다. 이번 하노이 회담에서 북미 간에 종전선언이 가시화된다면, 그 신뢰를 바탕으로 평화협정으로 나아갈 것입니다. 평화협정에는 6·25전쟁에 직간접적으로 참여했던 한국, 미국, 중국, 일본 러시아, 북한이 서명해야 할 것입니다. 종전선언은 단순한 정치적 선언 이상의 의미가 담겨있습니다. 한반도의 평화로 나아가는 주요한 변곡점인 것입니다. 더욱이 대한민국 국민에게 평화와 실질적 이익을 가져다주게 됩니다.

(2019.02.27.)

고종은 정말 무능한 황제였나

　고종황제는 뇌졸중으로 갑자기 쓰러진 건가요. 고종은 정말 무기력하고 무능한 대한제국의 무늬만 황제였던가요. 어제 문화재청의 주관으로 고종황제 붕어 100주기 제향이 봉행되었습니다.

　이방자 여사는 회고록에서 "고종황제의 국장은 3월 3일로 정해졌다. 그러나 고종황제의 죽음이 독살이라는 소문이 퍼져나가자 이것을 발화점으로 민중의 반일감정이 폭발했다. 장례 이틀 전인 3월 1일 전 조선이 봉기한 것이다. 이것이 유명한 3·1운동이다. 당시 서울에 '대한독립 만세'소리와 고종황제의 승하를 조상(弔喪)하는 울음소리가 어우러져 장안이 떠나가는 듯 했다."라고 증언하고 있습니다.

　우리는 서구의 근대국가를 창시한 계몽군주들을 기억하고 있습니다. 프로이센의 프리드리히 2세, 스웨덴의 칼 요한 14세, 이들은 귀족들을 정치적으로 무력화시키고 일군만민 체제를 정립한, 근대화를 추진한 계몽군주들입니다.

　고종황제 역시 근대적 계몽군주였습니다. 1894년 일본군의 경복궁 침략이후 포로로 잡혀있던 고종은 1896년 러시아 공사관으로 망명하여, 새롭게 나라를 건국하는 준비를 거친 후 덕수궁으로 옮겨 대한제국을 선포합니다.

　고종은 공사노비제도를 완전히 해방하는 조치를 취해 잔존했던 노비제도를 폐지했고, 3만의 신식군대를 양성했으며, 조선 중앙은행을 설립했고, 우편제도를 발전시켰습니다. 대한제국시대에 근대적인 회사가 약 700여개 설립되었고,

2천여 개의 국공립 및 사립 신식학교가 세워졌습니다. 지금 우리가 쓰고 있는 태극기, 한글, 애국가, 무궁화 등 모두가 고종의 대한제국시대에 정립된 것입니다.

고종은 우월한 일본의 무력침탈에 대항해 지속적으로 항일운동을 전개했습니다. 고종의 별입시들은 황제의 거의 밀지를 전국의 의병들에게 전달하여 항일 무장 독립운동을 전개토록 독려했으며, 1904년 을사늑약의 불법성을 폭로하기 위해 헤이그 평화회의에 밀사를 파견합니다. 북간도 망명계획이 수포로 돌아가자 북경 망명계획을 세웁니다.

고종은 일제의 한국지배를 붕괴시킬 수 있는 개전 조칙 발표를 1918년 준비했죠. 그래서 국내의 양반과 사대부, 국민들을 항일투쟁으로 이끌려는 계획을 세웁니다. 북경 망명정부를 구상했던 것입니다. 실제로 독립운동가 이시영 등은 북경에 고종이 거처할 행궁을 마련 준비에 들어갔습니다.

이러한 사실이 드러나자 일본은 식혜에 청산가리를 타서 고종을 독살했다는 설이 유력합니다.

고종의 무능, 무기력은 결국 대한제국을 무력으로 병탄한 일본의 역사왜곡이라는 것인데요.

2월 25일부터 3월 5일까지 덕수궁에서 재현되는 고종의 국장 행사는 100년 전 치루어 졌던 굴욕의 일본식 장례가 아니라 우리 전통 황실 관례대로 진행될 예정입니다.

(2019.02.25.)

인도, 12억의 소비시장과
4조 570억달러의 구매력

12억의 인구 대국 인도는 세계적인 IT기술과 풍부한 인력을 소유하고 있는 국가입니다. 세계 2위의 초고속 경제국가 정보기술 산업-서비스 산업중심의 국가가 인도입니다. 나렌드라 인도 총리가 오늘 1박 2일 일정으로 우리나라를 국빈 방문했습니다.

1947년 독립한 인도는 다양성을 그 특징으로 하는 국가입니다. 의원내각제 국가인 인도는 28개 주를 두고 있는 연방국가입니다. 또한 '빤짜야뜨' 라고 하는 주민자치기구를 기반으로 지방자치 제도가 매우 발전되어있는 국가이기도 합니다. 인도는 각 주에서 인정한 언어만 22개이고, 전체적으로는 1000개가 넘는 언어가 사용되고 있습니다. 종교는 힌두교가 80%를 차지하고 있는데, 힌두교 내에서도 숭배하는 신이 3억 3천만 개 정도 됩니다. 세계적인 수준의 IT산업은 인도의 가장 큰 특징입니다. 소프트웨어 산업과 생명공학 등 서비스 산업이 인도 경제를 이끌어 나가고 있습니다.

인도의 IT 산업을 받치고 있는 분야는 발전된 과학기술 분야입니다. 인도는 수학, 천문학, 화학, 의학, 자연철학 등 필요한 기초과학을 발달시켰으며, 정보통신, 생명공학, 우주공학, 제약, 핵에너지 등에서 세계적인 수준의 기술을 보유하고 있습니다.

최근 10년간 연평균 6%의 성장률을 보유하고 있는 인도는 12억이라는 거대한 소비시장을 갖고 있습니다. 실질구매력에 있어서도 4조 570억 달러로 세계 4위 규모입니다. 아직 인도는 인프라 분야와 기업 환경 등은 세계적 기준과 비교해 볼 때 낙후되어 있는 것으로 평가되고 있습니다.

인도는 10년 동안 꾸준히 성장한 나라입니다. 그래서 장기적 계획을 함께 세울 수 있습니다. 인도는 젊은이들이 매우 의욕적으로 경제 일선에 뛰어들고 있으며, 영어 소통도 매우 자유로운 나라입니다. 경제적 교류뿐만 아니라 문화, 사회적 교류 가능성도 높은 국가입니다. 더욱이 인도는 스마트폰과 스마트 시장 가치가 갈수록 높아지고 있는 나라입니다.

이번에 한국을 방문한 모디 인도 총리는 한·인도 비즈니스 심포지엄에 참석했는데요. 이 자리에서 양국의 참가자들은 한국과 인도의 경제협력 강화와 스타트업 교류 증진 방안 등에 대해 논의했습니다. 한국과 인도는 지난해 7월 정상회담을 통해 미래 동반자로서의 기반을 다진 바 있습니다.

2030년까지 교역액 500억 달러 달성과 함께 4차 산업혁명 분야도 긴밀하게 협력하겠다고 했는데요. 한국과 인도는 각국의 경제발달 정도와 경제적 수준, 그리고 경제적 활로 모색 등을 볼 때 매우 친밀하고 협력적 관계로 발전될 가능성이 매우 큽니다. 불교문화권으로 양국 국민들의 친화성도 높다고 할 수 있습니다.

이번 모디 인도 총리의 방한으로 양국이 실질적 경제협력 관계로 격상되기를 바랍니다.

(2019. 02. 22.)

한국 근대화의 기점인 동학농민혁명

동학농민 운동에 대한 역사적 가치와 의미가 재조명 될 것으로 보입니다. 동학군이 황토현에서 대승을 거둔 5월 11일이 동학혁명 법정 기념일로 정해졌습니다.

2004년 동학농민혁명 참여자 명예회복에 관한 특별법이 제정된 이후 14년 만에 동학운동이 국가기념일로 빛을 보게 된 것입니다.

동학은 조선 말 부패한 세도 정치세력의 가렴주구에 저항한 농민들이 일으켰던 1차 봉기에서는 반봉건적 신분해방 투쟁을 선언했었죠. 당시 청춘과부의 재가 허용과 공사노비제의 일체 혁파를 주장한 폐정개혁 12조와 최초의 민중 자치기구인 집강소 설치는 사실상 근대화의 주요한 징표였습니다.

1894년 7월 23일 일본군이 경복궁을 침략해 조선의 국왕을 포로로 잡은 사실이 알려진 뒤 일어난 2차 봉기 역시 그 역사적 의미가 크다 할 것입니다. 왜냐하면 1894년 갑오년 10월에 일본의 침략에 맞서 전국에서 동학군 300만이 봉기하여 1년 동안 국가의 안위를 위해 사실상 일본과 전쟁을 벌였기 때문입니다. 그래서 갑오왜란이라고 부릅니다.

우수한 화력을 앞세운 일본과 방어전쟁을 벌이며, 동학군은 약 30-40만 명 사망한 것으로 추정되고 있습니다. 일본의 잔인한 소개작전에도 불구하고 동학군은 유생 및 의병들과 결합하여 끈질기게 항일운동에 나서게 됩니다. 대한민국 임시정부의 주석이었던 김구 선생 역시 청년시절 해주 지역의 동학 접주였습니다.

 1919년 3·1운동 역시 동학을 계승한 천도교가 중심이 되어서 일어난 것입니다. 천도교의 손병희 선생 등 약 15명의 천도교 지도자들이 33인 독립선언서에 이름을 올렸으며, 4만 여부의 독립선언서 인쇄본은 200만 천도교들의 전국 조직으로 사전에 광범위하게 배포됐었죠.

 동학은 사람, 즉 백성이 하늘이니 사람을 하늘처럼 섬기라고 하는 인내천 사상과 인간은 누구나 자기 안에 하느님을 모시고 있다는 시천주, 즉 혁명적인 평등사상을 19세기에 표방했습니다. 반상의 차별과 서얼, 적서의 구별에 반대했으며 노비제도 폐기는 물론이고 남녀 평등사상에 입각해 여성해방과 어린이 해방까지 역설했었습니다.

 당시 세계 어느 다른 나라에서도 표방하지 않았던 인간의 본질적 평등성을 19세기에 동아시아의 한반도에서 피력한 민주주의의 혁명적 사상이었습니다. 사실 그동안 동학은 그 변혁적 역사성과 근대성에 비해 소홀하게 취급되어 왔던 것이 사실입니다.

 동학 연구에 대한 지원은 물론이고, 기념행사도 지역 행사에 머물렀습니다. 그러나 올 5월 11일부터 2억 원이 편성된 예산으로 문체부 주관 하에 동학혁명 기념식이 열리게 됩니다.

 이번 국가기념일 지정으로 세계 3대 민중혁명으로 평가받고 있는 동학혁명이 새롭게 조명되어 대한민국의 역사에 중심적으로 자리 잡길 바랍니다.

(2019.02.21.)

현대 공적 부조 제도의 기초인
The Poor Law 구빈법

신용불량자로 낙인 찍혀 시장의 열패자로 전락한 사람들. 금융권으로부터 대출을 받았지만, 상환능력이 없어서 연체이자만 눈덩어리처럼 불어나는 사람들. 이들은 결국 사회에서 쫓겨날 수밖에 없는 상황에 내몰리게 됩니다. 이들이 이렇게 극단의 상황으로 내몰리게 된 이유는 물론 개인적인 책임이 일차적일 것입니다.

문제는 이들이 현재는 극도의 상황에 처해 있지만 정상적인 사회활동을 할 의지와 능력을 갖고 있을 때, 혹은 그러한 여건을 조성해 준다면 성실히 노동을 해서 개인도 구제되고 시장 생산성도 높일 수 있을 경우입니다.

국가의 책임 문제가 나오는데요. 국가의 인권과 시민권의 보장을 통한 복지 문제로 확대될 수 있습니다. 금융위원회는 개인 채무자 신용회복 지원제도 개선 방안을 발표했습니다. 성실히 상환할 의지가 있는 취약계층을 대상으로 다시 일어설 수 있는 기회를 주는 특례 제도를 도입하겠다는 것인데요. 채무에 대한 원금 감면제도입니다.

우리는 사회복지정책이 탄생하게 된 역사적인 배경을 정확히 이해 할 필요가 있는데요. 사회복지의 시초로 알려진 구빈법, The Poor Law는 15세기 가뭄과 흑사병에 의해 인구의 절반 가까이를 잃게 되자, 양모 산업의 발전을 위한 노동력의 확보를 위해서 만들어 졌습니다.

사회문제보다 경제문제 해결을 위해 걸인과 부랑아들을 구제해주는 구빈법이 만들어 졌다는 것입니다. 이는 현대 공적 부조 제도의 기초로 알려져 있습니다. 사회복지 제도의 경제적 측면은 근로와 연계되어 있다는 점을 이해할 필요가 있습니다.

복지정책이 단순한 국가적 자비심이 아니라, 시장의 열패자들이 다시 시장으로 복귀하게 국가가 도와주어 개인의 회생은 물론, 경제적 생산성을 높이는 데 역할을 한다는 것입니다. 이는 결국 기업이 요구하는 사항으로도 귀결됩니다. 양질의 노동력을 다시 시장에 제공하게 되기 때문인 것이죠. 더불어 복지정책이 국가 예산만을 축내는 것이 아니라, 국민들 스스로 자립하는 데에 초점이 맞추어지게 되는 것이죠. 적극적, 생산적이라고 불리는 복지정책은 국가가 직접 국민들에게 현물이나 현금을 제공하는 전통적 복지에서 벗어나 국민들의 능력을 제고시켜서 국가도 경쟁력을 높여, 성장하고 국민의 삶의 질이 자연스럽게 개선되는 것을 의미합니다. 이는 안정적인 복지사회로 나아가는 길을 의미합니다.

우리는 복지정책의 시혜성, 자비성에만 초점을 맞출 것이 아니라 국가 전체의 생산성 제고라고 하는 역사적이고 포괄적인 이해가 필요할 것입니다.

(2019. 02. 19.)

99만 명이 창업하고
81만명이 폐업하는 자영업

　인기리에 방영되고 있는 골목식당이라는 TV프로그램이 있습니다. 어려움을 겪고 있는 동네의 골목식당을 방문하여 경쟁력을 키우도록 교육, 훈련시키고 노하우를 발굴시켜 소비자들에게 사랑받는 식당으로 거듭나게 하는 프로그램입니다. 과연 이런 일을 국가가 체계적, 공공성에 입각해 할 수는 없을까요. 600만 자영업자 시대. 자신에게 고용된 사람들.

　최근 10년 동안 99만 명이 창업하고 81만 명이 폐업하는 다산다형 구조인 한국의 자영업. 퇴직자들과 젊은 청년들, 그리고 해직당한 사람들이 모아놓은 쌈짓돈과 금융기관에서 대출받은 돈 들고 달려드는 업종인 자영업. 그러나 성공 확률은 한 자리 숫자입니다.

　자영업자들과 소상공인들은 실업보험, 실업수당 대상자들도 아닙니다. 경기불황과 대기업의 횡포 그리고 경쟁력의 상실 등으로 실패하면 이들은 바로 무직자가 될 수밖에 없습니다. 사회의 불안정의 원인, 사회적 양극화의 요인으로 자리 잡은 지 이미 오래되었습니다.

　이들은 사회적 약자입니다. 이들을 위한 보호 장치는 전무하다고 해도 과언이 아닐 것입니다. 우리나라는 유독 자영업자들의 비율이 높습니다. OECD국 중에서 4번째입니다. 도·소매업은 21.75%이고, 음식 및 숙박업은 11.89%에 달합니다. 서민경제의 근간을 이루고 있는 것이죠. 과잉경쟁 상태로 이들이 시장에서 열패자가 되면 아무런 대책이 없습니다.

핀란드의 경우를 소개해 드리겠습니다. 핀란드의 소상공인들은 전체 부가가치의 21.2%를 차지합니다. 국민경제의 주요한 역할을 하고 있는 것이죠. 왜 그럴까요. 그 이유는 국가가 중장기적 계획을 갖고 소상공인 지원 대책을 강구했기 때문입니다. 핀란드의 소상공인 정책은 창업과 기술혁신, 그리고 국제화에 중점을 두고 있습니다. 임시적인 미봉책이 아니라 자영업, 소상공업이 자체 경쟁력과 혁신성을 갖도록, 그래서 시장에서 주요한 기능을 하도록 도와주는 데 방향이 맞추어져 있습니다.

최근 일자리 안정자금 지원, 카드 수수료 인하 등 자영업자들의 어려움을 해결하기 위한 정부의 종합적인 대책이 나왔습니다. 이들이 시장에서 경쟁력을 얻지 못하면, 사회적인 불안정 집단으로 자리 잡게 되고 국민경제, 특히 서민경제에 악영향을 미칠 수밖에 없습니다.

제4차 산업혁명 시대에 가장 불안정한 집단이라고 할 수 있습니다. 우리사회의 산업구조는 매우 다양화되고 있습니다. 전통적인 제조업의 인구는 감소할 수밖에 없죠. 지식노동자, 전문직, 서비스 직종 종사자들은 갈수록 늘어날 것입니다. 더불어 1인 자영업자와 도소매업자도 증가 할 수밖에 없습니다.

핀란드에서 소상공인들을 위한 교육프로그램에 국제화지원을 매우 중시한다는 점을 우리가 자체 위기감으로 갖고 보아야 할 대목입니다.

(2019.02.18.)

한국경찰의 변신 '자치경찰'로 가는 길

우리나라의 경찰제도는 국가 경찰제도 입니다. 해방 직후인 1945년 10월에 만들어진 경찰제도가 74년이 지난 지금까지 유지되고 있습니다. 경찰에 대한 이미지가 국민 친화적으로 바뀐 시기는 민주화 이후라고 볼 수 있는데요.

이승만 정권 시절에는 권력기반으로서의 호위대 성격이 강했었죠. 4·19 혁명 당시 부패한 권력을 지키는 선봉대 역할을 국가 경찰이 담당했었죠. 권위주의 정권 시절 국가경찰은 국민치안 업무에도 주력했지만, 반정부 세력과 개혁세력을 감시하고 억압하는 정권 호위적 역할도 마다하지 않았습니다.

민중의 지팡이로서의 경찰, 민생치안을 담당하는 경찰, 국민을 보호하고 지켜주는 경찰로서의 이미지는 사실 민주주의 정착과도 그 괘를 같이 합니다.

민주주의적 정권이 들어서고 민주적 통치가 확립되면서, 경찰은 정치권력 호위세력에서 벗어나 국민보호 세력으로 많이 탈바꿈했습니다. 아직도 국가경찰은 정권과 매우 밀접한 관련이 깊은 것으로 인식되어 있는 것도 사실입니다. 그 이유는 아마도 경찰이 중앙권력화 되어 있기 때문일 것입니다.

이제 경찰이 시민과 국민을 위한 본연의 업무에 가장 충실하도록 제도가 변화될 것으로 보입니다. 그것은 바로 명실상부한 지방자치 경찰의 출현입니다. 방대한 국가경찰 권력을 지방으로 각 분산, 이양시켜 국민 생활 속에서 국민을 지켜주고, 국민의 고충을 해결해 주는 경찰로서의 재탄생을 기대하게 되는 것입니다. 아직 자치경찰제도는 당·정·청 논의단계이고, 관련법이 국회에서 논의되어 통과 돼야 하지만, 자치경찰제도는 한국의 지방자치제도의 역사와 비교하면 매우 늦었다고 할 수 있습니다. 실질적인 지방자치제도 실현을 위한 필수불가결한 시스템이 바로 지방자치경찰 제도라고 할 수 있습니다.

지방자치 경찰제도는 국가권력의 분권화라고 할 수 있습니다. 권력의 분화 과정을 통해 민주성과 지역 주민의 참여성, 그리고 중립성을 높일 수 있을 것으로 기대되고 있습니다. 이제 자치 경찰 제도를 어떻게 출범시키고 운영해서, 정착시킬 것인가가 논의의 중심이 될 것 같은데요. 주요한 경험 사례는 2003년부터 약 13년 동안 시행된 제주자치 경찰제도입니다.

제주도의 자치경찰제도는 교통관련 업무에만 주력했을 뿐, 무늬만 자치경찰이라는 비판을 받아왔었죠. 국가경찰의 실질적인 권한이 이양되지 않아 국가경찰의 치안보조자 역할만 해왔다는 것입니다. 그래서 수사권을 포함한 권한이 지방자치 경찰로 전환돼야 한다는 것이 원칙인데요. 과도적으로 풀어나가고 준비해야 할 일들은 많을 것 같습니다.

경찰인력의 단계적인 지방직으로의 전환, 그리고 지역 치안 담당 능력에 대한 배양, 국가경찰과 자치경찰간의 업무중복 방지 등 종합적인 검토와 실현을 통해 국민만족 치안 서비스 극대화가 이루어지길 바랍니다.

(2019. 02. 15.)

독일의 반나치법안과
한국의 광주 특별법

    2012년 6월 17일. 독일과 덴마크의 축구경기가 열렸습니다. 그런데 이날 신나치주의 현수막이 등장했습니다. 또 일부 팬들은 과거 나치가 외치던 유사한 구호를 외쳤습니다. 유럽 축구연맹은 바로 독일축구 협회에 제재를 가했습니다. 2만 5천유로의 벌금을 부과한 것입니다. 이 사건을 통해 유럽사회가 얼마나 히틀러와 나치에 대해 부정적인 시선을 갖고 있느냐를 알 수 있습니다.

    독일은 반 나치법안에 근거해 나치와 관련된 상징들이 발견되면 바로 수사에 착수합니다. 반나치법안에는 히틀러식 경례를 하거나 나치 문양을 사용하는 일은 징역 5년 이하에 처하는 범죄행위입니다.

    1930년대 유럽을 전쟁과 공포의 도가니로 몰아넣었던 나치즘. 독일의 파시즘은 국가와 민족을 신성시키는 대중조작을 통해 전체주의적 독재의 틀을 만들어내었습니다. 이러한 선동적 전체주의는 정치적 희생양을 국내외적으로 조작해냅니다. 히틀러의 나치스트들은 유대인과 장애인 그리고 체제 반대자들에 대해 끊임없는 테러를 가했습니다. 그리고 반대급부로 독일 국민들을 일차원적 인간으로 강제했습니다.

    1980년 5월 광주. 그곳을 학살과 공포의 도가니로 만들었던 집단은 총칼로 권력을 잡은 신군부세력 이었습니다. 그들은 박정희 정권시절부터 육성된 하나회라는 군 파벌 엘리트 집단들이었습니다. 한국의 군사독재정권 세력은 특정 지역을 희생양으로 삼아 자신들의 정권 정당성으로 삼았습니다.

광주지역의 항거를 북한과 연계하여 불순집단으로 만들고, 자신들의 진압과 살인행위를 정당화 시켰습니다. 특정지역을 북한과 연계시켜 다른 지역의 국민들과 유리시켰습니다. 민주적 요구 역시 특정지역과 북한과 연계된 요구와 동일시되도록 조작했습니다. 그리고 틈만 나면 광주를 운운하며 지역 차별을 조장했습니다. 극우세력을 몰아내고 분기시키는데 광주를 이용 했습니다.

독일과 일본에서 나타났던 파시즘의 전형적인 특징인 선동적 차별 그리고 배제주의를 통한 권력 장악 과정이 광주에서도 일어났던 것입니다.

최근 광주 민주화 운동에 대한 폄훼 논란이 다시 일어나고 있습니다. 광주에 대해 우파가 용인해서는 안 된다는 발언도 나왔습니다. 논란을 일으킨 의원들에 대해서는 국회에서 제명결의가 추진되고 있습니다. 문제는 때만 되면 또 광주 운운하면서 극우세력을 결집시키려는 정치적 행태들이 일어날 수 있다는 것입니다.

이번에 문제의 발언을 한 정치인들이 닥쳐올 후폭풍을 과연 예상 못했을까요. 극우정치 세력의 입지가 줄어들면 줄어들수록 광주를 또 희생양삼아 자신들의 정치적 입지를 확보하려는 행태가 다시 반복 될 수 있다는 것입니다.

1980년 5월 광주의 비극은 다시는 이 땅에서 일어나지 말아야할 사건입니다. 더 이상 광주가 정치적 희생양이 돼서는 안 됩니다. 그래서 5·18 민주화운동에 대해 비방, 날조, 폄훼하는 행위에 대해 특별법 제정을 서둘러야 한다는 이야기가 나오는 것입니다.

(2019.02.14.)

국민의 행복추구권으로서의
복지국가 모델

"요람에서 무덤까지"

국가 공동체가 국민의 복지전반을 책임지고 관리해준다면 어떨까요. 복지제도의 사회민주주의 모형으로 알려져 있는 스웨덴, 노르웨이, 핀란드 등 북유럽 국가들. 이들 나라들은 국가에 대한 신뢰를 바탕으로 복지는 국가의 책무이고, 국민을 대상으로 높은 수준의 보편적 복지로서의 사회보장을 제공하고 있습니다. 노령, 의료, 실업, 교육 등 전방위에 걸쳐서 복지제도가 정립되어 있는 것이죠.

오늘 정부는 제2차 사회보장 기본계획을 발표했습니다. 고용, 교육, 소득, 건강 등 포용적 사회보장 체계 구축에 2023년까지 약 332조원을 투입하여, 국민 삶의 질을 세계 10위권으로 끌어 올리고 건강수명 78세 그리고 상대 빈곤율은 11.3%를 목표로 삼겠다고 밝혔습니다.

복지국가는 20세기 이후 국민의 행복추구권으로서 사회보장을 요구하는 사회권으로 인식되어 왔습니다.

18세기가 자유와 평등을 요구하는 공민권 확보가 주요 과제였다면, 19세기는 정치참여를 가능케 하는 정치권이었고, 20세기 이후부터는 국가는 국민의 기본권뿐만 아니라 복지의 확보와 증진, 행복의 추구를 중요한 임무로 하는 복지

제도를 추구해야 한다는 것이죠. 아직 우리나라의 복지제도 수준은 취약한 것이 사실입니다. 지속적으로 신장되어 왔습니다만, GDP대비 사회복지 지출비율은 10%대입니다.

OECD 국가들과 비교해 보면 저부담 저복지 국가라고 할 수 있죠. 또한 여전히 공공보장형 복지보다, 민간보험과 기업복지 등 시장 의존성이 강한 것이 사실입니다. 우리나라가 사회복지 시스템이 늦은 이유는 성장 제일주의의 과거 역사와 관련이 깊습니다. 또한 복지문제를 시혜성으로 인식한 이유도 있구요. 그러나 미래는 위기감 속에서 복지제도 전반의 확충을 요구하고 있습니다. 특히 빠른 속도로 진행되고 있는 저출산과 고령화의 문제점 매우 심각하다고 할 수 있죠.

2012년 기준으로 노인빈곤률은 48.4%로, OECD평균인 11.9%보다 4배 이상 높습니다. 우리사회가 노인의 절반가량이 복지의 사각지대에 놓이는 시급하고 심각한 시한폭탄을 떠안고 있는 것입니다.

복지제도는 국민의 삶의 질, 행복한 삶을 살고 싶은 매우 기본적인 욕구와 관련이 깊습니다. 노후 삶에 대한 보장, 교육에 대한 국가서비스 확충, 의료제도 이용에 대한 보장, 고용안정 및 실업 공포 로 부터의 해방 등이 이루어진다면, 국민들은 삶을 즐기면서 행복하게 살수 있기 때문입니다. 그러나 문제는 예산입니다. 복지국가로 나아가기 위해서는 국가예산이 확충되어야 하기 때문이죠.

세금 징수에 대한 부담을 국민이 동의해야 하는 일이 남아 있는 것이죠. 경제성장도 함께 이루어져야 복지국가로의 과정이 순탄할 수밖에 없습니다. 여러 가지 난제를 우리 미래 앞에 놓여있다 할 것입니다.

(2019.02.13.)

2·8 독립선언 100주년을 맞아
그들의 용기와 희생에 대해

"조선 청년독립단은 우리 2천만 민족을 대표하여 정의와 자유의 승리를 얻은 세계 만국 앞에 독립됨을 선언하노라"

100년 전 바로 오늘 2월 8일, 일본에 유학중이던 우리 조선의 학생들이 적의 심장부인 도쿄에서 우리 대한민국의 독립을 선언했습니다. 2월 8일 오전에 유학생들은 시내 곳곳에서 선언서 등을 일본에 주재하고 있는 각국 대사 및 공사와 일본의 정계인사 그리고 조선총독부, 각 신문잡지사 및 제 학자 등에게 우송했습니다. 대회가 열리는 청년회관은 이미 정복과 사복차림의 일본경관이 에워싸고 있었습니다.

우리 유학생들 6백여 명은 대회를 강행하여 명주에 적은 선언서를 단상에 걸고 독립선언서와 결의문을 낭독했습니다. 일경들이 대회장에 난입했고 양측의 난투극이 벌어지는 가운데 주모자들은 체포되었습니다. 일본은 자신들의 심장부에서 식민지 조선의 학생들이 벌인 독립운동에 놀라 60여명을 체포하였고, 최팔용 김도연 백광수 등 9명을 재판에 회부하여 감옥에 가두었습니다.

한마디로 식민 지배를 인정할 수 없다는 것을 각국 외교사절이 모여 있는 식민지 지배국가 수도에서 선언한, 대담하고 용기 있는 행동이었습니다.

2·8 독립운동은 일제강점기 하 우리 대한민국 학생운동의 효시적 모범을 보

여쭙니다. 보장된 출세와 눈앞의 부를 걷어차고, 대의적 명분과 뜻에 자신의 몸을 맡기는 헌신적이고 희생적인 모습을 보여주는 것이 바로 우리 학생운동의 역사적 특징이라고 할 수 있습니다. 세계 어느 나라에서도 찾아볼 수 없는 선진적인 사례이기도 합니다.

1919년 2·8독립 선언에서 보여준 학생들의 기개는 1926년 6.10 만세운동과 1929년 광주학생 운동으로 이어지게 됩니다. 자신의 몸을 던지는 선도적 투쟁을 특징으로 하는 대한민국의 학생운동은 말없는 국민 다수를 감복시켜 운동 대열의 동조자로, 참여자로 전환시켰습니다. 상해에서 폭탄의거를 일으킨 윤봉길 의사 역시 광주 학생 운동에서 감화 받았다고 하죠. 학생운동을 통해 단련된 항일독립 투사들은 사회운동에 합류하여 민족운동의 지도자로 성장해 나가면서 국가의 미래를 개척해 나갔습니다. 일제강점기 시절, 일본에 유학했던 상당수의 학생들은 수학 후 국내로 돌아와 항일독립 운동에 매진하게 됩니다.

2·8독립 선언에 이름을 드러낸 유학생들 대부분이 상해임시정부와 국내 민족운동에서 주도적 역할을 하였습니다. 나라를 빼앗긴 설움과 통분에 항거하며 일본제국주의 만행에 항거했던 1919년 2월8일, 3월1일이 이제 100주년이 되었습니다. 그분들이 없었다면 과연 국민소득 3만달러 시대의 현재의 우리 삶이 보장 되었을까요. 주권과 국민, 그리고 국토가 있어야 우리 모두가 행복하게 살 수 있다는 역사적 사실.

100년 전 국권을 회복하기 위하여 자신의 몸을 불사르며 싸웠던 선각자들의 희생에 다시 한 번 고개 숙여 경의를 표해야 할 것입니다.

(2019.02.11.)

6·25 전쟁 상흔에 대한 치유 - 납북자 문제

세기의 이목이 베트남으로 향하고 있습니다. 제2차 북미 정상회담에서 비핵화 정도와 제재완화 폭이 어느 선에서 합의될 것인지가 가장 주목거리입니다. 더불어 종전선언이 과연 이루어질지도 관심의 초점입니다. 종전선언은 1950년 6월25일부터 1953년 7월 정전 협정이 맺어질 때까지 한반도에서 벌어졌던 전쟁 행위에 대한 명확한 종료를 선언하는 것입니다.

현재 중국과 미국, 한국이 상호 국교가 수립되어 있는 점을 볼 때, 북미간의 데탕트 선언 등 정치적 선언의 의미가 큽니다. 하지만 전쟁의 직접적 피해자였던 우리로서는 반드시 짚어야 할 대목이 있습니다. 전쟁의 상흔으로서의 치유입니다. 65년이 지났지만, 아직도 우리 국민들에게 남겨져 있는 전쟁의 상처를 치유하는 일입니다.

이산가족 상봉과 6·25전쟁 납북자문제, 그리고 국군 포로 문제 등입니다. 이산가족 문제는 전면상봉, 화상상봉으로의 전격적인 추진을 언제, 어떻게, 할 것인지가 관건입니다. 이산가족 상봉 신청자 중 현재 약 5만여 명만 생존해 있다고 하죠. 이들 대부분 고령이시구요. 결국 전면상봉 추진이 해답입니다. 물론 북한 당국의 전면적인 협조가 있어야 가능한 일입니다. 6·25 납북자문제는 권위주의 정권시절에는 언급조차 할 수 없었던 일이었습니다.

약 30-40만으로 추정되는 납북자 가족들은 연좌제 및 해당 가족들에 대한 감시와 차별, 불이익이 있었습니다.

2000년 김대중 정부시절부터 납북자 가족들의 자체적인 모임이 결성되었죠. 이들은 6·25전쟁 납북사건 진상규명 및 납북 피해자 명예회복 위원회를 구성해서 현재 활동하고 있습니다. 6.25 전쟁 당시 북으로 납북당한 사람들은 약 10만여명으로 추정되고 있습니다. 이들은 김규식, 조소앙, 엄항섭 등 임시정부 관련자들로서의 정치적 이유로 납북된 인사들과 전문적 지식을 보유했던 사람들, 그리고 의용군들로 구성되어 있는 것으로 알려져 있습니다. 이들은 현재 70-80세 이상의 고령 혹은 사망한 분들이 대부분일 것입니다. 생사확인 결과 통지, 서신교환 주선, 사망한 납북인사 유해 송환 등이 거론되고 있습니다. 납북자문제는 남과 북이 상당히 예민한 사안입니다.

북측은 6·25 전쟁 이후 납북사실을 한 번도 인정하지 않았고, 자진 월북자들이라고 주장하고 있습니다. 국군포로 역시 정확한 수치를 확인하기 어렵습니다. 북한 당국이 인도주의적 사안에 대해 어떻게 접근하고 태도를 보일 것인지가 관건인데요.

종전선언은 한반도의 평화를 앞당기는 주요한 정치적 의미를 갖고 있습니다. 북한 당국이 실질적인 종전선언에 다가가기 위해서는 전쟁의 상처를 치유해 줄 수 있는 조치도 함께 병행 되어야 하지 않을까요.

(2019.02.08.)

세계 8위의 군사 강국으로 성장한 일본

대한제국은 왜 패망했을까요. 일본은 어떻게 조선을, 대한제국을 식민지화시킬 수 있었을까요. 해답은 매우 간단합니다. 군사력의 차이였습니다. 메이지 유신을 계기로 아시아에 유일하게 신흥 강국으로 부상했던 일본은 군사력 증강을 위해 온힘을 쏟아 부었죠.

1894년 청일전쟁을 통해 동북아시아의 우월적 지배권을 확립한 일본은 1902년 당시 세계 최강의 군을 보유한 것으로 알려진 러시아의 전쟁에서 승리했습니다. 러시아의 발틱 함대를 보기 좋게 무력화시킨 것입니다. 1897년 뒤늦게 근대국가 대한제국을 선포한 고종황제는 러시아 교관을 초빙하고, 프랑스 등으로부터 무기를 구입해 신식군대 3만을 양성하고, 대한제국 육군무관학교 등을 설립했지만 해군력에 있어서는 일본과 상대가 되지 않았습니다.

당시 일본은 세계 최고의 해군력을 보유하고 있었지만 대한제국은 변변한 함대 하나도 갖고 있지 못했습니다. 근대국가 출범을 알렸던 영·정조 시대부터 군수산업을 육성하고 군비력을 증강하지 않았던 결과였습니다. 군수산업은 결코 단기간에 완성되지 않았기 때문에, 고종으로서도 역부족이었던 것입니다.

제2차 세계 대전 당시 188개 사단 550만 명의 육군과 240만 명 74만 톤의 해군력을 보유했던 일본은 패망이후 미군에 의해 군사력 자체가 해체되었습니다. 1950년 경찰예비대 창설, 그리고 보안대를 거쳐 1954년 육해공 자위대가 창설되었습니다. 야금야금 국방력을 증가 시켜 지금은 세계 8위의 군사대국으로 성장했습니다. 최근 우리 광개토대왕함을 위협했던 일본초계기 P-1은 중국 잠수함의 천적이라고 불릴 정도로 그 성능이 우수합니다. F-15 200여대와 F-2전투기, F-35전투기 등 세계 최고의 전투기들로 무장된 항공전력, '신의 방패'라고 불리는 이지스함 8척 체제와 10기 체제의 첩보위성 실력은 북한 김정은 위원장의 행적도 자세하게 추적이 가능하다고 합니다.

완성단계에 돌입한 3단계 미사일 방어체제와 미국의 오하이오급에 버금가는 일본의 소류급 잠수함.

핵 보유 국가는 아니지만, 1달 정도면 충분히 핵무기를 사용할 수 있는 준 핵국가 일본은 한국은 물론 중국과의 군사력 비교에 있어서도 앞서나가고 있습니다. 일본의 자위대는 말만 스스로 방어한다고 하지, 공격형 자위대로 변모된 지 오래되었죠. 일본의 해군력은 아직 기동함대도 완성하지 못하는 우리 대한민국의 해군과 비교하는 것 자체가 어불성설이 되어버렸습니다. 일본은 헬기모함 4척과 이지스구축함 6척, 구축함 30여척으로 구성되는 4개의 호위대군을 거느리고 있습니다. 앞으로 한국과 일본의 해군력은 더욱더 벌어질 것입니다.

1902년부터 일본의 막강한 해군력이 한반도를 집어 삼키고 중국대륙과 태평양을 침략한지 이제 100여년 정도 지났을 뿐입니다.

일본의 군사력과 최전선에 부딪히고 있는 우리 대한민국으로서는 절대 경계심을 늦추지 말아야 하는 이유입니다.

(2019.02.04.)

'광주형 일자리' 사회적 대타협의 첫 번째 결실

광주형 일자리가 그 모델이 제시된 지 4년 7개월 만에 타결되었습니다. 현대기아차 노조와 민주노총에서는 극력 반대했지만, 광주시 노사민정협의회는 시와 현대차가 마련한 최종안을 협의 의결했습니다. 광주시가 590억, 현대차가 530억을 투자하여 설립될 현대차 광주공장은 2021년부터 연간 약 10만대의 스포츠 유틸리티 자동차를 생산하게 됩니다. 이곳에서 일하는 노동자들은 기존 완성체 업체의 급여 절반 수준인 3천 500만원을 받게 됩니다. 중앙정부와 광주시로부터 주거, 교육, 의료 지원 혜택을 받게 됩니다. 약 1만 2천개의 일자리가 직간접적으로 창출될 것으로 예상됩니다. 이번 타결의 내용을 보면 사회적 대타협의 지방 축소판이라고 할 수 있습니다. 노사민정이 함께 머리를 맞대고 합의 했습니다. 노동자들은 임금을 적게 받는 대신 고용안정과 함께 각종 복지혜택을 받게 됩니다.

반면 기업은 투자와 함께 양질의 일자리를 제공합니다. 또 노동권을 보장해야 합니다. 지방정부는 노동자들을 위한 직간접적 복지지원과 사회 안정망 확충 정책을 추진합니다. 꽉 막혀 있는 지방경제의 출구전략으로도 작용하게 됩니다. 제2, 제3의 광주형 일자리도 모색되고 있는 주요 이유이기도 합니다.

독일의 폴크스바겐 아우 5000플랜이 이번 광주형 일자리의 벤치마킹 모델로

소개되고 있습니다. 1999년 독일 사민당의 슈뢰더총리가 직접 주선하여 성공시킨 아우트 5000플랜은 독일 폴프스 부르크 지역사회가 함께 합의하여 지역경제를 일으키고, 일자리를 창출한 모범적인 사례입니다. 완성차 업체인 폴크스 바겐은 계획했던 해외이전을 접는 대신, 임금의 80%를 주는 조건으로 실업자 5천명을 고용했습니다. 당시 슈레더 총리는 완강하게 반대하는 노조를 설득하기 위해 생일파티에 노사양측을 초대해 적극적 중재안을 펼쳐, 합의를 이끌어 낸 것으로 유명한데요.

이번 광주형 일자리 타결에는 이용섭 광주시장의 역할이 주요하게 작용했다고 합니다. 사회적 대타협의 결실은 바로, 선진적인 복지국가로 나아갈 수 있는 길목을 열어주게 됩니다. 노조가 임금을 양보하게 되면, 기업은 투자를 진작시켜 일자리를 만들고, 정부는 명분을 갖고 복지정책을 과감하게 펼칠 수 있게 됩니다. 복지정책의 결과는 노동자들뿐만 아니라 일반 국민들에게 혜택이 돌아가 사회적 양극화 해소는 물론 사회적 안정에 기여하게 되는 것입니다.

스웨덴 등 북유럽에서 복지국가를 가능하게 했던 것은 노사정 3자 협의에 기초한 합의적 민주주의 제도입니다.

민주적 코프라티즘과 사회적 시장경제 시스템이 국민복지국가의 미래를 앞당기는 힘입니다.

(2019. 02. 01.)

김복동 할머니의 유언
"끝까지 싸워달라"

　1992년 위안부 피해 사실을 처음 공개했고, 1993년에는 위안부 피해자 중 최초로 유엔 인권위원회에서 성 노예 피해를 증언했던 김복동 할머니가 향년 93세를 일기로 28일 별세하셨습니다.

　군사 점령지의 어린 여성들을 성노예화 시킨 일본군의 위안부제도는 상하이 사변이 발발한 1932년부터 시작되어 일본이 패망하는 1945년까지 약 10여년 이상 동안 지속되었습니다. 지역도 매우 광범위 했는데요. 일본 육해군이 만든 위안소는 점령지였던 아시아 및 태평양 군도 등에 위치해 있었습니다.

　위안부란 '일본 군인과 군속을 대상으로 성 상대를 강요당한 여성'을 지칭합니다. 위안부로 강요된 여성들은 한국과 중국, 필리핀, 인도네시아 등의 여성이 동원되었구요. 그 규모는 5만에서 30만으로 추정되고 있습니다.

　그 범죄의 잔혹성과 반 인륜성에도 불구하고 당한 여성들의 수치심으로 인해, 오랫동안 문제 제기조차 하지 못했습니다. 1991년 김학순 할머니가 도쿄 지방재판소에 소송을 내기 전까지는 일본의 위안부 제도는 전 세계에 공론화되지 않았습니다. 일본군에 짓밟혔던 여성들은 무려 50여 년 동안 그 만행을 가슴속에 묻어둬야만 했습니다. 처음에 일본정부는 공식 부인했습니다. '민간 업자'가 한 일이라고 잡아뗐습니다.

관련 자료와 역사적 사실이 폭로되기 시작하자 1993년 8월 일본 고노 관방장관은 담화를 통해 사죄와 반성의 뜻을 표명하며 일본군이 직간접적으로 관여했다는 사실을 인정했습니다. 전 세계의 여론을 의식하지 않을 수 없었던 것이죠. 하지만 일본 정부는 책임을 인정하지는 않았습니다. 법적책임은 1965년 한일청구권 협정으로 개인 청구권 문제가 마무리됐다는 입장을 고수했습니다.

청구권 협정은 이미 식민지 배상에 근거하지 않았음이 밝혀졌는데도 불구하고, 일본은 공식 면피책을 취한 것이죠. 일본정부는 도의적 책임을 다한다는 명목으로 '아시아 여성기금'을 출원하여 피해자에 대한 보상과 명예 회복책을 제시했습니다. 일본의 이러한 사탕 발림식 술책은 한국의 피해자들에 의해서 거부되었고, 아시아 여성기금은 2007년 3월을 기점으로 사업이 종료됐습니다.

2015년 12월 박근혜 정권과 협잡하여 만들어낸 '불가역적 운운한' 한일 양국 외교부장관 합의문 역시, 악화된 여론을 피하기 위한 일본의 출구전략에 불과했습니다. 일본 측은 기금 10억 엔은 정부 배상이 아니라고 부인했죠. 인도적 지원금 성격이라는 것입니다. 피해자의 의사가 배제된 위안부합의는 한국 국민의 공분을 불러일으켰고, 현 정부 들어와서야 유명무실 해졌습니다.

김복동 할머니는 유언으로 '끝까지 싸워 달라'라는 말을 남겼습니다.

이제 정부에 등록된 위안부 피해자 240명 중 살아계신 분은 23명에 불과합니다. 이분들이 생존해 계실 때 해야 될 일이 있습니다. 인신매매금지 협약을 근거로 국제사법재판소 및 국제형사재판소에 제소하는 방안, 한국 법원에서 일본 극우 인사들을 처벌하는 방안 등이 다각도로 검토, 모색돼야할 것입니다.

(2019.01.31.)

사회적 대타협이
왜 중요한지 아는 지

   한국사회에서 각 집단·계층 간의 대립과 갈등은 화해되고 합의되기가 참 쉽지 않은 것 같습니다. 사회적 대타협기구인 경사노위에 참여할 것으로 기대를 모았던 민주노총의 참여 결정이 결국 불발되었습니다.
   경제사회노동위원회는 사용자 대표와 노동자 대표, 그리고 청년, 여성 및 비정규직과 소상공인, 중소기업인들이 참여합니다. 국민연금 개편안과 최저임금제와 노동시간 유연화 등 우리사회에서 뜨거운 논쟁거리이지만, 반드시 합의해서 풀어 나가야할 사안들을 각 이해집단들이 한자리에 모여 중점적으로 다루기 위해 2018년 11월 22일 출범했습니다.
   그러나 계속되는 민주노총 참여불발로 사회적 합의를 통한 문제 해결은 쉽지 않아 보입니다. 노동자의 권익이 향상되고 소외계층의 인권이 보장되어 그 힘이 사회적 생산력으로 추동된 국가들은 반드시 사회적 대타협을 통해 그 발전의 길을 닦아왔습니다.
   1938년 맺어진 스웨덴의 '살트세바덴 협약'은 스웨덴을 세계 최고의 복지국가로 만든 원동력 이었습니다. 사민당 정권의 한손 총리가 이끌어낸 '살트세바덴 협약'은 기업에게는 최상의 일자리와 노동복지, 그리고 해고된 노동자들에 대한 무한 책임을 지게 했고, 노조는 고용과 해고의 유연성에 대해서 양보하게 했습니다.

　1931년 노동자의 파업으로 유혈사태까지 불러왔던 스웨덴은 사회적 대타협으로 통합과 화합의 사회분위기가 창출되어 생산성이 상승하고 인권과 노동권이 보장되었으며 복지제도가 확충되었을 뿐만 아니라 기업하기 좋은 나라로 진전되어 갔습니다. 국가경쟁력 1위, 행복지수 세계 1위의 핀란드도 1968년 맺은 사회적 대타협으로 국내외의 어려움을 극복했습니다. 임금과 물가, 연금, 실업수당을 사회적 대타협으로 합의 본 소득정책 협약은 핀란드 국가 발전의 원동력이 되었습니다. 극심한 좌우간의 이념대립과 전쟁 등으로 극도의 혼란에 처했던 핀란드는 소득정책 협약 이후 노동조건이 개선되었고, 인플레이션도 완화되었으며, 물가도 안정되었습니다.

　국민 전체에 대한 보편적 가치를 실현한 노조에 대한 인식도 매우 바뀌어 노조 가입률은 늘었고, 정부가 앞장서서 노조 가입을 독려할 정도였습니다.

　소득정책 협약은 2년 단위로 재협상과 개정을 하면서 지금까지 이어지고 있습니다. 계급간의 갈등, 지역 간의 대립, 집단 간의 이해충돌이 투쟁 등, 힘과 힘의 대결로 결말지게 되면, 결국은 파괴와 승리 그리고 전체주의적 독선만이 남습니다. 특히 국민국가 존립에 악영향을 미치게 되죠.

　촛불, 국민혁명 이후 우리 사회가 해결되어야 현안들은 쏟아져 나오고 있습니다. 사회적 약자와 열패자들이 우리 사회에서 따뜻하게 살아갈 수 있는 복지정책과 사회적 안정망 확충은 현 정부가 반드시 성과를 내야할 과제입니다.

　상호간의 투쟁과 대립이 아닌 민주적 협력과 합의만이 우리 사회를 발전시켜 나갈 수가 있습니다. 사회적 대타협이라는 분수령을 넘지 못하면 선진적 사회로 나아가지 못한다는 것은 역사적 경험이자 사실이 아닌가 싶습니다.

(2019. 01. 30.)

일본의 침략근성과 진구황후 설화

　임진왜란 이후 19세기에 일본이 우리나라를 처음으로 침범한 사건이 바로 1875년 운요호 사건입니다. 일본군의 함장 이노우에는 일본군 수십 명을 데리고 강화도 초지진으로 접근합니다. 예고도 없이 침투한 일본군에 대해서 해안경비를 보고 있던 조선 수병은 포격을 가했죠. 그러자 일본군은 모함으로 돌아가 함포사격을 대대적으로 가하고, 침략하여 주민들에 대한 방화와 살육을 가했습니다. 1876년 맺은 조약이 바로 '강화도 조약'입니다.
　운요호 사건은 일본이 조선을 침략하기 위해 의도적으로 일으킨 것이죠.
　최근 일본은 초계기를 대한민국에 의도적으로 접근시켜, 위협비행을 수차례 했음에도 불구하고, 그런 일이 없었다고 잡아떼고 있습니다.
　1875년 강화도를 침략했을 때는 그 침략사실을 인정했지만, 이제는 신종 21세기 침략외교 전술인, 건드리고 난 뒤에 증거가 없다고 하는 방법을 쓰고 있다고 할까요. 일본의 침략근성은 반드시 우리 한반도를 무대로 발휘하려고 합니다. 한반도를 자신들의 영향력 하에 두어야 대륙으로의 침략 루트가 확보되기 때문인 것입니다. 일본 침략사상의 원형은 '진구황후 설화'에서 찾을 수 있습니다.
　진구황후 설화는 고대 일본의 건국을 소개한 내용인데요. 한마디로 일본 천황이 고구려, 백제, 신라 3국을 정벌한 뒤, 삼국으로부터 조공 등을 받아 종속관계를 성립시켰다는 것입니다. 이 설화에 대해 츠다 소기치, 이케우치 히로시 등 다수의 일본 학자들도 역사적 사실이 아니라고 하면서, 그 허구성에 대해 지적하고 있습니다. 진구황후 설화는 일본의 침략전쟁에 이용되어 왔습니다.

몽골 내침과 대마도 정벌, 임진왜란 등 조선과의 무력 갈등이 생겼을 때뿐만 아니라 근대 일본의 침략 사상이었던 메이지 정한론도 진구황후 설화가 다시 재생되어 사상적 기반으로 작용되어 왔습니다. 이 설화는 일본을 신국시하는 신국사상과 조선에 대한 멸시론을 유발시켰습니다.

일본의 한반도에 대한 침략근성과 침략문화가 매우 오래되고 허구화된 건국 설화로부터 유래되었다는 것인데요. 일본의 극우정치가들은 때만 되면 야스쿠니 신사를 참배합니다. 아베정권 역시 예외가 아니었는데요. 1978년부터 일본은 제2차 세계 대전을 일으킨 A급 전범 14명을 야스쿠니 신사에서 제사를 지내고 있습니다. 일본 아베 총리의 꿈은 2020년에 자위대의 존재를 명기하는 개헌안을 실현하고, 이후 평화헌법 9조를 바꾸어 일본을 전쟁 가능한 국가로 변신시키겠다는 것이죠.

한국의 일본에 대한 외교적 노력과 협상도 중요하지만, 군사적인 위협에 대해서는 단호한 조치를 취해야 함은 일본의 침략근성에 대한 역사성이 분명하기 때문입니다.

(2019.01.29.)

성폭력 가해자들, 일단 부인하고 시작

성폭행 가해자들의 매우 공통적인 특성이 있습니다. 일단 부인하고 보는 것입니다. 한마디로 성폭행이 아니었고, 서로가 좋아서 이뤄진 일이라는 주장입니다.

최근 체육계 미투 사건의 대명사로 떠오르고 있는 조재범 씨, 청소년이었던 심선수를 성폭행한 일이 없다고 잡아떼고 있습니다. 신유용 유도선수를 성폭행한 혐의로 조사를 받고 있는 코치 역시 '연인관계'였다고 주장하고 있습니다.

체육계뿐만이 아닙니다. 예술계 미투 사건에서 지목된 관련자들 역시 일관되게 부인했습니다. 법조계에서는 '성폭력으로 고발당한 가해자들 열이면 열, 거의 모두 성폭행한 사실을 부인한다.'고 밝히고 있습니다. 왜 그럴까요? 매우 단순합니다. 일반 형사범은 물적인 증거와 인적인 증거, 즉 목격자 등을 쉽게 찾아낼 수 있습니다.

성범죄는 가해자와 피해자 두 사람만이 있는 공간에서 이뤄지기 때문에, 또 증거가 남지 않기 때문에 그 범죄행위를 입증하기가 쉽지 않은 것입니다.

폭행 진단서 제출과 위력 정황 등이 객관적으로 입증되지 않으면, 피해자의 진술에 의존해서 수사와 법적 판결이 이루어 질 수밖에 없습니다. 이러한 법적인 사각지대를 가해자들이 교묘하게 이용하는 것입니다. 실제로 성폭행으로 기소되거나, 유죄판결을 받는 비율도 높지 않습니다.

2017년 접수된 성폭력 범죄 2만 7천여 건 중 40%정도만 기소되었습니다. 1심에서 유죄로 판결된 건수도 다섯 건 중에 한 건에 불과했습니다. 나머지는 집행유예와 벌금형에 그친 것이죠. 신고 비율도 매우 낮습니다. 한국에서 성폭력 사건의 신고 비율은 10% 정도로 추정되고 있습니다. 성폭행을 당한 여성들이 경찰에 자신이 성폭행을 당했다는 사실을 신고하기에는 너무 어렵습니다. 왜냐하면 사회적인 시선이 결코 우호적이지 않기 때문입니다. 미혼 여성의 경우에는 자신의 앞길마저 불투명해 질수 있다는 각오마저 해야 하니, 대단한 용기가 필요합니다. 법원의 판결 역시 반드시 유죄판결이 난다는 보장이 없습니다. 자칫 잘못하면 한 여성의 일생이 파탄날 수도 있는 일인 것이죠. 그래서 경찰의 수사와 법원의 판단이 매우 중요한데요. 최근 법원의 판단도 조금씩 달라지고 있습니다. 2018년에 아내의 성폭행 피해를 법원에서 인정받지 못하자 부부가 함께 목숨을 끊은 사건이 있었죠.

일명 논산 성폭행 부부동반 자살 사건은 1심과 2심에서 성폭행 가해자에게 무죄를 선고했었지만 대법원에서 파기환송 됐습니다. 안타깝게도 피해자들이 목숨을 끊은 뒤였지만, 대법원에서는 성폭행의 경우 피해자인 여성이 진술한다는 것은 사회적 현실 여건을 고려해 대단히 어렵기 때문에, 그 진술의 신빙성에 더욱 무게를 두어야 한다는 판결 취지였습니다.

체육계 미투 사건 이후 정부는 그 반인권 행태를 뿌리 뽑기 위해 보다 철저하고 엄중한 조치를 취하기로 했습니다. 미투 사건 및 성범죄 사건을 부담 없이 상담하고 함께 논의할 수 있는 범사회적 단체와 기구도 광범위하게 설치 돼야 할 것입니다. 더욱이 법원의 판단도 더욱 객관적이고 엄중해지기를 …

(2019.01.28.)

늙어가는 나라,
돌파구는- 초고령 사회에 대한 대안은

  2040년이 되면 대한민국이 세계 주요 국가 중 가장 늙은 나라가 될지도 모릅니다. 매우 섬뜩한 이야기로 들릴 수도 있지만, 그 현실성이 점점 다가오고 있습니다. 저출산, 고령화 사회는 인구구조 분포에 따른 사회경제적 문제인데요. 우리나라 인구성장률은 점차 감소하여 2030년에는 0.1%, 그리고 2060년에는 0.78%로 전망되고 있습니다. 반면에 2000년에 339만 5천명에 불과했던 65세 고령인구는 계속 증가하여 2050년에는 1,799만 1천명에 도달할 것으로 예상되고 있습니다. 2050년에는 65세 이상이 전체의 37.4%를 차지하게 됩니다.
  문제는 고령화 사회, 초고령화 사회에 진입할 경우 우리사회가 생산성을 어느 정도 유지하느냐가 가장 주요한 관건일 것입니다. 인구의 노화는 결국 경제적으로 쇠락하고, 국제적으로도 경쟁력을 상실해 감에 따라 국민들의 삶이 피폐해 질 수 있기 때문입니다. 반면에 출산율 저하 문제도 사회적 노화와 경제적 쇠퇴에 직접적인 요인으로 작용하게 됩니다.
  생산가능인구가 줄어들기 때문입니다. 2060년이 되면 인구 10명당 4명이 65세 이상 노인이 되고, 생산 가능인구 100명이 노인 80명을 부양하는 사태까지 이를 수도 있습니다. 저출산 현상의 원인은 영유아 교육비와 사교육비 등 자녀양육 부담의 가중이 가장 큽니다. 또한 젊은 층의 고용과 소득 불안정으로 인한 결혼 생활의 비용부담도 주요하게 작용하고 있습니다.

오늘 저출산 고령화사회위원회에서는 노인연령 기준을 검토하겠다고 밝혔습니다. 사회적 공론화 과정을 거치겠지만 현재 노인연령 만 65세를 70세로 올리는 단계적 방안도 제시했습니다.

2040년 기준으로 70세로 상향적용 된다면 생산가능 인구가 8.4% 늘어나고, 노인 부양비율도 59.2명에서 38.9명으로 낮추어 진다는 것입니다. 자연히 퇴직연령도 상향 조정될 수밖에 없는데요. 이에 따른 부작용도 만만치 않습니다.

가뜩이나 취직이 안 되는 젊은 층의 일자리가 더 없어지게 될 수가 있기 때문입니다. 또한 50세 이상의 중년층, 특히 60세 이상의 노동인구가 증가해도 그 생산성은 젊은 층에 비해 상대적으로 낮다는 점입니다. 기초연금과 장기요양보험, 지하철 무임승차 등 복지혜택 기준도 올라갈 수밖에 없게 되어 노년층의 반발을 사게 됩니다.

OECD에서는 한국에게 정년퇴직 연령 상향조정 등 연령차별 문제를 시정할 것을 요구한 바가 있습니다. 아직 충분히 일할 수 있는 근로자에게 단지 연령이 높다는 이유만으로 퇴직을 강요하는 것은 연령차별 사안이라는 것입니다.

우리사회가 100세 시대를 앞두고 어떻게 생산가능 인구와 생산성을 보다 높여, 전체 국민이 질 높은 삶을 구현할 것인가는 사회적으로 합의보고 함께 협력적으로 해결해 나가야 할 미래형 과제인 것은 분명합니다.

선결되어야 할 과제는 파이를 키우는 일입니다. 경제 성장률을 향상시키고 혁신적 산업혁명을 통해 1인당 생산성을 고도화 시켜야 100세 시대에 우리가 윤택하게 살 수 있다는 것입니다.

(2019. 01. 25.)

중국발 미세먼지 어디서 날아오고 있는지…

　도대체 중국에서 우리 한반도로 날아 들어오는 미세먼지 정도는 어느 정도일까요. 중국 측은 계속 '한반도에 유입되고 있는 미세먼지는 자신들 탓이 아니다.' 라고 주장하고 있습니다. 심지어 최근에는 '중국의 공기 질이 40% 가량 개선되었다. 서울의 공기 냄새가 좋다'라고 억지 주장까지 펴고 있습니다. 더욱이 과학적 데이터를 통해 양국 간의 분쟁 소지를 없앨 수가 있는데, 미세먼지 관련 중국 측 자료 공개를 차일피일 미루고 있습니다.

　국내 연구에 따르면 중국 발 미세먼지 영향은 연평균 40%~60%로 추측되고 있습니다. 중국 측은 부인하고 있습니다만, 간단한 상식으로도 중국 발 미세먼지의 농도를 추측 측정할 수 있습니다. 우리나라 미세먼지 연평균 값이 세제곱 미터당 50마이크로그램 정도인데요.

　중국에서 한반도로 바람이 불어오는 계절인 겨울철과 봄철에 나쁨 수준인 세제곱 미터당 121에서 200마이크로그램으로 급격히 상승합니다. 즉 세제곱 미터당 71에서 150마이크로그램의 미세먼지가 중국에서 온다고 볼 수 있는 것이죠.

　이는 환경인공위성으로 측정된 미세먼지 예보 그림에서도 쉽게 확인이 가능한데요. 시뻘건 미세먼지 덩어리들이 중국으로부터 한반도로 넘어 오는 것을 볼 수 있습니다. 중국 발 미세먼지가 계속 늘어나는 이유는 최근 중국의 급속한 경제성장 때문인 것으로 보입니다. 석유와 석탄을 포함하는 화석연료의 소비량이 증가하고 있으며, 중국의 에너지 소비에 따른 1인당 연 CO_2 배출량은 2000년 2.7ton에서 2010년 6.2ton으로 계속 늘어나고 있다는 것입니다. 다양한 오염물질이 CO_2와 함께 배출된다는 사실은 익히 잘 알려져 있습니다.

한국정부에서는 중국 발 미세먼지 저감 효과를 분석하기 위한 방법으로 25일, 서해에서 인공강우 실험을 할 계획입니다. 이 실험은 중국 발 미세먼지가 서해를 넘어 한반도를 덮치기 전에 인공강우로 농도를 낮출 수 있는지 여부를 판단하기 위함입니다. 결과적으로 중국 발 미세먼지의 영향 정도도 알아볼 수 있습니다. 미세먼지 오염은 전 세계적인 공기 질 문제이며, 인간의 건강과 직접적인 연관이 있습니다. 미세먼지 증가 원인은 산업화와 관련된 환경오염이라고 할 수 있습니다.

중국 발 미세먼지 해결은 인류의 건강을 위한 평화적인 사안입니다. 국제적 협력으로 풀 수밖에 없는데요. 한중간의 외교적 협력이 가장 중요합니다. 2014년 한국과 중국은 정상회담을 통해 대기오염 예보 및 원인규명을 위한 공동연구를 추진하기로 합의한 바가 있습니다. 그러나 최근 중국 외교당국의 발언과 처신은 매우 석연치 않습니다. 최우선적으로 한국과 중국이 합의보고, 해결해야 할 사안은 중국 발 미세먼지가 어느 정도 한반도로 유입되고, 영향을 미치는지 상호 인정하는 일입니다. 미세먼지는 암 등 각종 질병을 유발시킬 뿐만 아니라, 인간의 수명을 단축시킵니다.

중국 국내에서도 미세먼지 문제는 매우 심각합니다.

한국과 중국이 동북아시아의 미세먼지 문제 해결에 함께 인정하고 협력할 수 있는 길이 **빠른** 시일 내에 열리 길 바랍니다.

(2019.01.24.)

'영장심사'에 주목하는 이유, 스스로 자초한 법원 권위의 실추

23일 양승태 전 대법원장에 대한 구속영장 실질 심사가 진행됩니다. 법원은 과연 과거 자신들의 수장이었던 양승태 전 대법원장에 대해 어떤 결과를 국민들에게 내놓을까요. 검찰은 양 전 대법원장에 대한 영장 청구 혐의는 차고 넘친다고 밝히고 있습니다. 즉 사법행정권 남용에 직접 개입한 혐의가 분명하다는 것이죠. 양승태 대법원장 측의 반박과 법리 다툼도 만만치 않을 것으로 법조계에서는 보고 있습니다.

대한민국은 헌법에서 3권분립을 명시하고 있습니다. 권력분립은 권력이 한 개인이나 집단에 집중하지 않게 분립하는 제도를 말합니다.

미국 헌법이 세계 최초로 삼권분립을 적시했고, 세계 최초로 사법부를 독립시켰죠.

국가의 권력을 행정, 입법, 사법으로 나누어, 상호견제토록 해서 국민의 자유가 침해되는 권력 남용을 방지하기 위함입니다.

대법원장은 국가를 책임지는 3부요인이고 신분과 권한이 보장되어 있는 법원의 수장입니다. 그런데 재판을 미끼로 대통령권력과 부당하게 거래했다는 것입니다. 상급법원 설치를 통해 기득권을 확장시키기 위함이라는 것인데요.

일제 전범 기업의 강제징용 사건 재판을 청와대의 요구에 따라 고의 지연시켰다는 것입니다. 우리 민족을 피 눈물 나게 했던 대표적인 사건이죠. 즉 스스로 법원의 권위를 실추시켰다는 것입니다.

사법행정권 남용을 통해 3권 분립을 훼손시키는 반 헌법적인 행각을 벌였으며, 국민의 자유와 권리를 지키는 최후의 보루인 사법부가 재판거래를 통해 그 권위를 실추시키는 씻지 못할 반역사적인 범죄혐의에 휩싸여 있다는 것입니다. 그래서 양승태 전 대법원장에 대한 법원의 판단이 주목되고 있습니다. 사법개혁이라는 단어가 민심의 바다에서 회자되고 있는 것입니다.

최근 방탄법원, 방탄 판사단 이라는 말이 국민들 사이에서 이야기 되고 있습니다. 스스로 자초한 법원 권위의 실추, 이번 양 전 대법원장에 대한 구속영장 결과로 회복시킬 수 있을지, 아마도 법원에게 국민들이 마지막으로 거는 기대가 아닐까 합니다.

(2019.01.23.)

유용화의
오늘의
눈

제3부

2018년

김정은 위원장의 답방은 언제쯤?

　김정은 위원장의 연내답방은 과연 실현될까요. 통일부는 오늘 김 위원장의 연내 답방은 필요하고, 현재로서는 가능하다고 보고 있다고 밝혔습니다. 서훈 국정원장 역시 국회정보위원회에서 가까운 시일 내에 남북정상회담이 이루어질 것이라고 밝혔습니다. 김정은 위원장의 답방 가능성에 더욱 무게가 실리는 분위기인데요. 김정은 위원장 답방에 대한 주요 변수는 역시 북미간의 관계 증진입니다. 북미간의 고위급회담이 빠른 시일 내에 열리고 트럼프 대통령이 밝힌 바와 같이 내년 초에 제2차 북미 정상회담 일정 등 큰 그림이 구체화 된다면, 남북간의 사전 조정 및 국제사회 신뢰회복을 위해 김정은 위원장의 답방이 성사될 가능성이 높아질 수 있습니다.

　다행히 최근 북미간의 해빙무드가 일고 있는 것 같습니다. 미국은 한미워킹그룹 회의에서 남북 철도 공동조사에 대해서 강력한 지지 의사를 밝혔습니다. 남측은 유엔안보리에 제재 예외 사항으로 남북철도 공동조사를 요청해 놓은 상태입니다. 또한 제임스 매티스 국방장관은 내년 한미 연합훈련인 독수리 훈련 범위가 축소될 것이라고 밝혔죠.

　더욱더 중요한 발언은 매파라고 알려져 있는 펜스 미부통령이 밝힌 사실인데요. 펜스 부통령은 핵목록 신고가 북미정상회담의 전제조건은 아니라고 밝혔습니다. 핵시설 사찰 및 검증 선에서 확실한 약속을 하면 북미정상회담을 개최할 수 있다는 것으로 해석될 수 있을 것입니다.

트럼프 행정부 입장에서는 이제 대북정책에서 어느 정도 가시적 성과를 내야 한다는 정치적 판단이 내부에서 합의 되었을 수 있습니다. 마찬가지로 북한의 김정은 위원장도 북미정상회담이 계속 늦추어 진다면, 자신이 공언한 국제사회 고립에서 탈피하여 경제개발 정책을 추진하는 과업이 늦추어질 수 있으며, 북한의 군부 등으로부터 견제 받는 일이 일어날 수 있습니다.

　통일부는 김정은 위원장의 답방이 필요하다고 강조했는데요. 필요하다는 발언의 함의는 과연 무엇일까요. 이제는 김정은 위원장이 그동안 품었던 카드를 내놓을 시점이라는 것이 아닐까합니다. 최근 미국 측이 전향적으로 내놓을 수 있는 카드가 나왔다고 볼 때, 비핵화 협상의 구체적 진전을 위해서 북한 측이 좀 더 적극적인 협상안을 제시해야한다는 것이죠, 김정은 위원장은 남측에 대해서도 한국국민들이 공감할 수 있는 사안도 제시해야 할 것입니다.

　이산가족 전면상봉 추진과 국군 납북자 문제 등 민족 간의 인도주의적 차원에서 해결해야 할 문제 등도 방남 시 함께 성사돼야 할 것입니다. 김정은 위원장은 이제 방남할 수 있는 국제적, 남북 간의 환경을 만들어나가야 한다는 것이죠.

　만약 김정은 위원장의 방남이 연내에 실현된다면 그 파괴력은 이루 말할 수 없을 것입니다. 사실상의 실질적 비핵화로 가는 첫발이라고 할 수 있으며, 남과 북이 적대적 관계를 청산하고 공존적 관계로 나아가는 구체적 행보라고 규정할 수 있기 때문입니다.

(2018. 11. 26.)

1953년 이후 처음으로 연결된 DMZ 남북전술도로, 유해발굴작업 시작되어

남북이 오늘 1953년 정전협정 이후 군사적 목적으로는 처음으로 도로 연결 작업을 시작했습니다. 일명 화살머리고지 일대인데요, 남북 양군이 공동 유해 발굴 작업을 하기 위해서입니다. 전술도로가 연결되면 지뢰제거와 유해 발굴 작업을 위해 자연스럽게 남과 북의 양측군이 접촉하게 될 것으로 보입니다.

화살머리고지 전투는 휴전 협정 조약을 맺기 직전인 1953년 여름, 협정 시 좀 더 유리한 지역을 확보하기 위하여 국군과 중국 인민군이 수차례의 고지 탈환을 하며, 양측 약 2200여명의 사상자를 냈던 참혹하고 치열했던 고지 사수, 탈환 전투입니다.

백마고지 전투와 함께 6·25 한국전쟁의 참혹함을 보여주었던 전투인데요. 65년 만에 양측 군이 서로 전술도로를 내고 당시 전사했던 군인들의 유해를 발굴하고 지뢰작업을 한다고 하니, 이제야 6·25전쟁의 상흔을 치유하는 작업이 실질적으로 시작되는 것 같습니다. 6·25 전쟁, 자유민주주의 국가와 공산주의 국가들 간의 국제적인 내전이라고 불려지죠. 하필 왜 우리 한반도에서 그런 전쟁이 일어났는지 가슴 아플 뿐입니다.

남북군사당국은 지난 10월 1일부터 이곳에서 유해 발굴 작업을 하기 시작했는데요, 10월 25일 화살머리고지에서 전사한 박재권 이등중사의 유해를 발견했습니다. 화살머리고지 2차 전투가 끝나기 하루 전인 7월 10일 사망한 것으로 알려져 있습니다. 하루만 더 버텼다면 하는 안타까움을 금 할 수 없습니다.

지금까지 9구의 국군 유해가 발굴되었습니다. 이곳에는 유엔군의 일원으로 참전한 프랑스군의 유해 100여구도 있을 것으로 추정되고 있습니다. 3차례의 남북정상회담과 지난 6월 열렸던 미북 정상회담, 또 앞으로 기대되는 종전선언과 평화협정.

한반도 이 땅에서 아직도 끝나지 않은 6·25 전쟁을 종결하자는데 첫 번째 의미가 있습니다.

지구상에 남아있는 유일한 냉전지역인 한반도, 화살머리고지 유해 발굴 작업이 서로 간에 죽여야 사는 전쟁의 아픔을 조금이라도 치유하는 계기로 작용하길 바랍니다.

(2018.11.23.)

화해·치유재단 결국 해산될 수밖에

정부는 오늘 위안부 피해자와 유족을 지원하기 위해 설립한 화해치유재단의 해산을 발표했습니다. 재단이 설립 된지 2년 4개월만의 일입니다. 화해치유재단은 2015년 12월 체결된 한일위안부 합의에 따라 일본 정부 출연 지원금 10억 엔으로 2016년 7월 출범했었죠.

문재인 정부 들어서 재단은 위안부 문제의 해결책이 될 수 없다면서 위안부 합의 사항에 대한 재검토에 들어갔고, 일본이 출연한 10억 엔을 전액 정부예산으로 충당하기로 하고, 재단 이사진 중 민간인들이 전원사퇴해서, 재단 기능이 사실상 중단 된 상태였습니다.

2015년 한국정부는 일본 측과 위안부 문제를 종식시키는 조건으로 10억 엔을 받아, 화해치유재단을 설립하고 위안부피해 사망자와 생존자들에게 치유명목으로 현금을 지급하도록 했죠. 또한 10억 엔을 지급함에 따라 위안부 문제는 불가역적으로 합의된 것으로 했다는 이야기까지 나왔습니다.

또한 당시 정부가 위안부 할머니에게 치유금을 수령하라고 종용했다는 조사 결과까지 나왔었는데요, 1965년 한일기본조약 당시 3억 달러는 무상으로 2억 달러는 차관으로 한국정부가 받으면서, 일본에 대한 청구권은 소멸되고 식민지 지배에 대한 배상금조가 아니라 한국의 경제개발을 위한 독립 축하금으로 했다는 치욕적인 협정 안이 다시 기억납니다.

일본 정부는 아직도 위안부 할머니에 대한 공식적 사과도 없습니다. 2016년 만들어진 화해치유재단은 마치 '10억 엔만 받고 이제는 그만 이야기해라.'라는 식의 민족수모적인 느낌마저 드는 일이었는데요.

1970년 12월 7일.

폴란드의 수도 바르샤바를 찾은 서독의 빌리브란트 수상은 게토기념비 앞에서 무릎을 꿇었습니다. 게토 기념비는 폴란드 내 유대인 학살의 상징적인 장소이죠. 빌리브란트 수상은 무릎을 꿇고, 눈물을 흘리면서 2차 세계대전 당시 독일군이 유대인에게 저지른 만행을 독일국민을 대신해서 진심으로 사과한 것입니다.

일본의 후안무치한 행동과는 너무나도 비교가 되는 대목입니다. 일제가 36년 동안 우리 민족에게 저지른 행동은 도저히 잊혀질 수가 없죠. 그들이 저지른 수탈과 핍박은 헤아릴 수도 없습니다. 탄광촌 등으로 강제 징용하여 노예노동을 시킨 일, 젊은 학생들의 강제징병을 통해 자신들 전쟁의 총알받이로 삼은 점, 정신 근로대라는 이름으로 우리의 어린 여성들을 짓밟았던 만행을 어떻게 잊을 수가 있겠습니까.

2015년 일본과의 위안부 합의는 10억 엔이라는 미끼를 갖고 화해와 치유라는 이름을 내세웠다고 밖에 볼 수밖에 없는데요, 일본정부는 오늘 화해치유재단 해산 결정이 발표되자, 이수훈 주일대사를 불러 항의했다고 합니다.

(2018.11.22.)

유아 교육도 이제 국가가 책임져야

지난 국감에서 불거진 사립유치원비리 사태가 정쟁화 될 기미마저 보이고 있습니다. 유아교육에서 나타난 문제점을 시정하고 개선점을 함께 고민해야 할 정치권에서 네편 내편 가리는 듯한 모습은 또한번 학부모들을 안타깝게 할 것 같습니다.

국고에서 지원한 세금을 갖고 교육적 목적에 사용하지 않고 개인적 이익 취득에 써 버렸다는 사실은 어떤 이유에서도 정당화 될 수 없습니다. 국회에서 관련법을 재개정하여 다시는 교육현장이 사리사욕의 추구현장이 되게 해서는 안 될 것입니다. 사립유치원 관계자들도 상당부분 억울하다는 생각이 들지 몰라도 교육의 관점에서 생각해야합니다. 이러한 사태까지 오게 된 1차적인 책임은 사립유치원 관계자들에게 있음은 부정할 수 없을 것입니다.

이번 사립유치원 사태를 해결하는 데는 두 가지 관점이 필요합니다.

첫 번째로는 보다 중장기적이 관점이 필요합니다. 유아교육의 공공성 확보를 위해 국가가 유아교육을 책임져 나가야 한다는 것입니다. 그동안 유아교육을 개인에게 맡겨놓았기 때문에 지금 이러한 혼란이 왔다는 점을 분명히 인식해야 한다는 것이죠. 문제는 예산입니다. 그동안 충분한 준비를 해오지 않았기 때문에, 국공립 유치원 확충에는 시간이 걸릴 수밖에 없습니다. 단기적인 해법으로 제시되고 있는 공영형 유치원, 매입형 유치원, 협동조합 유치원등 가능한 현재 상태에서 공공성을 강화할 수 있는 방안을 마련해야 합니다.

두 번째는 현재의 난국을 어떻게 해결해 나갈 것인가 입니다. 즉 과도적 상황을 어떻게 슬기롭게 헤쳐 나갈 것인가 입니다. 그동안 유아교육 70% 이상을 사립유치원에서 담당해왔기 때문에 단기간에 국가공공성 영역으로 끌어들이기는 쉽지 않습니다. 결국 사립유치원 관계자들과 어떻게 공공성을 강화시킬 것인지, 향후 한국의 유아교육의 방향에서 사립유치원의 역할은 무엇이어야 하는지 진지하게 토론하고 합의점을 찾아내야 합니다. 그 이유는 학부모들이 불안에 떨지 모르기 때문입니다.

어린 아이들을 맡겨야 하는 사립유치원이 계속 혼란에 빠진다면, 결국 가장 피해를 보는 사람들은 유아들과 학부모들이기 때문입니다. 일부 사립유치원 관계자들처럼 이번 사태를 정치화시켜 해결하려는 행동은 배제시켜야 합니다. 결국 이번 문제의 해결점은 교육의 관점에서, 특히 교육적 현실상황에서 그 가닥을 잡아야 할 것으로 보입니다.

더 이상 우리 어린이들이 교육이라는 이름으로 희생당하고 사익화 되는 일은 절대로 없기 바랍니다.

(2018. 11. 19.)

노동 유연성, 왜 필요한가

 탄력근로제는 일이 많은 주의 노동시간을 늘리고 다른 주의 노동시간을 줄여서 그 평균치를 법정한도 내로 맞추는 제도를 말합니다.
 지난 5일 청와대에서 열린 국정상설 협의체에서는 탄력근로제 기간연장에 합의했습니다. 기업의 어려움을 해소하기 위한 일련의 조치라고 설명했죠. 이어서 여권에서는 현행 3개월로 되어 있는 탄력근로제 기간을 6개월로 검토할 수 있다는 이야기가 나오고 있습니다.
 탄력근로제 연장에 대해서 경영계에서는 지속적으로 1년 연장을 주장했고, 노동계에서는 절대적으로 반대하고 있습니다. 기업 측에서는 내년부터 주 52시간 제도가 완전히 시행되면, 업종 특성상 집중적으로 일을 해야 하는 곳은 버텨낼 재간이 없다고 주장하고 있습니다. 특히 납기를 지켜야 하는 중소기업이 가장 어려울 수밖에 없고, 계절에 따라 공장가동이 달라지는 업종이나 철강, 정유업처럼 갑자기 정비나 보수가 필요한 일은 주 52시간을 지키기가 어렵다는 것이죠. IT업계 등 제4차 산업혁명과 관련된 직종은 집중적으로 일을 해야하기 때문에 노동의 유연성 제고를 강하게 요구하고 있습니다.
 반면 노동계의 반대는 완강합니다. 탄력근로제 기간이 연장되면 주52시간 근로기준법의 노동시간 단축이 무력화 되는 것이며, 노동자들의 만성적인 과로가 우려되며 이는 장시간 노동으로 이어져, 노동자들의 건강권을 해칠 수 있다는 것입니다. 탄력근로제를 도입하면 연장근로가 없는 것으로 간주되어 가산 수당을 못 받게 되고, 임금 감소가 우려될 수 있다고 밝히고 있습니다. 노동시장 유연성과 안정성이 상호 충돌하고 있다고 볼 수 있는데요, 얼마 전 국회 예산정책처에서 흥미로운 연구 결과를 내놓았습니다.

일부 유럽국가에서 노동시장의 유연성과 안정성을 동시에 높였다는 자료를 내놓았습니다. 상호보완적으로 시행할 수 있다는 것인데요, 네덜란드와 캐나다, 핀란드, 그리스 5개국은 노동유연 안정성이 동반 성장했다는 것입니다. 네덜란드의 경우, 시간근무제를 확대하면서 유연성을 높이고, 시간제 근로자들에게 전일제 근로자 수준의 권리와 대우를 보장해주었고, 덴마크의 경우에는 고용주에게 채용과 해고의 자유를 최대한 보장해주되, 국가가 실업자들에게 폭 넓은 사회보장 혜택을 주었다는 것이죠.

한국은 OECD국가 중 유연성과 안정성 모두 매우 떨어지는 것으로 나타났다고 합니다. 경제가 쉽게 풀리지 않고, 소비와 생산, 투자 모두 적신호가 켜져 있는 것이 사실입니다. 노동과 자본의 대립이라는 19세기적 단선적 사고방식으로는 국민경제의 어려움을 극복할 수 없을 것입니다.

대화와 타협으로 노동시장 유연성 확대를 통해 기업의 출구도 열어주고, 노동의 안정성을 확보할 수 있는 보완책을 확보해야 할 것입니다.

(2018.11.13.)

국방장관의 '5·18 계엄군 성폭행' 사과

오늘 정경두 국방부 장관이 사과했습니다. 5·18 민주화 운동 당시 계엄군이 성폭행을 한 사실에 관해 정부와 군을 대표하여 사죄한다고 머리를 숙였습니다. 설마하며, 소문으로만 돌던 이야기가 정말 사실이라는 것을 우리는 얼마 전 확인할 수 있었습니다.

5·18 진상규명 위원회는 당시 계엄군에 의한 성폭행 피해 17건과 연행구금된 피해자와 일반시민에 대한 성추행, 성고문 등 여성인권 침해행위를 다수 발견했다고 밝혔습니다. 경악스러운 사실이었습니다. 아무리 제 정신이 아니었다고 해도 진압과정에서 일반시민들을 상대로 성폭행을 가했다고 하니, 전쟁 중에도 쉽게 일어날 수 없는 일이 우리 한반도 강토에서, 우리 군에 의해서 일어난 것입니다. 반인간적이고 반인륜적인 행위라고 개탄하지 않을 수 없습니다.

문제는 더욱 좁혀서, 누가, 어느 부대가, 혹시 상관의 묵인 하에 이런 일이 벌여졌느냐 하는 일입니다. 공동조사단은 가해자 및 가해부대를 공개하지는 않았지만, 7공수와 3공수 그리고 11공수 특전여단 등이 지목되고 있습니다.

국방부는 아직 이 부분에 대해서 공식입장을 표명하고 있지는 않았지만, 반드시 반인륜적인 악행을 저지른 가해자들을 밝혀내야 할 것입니다.

1980년부터 지금까지 38년 동안 피해여성들이 겪어야 했던 고통과 아픔을 생각한다면, 반드시 죄 값을 치르게 해야 합니다.

5·18 광주 민주화운동에서 희생된 분들이 없었다면 대한민국의 민주화를 위

해서 더 많은 희생이 따라야 했을 것입니다.

　1987년 민주화 열기 하에 전두환 군부세력이 계엄령을 다시 검토했다가, 포기한 것은 바로 광주민주화 운동과 같은 저항을 우려했기 때문입니다. 아직도 광주시민에 대한 최종 발포 명령자가 규명되지 못하고 있습니다.

　최근 계엄군의 헬기 사격과 전투기 무장출격 대기 사실도 밝혀졌습니다. 일반여성에 대한 성폭력 사실이 드러났습니다.

　천인공노할 범죄를 저지른 반 민주적 집단에 대한 철저한 응징만이 우리 사회의 민주주의를 지키고 지속시킬 수 있는 토대임을 보여주어야 할 것입니다.

(2018. 11. 08.)

협치의 시작, 여야정 국정상설협의체

오래간만에 협치라는 말을 국민이 들어 본 것 같습니다. 어제 처음으로 여야정 국정상설협의체가 열렸습니다. 분기마다 여야정 대표들이 한자리에 모여 허심탄회하게 국정을 논의하겠다는 취지의 약속이 실현된 자리였죠.

청와대에서는 오찬 메뉴로 탕평채를 올렸다고 하는데요, 치우침 없이 조화와 화합을 이루자는 뜻이었다고 합니다. 중용의 정치를 상징하는 것 같기도 합니다. 처음 열린 여야정 국정상설협의체에서는 차이보다 공통점을 앞세워 12개의 합의안까지 도출했습니다. 본래 합의, 협의는 상대방과의 차이를 인정하고 같은 점부터 확인해 나가는 것입니다. 특히 야권에서 지속적으로 요구해온 대표성과 비례성 확대를 근간으로 하는 선거법 개정에 합의한 점이 물꼬를 텄을 것으로 보입니다.

차기 총선에서의 야권진출을 상당부분 보장하는 것뿐만 아니라, 승자독식과 유권자의 사표를 방지하고, 국민의 선택권을 민주적으로 보장할 수 있는 진일보한 제도이기도 합니다. 문 대통령과 여야5당 원내대표들은 한반도의 완전한 비핵화와 항구적 평화구축을 위해 초당적 협력을 합의했습니다.

문재인 정부가 가장 역점을 두고 있는 남북관계 개선에 여야가 힘을 모아주겠다는 의미로 해석될 수 있는데요, 판문점 비준 동의안까지 합의했다면 좋았을 것이라는 아쉬움이 남습니다. 선거법 개정과 남북관계에 대해서 상호 합의하면서 다른 사안들도 절충과 타협점이 모색되었습니다. 국민이 가장 바라고 있는 경제, 민생문제에 대해서 여야가 합의한 점이 매우 반갑습니다.

아동수당을 만6세 미만 100%에게 지급하기로 한 점, 3개월간의 탄력근로제 적용기간의 연장, 4차 산업혁명 관련법 등 신산업 육성을 지원하기 위한 법안처리의 적극 추진, 방송법 개정안에 대한 본격적 논의 등, 그동안 이견만을 노출하며 국회에서 공전되었던 관련법안도 여야가 한발씩 양보하면서 합의했습니다.

12번째 항에서 여야정 합의가 정치선언적 의미에만 머무르지 않기 위해서, 그 합의사항을 국회에서 실무적 논의와 함께 적극적으로 추진한다고 명시한 점도 어제의 성과에 대한 신뢰를 가져올 수 있을 것입니다.

협치는 말 그대로 협력해서 정치한다는 것입니다. 그렇다면 과연 누구를 위해서 협치 한다는 말일까요. 바로 국민을 바라보고, 국민의 요구를 듣고, 국민의 뜻을 관철시켜나가기 위해서 협치하라는 것이죠. 당리당략과 정쟁은 국민의 소리에 절대 앞서나가지 말라는 뜻입니다.

(2018.11.07.)

공공기관 채용비리 확실히 도려내야

　공공기관 채용비리 매우 고질화 되어 있고, 만연되어 있는 것은 아닐까요. 국민권익위는 내일부터 공공기관 채용비리를 전수조사하고 집중신고 기간도 운영한다고 밝혔습니다. 조사 대상은 총 1천 453개 기관입니다.
　최근 5년간의 인사, 채용 전반에 걸친 부패 및 부정 청탁 행위입니다. 이번 조사의 특징은 광범위한 신고를 받겠다는 것인데요, 신고포상금을 2억 원까지 제시했습니다. 채용비리 신고는 국민신문고와 권익위 홈페이지, 국민콜 110번 등으로도 접수받습니다. 지난 국감에서 드러난 서울시 교통공사의 채용비리 의혹 때문에 불거진 공공기관 채용비리, 어제 오늘의 일이 아닌 것 같습니다.
　지난 1월 강원랜드 채용비리가 폭로되었을 때, 정부는 최근 5년간의 공공기관 채용비리 특별점검을 벌였습니다. 그 결과 4788건의 공공기관 채용비리를 적발했고, 이중 109건을 수사의뢰한 바가 있습니다.
　정부는 채용비리로 인해 수사 의뢰된 33개 기관의 명단을 공개하기까지 했는데요, 이번에 또 국민권익위 주관으로 채용비리를 전수 조사하게 된 것입니다. 지금까지 드러난 채용비리는 매우 은밀하게, 기술적으로 진행되었기 때문에 적발하기가 쉽지 않았다는 것입니다. 채용절차 및 위반 시 제재규정이 미비하고, 채용절차의 공정화에 관한 법률이 없으며, 세부기준이 미비해 채용비리에 연루된 임직원을 업무배제하거나 제재할 명시적 규정이 없습니다. 채용비리가 적발되어도 처벌수위가 매우 약하기 때문에 그 범죄행위가 만연될 수밖에 없다는 것입니다.

지난 5월 국회에서는 채용절차에 관한 법률 개정안이 발의되었습니다. 개정안은 직업능력과 관계없는 성별, 출신학교 등 임의적인 기준으로 채용할 경우 벌칙규정을 신설하고, 채용과정의 투명성 확보를 위해 채용관련 자료 보존 기간을 명시했습니다.

2016년 11월 국회 환노위에서 채용비리에 대해 3천만 원 이하의 과태료를 부과하는 채용절차 공정법 개정안이 통과되었지만, 사진부착 금지조항 논란으로 본회의에 상정되지 못하고 있습니다.

공공기관 채용에 대한 공정성과 투명성은 우리사회의 공공성 강화를 위해 필수적인 사항이죠. 지금도 수많은 공시생들이 공공기관의 문턱을 넘기 위해 밤을 새가며 시험 준비에 몰두하고 있는데요, 채용비리 뉴스는 이들의 기운을 한없이 추락시킬 것입니다.

경쟁에 대한 공정성 확보는 우수한 인재를 국가업무 전선에 발탁시킨다는 취지 외에도, 젊은 청년들에게 꿈과 희망을 간직하게 하는 우리사회의 미래와 직결된 사안입니다.

(2018.11.06.)

양진호 회장에 대한 국민적 공분,
직위 남용한 갑질과 사회적폐

　직원들에게 전 근대적이고 엽기적인 행각을 벌인 양진호 회장.
　경찰이 전격적으로 압수 수색 등을 통해 수사에 착수한 가운데 고용노동부도 양진호 한국 미래기술 회장의 사업장 5곳에 대해 특별근로감독에 착수할 계획이라고 밝혔습니다.
　노동부는 양 회장의 엽기적인 행각을 중심으로 노동관계법 전반의 위반 여부를 점검하고 직원들에 대한 추가 폭행·폭언 등 가혹행위가 있었는지 집중적으로 조사할 계획입니다.
　양 회장에 대한 동영상이 공개되고 국민들의 공분이 점차 확산되자 이에 대한 법적인 응징이 본격적으로 시작된 것 같습니다.
　양 회장이 직원들을 대한 태도는 마치 자신의 머슴처럼 생각했다는 느낌마저 들죠.
　자본 소유라는 우월적인 지위를 이용해 직장 노동자들을 비인간적인 학대로 일삼은 것으로 보이는데요, 문제는 어떻게 이런 비정상적인 경영주가 천억 대의 부를 축적하고 부를 근거로 비정상적인 행각을 벌였나 라는 점입니다.
　우리사회의 극단적 치부를 보여주는 것 같은데요, 물론 경찰수사에서 밝혀지겠지만, 그가 막대한 돈 놀음을 벌일 수 있었던 것은 음란물, 몰래카메라 사생

활동영상 등 디지털 성범죄 동영상을 유통시켰다는 의혹이 강합니다. 그는 비자금문제와 직원강제해고, 탈세의혹까지 있다고 언론에서는 제기하고 있습니다. 일각에서는 양 회장의 불법행위를 보호해주는 비호세력까지 있었다고 주장하고 나섰는데요, 하여튼 국민에게 가장 공분을 산 점은 직원들에 대한 엽기적인 갑질이죠. 그러한 갑질을 당해도 아무소리 못하고 직장에 다닐 수밖에 없었다는 것이고, 오랫동안 통용되어 왔다는 사실입니다.

우리사회에는 아직도 적폐의 사각지대가 만연해 있는 것 같습니다. 생활적폐라고 이름 붙여도 좋을 것 같은데요 사회적 도덕, 상식으로 인정돼야 하는 도덕감정이 갑이라는 우월적 지위를 통해 모욕되고, 무시되고 있다는 것입니다. 이번 사건을 통해 더 이상 갑질 문화가 용인되는 사회풍토는 사라졌으면 합니다.

(2018.11.03.)

양심적 병역거부는 형사처벌 대상이 아니다
대체복무제 입법 서둘러야

요즘 대법원에서 우리사회의 한 획을 긋는 판결을 자주 내리는 것 같습니다. 즉 상당기간 동안 사회적으로 논란이 되어왔던 사건에 대해 그 중심을 잡아주는 판결을 내리고 있습니다.

며칠 전 13년 가까이 끌어왔던 일제하 강제징용 문제에 대해 일본 전범기업의 불법성에 입각해서 자행된 행위이기 때문에 1억 원의 상금을 지불하라고 판시했습니다.

오늘 대법원은 양심적 병역거부는 형사처벌 대상이 아니라고 밝혔습니다. 개인의 인권과 양심의 자유가 우선한다는 판시라고 보여집니다. 대법원은 양심적 병역 거부자들을 국가가 외면할 것이 아니라, 관용하고 포용해야 한다고 강조했습니다.

대한민국 남자는 누구나 병역의 의무를 다해야하죠. 병역의무는 형평성과 평등성에 입각해야 합니다. 개인의 자유권으로서의 인권, 양심의 자유 역시 사회에서 존중되고 국가가 보호해야 합니다.

우리 헌법 19조에는 모든 국민은 양심의 자유를 가진다고 규정하고 있습니다. 양심의 자유는 인권사상의 근원으로서 인간의 존엄과 가치에서 파생한 것으로 봅니다. 어떠한 경우에도 제한받지 않는 제한적 공권이자, 국민의 권리입니다.

오늘 대법원의 판결은 양심의 자유에 대한 소중한 가치를 강조한 것으로 볼 수 있습니다. 병역의 의무를 거부하는 소수자에 대해서도 외면할 것이 아니라 국가가 끌어안으며 그 인권을 소중히 해야 한다는 취지입니다.

우리 사회가 인권과 소수자의 권리를 더욱더 보장하고 신장시켜야 한다는 것에 방점을 찍었다고 볼 수 있는 것이죠.

헌법재판소에서도 이미 병역거부자에 대한 형사처벌에 대해 헌법 불합치 판결을 내린바가 있습니다. 대체복무 없이 형사처벌을 내리는 것은 위헌이라고 판시했었죠.

이제 공은 국회로 넘어간 것 같은데요. 대체복무제도에 대한 입법을 서둘러야 할 것 같습니다. 어떠한 경우에 대체복무가 가능한지 그 기간과 방법 등에 대해서 구체적으로 법률화해야 합니다.

그것은 병역거부가 형사처벌 대상은 아니지만, 대한민국 남자는 누구나 병역의 의무를 진다는 조항에 입각해, 군대에 입소하는 대신 국가공동체를 위한 대체 의무는 다해야 하기 때문입니다.

(2018.11.02.)

지방자치법 전면 개정에 거는 기대,
지방자치의 역사는 민주주의의 역사

　지방자치법이 전면 개정됩니다. 제6회 지방자치의 날을 맞아 정부가 1988년 이후 30년 만에 지방자치법을 개정한다고 밝혔습니다. 개정방향은 주민주권 확립을 통한 실질적 지역민주주의 구현과 자치단체의 자율성 확보, 그리고 중앙과 지방의 관계를 협력적 동반자 관계로 전환하는 것이라고 행안부는 밝혔죠.
　세 번째 중앙과 지방의 관계설정이 가장 주요한 대목 같은데요. 지방분권의 핵심적 내용이기 때문입니다.
　1961년 군사정권에 의해 폐지되었던 지방자치제도는 1995년부터 다시 시작되었습니다. 중앙의 집중적 권력을 견제하고, 지방의 이해와 이익을 관철시킬 수 있는 길이 다시 열린 것입니다. 실제 국민으로부터 선출된 지방자치단체장과 지방의원들은 지역의 이익을 위해 열심히 일했고, 지방의 달라진 모습을 보여주기 위해 노력했던 것이 사실입니다.
　지방권력은 아직도 중앙권력에 종속되어 있고, 결국 지방정부는 중앙정부 눈치 보기에 급급하다는 비아냥이 나오는 것은 왜일까요. 즉 실질적인 지방자치제도가 실현되지 못하고 있다는 것입니다. 그 이유는 지방의 재정분권 때문입니다. 예산상 지방정부가 전혀 독립되어 있지 못합니다. 독립은커녕 매우 부실한 것이 지방재정의 현실입니다. 전국 자치단체 평균 재정자립도는 50%에도 미치지 못합니다. 수도권을 제외한 자치단체 열 곳 중 여덟 곳은 재정자립도가 30% 미만입니다. 지자체는 경상비 지출하면 사실상 다른 사업을 새롭게 벌려나가기가 어렵다는 것이죠. 결국 중앙정부 예산편성만 쳐다볼 수밖에 없습니다. 국민이 내는 세금이 중앙으로 집중되고 있기 때문입니다.

현재 국세와 지방세 비율은 8대2입니다. 지방에서 아우성치면 교부금으로 내려 보내고 있는 형편이죠. 한마디로 돈줄을 중앙에서 꽉 쥐고 지방을 중앙에 예속시키고 있는 결과를 나타내고 있는 것입니다. 중앙과 지방의 격차는 계속 벌어져 나가고 있습니다. 경제뿐만 아니라, 교육, 문화, 주택, 교통, 복지까지 지방은 점점 수도권에 비해 떨어지고 있습니다. 인구도 급격히 감소하고 있죠.

정부는 어제 지방재정분권을 추진하겠다고 하면서 2022년까지 국세 대 지방세 비율을 7대 3으로 개선하기로 했습니다. 지방소비세율을 단계적으로 높여 나가겠다고 했습니다. 지방정부 자립을 위해 중앙정부의 기능과 재원을 지방으로 대폭 이양하겠다고 밝혔습니다. 물론 세부적이고 구체적인 계획은 지방자치단체와 좀더 심도 깊은 논의가 필요할 것입니다. 민주주의의 핵심 요체는 자치와 참여입니다. 우리나라는 조선시대부터 향약을 통해 사실상의 지방자치를 실행해 왔습니다.

조선후기에 와서는 향약이 민회로 발전했으며, 지방의 여론과 행정을 백성들이 상당부분 장악했죠. 동학혁명당시 전라도 지역에 설치되었던 집강소는 우리가 일궈 낸 민주주의와 지방자치의 실제적 모습이었습니다.

지방자치의 역사는 민주주의의 역사입니다. 중앙과 지방이 차별과 격차가 없도록 지방의 자치를 최대한 보장해 주는 것입니다.

(2018.11.01.)

일본 신일철주금은
강제징용 배상금을 지급하라

　결국 대법원은 오늘 강제징용에 따른 한·일간의 다툼에 대해 13년 만에 결론을 내렸습니다. 대법원은 신일철주금이 대한민국 국민에게 강제징용에 따른 배상금을 지불하라고 판결했습니다. 강제징용의 불법성과 일본 군수산업기업의 반인도적 불법행위를 인정하라는 매우 상징적인 결정인 것입니다.
　오늘 판결 결과는 한·일간의 외교문제와 양승태 전대법원장의 지연에 따른 거래의혹, 그리고 향후 강제징용 피해자 후손들의 집단소송 등이 예상되기 때문에 매우 주목을 받았습니다. 가장 중요한 점은 우리 역사에 대한 정체성이었습니다. 일본의 과거 한반도 지배에 대한 적법성 여부까지 논의되는 성격을 갖고 있었기 때문입니다.
　1965년 박정희 정부와 일본은 한일 기본조약을 체결했죠. 일본이 무상으로 3억 달러 2억 달러의 차관을 제공하는 조건으로 한일 국교 정상화를 이루고 한국은 대일청구권을 포기하는 데 합의한 것입니다. 이 조약은 일본이 침략지배에 대한 배상에 따른 조약이 아니라 경제협력 조약으로서 일본은 과거 식민지 지배를 결과적으로 합법화 시킨 것입니다. 일본의 식민지 지배가 합법적이기 때문에 침략 배상금이 아닌 경제협력 지원금을 공여한 셈이 되어 버린 것입니다. 그러나 오늘 대법원은 일본의 식민지 지배는 불법이었기 때문에 불법으로 자행된 군수기업의 강제징용 행위에 대해 배상을 청구할 수 있다는 것입니다.

    일제는 중일전쟁이 발생한 1937년부터 국가총동원법을 공포하고 한국인 100만 명 이상을 탄광 및 군수공장으로 데려가 가혹한 노동조건 하에서 수탈과 만행을 자행했었죠. 이중 일부는 기밀유지 때문에 대량학살 당하기도 했습니다. 일본정부는 아직도 강제징용에 대한 사과 한마디도 없습니다.

(2018.10.28.)

대한민국 유치원 달라져야 한다

 오늘 당정협의에서 발표된 사립 유치원에 대한 공공성 강화방안을 세심하게 들여다보면 그동안 국가가 유아교육에 대해서 얼마나 그 책임을 방기했나를 잘 알 수 있습니다. 그동안 교육이라는 명분을 들고서, 아이들을 볼모로 마음껏 개인의 영리행위를 할 수 있도록 방조했다고 해도 과언이 아닙니다.
 이제는 유치원 설립과 운영 등에 대해 국가가 법률과 제도로 개입하여 유아교육의 공공성을 강화시켜야 됩니다. 교육은 사람이 하는 일입니다. 교육자 자격이 있는 사람이 교육을 담당해야 합니다. 앞으로 원장의 자격인정 기준이 강화됩니다. 원장에 대한 교육경력뿐만 아니라. 교육도덕성도 엄격하게 심의 돼야 합니다. 학부모와 유아들에게, 지역사회에서 존경받는 인물이 원장을 맡아야 하는 것이죠.
 국가가 세금으로 지원한 돈을 갖고 명품 백을 사거나, 개인용품을 구매하던 사람, 관련비리가 있었지만 몇 년 지나고 다시 유치원을 설립한 사람, 자신의 친인척을 내세워 국가 지원금 등을 타먹던 사람, 툭하면 유치원을 닫겠다고 아이들을 볼모로 협박하던 사람, 유치원 알기를 사설학원으로 인식하던 원장님들은 절대로 유아교육 근처에 오지 못하도록 해야 합니다.
 현재 유치원을 맡고 있는 원장에 대한 재교육 프로그램은 물론 자격 재심사도 적극검토해 볼 필요가 있습니다. 교육의 비전문성, 무책임성 등의 근본 요인이라고 할 수 있었죠.

오늘 당정협의에서 사립유치원 비리 방지 대책이 여러 가지가 발표되었습니다. 그중 가장 중요한 문제는 교육하는 사람들에 대한 질적인 문제를 어떻게 강화시킬 것이냐 일 것 입니다.

 오늘은 종합적인 대책이 발표되었습니다. 추후 세부적인 대책이 나오고 실행방안이 도출될 것입니다. 유아교육자들의 질을 어떻게 강화하고 수준이하의 교육자들을 어떻게 퇴출시킬 것인지에 대한 고민도 함께 하길 바랍니다.

(2018.10.26.)

범행동기 39.1%가 우발적 분노

서울 강서구 피시방 아르바이트생 살인사건의 피의자 김성수에 대해서 엄벌에 처해야 된다는 여론이 갈수록 높아지고 있습니다. 청와대 국민청원 숫자가 100만 명을 넘어섰다고 합니다. 문재인 정부 청와대 국민청원이 등장한 이래 역대 최다 참여자를 기록할 것으로 보입니다.

청원 숫자는 잔혹한 살인범으로 추정되고 있는 김성수가 우울증 진단서를 제출한 것으로 알려지자 더욱 증가했습니다. 언제까지 우울증, 정신질환, 심신미약 등으로 형량이 경감 돼야 하느냐. 처벌이 약화돼야 하느냐라는 국민들의 분노와 항의의 표시로 읽힙니다.

다른 사람이 남긴 음식물을 치워달라는 신씨와의 말다툼 때문에 살인이 일어난 것으로 볼 때 이번 강서구 피시방 살해사건은 우발성이 높은 것으로 보여집니다.

경찰청이 2017년 살인범 범행동기를 분석한 자료에 따르면 우발적 분노 때문이라는 이유가 39.1%로 범행동기 중 가장 높은 비중을 차지합니다. 현실불만 이유까지 합치면 하루 1건 꼴로 분노살인이 일어나고 있는 실정입니다.

실제 분노조절 장애로 병원을 찾는 사람들도 계속 증가해서 2014년 이후 4년 동안 약 21.3%가 증가했다고 합니다. 분노를 조절하지 못해서 일어나는 우발적 범행은 사회의 구조적 모순에서 오는 상대적 박탈감이 이유라고 할 수 있습니다. 그러나 시민들은 불안할 수밖에 없는 것이죠.

언제든지 의도되지 않은, 예측되지 않는 우발적 범행이 생활 속에 노출되어 있다는 것입니다. 또 범행자들은 정신질환을 핑계로 처벌이 약화되고 있다고 하니, 시민들은 각종 우발적 범행에 불안해 할 수밖에 없습니다.

청와대 청원이 이례적으로 100만 명이 넘어섰다는 것은 바로 시민들의 불안감과 공포에 대한 표현입니다.

동시에 국민의 생명을 지키고 안전한 환경을 조성하기 위해 국가가 분명하게 나서달라는 점이 아닐까 합니다.

(2018.10.24.)

교황의 북한 방문과 available

 교황이 북한에 갈 수 있다 라는 말을 영어로 옮기면 available 이었다고 청와대 관계자가 전했습니다. available에 담긴 의미는 단순히 갈 수 있다 라는 것을 넘어 매우 적극적인 의미의 실질적으로 가능하다로까지 해석될 수 있습니다.
 어제 문재인 대통령과의 면담에서 프란치스코 교황은 북한의 김정은 위원장의 초청장이 오면 북한에 가겠다는 의사를 강하게 표명했습니다. 그렇다면, 프란치스코 교황의 방북은 과연 어떤 의미를 가질까요?
 첫 번째로 유럽과 미국을 비롯한 국제사회에 던지는 반향입니다. 서구사회의 종교적 상징인 교황이 북한에 간다는 것은, 북한이 그동안 불량국가였고 인권을 저해했고, 테러지원국이라는 오명을 갖고 있었지만 이제 핵무기를 내려놓고 평화와 화해의 세상에 나오려고 하니, 당연히 국제사회는 북한을 포용하고 함께 나아가야 한다는 관용의 메시지를 전 세계인들 뿐만 아니라, 서구의 주요 정치 지도자들에게도 전하는 것입니다.
 두 번째는 실질적 비핵화, 즉 한반도의 구체적인 평화의 여정을 위해 교황이 직접 나선다는 것 입니다. 북·미간에 종전선언도 이루어지지 않은, 즉 아직도 정전협정만 맺어진 상태에서 언제든지 전쟁행위가 일어 날수 있는 한반도의 북쪽에 교황이 직접 방문한다는 사실은 그 행위자체가 전쟁을 종식시키고 평화협정으로 나아가는 길을 제시하는 것이며, 실질적 비핵화로 가는 주요한 역사적 도정인 것입니다.

세 번째는 대한민국의 문재인 대통령에게 방북허락 사실을 전한 일입니다. 미국의 트럼프 대통령도 아니고, 유엔 사무총장도 아닌 민족의 평화를 갈구하고 있는 대한민국 국민의 국가수반에게 자신의 방북사실을 이야기 한 것입니다. 그것은 현재 대한민국과 문재인 정부가 추진하고 있는 남북화해정책, 한반도 평화정책을 적극적으로 지지한다는 것을 나타내는 것이며, 서방주요 국가들도 지지하고 지원해주어야 한다는 사실까지 표명하는 것입니다.

문재인 대통령은 이번 교황청 방문을 통해 큰 원군을 얻었다고 할 수 있습니다. 특히 종전선언과 영변 핵시설 폐기라는 상호 협상안을 추진하고 있는 대한민국 정부로서도 더욱 박차를 가할 수 있을 것으로 보입니다.

프란치스코 교황의 방북이 조속히 이루어져 한반도의 평화가 지구상의 평화로 나아가는 이정표가 되길 바랍니다.

(2018.10.19.)

한국은행의 기준금리 동결

　한국은행은 금융시장 안정보다 경기대응을 택한 것으로 보입니다. 장고 끝에 한국은행은 10월 기준금리를 동결했습니다. 최근 경제지표 상에서 경제성장률이 하향적 추세를 나타내고 고용부진 및 수출전망까지 어둡게 나오자 한국은행은 일단 경기 침체우려를 강하게 생각한 것 같습니다.
　한국은행 기준금리는 금리체계의 기준이 되는 금리입니다. 한국은행 산하 금융통화위에서는 일 년에 여덟 차례에 걸쳐 금리를 결정합니다. 금리동결, 혹은 인상과 인하는 통화정책의 주요방향을 결정하게 됩니다. 물가안정이 한은 금리정책의 주요목표라고 할 수 있죠.
　금융통화위에서 금리를 결정할 때는 물가동향과 국내외 경제상황, 금융시장 여건 등을 종합적으로 고려합니다. 한은의 금리정책은 시장에 바로 영향을 미치게 되죠. 한은의 결정된 기준금리는 초단기금리인 콜금리에 영향을 주고 장단기 시장금리와, 예금 및 대출금리 등의 변동으로 이어집니다.
　이번에 한국은행에서 기준금리를 인상했다면, 시중의 돈이 흡수되고 통화량이 줄게 되어, 경기 진작에 부정적인 효과를 가져 오게 됩니다. 바로 이점 때문에 한국은행은 오늘 금리동결을 발표한 것입니다.
　가뜩이나 경제흐름이 좋지 않은데 금리마저 인상되면, 실물경제가 더 악화될 수 있기 때문입니다.
　미국 등 주요국과의 금리차이, 국내금융 불균형현상 등은 이번에도 유예되었습니다. 미국 연방준비제도가 12월에 금리를 한 번 더 인상하게 되면 금리격차가 더 벌어지게 되어서 외국자본이 빠져나갈 수 있습니다. 또한 부동산시장 과열현상과 가계부채 증가를 억제하려면 금리인상이 불가피한 측면도 있습니다. 통화정책 정상화를 더 이상 미루기 어렵다는 지적도 있습니다.

 금융가에서는 11월에 아마도 기준금리를 0.5%p 인상시킬 수밖에 없을 것이라는 예상이 있습니다. 자칫 기준금리 인상의 시기를 놓친 것은 아닌지 우려의 목소리도 있습니다. 경기지표가 향후 단기적으로 급진전되기 어렵고, 하향국면으로 접어들고 있기 때문에 통화정책의 본래 궤도로 돌아와 금융 불균형을 하루라도 빨리 바로잡아야 된다는 것입니다.

(2018.10.18.)

끝나지 않은 '코리안 웨이'

"집으로 돌아와야 비로소 등반이 모두 완성된 것이다."

산악인의 정신을 일컫는 말로서, 지금은 고인이 된 김창호 대장이 좌우명으로 삼았다고 합니다. 불가능에 도전하는 산악인들, 그래서 그들에게는 항상 위험이 도사리고 있습니다.

오늘 새벽 고국의 품에 안긴 히말라야 원정대 5명.

서울시립대 합동분향소에 그들의 죽음을 안타까워하는 사람들이 줄을 잇고 있습니다.

해발 7193미터의 구르자히말. 세계에서 7번째로 높은 봉우리입니다. 그래서인지 도전하기 매우 어려운 곳으로 알려져 있습니다.

코리안 웨이를 개척하기 위해 이번 등반원정에 참여했던 한국의 산사나이들. 신루트 개척이 산과 함께 인생을 다할 줄은 몰랐습니다.

대한민국 산악인들의 히말라야 도전사는 1970년대부터 시작되었습니다.

고상돈. 1977년 세계 최고봉인 에베레스트를 등정한 최초의 한국인이죠. 당시 한국은 세계에서 여덟 번째로 에베레스트를 등정한 국가가 되었습니다. 7시간 20분간의 긴 사투 끝에 최정상에 올라. "여기는 정상. 더 이상 오를 데가 없다."라는 무전을 알렸던 한국의 자랑스러운 인물이었습니다.

그러나 고상돈씨는 1979년 메킨리산 등정 길에 올랐다가 유명을 달리했습니다. 그 이후, 한국 산악인들의 세계 등정은 계속되었습니다.

세계적인 여성 산악인이었던 지현옥 씨는 1993년 한국 첫 여성 에베레스트 원정대를 이끌고 정상에 올랐던 인물입니다.

　박영석 대장, 고미영대장 등 국민의 가슴에 남아있는 도전의 역사를 쓴 산악인들이 하나 둘이 아닙니다. 이들은 눈사태와 추락, 낙뢰와 동사, 고산병등과 싸워야 했습니다.

　히말라야는 지금까지 90여명의 한국산악인의 목숨을 빼앗아갔습니다. 후배산악인들의 도전은 멈출 줄 몰랐습니다. 개척과 도전의 역사를 스스로 써 내려간 것이죠. 이번에 아깝게 목숨을 잃은 김창호 대장과 5명의 산악인들 역시 한국 산악 역정사의 한 페이지를 기록한 인물들입니다.

　이들이 해내지 못했던 코리안 웨이 언젠가는 후배산악인들이 반드시 해낼 것으로 믿어 의심치 않습니다.

(2018.10.17.)

사립유치원 비리, 그리고 유아교육

사립유치원에 대한 비리와 부정행위가 폭로되면서 국민들의 불안과 분노가 확산되고 있습니다.

교육부는 전체 기관에 대한 종합적인 감사를 실시하겠다고 했으며, 총리는 사립유치원에 대한 회계 투명성문제와 학부모 참여하의 견제 시스템 정립, 그리고 교육기관에 대한 관리와 감독 등을 전격적으로 지시했습니다.

이번에 터진 일부 원장들의 자금 유용문제 외에 사립유치원과 어린이집의 각종 비리의혹은 학부모들의 불안만을 가중시켜 왔습니다.

아동학대, 부실식단, 부실급식 비리가 적발되어도 거듭되는 솜방망이 처벌과 유치원 연합단체의 정치권에 대해 압력을 통한 기득권 보호 등 일일이 나열하기 어려울 정도입니다.

영유아 교육기관의 사각지대 문제점이 이번에 확실히 터진 것으로 보입니다. 국감에서 문제를 제기한 박용진 의원은 근본적인 해결책으로 관련법에 대한 개정을 밝혔는데요, 유아 교육법 개정 사립 학교법 개정안 등 입니다. 유아교육에 대한 국가기구의 책임성과 관리성을 높이는 것이 근본적인 해결책이라는 것입니다.

초등학교부터 국가기구가 그 교육체제를 관리하는 것이 아니라 대상연령을 낮추어 유아교육부터 확실하게 국가가 책임져야 한다는 것이죠.

예산문제가 고려되어야겠지만 교육복지라는 관점에서 국민이 영유아 시절

부터 체계 있고 안정된 교육을 받도록 해야 된다는 것입니다

이번 사태가 아무쪼록 교육 사각지대 해소계기로 작용하기를 바랍니다.

(2018.10.16.)

음주운전 '가중처벌' 시급하다

음주운전 한국 운전문화의 고질병인가요

지난해 음주운전 단속건수는 20만여 건으로 하루 평균 561건입니다. 적발된 숫자이니, 단속에 걸리지 않고 음주운전을 하는 사례도 포함하면 음주운전이 상당히 일상화 되어 있다는 추측이 가능합니다.

현재 뇌사상태에 빠진 윤창호씨 사건에서 또 한 번 드러났지만 음주운전은 살인행위로 이어질 수 있습니다.

지난 5년 동안 음주운전으로 인한 교통사고는 무려 11만 4천 317건 입니다. 이중 2천명이 넘게 숨졌습니다. 지난해 2만 건에 가까운 음주운전 사고가 발생해 439명이 사망했습니다. 하루 평균 음주운전 사고로 1.21명이 목숨을 잃고 있는 것입니다. 웬만한 형사사범보다 사망률이 월등히 높은 것이죠.

그렇다면, 왜 대한민국은 음주운전 사고가 끊이지 않을까요, 관대한 술 문화와 솜방망이 처벌수위 때문입니다. 음주운전으로 다른 사람에게 상해를 입혀도 피해자에 대한 사과도 별로 없습니다. 기억이 나지 않는다. 술에 취해서 그런 것이다 등 술과 관련된 변명만 늘어놓고 있는 꼴입니다. 음주운전으로 사망사고를 일으켜도 대부분 징역 1년 내외로 초범은 집행유예로 풀려나기도 합니다.

음주사망 사고에서도 실형 선고율은 30%밖에 안 된다고 하니 놀라울 수밖에 없습니다. 대법원이 정한 양형기준이 턱없이 낮습니다. 술에 대한 관대성이 정상참작으로 작용하는 것입니다.

미국 캘리포니아주의 경우 초범이라도 사망사고를 일으키면 최대 징역 10년에 처합니다. 음주운전 전력자가 음주사망사고를 내면 2급 살인죄가 적용됩니다. 워싱턴주는 1급 살인혐의가 적용된다고 하죠. 음주운전자의 차량 뒷면에는 D, drunken driving 이라는 스티커를 부착하게 합니다. 재범을 막을 뿐만 아니라, 시민들에게도 분명히 범죄자임을 인식시키는 것이죠.

우리나라에서 음주운전 사고에 적용되는 법은 도로교통법과 특가법입니다. 면허취소, 면허정지, 1년 이상의 유기징역 정도의 형량입니다. 그래서 다시금 음주운전 가중 처벌법이 신설돼야 한다는 주장이 강하게 나오고 있습니다. 이제 음주운전 사고는 중범죄로 간주해야 하며 상습운전자에게는 더 엄격한 형량이 적용돼야 한다는 것이죠.

음주운전 문제만이라도 확실하게 짚어서 국민의 안전과 생명을 보호하는 조치가 취해졌으면 합니다.

(2018.10.15.)

한국형 규제샌드박스 성공의 길은

 한국형 규제샌드박스가 이제 내년부터 시작됩니다. 국회에서 통과된 규제혁신법 공포안이 오늘 국무회의를 통과해 신기술 산업분야에 진출하려는 기업들이 기존 규제에 얽매이지 않고 맘껏 그 능력을 발휘할 수 있게 되었습니다.
 오늘 국무회의를 통과해 규제샌드박스를 받쳐주는 법안은 3가지입니다. 정보통신 융합법과 산업융합촉진법, 그리고 지역특구법입니다.
 한국형 규제샌드박스 라는 것은 규제로부터의 부담을 최소화하고 자유롭게 새로운 사업과 제품에 도전해 볼 수 있도록 정부가 지원하는 제도입니다. 본격적인 시장정착 전에 시장 놀이터에서 마음껏 시장진입을 위한 창의적 기업 활동을 보장해주는 제도입니다. 제4차 산업혁명 분야의 진작과 활성화를 위해 도전과 창의를 자유롭게 보장해 주는 것이죠.
 각 지자체가 선정하는 지역특구에서는 약 201개의 규제가 유예, 면제됩니다. 일종의 자유특구지역이죠. 국민의 생명과 안전, 환경 분야의 저해요소만 없으면 특구 내에서는 규제에 얽매이지 않고 어떤 새로운 사업도 바로 시행이 가능합니다.
 산업융합촉진법 역시 신산업분야와 새로운 제품에 대해 기존 규제를 면제해주거나 일정기간 유예해주는 법령입니다.
 30일 이내에 허가의 기존요건을 확인해주고 제한된 기간과 구역과 규모 안에서 규제를 적용하지 않으며 조기 시장 출시를 위해 임시허가제도도 독려합니다. 정보통신 융합법도 ICT분야의 규제 특례를 도입하고 신속처리, 임시허가 제도를 개선하는 법령입니다.

5개 규제혁신법안 중 아직 국회에 계류 중에 있는 법안은 2가지 행정규제기본법과 금융혁신 지원법입니다.

글로벌 신산업으로 부상하고 있는 데이터 산업. 일명 빅데이타 산업이죠. 공공데이터 개방확대와 고도화, 인공지능 학습용 데이터 구축을 위한 분야인데요. 개인정보 비식별 조치를 위한 개인정보보호법이 행안위에 제출되어있습니다. 이외에도 의료분야와 공유경제, 스마트 시티, 미래자동차, 드론의 개발과 활용지원을 위한 관련 법안이 각 상임위에 계류 중이거나 검토 중에 있습니다.

좋은 일자리는 기업의 투자에서 나올 수밖에 없습니다. 기업이 투자하기 위해서는 그 환경이 만들어져야 하는 것은 기본 상식이죠. 규제가 풀려야 기업은 새로운 산업에 투자할 수 있는 것입니다.

한국형 규제샌드 박스를 시작으로 혁신성장을 받쳐줄 수 있는 규제혁신조치가 국회와 정부에서 지속적으로, 과감하게 이루어지길 기대합니다.

(2018.10.08.)

종전선언과 영변 핵폐기
맞교환하자는 한국의 중재안

강경화 장관이 7일 예정된 미 폼페이오 국무장관의 북한 방문을 앞두고 중재안을 냈습니다. 종전선언과 영변 핵시설 폐기부터 맞교환하자는 것이 중재안의 핵심입니다. 이를 두고 '한국정부의 제안은 결국 비핵화의 핵심인 검증은 뒤로 미루고 북한에 보상부터 해주자는 취지로 인식될 수 있다. 강장관이 북한이 그동안 주장해 온 단계적, 동시적 접근을 수용하는 것 아니냐' 등의 논란이 있습니다.

사실 북한과 미국과의 비핵화 협상은 이미 몇 차례, 오래전부터 상호 선언적인 의미에서의 합의가 있어왔습니다.

1994년 10월 북미 간에 맺어진 제네바 협정에서는 북한이 핵개발을 동결하는 대신 KEDO를 통해 원자로 2기를 건설해 주고 중유를 제공해 준다는 것을 합의했습니다. 2003년 북·미중 3자간에 열린 3자회담에서는 핵문제 일괄타결 3단계 해법이 제시됐습니다.

2005년 9월 19일 6자회담에서는 북핵폐기를 합의하고 북미 양국은 상호 주권을 존중하고 관계정상화 조치들을 취해 나가기로 했습니다. 2007년에도 북미는 핵시설의 폐쇄, 신고와 불능화 조치와 함께 경제적 보상조치를 취하기로 2.13 합의를 이루었습니다.

2008년 북한은 가시적인 조치로 영변원자로 냉각탑을 폭파하기도 했습니다.

2012년에도 미국과 북한은 과거와 비슷한 유형의 합의문을 도출해 냈습니다. 그러나 거기까지였습니다.

　북한은 핵실험과 미사일 개발을 지속적으로 감행하면서 2013년부터 핵 경제 병진노선을 채택했고 미국은 북한이 먼저 핵문제와 관련해 선제적이고 가시적인 조치를 취하지 않는 이상 북한과 어떠한 협상도 거부한다는 전략적 인내정책을 고수해 왔습니다. 그러다가 결국 북한의 벼랑 끝 전술과 트럼프식의 초강경정책이 일촉즉발의 대결상태를 맞았고 문재인 정부의 대북 화해정책에 북한의 김정은이 화답하면서 남북관계는 급진전되었고 북미관계 역시 역사상 최초로 정상회담까지 갖게 된 것입니다.

　북한과 미국의 비핵화 합의 항상 그 곳까지였습니다. 그 이상은 구체적 진전은 없었습니다. 북미간은 동상이몽의 수레바퀴만 굴려왔을 뿐이었습니다.

　강경화 장관의 중재안은 여러 논란에도 불구하고 구체적 진전책이기 때문에, 그 안이 실현된다면 이전과 다른 양상을 만들어 낼 수 있기 때문에 의미가 있습니다.

　종전선언은 북미가 전쟁을 종식한다는 것이기 때문에 평화를 향한 다음 단계로 넘어갈 수 있고 영변핵시설 영구폐기는 핵폭탄을 만들 수 있는 플루토늄 추출이 중지된다는 점에서 비핵화로 가는 매우 진전된 조치입니다. 영변 핵시설은 현재 약 200KG의 고농축 우라늄을 보유한 것으로 알려져 있습니다. 그 동안 미국의 대북정책은 과연 어느 정도 수준에서 대북억지력을 가져 왔을까요.

　성과는 어느 정도였을까요. 이번 폼페이오 미 국무장관의 방북. 레토릭 수준의 완전한 비핵화가 아닌 현실적이고 구제적인 비핵화 진전, 성과를 이룬 후에 다음 단계로 나아가는 그래서 신뢰 속에서 또 매듭을 풀어 낼 수 있는 역사적으로 한걸음씩 나아가는 그런 현실적 합의가 이루어지길 기대합니다.

(2018.10.05.)

교육복지와 고교 무상교육

고교 무상교육 원안은 2020년 실시였습니다만 내년부터 전면적으로 실시될 것 같습니다. 신임 유은혜 교육부총리가 내년부터 고교 무상교육을 실시하겠다고 발표 했습니다.

일부 논란과 함께 회의적 시각이 있는 것도 사실입니다. 우선, 예산의 확보인데요 교육부에서는 약 2조원의 추가 예산이 내년부터 추가로 투입되어야한다고 밝히고 있습니다. 학년 당 약 6천억 가량이 필요하다는 것입니다. 어떻게 예산을 조달하느냐의 문제입니다. 저소득층만 무상교육을 제공하면 되지, 굳이 중산층 자녀까지 국가에서 교육비를 부담할 필요가 있느냐는 반론도 있습니다.

과거의 무상급식 논쟁이 재연될 소지도 있는 것 같은데요, 그러나 고교 무상교육 정책에 대해서 교육 복지적 측면에서 접근할 필요가 있습니다. 국가의 역할에서 첫 번째로 중요한 것은 양민입니다. 백성들이 잘 먹고 살 수 있게 해줘야 하는 것이죠.

두 번째로 주요한 정책은 교민입니다. 백성들을 잘 교육시켜, 시민적 주체성을 갖게 하는 일입니다.

세 번째는 복지입니다. 국민들이 행복하고 편안하게 살 수 있도록 국가재정으로 버팀목을 해주어야 한다는 것입니다.

고교 무상교육 제도를 실시하면 교육비에 대한 부담을 덜어 줄 뿐만 아니라 교육에 대한 국가혜택을 국민들이 맘껏 누리게 됩니다.

양육에 대한 안정성도 주게 되는 것이구요, 복지의 보편성과 평등성을 전사회가치로 실현하게 되는 적극적인 측면이 존재하는 것이죠.

2조원의 예산문제는 각 지자체와의 협력 속에서 풀어나갈 수 있는 방법이 있다고 하죠. 지방교육 재정교부율 조정 방식을 검토해 볼 필요가 있다는 것입니다. 물론 국회의 합의가 가장 우선돼야 할 사안입니다만.

고교 무상교육정책은 이전 정부부터 추진했기 때문에 관련 법률이 국회에 제출되어 있습니다.

교육관련 선출직 후보자들이 공약으로 내걸었던 사안이기도 합니다. 가장 중요한 점은 국민들에게 직접적인 혜택을 주게 되어 대국민 국가 신뢰도를 상승시키고 복지국가 실현을 향한 목표에 성큼 다가가는 길이라는 점입니다.

(2018.10.04.)

17년 만에 풀린 입국장 면세점

외국여행 갔다가 국내로 들어 올 때 마음 편하게 면세품을 살 수 있다는 소식에 다들 반가워하는 것 같습니다. 출국할 때 번거롭게 면세품을 사고 돌아다닐 필요가 없게 된 것입니다.

내년 5월 말에 인천공항 입국장에서 면세품을 살 수 있습니다. 입국장에서 면세품을 살 수 있게 되기까지는 무려 17년이 걸렸습니다. 인천공항 공사가 2001년 공항 개항 이후 줄곧 입국장 면세점 도입을 추진했지만 반대가 만만치 않았습니다.

항공사들이 반대의 중심에 있었는데요 이들은 기내 면세품 매출이 급감할 것으로 우려했던 것이죠, 관세청도 입국수속 지연과 보안 관리에 어려움을 내세워 함께 반대 했었습니다. 면세점을 입국절차를 끝낸 이후의 장소에 설치하면 관세청의 우려사항은 간단히 해결 되는 것이죠.

입국장 면세점은 이미 일본과 중국 등 73개국에서 실행되고 있습니다. 기재부가 조사한 여론조사에 따르면 국민 10명 중 8명이 원하고 있는 사항인데도 이렇게 늦어진 이유가 궁금할 수밖에 없는 것인데요, 하여튼 내년 5월부터 문을 연다고 하니 그 편리성을 기대하게 됩니다.

이제는 면세점에 입점하는 업체와 면세점 운영권이 궁금할 수밖에 없는데요. 작년, 국내 면세점들의 전체 매출은 14조 4천억으로 사상 최대였습니다.

면세점. 황금알을 낳는 거위라는 이야기도 있는 것이 사실입니다.

그래서 일부 대기업은 무리하게 진출하려다가 된서리를 맞은 사례도 있구요. 정부는 면세점 운영업체를 선정할 때 중소, 중견기업에게 혜택을 준다고 하는데요, 대형 항공사들의 반대로 17년 동안 국민의 편의가 외면당한 사례였던 입국장 면세점 중소기업의 과감한 진출과 함께 실질적 일자리 창출에 기여하길 바랍니다.

(2018.09.28.)

백두에서 한라까지
한민족임을 알렸습니다

　문재인 대통령과 김정은 위원장이 오늘 손을 맞잡고 백두산에 올랐습니다. 양 정상은 해발 2750여 미터의 백두산 장군봉에 올라 한반도를 함께 바라보며 평화를 다짐했습니다.
　어제 평양 공동선언에서 남북 양 정상은 한반도에서의 비핵화 방안에 대해 구체적으로 약속했습니다. 그 약속을 다시 확인하기 위해, 그 합의를 관철시키기 위해 오늘 백두산 정상에 오른 것이 아닌가 여겨집니다. 아니, 다시는 한반도에서 전쟁이 없도록 하겠다는 맹약을 역사와 겨레 앞에서 하지 않았나 싶습니다.
　세종실록지리지에서는 백두산을 우리 민족의 성산, 조종산으로 기록하고 있습니다. 택리지에도 백두산은 온 나라의 지붕 역할을 하고 있으며 산위에는 큰 못이 있는데, 둘레가 800리가 되고 그 못에서 서쪽으로 흐른 물이 압록강이 되고 동쪽으로 흐른 물이 두만강이 되어서, 그 안쪽이 우리나라가 되었다고 기록하고 있습니다.
　백두산은 한민족의 발상지로 개국의 터전으로 숭배되어 왔던 민족의 영산입니다. 단군왕검으로부터 민족의 생명이 이곳에서 시작하고 제주도 울릉도까지 국토의 맥이 닿는 민족역사의 뿌리가 백두산에 터 잡고 있는 것으로 전해 내려지고 있습니다.

한반도의 비핵화문제와 군사적 적대 관계를 풀 수 있는 열쇠는 바로 한민족에 있습니다.

문대통령은 어제 5천년 동안 함께 한 민족이 70년 동안 갈라섰다고 15만 북한 주민들 앞에서 말했습니다.

1945년 해방과 함께 맞았던 분단, 그 오욕의 역사를 청산하고 백두에서 한라까지 함께하는 한민족의 역사쓰기가 이제 시작되었음을 오늘 전 세계를 향해 알리지 않았나 싶습니다.

(2018.09.20.)

문 대통령,
김정은 위원장 동창리 핵시설 영구폐기하기로 합의

　남북이 비핵화 방안에 관해 합의했습니다. 추상적이고 포괄적인 합의가 아닌 좀더 구체적이고 진전된 결과로 여겨집니다.
　오늘 문재인 대통령과 김정은 위원장은 동창리 엔진시험장과 미사일발사대를 유관국 전문가들의 참관 하에 영구폐기하기로 합의했습니다.
　미본토를 향한 ICBM발사를 중단하겠다는 북측의 의지로 보입니다. 북측은 미국이 6·12 북미공동성명의 정신에 따라 상응조치를 취하면 영변핵시설의 영구적 폐기와 같은 추가적 조치를 취할 용의가 있음을 표명했습니다. 이제 미국 측의 반응이 어떻게 나올지 주목되는데요.
　문재인 대통령은 이번 방북을 통해 비핵화에 관한 구체적 협의를 이끌어 내는데 나름대로 최선을 다한 것으로 보입니다. 북미간의 전향적인 비핵화 협상을 위해 매우 구체적인 단초와 진전을 만들어 낸 것으로 평가할 수 있습니다. 비핵화와 관련된 시기와 절차 등은 결국 북미 간 신뢰를 갖고 해결해 나갈 수밖에 없기 때문입니다.
　결국 공은 트럼프 대통령과 김정은 위원장 쌍방 간에 넘어간 것이죠. 트럼프 대통령도 긍정적인 반응을 나타냈습니다. 트윗에서 트럼프 대통령은 평양공동선언에 대해 매우 흥분된다고 하면서 김 위원장이 핵사찰을 허용하는데 동의하고 핵시험장과 발사대의 영구적인 해체를 약속했다고 밝혔습니다.

　북미간의 비핵화 협상이 우리에게 중요한 것은 한반도의 비핵화, 전쟁 없는 한반도 구현을 위해 적대적인 남북관계를 해소할 수 있는 구체적 과정을 시작할 수 있기 때문입니다. 사실 미국제제와 유엔제제 등이 완화되어야 남북 간의 경제교류 등이 활성화 될 수 있습니다.

　9월 평양공동선언에서 합의한 남·북간의 교류와 협력 사항이 실질적으로 진전되기 위한 선결조건이 제제완화입니다.

　김정은 위원장은 빠른 시일 내의 방남을 약속했습니다. 문재인 대통령은 연내 방남이 가능하다고 했습니다. 만약 김정은 위원장이 방남하게 된다면 한반도 평화에 대한 지속성이 실현되는 대 역사적 사건이 되는 것인데요.

　지난 4월부터 달려온 남북관계 그 변화의 속도 정말 질풍노도와 같이 연말까지 달려가길 바랍니다.

(2018.09.19.)

9년이나 걸린 쌍용차 노사합의

　오늘은 쌍용차한테는 새로운 출발을 알리는 날입니다. 오늘 합의 돼 기분이 좋고 마음이 홀가분합니다. 쌍용차 노사가 119명의 해고자를 복직시키기로 합의한 뒤 밝힌 말입니다. 이런 화합과 새로운 출발이 있기 위해서는 9년이라는 기간이 걸렸습니다.
　9년 동안의 장기갈등사태는 쌍용차 해고자와 가족들에게 생계 난과 질병을 가져다주었고, 30명이 견디지 못해 목숨을 잃게 되었습니다. 지난 6월 27일 한 해고노동자는 스스로 목숨을 끊기까지 했습니다. 얼마 전 실시된 쌍용차 해고자들과 복직자들의 배우자 건강상태 조사에서 48%가 자살을 생각해 본적이 있다고 답했습니다. 물리적, 강압적으로 졸지에 직장을 잃어버린 노동자들의 비참함과 안타까움 그리고 한국의 비정상적인 노사현실을 우리는 쌍용차 사태에서 볼 수 있었습니다.
　2009년 1월 9일 쌍용차의 대주주였던 상하이자동차는 법정관리를 신청하고 2646명을 정리해고하기로 결정했습니다. 일방적 방침이었죠. 노조의 거센 반발이 있었고 노조는 평택공장을 점거하고 총파업에 들어갔습니다.
　한 치의 물러섬도 없었던 노사대립은 결국 경찰 특공대의 전쟁을 방불케 하는 진압작전으로 끝날 수밖에 없었습니다. 96명이 경찰에 연행되었고, 1,800명이 해고됐습니다. 쌍용차는 2011년 3월 14일 회생절차 종료되었고, 그해 11월 인도의 마힌드라사에 매각됐죠.

2013년부터 과거에 대한 치유가 조금씩 시작되었죠. 무급휴직자 454명에 대한 전원복직, 일부 해고자에 대한 복직 조치 등이 이루어졌습니다. 119명 해고자들에 대한 복직문제는 평행선을 달렸습니다.

　지난 7월 인도를 방문했던 문재인 대통령은 마힌드라 회장에게 해고자 복직문제에 관심을 가져달라고 말했습니다. 이후 경제사회 위원회에서는 쌍용차 노사 간 중재에 들어갔죠.

　어제 쌍용차 최종식 사장이 해고 노동자 고 김주중씨의 분향소를 방문했고 13일 극적으로 복직문제가 타결되었습니다. 오늘 합의문을 발표하게 된 것입니다. 노사협력과 합의, 양보와 관용은 민주주의 사회에서 국민 모두가 만들어 나가야 할 선진적인 문화입니다.

　9년 만에 풀어진 쌍용차사태를 거울삼아 다시는 적대적이고 물리적인 노사 관행은 없어지길 바랍니다.

(2018.09.14.)

독일의 통일,
정권과 상관없이 지속적으로 이루어져서 가능

　문화예술계, 체육계로 확산되고 있는 남북교류가 정치권으로도 이어지고 있습니다. 민주당 이해찬 대표가 10.4선언 기념일에 맞춰 북한방문을 추진하고 있다고 합니다. 아직 북한에서 구체적인 회신이 오지는 않았지만 북한 방문이 성사 된다면 여야 정당인들 상당수가 북한을 방문하게 될 것으로 보입니다. 문희상 국회의장도 남·북간 의회 회담 개최를 추진 중인 것으로 알려지고 있습니다. 남북교류가 정당과 국회차원으로 확대된다면 또 다른 의미가 부여될 수 있습니다. 국민적 차원, 국가적 차원의 교류로 진전된다는 것이며 경제적 교류가 본격화 될 수 있다는 것입니다.

　2000년에 6·15 남북공동선언과 2007년에는 10.4 남북공동선언 등이 이루어졌습니다. 그러나 정권이 바뀐 뒤 남북 간에는 적극적인 교류와 협력이 약화되었고, 단절되기까지 했습니다. 우리에게는 독일의 경험이 상당히 중요한데요,

　1950-60년대 동독 흡수와 동구 공산권의 붕괴를 목표로 했던 서독 기민당의 아데나워 총리, 그의 정책이 비현실적이고 비효율적이라는 판단을 총선에서 독일 국민들로부터 받았습니다. 그리고 사민당의 빌리브란트 수상이 집권했습니다. 브란트 수상은 신동방정책을 펼쳤습니다. 동독과의 수평적 결합을 내세웠습니다.

빌리브란트 총리의 신동방정책은 독일 통일이 이루어졌던 1900년까지 지속되었습니다. 그리고 이후 집권한 기민당의 콜총리도 신동방정책을 계승했습니다. 사민당에서 기민당으로 정권이 바뀌는 것과 무관하게 신동방정책은 계속된 것입니다. 결국 독일 통일은 사민당이 아닌 기민당 집권하의 콜 수상 때 이루어집니다.

9월 18일 남북정상회담과 이어져서 남북 정당인들의 교류, 국회차원에서의 회담이 결실을 맺게 된다면 그 성과는 남북 간의 경제교류로 확대될 것입니다. 실제 국회에서 대북정책과 관련된 예산이 승인이 돼야 도로와 남북 철도사업 등도 현실화 될 수 있습니다.

브란트의 신동방정책의 핵심은 동방무역이었습니다. 경제적 교류와 경제적 이해관계 증진이 독일민족간의 전쟁의 위협과 갈등을 완화시켜 평화의 길로 가게 한 것입니다.

한반도가 평화의 길로 나아가기 위해서는 많은 난관을 헤쳐 나가야 할 것입니다. 우리는 독일과 달리 동족상잔의 전쟁을 겪었기 때문에 더욱 힘든 과정이 기다리고 있을 것입니다. 화해와 치유의 과정이 반드시 필요한 것이죠.

정치권이 전 국민적 이해를 기반으로 민족적 이익을 대변하게 된다면 화합과 평화의 길을 앞당길 수 있을 것입니다.

(2018.09.07.)

무릎 꿇고 호소한 장애인 학교 설립

1년 전인 지난해 9월이었죠. 서울 강서구의 특수학교 설립 주민 토론회 장에서 무릎을 꿇고 특수학교 설립을 간청하던 학부모들의 모습이 기억나실 것 입니다. 이들은 지역민들과 국회의원에게 호소했었죠, 장애인인 자식들이 다닐 수 있도록 특수학교 설립 반대를 철회해 달라고 했었습니다. 이른바 무릎호소로 알려져 있었던 사건이자. 대표적인 주민 기피시설의 님비 사건 중 하나였습니다. 결국 서울시교육청과 지역주민들이 1년 만에 합의했습니다.

장애인 특수학교인 서진학교를 설립하고, 지역의 숙원사업인 한방병원 건립에 학교 부지를 제공하는 것으로 협력하기로 한 것입니다. 대가성 특수학교 설립이라고 할 수 있을 것 같은데요, 교육문제 해결에 무슨 비즈니스 협약 같은 느낌마저 듭니다.

서울에서 특수학교를 새로 짓는 일은 17년만입니다. 주민들의 반대 때문에 장애인 특수학교 설립은 하늘에 별 따기나 마찬가지인 것이죠. 주변 집값이 떨어진다는 이유입니다. 전혀 근거가 없는 이야기입니다.

2016년 교육부가 조사 의뢰한 바에 따르면 특수학교 설립은 인근지역의 부동산 가격에 부정적인 영향을 주지 않습니다. 오히려 가격이 오른 지역도 있다고 하는데요.

현재 서울시내 특수교육대상은 1만2천여 명, 그러나 이들을 교육할 수 있는 특수학교는 턱 없이 부족해서 4천 4백 명인 35%만 학교에 다니고 있습니다.

우리나라 국민은 누구나 교육을 받을 권리가 있습니다. 헌법에 보장된 권리이죠. 장애인이라는 이유로 교육받을 권리를 빼앗기고 있는 것이 우리 교육현실인 것 입니다. 교육현장에서의 차별이라고 할 수 있죠. 그나마 강서구의 서진학교는 대가로 무엇을 줄 만한 것이라도 있었던 것 같은데요, 지금 다른 지역의 특수학교 설립 추진은 민원 때문에 착공조차 하지 못하고 있는 실정입니다. 선천적으로 장애를 갖는 확률보다 한순간의 사고 등 후천적으로 장애를 지닐 확률이 훨씬 높다고 하죠.

자신의 자식이 장애인이라면 과연 기피시설로 취급하여 특수학교 설립을 반대할 수 있을까요.

공동체 일원으로 함께 갖추어야 할 동류의식.

측은지심으로서의 도덕 감정이 아쉬울 뿐입니다.

(2018.09.05.)

비주류의 반란,
박항서 감독의 수평적 리더십

　내일 저녁 8시 반 한국축구팀은 금메달을 놓고 일본과 일전을 벌입니다. 온 국민의 관심을 모으고 있죠. 오후 5시에 열리는 베트남 팀의 동메달 결정전도 많은 사람들로부터 회자되고 있습니다. 베트남의 영웅으로 떠오른 박항서 감독 때문입니다.
　축구변방 국가를 단번에 동남아시아 축구 강국으로 만든 박항서의 매직은 과연 무엇일까요. 박항서 감독의 수평적 리더십은 베트남에서 책으로 출간될 정도로 열풍입니다. 박 감독 때문에 베트남을 방문하는 한국인들은 특급대우를 받는다고 합니다. 스포츠 감독의 한류가 불고 있는 것이죠.
　박항서 감독이 한국에서 주목받는 또 다른 이유는 그가 국내 축구계에서는 비주류였기 때문입니다. 비주류의 반란을 보란 듯이 한국 축구계 인사들에게 보여주기 때문이죠. 박 감독의 경력은 결코 화려하지 않습니다. 키 170cm, 몸무게 62kg으로 축구선수로서는 왜소합니다. 선수 생활도 7년으로 단명했습니다.
　2002년 거스 히딩크 감독을 보좌하며 수석코치로 활동했던 경력이 가장 내세울 만합니다. 2002년 부산 아시안게임 감독으로 선임됐지만 74일 만에 경질되었습니다. 당시 비주류 대학 출신인 박 감독이 축구계 주류와 마찰을 빚었기 때문이라는 소문도 있었습니다. 이후 박 감독은 상주상무, 창원시청 등에서 감독

생활을 하다가 베트남대표팀 사령탑을 맡게 되었습니다.

베트남으로 가게 된 결정적 이유는 부인 최상아씨의 적극적인 권유였다고 하는데요. 최씨는 남편인 박감독의 능력을 믿고 확실하게 베트남행을 밀었다는 후문입니다. 박 감독은 베트남에 가서 선수들에게 나는 너희들의 능력을 믿는다 학맥이나 인맥을 믿지 않는다고 일성을 했다고 하죠.

현재 아시안게임 대표 팀을 맡고 있는 김학범 감독도 축구계의 비주류로 알려져 있죠. 비주류의 전성시대가 축구계에서 일고 있는 것 같은데요. 그만큼 이제 스포츠계에서도 능력 전성시대가 도래하는 것 같아 반가운 일입니다.

공정한 경쟁과 능력의 존중.

우리 사회 전반에도 파급되길 바랍니다.

(2018.08.31.)

남북 단일 스포츠의 역량을
세계에 보여준다면

　아시아 45억의 축제 제18회 아시안 게임이 이제 중반전에 돌입하고 있습니다. 인도네시아에서 열리고 있는 이번 대회는 아시아의 에너지라는 주제로 아시아올림픽 평의회 소속 45개국 모두가 참가했습니다. 1998년 방콕대회 이후 6회 연속 종합 2위를 노리는 우리 대한민국은 총 39개 종목에 807명의 선수들이 참여해서 열전을 벌이고 있죠. 이번 개막식에는 이낙연 국무총리가 참석했었죠. 북한에서는 리용남 내각부총리가 참석했었구요.

　KOREA라는 이름의 한반도기를 들고 공동 입장했던 남북 선수단은 여자농구와 카누, 조정 등 3개 종목에 단일팀을 구성해서 남북한이 하나임을 전 세계에 보여주고 있습니다. 농구스타들이 참가한 여자농구 단일팀은 이제 8강전을 앞두고 있습니다.

　현재 한국은 종합 3위를 북한은 종합 6위를 달리고 있습니다. 북한이 따낸 금메달을 우리와 함께 합치면 2위인 일본을 제치고 종합 2위 달성도 무난할 것이라는 생각이 드는데요. 북한은 이번 아시안 게임에서 역도와 레슬링 등에서 선전하고 있는데요. 기본기를 앞세운 특징을 보여주고 있습니다.

　지난 22일 남자 역도 69kg급에서 금메달을 따낸 오강철은 국제무대에서 거의 무명이나 다름없는 선수입니다. 북한의 체조 여자 단체전 은메달도 뜻밖의 결과였죠. 실제 북한의 여자축구팀은 세계 최강 수준입니다. 축구와 체조, 탁구, 역도, 레슬링 등에서 남북단일팀이 만들어진다면 시너지를 발휘할 수도 있습니다. 실례로 지난 코리아 오픈 탁구대회에서 장우진-차효심 단일팀 혼합복식조가 우승을 차지하기도 했습니다.

이번 아시안 게임 결과 등을 놓고 볼 때 남북단일팀이 단순히 상징적이고 정치적인 의미에서만 머무르는 것이 아니라 스포츠 경쟁력 차원에서 남북단일팀에 대한 진전도 전략적으로 생각해 볼 필요가 있습니다.

남북단일팀을 갑자기 구성해서 참가에만 뜻을 두지 말고 실제 메달을 함께 노려볼 수도 있다는 것입니다. 충분한 시간을 통해 합리적인 기준에서 선별하여 공동 훈련기간을 갖게 된다면 남북 단일 스포츠의 역량을 전 세계에 보여줄 수도 있습니다.

2020년에는 도쿄에서 하계올림픽이 열립니다. 이때는 단순히 남과 북이 단일팀을 만들었다는 상징적인 수준에 머무를 것이 아니라 스포츠 강국으로서의 한반도 팀, 세계적인 경쟁력을 갖춘 남북단일팀이 되는 것도 기대해 봅니다.

(2018.08.24.)

남북공동연락사무소에 대한 논란

 9월중 문을 열 것으로 예정된 남북 공동연락사무소가 유엔의 대북제재 위반이냐 아니냐 라는 논란이 있습니다. 개성공단내의 공동연락사무소에 공급되는 전기가 우리 측에서 제공하기 때문에 유엔의 대북제재 위반이라는 것입니다. 남과 북의 교류가 점점 활발해지고 있지만 미국과 유엔의 대북제재는 풀린 것이 하나도 없죠, 오히려 미국은 제재를 더욱 강화하는 느낌마저 드는데요.
 북핵문제가 시원하게 풀리지 않고 있기 때문에 판문점 선언에서 남북 양 정상이 합의한 내용도 실현시키기가 쉽지 않은 것 같습니다. 오늘 조명균 통일부 장관이 분명하게 국회에서 답변했는데요. 개성공단내의 남북 공동연락사무소에 공급되는 전력과 건설장비 등은 북한에 제공하는 것이 아니라 북한에 체류하는 남측 인원들이 사용하는 것이라고 밝혔습니다.
 미국 역시 개성공단 내에 설치된 남북공동 연락사무소에 대해 왈가왈부할 입장은 아니죠, 현재 평양에는 각국의 대사관이 24개나 있구요, 1992년부터 남과 북은 연락사무소를 각기 운영해 왔습니다.
 남과 북은 1992년 2월 남북기본합의서가 발효된 뒤 판문점 공동경비 구역 내에 각기 연락사무소를 두고서 남북 당국 간의 연락업무와 실무협의를 맡는 창구로 기능해 왔습니다.
 이번 남북공동연락사무소 설치문제는 각기 있었던 연락사무소를 합쳐 상호 간의 연락과 협의를 좀 더 효율적이고 일상적으로 하기 위한 편의성에 우선적인 목적이 있습니다. 공동연락사무소는 이전 연락사무소의 승격인 셈이죠.

　남과 북의 평화적 교류는 당연히 비핵화 해결을 위한 촉진제 역할을 하게 됩니다. 남과 북의 왕래가 자유로워지고 문화 및 경제 교류가 활성화되어 북의 주민들이 자연스럽게 남측의 사람들과 함께 하게 되면 북한의 국제사회 편입이 뒤따라오게 되는 것이고 이는 자연스럽게 비핵화로 이어지게 될 수밖에 없게 되는 것입니다.

　북한과 남한의 유사성과 동질성이 늘어날수록 북한도 자위적, 혹은 공격용으로서의 핵이 불필요해지고 국제사회 역시 북한에 대한 제재를 풀 수밖에 없습니다.

　북핵문제는 국제사회와 함께 풀어나가야 할 사안이지만 민족문제를 풀어나가면 매우 자연스럽게 해결될 수 있는 사안이라는 것이죠. 남북 공동연락사무소 설치. 미국 측과 국제사회에게 오해가 없도록 잘 양해를 구해서 북핵문제 해결을 위한 촉진제 역할을 하길 바랍니다.

(2018.08.22.)

56,800여명의 이산가족,
언제나 또 만날 수 있는지

2년 10개월만입니다. 분단이 갈라놓았던 혈육들이 다시 오늘 금강산에서 만났습니다. 89명의 남측 이산가족 상봉자들은 2박3일 일정으로 오늘 금강산 호텔에서 북측 가족 185명과 꿈에 그리던 상봉을 했습니다. 이번 이산가족 상봉은 지난번 판문점 선언에서 남북 양 정상이 합의한 사항을 이행한 결실입니다.

1945년 38선으로 갈라지고 1950년 6·25 전쟁으로 헤어졌던 이산가족 상봉. 65년이 지난 뒤 만나는 것이 이렇게 힘들 줄은 정말 몰랐습니다. 최근 남북관계가 개선되면서 이산가족 상봉이 이루어 진 것이 다행으로 여겨야 할까요. 현재까지 이산가족 상봉신청자는 모두 132,603명입니다.

1985년부터 실시된 20차례 상봉행사에서 만남이 성사된 사람들은 2천여명, 약 1%가 조금 넘는 사람들만이 눈물의 상봉행사를 할 수 있었습니다.

연령별 현황을 보면 더욱이 가슴이 아픕니다. 현재 생존자중 90세 이상은 12,146명, 전체의 21.4%입니다. 매월 돌아가시는 분들을 계산한다면 90세 이상 분들의 숫자는 계속 줄어들 수밖에 없죠, 이번 상봉행사에 참석하지 못한 분들은 사실 언제 북측 가족들과 만남을 가질 수 있을지 요원합니다.

이산상봉 행사 때 마다 나오는 이야기가 이산상봉의 정례화, 상설화 등 대폭적인 확대론입니다. 화상상봉 추진 경기도 부근으로 상봉 장소 재 건립 등도 주요한 요구사항 중 하나입니다. 왜냐하면 이런 식 소규모로 이산상봉을 하면 56,862명의 이산가족 생존자들이 북측 가족들과 상봉을 언제쯤 할 수 있을지 모르기 때문입니다.

인권에 관련된 사안이고, 인도주의적 차원에서 다루어져야 한다는 목소리는 높습니다마는, 한반도의 이산가족 상봉 행사는 그동안 전시성이 강했던 것이 사실입니다. 남북관계의 상태, 북한 측의 정치적 계산과 한반도를 둘러싼 국제적 역관계가 우리 이산가족 상봉 문제를 지배했다고 해도 과언이 아닌데요. 한반도를 둘러싼 암운이 가셔야 마음 놓고 이산가족들이 서로 만날 수 있다는 것입니다.

그러나 전쟁으로 흩어진 가족들은 다시 만나게 해주는 이산상봉 정치적 역관계, 계산 등과 관련 없이 만날 수 있도록 그 환경이 조성되었으면 정말 간절히 바랄뿐입니다

(2018.08.20.)

다시 나타나신 백범 김구 선생

어제 8·15 경축식장에 백범 김구 선생이 등장했습니다. 김구 선생으로 변한 배우 김종구씨가 경교장 무대세트 위에 등장해서 백범의 연설을 재연했던 것입니다. 실제 백범 김구 선생은 1946년 8·15 1주년 기념식에서 축사를 했습니다.

이 자리에서 김구 선생은 독립은 타력에 의지하여 되는 것이 아니라면서 자력으로 자주성을 갖춘 독립만이 국가의 영원한 번영을 재래할 것이라고 강조했습니다.

1945년 일제의 패망으로 해방이 되었지만 한반도에는 미·소 양국의 군대가 주둔해서 38선으로 우리를 가로막고 있었기 때문에 아마도 김구 선생은 진정한 독립을 강조했었을 것입니다. 일제 식민지하에서 대한민국의 자유와 독립을 위해 목숨을 바쳐 불굴의 투쟁을 벌였던 백범이 1945년 해방된 조국으로 귀환하여 국민과 함께했던 일은 강대국의 신탁통치 반대와 분단의 고착화를 막는 일이었습니다.

신탁통치는 결국 막아내어 1948년 8월 15일 임시정부의 법통을 이어받은 대한민국 정부가 수립되었지만 38선을 걷어내지는 못했습니다.

1948년 남과 북에는 각기 다른 명칭의 정부가 들어서게 되고, 2년 뒤 6·25 전쟁까지 발발했습니다.

내가 38선을 베고 쓰러질지언정 일신의 구차한 안일을 추구하지 않겠다고 한 김구 선생의 발언은 아직도 우리 국민의 가슴에 생생합니다. 김구 선생은 당시 분단이 되면 민족 간의 전쟁이 일어날 수밖에 없다고 우려하기도 했습니다. 결국 김구 선생의 통일운동은 좌절되고 말았습니다.

  70년 만에 기적처럼 찾아온 남북 평화의 길 그리고 분단 극복의 길 70년 전 김구 선생이 그렇게 희구하던 길로 성큼 나아갔으면 합니다.

(2018.08.16.)

무책임한 BMW 본사의 행태

운전자들의 로망으로 알려져 있던 BMW 520d. 이제는 꿈에 그리던 드림차가 아니라 공포의 대상이 되어버렸습니다. 현재까지 화재가 난 차량은 모두 36대입니다.

BMW 차량 소지자들은 갖고 있다는 사실자체만으로도 불안할 따름입니다. 차량 소유자들은 집단소송도 준비하고 있고 BMW 그룹 부사장등을 형사고발했습니다.

2년 넘게 차량결함을 은폐했다는 의혹마저 강하게 나오자 그 분노의 기세가 대단합니다. 더 중요한 문제는 리콜대상이 아닌 차량에서도 화재가 발생해서 BMW측에서 밝힌 배기가스 재순환장치 EGR결함 이유만으로도 설명이 안 되고 있다는 것입니다. 사고 원인을 정확하게 규명하지 못하고 있다는 것이죠. 특히 한국에서 단기간 집중적으로 일어난 문제에 대해 BMW측에서는 분석 중이라고 하니 어이가 없을 따름입니다.

BMW측은 우리정부의 자료제출 요구에도 제대로 응하지 않고 있습니다. 아마도 화재결함을 인정할 경우 화재로 인한 차량 및 인명 피해를 BMW측이 떠안아야 하기 때문일 것입니다. BMW측이 영업기밀 등을 이유로 계속 자료제출을 거부하면 우리만 답답할 따름입니다.

외국 관련 업체들이 한국을 무시하는 것은 아닌지 우려스럽습니다. 사실 우리나라는 관련법이 아직 허술합니다.

지난번 가습기 살균제 사건 이 제조물책임법에 징벌적 손해배상제도가 도입되었지만 그 범위가 생명이나 신체에만 국한되어 있습니다. 리콜제도 역시 강제성과 실효성이 매우 약합니다.

미국의 경우 차량사고에 대해 피해액의 8배까지 배상하도록 하고 있으며, 집단소송제를 통해서 엄격한 책임을 묻습니다. 결함을 은폐, 축소하는 일은 생각할 수 없다고 합니다.

김현미 교통부 장관은 징벌적 손해배상제도를 실효성 있게 강화하는 방안을 마련할 것이며 늑장리콜이나 고의로 결함사실을 은폐 축소하는 제작사는 다시는 발을 붙이지 못하게 하겠다고 했습니다.

국회에서도 관련법 손질에 나서고 있는데요, 하여튼 소비자 보호와 소비자 주권이 법적으로 보장되도록 치밀한 대책이 마련되어야 할 것입니다.

(2018.08.10.)

삼성이 국민기업으로 거듭난다면,
얼마나 좋을까요

삼성의 180조원 투자 계획이 발표되자, 설왕설래가 많습니다. 인도에서의 문재인대통령과 이재용 부회장과의 5분 독대. 김동연 부총리의 삼성전자 방문. 아직도 국정농단 사건으로 재판 중인 이재용부회장의 처지 등 삼성의 이번 투자계획을 정략적으로 해석하는 의견도 있는 것 같은데요 또 재벌위주의 정책으로 회귀하는 것은 아닌지 역발상적인 우려의 목소리도 있습니다. 일단 매우 반갑고 박수 칠 일임은 분명한 것 같습니다.

삼성은 향후 3년 동안 인공지능과 5세대 이동통신 사업. 바이오와 반도체 분야를 대상으로 약 180조원을 투자하겠다고 밝혔죠. 이에 따른 약 4만 명의 직접 신규 채용 계획도 발표했습니다. 세계적인 대기업의 국내 투자 계획임에 따라 국내 연관 산업의 유발효과도 클 것으로 예상되는데요. 중요한 것은 국내에 투자한다는 것입니다. 고용시장이 더 양호한 외국 투자계획이 아니라는 것입니다. 투자분야도 미래성장 사업입니다.

사실 삼성이 국내가 아니라 외국에 투자한다고 해도 정부가 감놔라 대추놔라 할 수는 없습니다.

그동안 삼성은 대 재벌로 성장하기까지 권력 유착설, 특혜성장설 등과 또 최근 권력형 부정부패 사건과 연루되었었기 때문에 국민적 신뢰 회복이 선차적인 과제일 것입니다. 지금과 같이 국내경제가 적신호를 보이고 있을 때 좀 더 선도적인 모습을 보여주는 것은 매우 중요할 것입니다.

정부도 국민경제 입장에서 대기업의 투자를 독려하고 혁신성장분야의 규제혁신을 펴나가는 것은 지극히 당연 한 일이죠. 또한 글로벌 국내 대기업이 자국에 투자를 할 수 있도록 견인하는 일은 응당 정부가 해야 할 일입니다.

아무쪼록 3세대 경영으로 나아가는 삼성이 이 참에, 변화하는 시대에 조응하여 국민기업으로 국민에게 신뢰받는 기업으로 성장하여 국민경제의 주요 축이 되기를 바라겠습니다.

(2018.08.09.)

은산분리,
이제는 재고해야 될 시점인지

은산분리 완화.
IT기업의 자본과 기술투자 확대.
이제는 더 이상 늦출 수 없는 반드시 필요한 조치일까요

문재인 대통령이 인터넷 전문은행에 대한 은산분리 완화 필요성을 언급하자 이에 대한 논쟁이 뜨겁습니다. 현행 은행법에서는 산업자본의 은행 지분 소유 한도를 4%로 제한하고 있습니다. 그 이유는 재벌의 사금고화를 막기 위해서입니다. 재벌이 금융업에까지 지배적 영향력을 행사하게 되면 재벌의 안정적인 자금조달 창구 역할을 하게 되고 모기업에 대한 과다 자금지원을 하다가 결국 부실로 연결될 수 있기 때문입니다. 시장경제의 공정성을 해치게 되어 대기업 집중구조를 더욱더 과도하게 만들어 버립니다. 실제 한국경제가 경험한 폐해 중의 하나이죠. 이제는 금융환경이 달라지고 있다는 점에 주목해야 할 필요가 있습니다. 대한민국은 과거의 관행과 우려 때문에 경쟁력을 상실하여 국제금융시장에서 금융 산업의 후진국으로 전락해 버렸다는 것입니다.

은산분리 정책은 국민경제를 발전시킬 수 있는 투자환경을 가로막고 있는 대표적인 규제라는 것입니다. 인터넷전문은행업은 IT 기업의 과감한 자본투자가 요구됩니다.

핀테크와 빅데이터 기술개발 등 ICT와 금융의 혁신적 결합이 절실한 분야이기 때문입니다. 특히 1997년 외환위기 이후 국내 금융시장이 개방되어 대부분의 민간은행의 대주주는 외국자본입니다. 오히려 국내 산업자본의 과도한 투자 배제 원칙은 외국자본에게 좋은 일만 시켜 준다는 우려도 있죠.

우리나라와 같이 대기업의 경제 지배력이 과도한 국가에서는 대기업과 재벌 등의 금융 산업 지배를 방지하기 위한 은산분리 원칙은 지켜져야 합니다. 최근 폭발적 신장세를 보이고 있는 인터넷 뱅킹 분야는 유연성을 발휘해야 한다는 반론도 만만치 않습니다.

금융 산업의 발전과 ICT 분야의 혁신적 성장.

일자리 창출, 그리고 국민에 대한 금융서비스의 신장에 많은 도움이 된다는 것입니다.

현재 금융위원회에서는 인터넷 전문은행에 한해 산업자본의 지분 한도를 4%에서 34-50%로 늘릴 수 있는 특례법을 추진하고 있습니다.

국회에서 관련법에 대한 치열한 논쟁과 합의를 통해 국민경제에 도움이 되는 결과가 나오기를 기대하겠습니다.

(2018.08.08.)

무소불위의 권력을 누렸던 기무사, 정말 바뀌는지

기무사의 새 이름이 군사안보 지원사령부로 결정되었습니다. 기무사라는 이름은 이제 사라지게 됐습니다.

남영신 신임 사령관을 단장으로 하는 창설준비단도 오늘 공식 출범했습니다. 대통령령에 의해 새 사령부가 창설되면 기존 4,200명의 기무요원은 원 소속부대로 복귀합니다. 그렇다면 매우 궁금합니다. 정치개입, 민간인 사찰에 더해 계엄령 문건 작성 논란까지 일으킨 기무사가 왜 지금까지 특권부대로 존속 되었을까요.

87년 민주화가 된지 30년이나 지났는데도 불구하고 말입니다. 기무사 요원들은 계급과 상관없이 군대 내에서 무소불위의 권력을 누려왔었다고 합니다. 그 이유는 기무사령관이 국방부 장관을 무시하고 대통령에게 직접 사찰자료 등을 보고 했기 때문입니다. 기무사령관은 대통령과의 독대 특권도 누려왔습니다. 당연히 군 장성 뿐만 아니라, 간부들은 기무사 요원들이 작성하는 보고서에 민감할 수밖에 없었습니다.

물론 군 특성상 군내부의 동향과 정보를 정확하게 아는 일은 군 통수권자에게 반드시 필요한 일입니다. 그동안 기무사는 민간인 사찰과 정치동향까지 방대한 인력으로 정보수집 기능을 수행했다고 하니 자칫 최고 권력자에 의해 기무사 운용이 왜곡될 소지가 있었던 것입니다.

　이제 새로 창설되는 군사안보 지원사령부는 보안.

　방첩업무에 특화된 전문 인력으로 새롭게 채워집니다. 군 방첩, 군에 관한 정보 수집과 처리 등에 관한 업무만 수행하게 됩니다. 댓글공작과 세월호 민간인 사찰, 계엄령 문건 작성 등에 관여한 요원들은 철저히 배제된다고 합니다. 정치권력의 도구로 이용되었던 과거 권위주의 정권시절의 보안사.

　민간인 사찰의 오욕을 지우지 못했던 기무사.

　이제 완전히 바뀌어 국민의 군대로 거듭나길 바라겠습니다.

(2018.08.06.)

국방개혁 2.0의 내용과 의미는

국방개혁 2.0 발표 이후 이에 따른 후속조치와 세부계획 등이 잇따르고 있습니다. 젊은 청년들에게 가장 반가운 소식이죠. 국군병사 월급이 계속 인상됩니다. 올해 병장 월급이 40만 6천 원 2022년에는 67만 6천 원으로 부쩍 뛰게 됩니다. 목돈 마련 저축 제도도 병행된다고 하니 퇴역할 때 두둑이 챙겨서 사회에 나올 수도 있습니다.

여군에 대한 군대내 차별 요소도 없어집니다. 최전방 GOP 근무는 물론이고 주요정책 등 여군의 보직 범위가 확대됩니다. 그동안 군의 고질적 비리로 알려졌던 방산비리에 대해서는 더욱더 처벌이 엄격해 집니다. 뇌물수수 등 악성비리는 1.5배 가중처벌 되고 방산비리와 연루된 징계의 유예와 감경은 금지됩니다. 국민과 국가를 지키는 무기를 갖고 이득을 취하는 방산비리, 이적행위나 다름없는 것이죠.

군의 정치적 중립이 법으로 보장됩니다. 상명하복 체계인 군에서 쿠데타 등 지시에 어쩔 수 없이 따랐던 군인들 이제는 부당한 군의 정치개입을 거부할 수 있도록 특별법 제정을 서두르게 됩니다.

앞서 발표되었던 국방개혁2.0 그동안 육군에 편중되었던 구시대적 과오를 시정하고 육 해 공군 균형을 이루게 합니다.

무기체계도 최첨단 과학기술을 기반으로 현대화 하도록 했죠. 국방개혁 이제 시작인데요. 국민의 생명과 국토를 수호하는 엄중한 역사적인 과제를 안고 있습니다. 저항도 있을 것 같은데요 아무쪼록 과감하고 추진력 있는 국방개혁 기대합니다.

(2018.08.02.)

111년만에 찾아 온 최악의 폭염

정말 덥습니다.
재난 수준의 폭염입니다.
111년 만에 찾아온 최악의 폭염입니다.
내일도 역시 오늘 수준의 더위가 몰아닥칠 것이라고 하는데요. 각별한 건강관리가 요구되고 있습니다.
공공기관의 건축, 토목공사를 중지하라는 폭염대응 긴급지시가 정부차원에서 내려졌습니다. 이런 폭염 상황에서는 절대로 무리한 작업을 해서는 안될 것입니다.
가급적 외출도 자제하시는 것이 좋겠죠.
올해 폭염으로 온열 질환 환자가 늘어나고 가축, 어류폐사의 피해도 예상되고 있는데요. 이제 폭염은 일시적으로 나타나는 개인적인 피해 차원을 넘어서는 것 같습니다.
지구 온난화에 따른 기후변화로 볼 수가 있는데요, 인명뿐만 아니라 경제, 산업 분야에도 큰 피해를 주기 때문에 국가가 관리해야 할 자연재난으로 간주 돼야 할 것 같습니다.
폭염이 장기화 되면 독거노인과 같은 주거 빈곤층과 취약계층이 가장 힘들어지게 됩니다.
이에 따른 실질적 지원과 함께 폭염의 예방과 관리 복구에 이르기 까지 국가와 지자체가 신속하게 대처할 수 있는 법적인 근거가 마련돼야 할 것입니다. 폭염재난에 대처할 수 있는 시스템 구축, 하루라도 빨리 서둘러야 할 것입니다.

(2018.08.01.).

누진제 완화 방안이 없을까요

전기누진세가 올여름 가장 뜨거운 이슈로 떠오르고 있습니다. 연일 폭염이 이어지면서 냉방기는 이제 생활필수품이 되어버렸습니다. 요즘 냉방기 주문이 한 달 가량 밀려 있을 정도라고 하는데요.

주부들은 하루 종일 냉방기를 켜놓고 지내자니 전기요금이 걱정될 수밖에 없습니다. 혹시 가을에 전기요금 폭탄을 맞는 것은 아닌지 밤중에도 냉방기를 켜고 지내지만 걱정이 이만저만이 아닙니다. 가정에만 적용되는 전기요금 누진제이기 때문입니다.

가정용 전기요금 누진제는 1973년 석유파동 때 도입되었습니다. 취지는 가정에서 전기사용을 줄이고 절약을 유도하여 수요를 관리한다는 취지였습니다. 그러나 그동안 산업용과의 형평성 그리고 누진단계 및 누진율 등의 비 적절성 논란 때문에 7차례에 걸친 개편이 있었습니다.

결국 2016년에 누진구간은 3단계로 좁혀졌고 구간별 요율은 3배로 축소되었습니다. 지금처럼 에어컨을 켜고 살 수밖에 없는 상황에서는 부담이 더 클 수밖에 없습니다.

10시간 냉방 시 한 달 추가요금은 평균적으로 17만 7천 원이 된다고 하는 데요. 그래서인지 청와대 게시판에는 두 달 만이라도 누진제를 완화해달라는 청원이 올라오고 있습니다.

정부에서도 고민이 많은 것 같습니다. 일단 정확한 전력수요와 패턴 분석이 우선 돼야 하겠죠.

한시적 대책문제와 함께 누진제 문제에 대한 근본적이고 면밀한 대책 마련이 필요하다는 검토 의견도 나오고 있습니다.

스마트 계량기 확산 추진과 계절과 시간대별로 요금을 차등하는 계시별 요금제 도입 검토도 논의되고 있습니다.

(2018.07.31.)

남북 장성급 회담 47년 만에 열리다

47년 만에 남북 장성급 군사회담이 열립니다. 판문점 공동경비구역 JSA 비무장 근무방안과 DMZ 내의 GP 감시초소의 병력과 장비 시범 철수 방안 등이 논의될 것으로 예상됩니다. 매우 민감한 사안이라고 할 수 있는데요, 전쟁의 상흔을 실질적으로 치유하는 일이기도 합니다.

DMZ 내에 묻혀 있는 6·25 전사자 공동 유해 발굴 문제도 논의될 것으로 보입니다. DMZ 내에는 국군과 미군 전사자 유해가 각각 1만여 구, 2천여 구가 묻혀 있을 것으로 추정되고 있습니다. 전쟁이 끝난 지 65년이 지났는데도 불구하고 이들은 DMZ 내에 방치되어 있는 것입니다.

지난 27일 북한 측은 6·25 전쟁 당시 사망했던 미군유해 55구를 돌려보냈습니다.

미 트럼프 대통령은 김정은 위원장에게 감사하다는 메시지를 전달했습니다. 또한 트럼프 대통령은 한국전쟁에서 사망한 위대한 영웅들의 유해가 돌아올 것이라고 밝혔습니다. 6·25 전쟁 당시 실종된 미군의 숫자는 약 8만 3천여 명. 이중 5천5백여 명이 북한에서 사라진 것으로 추정되고 있습니다.

휴전 협정 이후 북한 측은 미군 측의 유해를 일부 송환했지만 북미 관계가 악화되면 송환은 바로 중단되었고 북한 측은 거액의 비용을 요구하기도 했습니다. 이번에는 달랐습니다.

어제 미 국무부 대변인은 북한이 유해송환 조건으로 아무런 돈을 요구하지 않았다고 밝혔습니다.

　우리 대한민국 국민이 가장 원하는 것은 다시는 한반도에서 전쟁이 일어나지 않는 것. 즉 전쟁의 위협이 한반도에서 사라지는 것입니다. 그것은 6·25 전쟁의 상흔과 상처를 씻어내는 일부터 시작됩니다. 조건 없는 유해송환과 공동 유해 발굴 사업이 그 매듭을 푸는 실마리입니다. 그 다음에는 1953년 맺어졌지만 지금까지 남북을 가로막고 있는 휴전협정을 종전선언으로 바꾸는 일입니다.

　남북 간의, 또 북미 간의 평화협상이 하나하나 순조롭게 풀려나가기를 기대해 봅니다.

(2018.07.30.)